中国名镇志文化工程

Culture Project of Local Records of China's Famous Towns

中 国 名 镇 志 丛 书

U0816072

中国名镇志丛书
精品汇编 | 概述

中国地方志工作办公室 编

方志出版社

Publishing House of Local Records

图书在版编目（CIP）数据

中国名镇志丛书精品汇编. 概述 / 中国地方志工作办公室编. -- 北京 : 方志出版社, 2024. 7. -- ISBN 978-7-5144-5545-8

Ⅰ. K29

中国国家版本馆 CIP 数据核字第 2024CF7287 号

责任编辑：陈菁
责任校对：张玉霞
责任印制：梅中英
出 版 者：方志出版社
地　　址：北京市朝阳区潘家园东里 9 号（国家方志馆 4 层）
邮　　编：100021
网　　址：http://www.zgfzcb.cn
发　　行：方志出版社图书营销中心（010-67110500）
印　　刷：北京中科印刷有限公司
开　　本：787 毫米×1092 毫米　1/16
印　　张：25.75
字　　数：463 千字
版　　次：2024 年 7 月第 1 版
印　　次：2024 年 7 月第 1 次印刷
定　　价：206.00 元

主　编： 陈文学

副主编： 邱新立　杨军仕　谭扬芳

编　辑： 王丹林　刘淑颖　范永恒　帅禹熙
张　凯　李　江　丛　珺　李晓晓
朴　莹

编辑说明

中国名镇志文化工程自2015年实施以来，与地方发展诉求和读者阅读需求紧密结合，围绕“名”“特”进行挖掘创新，打造了一批精品佳志，已经成为全国地方志系统的重要文化品牌，赢得社会各界的广泛好评。

为进一步推进中国名镇志文化工程，指导各地名镇志编纂者更好地开展镇志编修工作，我们从已经出版的中国名镇志丛书中挑选部分代表志书，选取编写质量较好的概述汇编成册，方便广大编者参考学习。

《中国名镇志丛书精品汇编·概述》汇编了88部中国名镇志的概述，按照中国历史文化名镇、经济强镇、特色镇三个类别进行设置，从不同的分类范围和视角，展现乡镇历史风貌和建设成就，充分反映中国名镇丰富多彩的历史文化、波澜壮阔的发展历程、独特鲜明的精神特质。相信读者能从这些概述的写法中受到启发，吸取优点，结合本地实际灵活运用，助力各地进一步编纂出高质量名镇志，为服务国家新型城镇化建设和乡村振兴战略提供历史智慧和现实借鉴。

本汇编的编辑出版，得到中国名镇志丛书各编纂单位的大力支持，在此表示衷心感谢！

中国地方志工作办公室

2024年5月

目录

中国历史文化名镇

经济强镇

特色镇

中国历史文化名镇

ZHONGGUO LISHI WENHUA MINGZHEN

神州水乡第一镇[①]

甪直，守望于苏州市吴中区的东方。碧波荡漾的澄湖，映照着她婀娜多姿的身影；蜿蜒清澈的吴淞江，环绕在她脚边潺潺流淌。东面，一小时车程就能到达国际大都市上海；西面，古城苏州和工业园区陪伴在旁。

甪直古称甫里，在5500年前，这里便有先民聚居繁衍，张陵山遗址和澄湖遗址出土的大量文物，足以证明她的历史源远流长。春秋时期，她仅是一里见方的小村落。梁天监二年（503年）敕建保圣寺，从此香火旺盛，人声鼎沸，成为远近闻名的集市。保圣寺的晨钟暮鼓，伴随她一路成长。历经唐、宋、元、明、清，她日渐壮大，商业繁荣，民生富足，在吴地首屈一指，真可谓“满街鱼虾跃，筐筐蚕茧白。晓时人鼎沸，一街尽辉煌”。

时光荏苒。在2500年的历史长河中，甪直要经过多少风雨沧桑，才能从一个不起眼的小村庄，变成今天让人眼前一亮的模样！远离城市的喧嚣，钓一轮澄湖的明月，揽一怀清江的波光，放飞心情，在不知不觉间，她翩翩如绝世佳人，让人心驰神往。徜徉于老街幽巷，那小桥流水，渔舟唱晚，如一幅水墨长卷徐徐展开；幻想着穿越时光隧道，唐风宋韵扑面而来，与诗人陆龟蒙不期而遇，相约清风亭，开怀畅饮，纵论千古文章。

品味甪直，除了欣赏如诗如画的景色，少不了甫里蹄髈的浓油重酱，少不了甫里鸭羹的清淡鲜香，少不了江南丝竹的婉转惆怅。美景与美食相配，来去之间，让人多了些

---

① 选自江苏省苏州市吴中区甪直镇志编纂委员会编：《中国名镇志丛书·甪直镇志》，2016年出版。

舌尖上的眷恋。始创于清道光年间（1821—1850年）的甪直萝卜，至今已有180余年历史，是名副其实的中华老字号，普普通通的萝卜，经甪直人精心酱制，风味独特，登上了大雅之堂。澄湖农业生态园的“水八仙”，给人们带来美食和养生的福祉。水乡的生态旅游，滋润了人们日益浮躁的心灵，慢生活的体验，有益于人们的身心健康。“万盛米行”的有机大米，晶莹如玉，又糯又香，勾起人们对田园生活的向往。

1992年春，全国人大常委会副委员长费孝通到甪直调研，他看到这里的乡镇经济发展得如火如荼，人们的幸福生活蒸蒸日上，农村到处是漂亮的楼房，百姓淡定从容，对生活充满了希望。甪直的景象，正是他构想的理想乡村情景——田园风貌依旧、村庄依水而建、三产协调发展、生态农业发达、中小企业兴旺、少有喧嚣污染、人口以本地为主、生活设施现代化、农民生活步入小康。甪直的风土人情和社会生活充满了底蕴与灵气，透露出无穷的发展潜力和活力，让名满天下的社会学家费孝通心花怒放。回到北京后，他对甪直之行念念不忘，难抑激动之情，先是写了一首小诗《访甪直古镇》，记录他在甪直的所见所想，意犹未尽，随即研墨铺纸，挥毫写下“神州水乡第一镇——甪直”几个大字。墨迹未干，就寄赠甪直镇政府，表达了他对甪直的由衷赞叹和殷切期望。

此后，“神州水乡第一镇”，便成为甪直的响亮名号，为世人耳熟能详。既然是“神州水乡第一镇”，当然不是浪得虚名。早在1961年，保圣寺罗汉塑像就被列入首批全国重点文物保护单位；2001年，甪直景区被批准为国家AAAA级旅游景区，并入选中国邮政发行的《水乡古镇》特种邮票，被列为江南六大古镇之一；2003年，甪直被国家文物局和建设部评定为首批中国历史文化名镇；2006年5月，甪直水乡妇女服饰被列入第一批国家级非物质文化遗产代表作目录；2007年11月，甪直古镇被国家民族事务委员会授予“中国民族建筑优秀魅力名镇”称号；2014年4月，澄湖生态农业园被江苏省政府确定为省级农业示范园区，同年，甪直镇被住房和城乡建设部等七部委联合评定为苏州市六个国家重点镇之一……如此多的第一，如此多的荣誉，既是各界人士对她的褒奖，又让她更加豪情万丈。

甪直历来崇文重教，唐宋便有义学义塾，元代陆德原创办甫里书院，一直延续到清末民国初年，为甪直培养了无数能人志士，积淀了深厚的人文素养。自宋至清，甪直陆续出了62位进士，数量之多，在江南古镇中名列前茅。甪直还是文人墨客向往之地，自唐代陆龟蒙、皮日休之后，宋代范成大、魏了翁，元代陆德原、赵孟頫，明代高启、沈周、董其昌、文震孟，清代李实、吴伟业、沈德潜、徐达源等名贤硕士，均与甪直结下不解之缘，为甪直人文添彩增光。民国初期，甫里小学改称吴县县立第五高等小学，吴宾若、叶圣陶、王伯祥等相偕任教，大胆创新，薪火相传。1920年，甪直青年金家凤假称留学法国，将父母给的6000银元悉数捐给陈独秀作为建党经费，在中共初创时期立下汗马功劳，令人击节赞叹。当代甪直，一镇出了三位院士，在全国乡镇中，又能有几个可与之媲美！外来的人到甪直创业定居，甪直人到外面的世界发光发热，正是在这样的交互中，补了遗憾，圆了梦想。

甪直人心灵手巧，唐朝就出现了制作农具的手工业作坊。明清时期，出现了石材加工、草席编织等手工业，当年的金行浜、丝行浜、石家湾等地名，见证了当时各行业的兴旺。民国时期，甪直镇领风气之先，开办了发电厂、电话局、碾米厂、面粉厂等现代工业企业。中华人民共和国成立后，甪直的县属工业、乡镇工业、外向型经济，无不成为兄弟乡镇学习的标杆。21世纪，甪直镇实施“人才强镇、智造甪直”战略，推行“二次创业、转型创新”的发展之路，设立了科技创业园和模具产业园，为新一轮的展翅高飞积蓄能量。

甪直是苏州东部的商品集散地，历来商业兴盛，称雄一方。秦汉时就出现了集市，明清时期，市镇繁华，商贾云集，时称郡东乡镇之首，是蚕茧、丝绸、大米、水产的集散地，百舸争流，成就一处锦绣水乡。中华人民共和国成立后，全镇商业呈渐进式发展趋势，市场繁荣，形式多样。2000年后，古镇老街、晓市路、迎宾路、海藏路、鸣市路等地段商铺林立，连锁超市、专卖店、小吃店鳞次栉比，呈现出前所未有的繁华景象。日益成熟的旅游业带动了商业的持续兴旺，商业的欣欣向荣又促进了旅游业的持续发展，行业之间有机融合，相互促进，为甪直镇的全面协调发展保驾护航。

如果说水是甪直明亮的眼睛，那么，桥便是眼睛上弯弯的眉毛，眉目传情，情深意长。站在桥上，过往的面庞，飘去的背影，惊鸿一瞥，思念慢慢发酵，擦肩而过便成了没齿难忘。那悠悠长长的河道，大大小小的桥梁，历尽了桨声灯影和吴歌悠扬；那高高矮矮的民房，宽宽窄窄的街巷，送往迎来，忘不了的仍是那“撑着油纸伞如丁香一样的姑娘”。若能静下心来，漫步街头，各式石桥便尽收眼底，连同水中的倒影，两岸的人家，都是人生旅途的丰富典藏。清风明月，灯火人声，多少故事已随风而逝，而小桥流水人家，还在伴随不老的时光，坚守历久弥新的风尚。

甪直古镇牌楼上的楹联“古镇远扬名为存罗汉杨家塑，唐诗晚开照来拜江湖甫里祠”，点明了甪直保圣寺的罗汉像出自“塑圣”杨惠之妙手，甫里先生祠是甪直人为了纪念晚唐诗人陆龟蒙而建。陆龟蒙、保圣寺、叶圣陶、万盛米行，是甪直公认的标志性符号，也是甪直从古至今一脉相承的文化印记，具有广泛深远的影响。甪直是国家重点风景名胜太湖景区之一，旅游资源丰富，遗迹留存众多。保圣寺、陆龟蒙遗址、沈宅、叶圣陶纪念馆、甪直历史文物馆、甪直水乡妇女服饰博物馆、萧芳芳演艺馆、王韬纪念馆、万盛米行、水乡农具博物馆、张陵公园、水道驳岸及古桥、江南文化园、澄湖生态农业园等，无不显现甪直历史久远、环境优美、前景宽广。

人最美的品格是善良。甪直让人敬佩的地方，不仅是人杰地灵，物阜民殷，还因先富起来的甪直人，总是扶危济困，不忘回报家乡。世事变幻莫测，难免有天灾人祸，难免有贫病交加，若能伸出援助之手，救人于危难之中，便是功德无量。明清时期，许自昌家族的赈灾粥厂、严兆麒家族的义庄、金三才家族的同仁堂、蒋德峻家族的育婴堂、安徽人创建的徽州会馆、沈宽夫家族的乐善堂常年经营慈善事业，深获吴昆两地各界的赞扬。1994 年起，甪直镇长期开展“三百活动”，即为群众办百件好事、扶持百家贫困户和百名贫困学生。从而，困难家庭得到了帮助，贫困学生得以顺利入学，残障人士得到照顾。2010 年起推出居家养老服务，以适应老龄社会的公民需求，让老年人真正地老有所依、老有所养。

阅历人间春色，最爱甪直风情。甪直镇悠久的历史、优美的环境和深厚的人文积淀，孕育了甪直独特的群众文化、服饰文化和饮食文化。甪直水乡妇女服饰，别出心裁，风姿绰约，是汉民族服饰的杰出代表，在江南吴地民俗文化中占有重要地位，体现着吴地人民卓越的创造才能。在保圣寺、在街头、在江南文化园、在市民广场，中老年妇女和年轻姑娘一起穿着水乡妇女服饰，挥动连厢载歌载舞，成为甪直一道亮丽的风景线，并且六上央视，大放异彩，吸引了无数海内外游客的目光。甪直宣卷、甪直连厢、甪直水乡婚礼、甪直山歌、甪直蒲鞋、甪直萝卜，这些具有浓郁地方特色的非物质文化遗产代表，在传承中保护，在保护中弘扬，越来越受到公众的欣赏。

甪直是闻名中外的千年古镇，是当地人赖以生存的家园，也是向世人展示独特魅力的旅游胜地。对于这方土地上的文物古迹，甪直人一向视若珍宝，就像爱护眼睛一样爱护美丽的家乡。《甪直镇总体规划》《甪直历史文化名镇保护规划》的先后出台，甪直旅游服务公司、古镇管委会的相继成立，古镇修复工程的有效实施，让甪直古镇的保护与开发走上了科学、健康、有序的道路。古镇片区运用“保圣寺罗汉塑像”和“水乡妇女服饰”两大国宝级旅游品牌效应，按照文脉、水系、水乡建筑风貌三大特色，对古镇进行多层次保护和开发；新镇片区按照“以城建镇”理念，重点开发吴淞江商务区，全力打造模具装备、节能环保、汽车展销、滨江商住和总部经济五大产业，实现绿色创新发展；农业园区围绕澄湖农业生态园，以水稻、“水八仙”、水产、绿地湿地“三水一绿”为重点，建设农业小镇、生态小镇、绿色小镇，打造苏州上海的后花园，成就宜居宜游的新水乡。

经济繁荣、社会和谐、城乡协调、生态优良、特色鲜明的历史文化名镇——甪直，未来必将更加美丽，更加辉煌。

天下周庄[①]

西晋永宁元年（301 年）的秋天，秋风吹拂，明艳的黄叶从树上飘落，在洛阳任职的江南名士大司马东曹掾张翰触景生情，想念起千里之外江南故乡吴郡的菰菜、莼羹、鲈鱼脍，写下了《思吴江歌》：“秋风起兮木叶飞，吴江水兮鲈鱼肥。三千里兮家未归，恨难禁兮仰天悲。”史书记载了他那一刻说的话：“人生贵得适志，何能羁宦数千里以要名爵乎？”这个向往精神自由的人递交了辞呈，返回故里，游钓于南湖之滨。他的这一率性成就了中国历史上“莼鲈之思”的佳话。继张翰之后，唐大和六年（832 年），太湖下游地区发生水灾，哀鸿遍地，苏州刺史刘禹锡开仓赈灾，免赋减役，被朝廷治罪。离任后的刘禹锡“悠游览胜烟波”也来到了周庄，寓居在南湖边清远庵。令张翰没有想到的是，他归隐的莼鲈之乡和刘禹锡悠游览胜的地方会成为世人共同向往的梦乡。

周庄位于五个湖泊的中心地带，镇北的急水港是联系苏、浙、皖、赣等省的要道，是来往船只避风和补充给养的良港。周庄镇的兴盛与这条水道有着密切的关系。清嘉庆《贞丰拟乘》记载，流经周庄的白蚬江（急水港）“原名东江，为太湖主要泄水道之一，太湖东流水经此入淀山湖”。1974 年，复旦大学历史地理研究所谭其骧教授经过实地考察，认定大禹治理太湖时开凿的“三江”（吴淞江、娄江、东江），其中东江的故道就在白蚬江的江底，湖中有东西向深槽，宽 20 ～ 30 米，深 10 米以上。这条古老的东江出太湖，越大运河，东北走浏河入海，自古就是重要的泄洪通道和水运航线。元代，浏河港是重要的国际贸易港口，而东江正是太湖流域腹地与浏河港连接的重要通道。元至顺元年（1330 年），沈万三及其父沈祐由湖州南浔迁居周庄，躬耕起家，正是依靠着这条

① 选自江苏省昆山市周庄镇志编纂委员会编：《中国名镇志丛书 · 周庄镇志》，2016 年出版。

东江通道开展通番贸易，由此成为江南首富，被后世誉为“财神”。周庄因沈万三而人丁渐盛，遂成市镇，明初始称周庄镇。

镇外湖荡环列，镇内河港交叉，构成“井”字形骨架，临水成街，因水成路，以水兴镇，以水成市，以水得利，带动了周边农村经济的发展，成为这个地区手工业和商品集散中心，以粮食、棉布、竹木器、水产为基本行业。周庄的中市街、北市街、城隍埭、后港街等布满了店铺。这种兴盛的水乡集镇风貌一直维持到20世纪30年代抗日战争爆发前。清代末年，反清革命运动风起云涌，周庄成为近代文学革命团体南社的重要活动地，柳亚子、陈去病等一批南社人士在此诗文唱和，迷楼雅集成为近代佳话。

中华人民共和国成立之初，因战后凋敝，交通不便，周庄封闭沉寂，不为外界所知。20世纪70年代末，苏州画家杨明义因一张民国老照片偶然发现周庄，那时的周庄古老、质朴、宁静而含蓄，清末民初时的江南遗风古朴宜人，移步换景，完整的水乡格局令他激动万分。杨明义在书画圈内奔走相告自己发现周庄的信息，并先后写信介绍给自己景仰的画家吴冠中、华君武以及好友陈逸飞。1983年，留学美国的陈逸飞以周庄的水乡风景创作成《故乡的回忆》等一批画作。1984年，美国西方石油公司董事长阿曼德·哈默访华，将《故乡的回忆》赠送给中国改革开放的总设计师邓小平。其后，这幅作品被选为联合国国际邮票节的首日封图案，经新闻媒体的宣传，周庄古镇在海内外声名鹊起。

周庄被“发现”后，经历了十年保护、十年开发、十年发展的历程。

20世纪80年代初，中国思想家研究会秘书长潘群为研究沈万三来到周庄，发出“沈厅不亚于孔府”的感叹。东南大学建筑系著名教授潘谷西称“沈厅的整体建筑在江南水乡不可多得”。著名古建筑学家罗哲文说“周庄不仅是江苏的一个宝，而且是国家的一个宝”，让周庄人意识到古镇保护的重要性。1986年，周庄人在维修沈厅时，同济大学教授阮仪三也来到了周庄，用一个暑假的时间，带领同济大学建筑系四五十位学生，仔细勘察了周庄全镇，回到学校后，根据实际测绘的数据，把周庄的每条河流、每座古桥、每栋房子都画了下来，这是人们能够看到的历史上最完整地记录周庄全貌的图纸。几个月后，阮仪三带来了另外一张图纸——周庄发展规划图，上面有3个圆圈，划定了周庄老区、新区和工业区的位置，其中0.47平方千米的老镇区是规划中的古镇保护区。这一总体性保护规划，确定了“保护古镇、建设新区、发展经济、开辟旅游”的发展原则。新区、古镇区功能分开。用地布局上，在新老区之间留有过渡空间，且能有

个很好的衔接点。既保护了古镇古色古香的传统风貌、民俗风情，又考虑了社会、经济发展所需的空间。正是因为这一规划，周庄的古镇保护从最初的沈厅扩展到整个古镇区，从而使古镇区整体得到了完整保护。正是因为这一规划，后来周庄所有的工业建设都止步于古镇区，周庄古镇得以保全。

1989 年 4 月 1 日，修复后的沈厅正式对外开放，卖出了第一张 6 角钱的门票，标志着周庄旅游迈出了第一步。其后，周庄又陆续开放了张厅、迷楼、叶楚伧故居三个景点，慕名到周庄的人越来越多。1995 年，周庄把整个古镇作为一个景区统一对外发售联票，将古镇景区的众多景点“集体打包”，以“中国第一水乡”的品牌推向海内外，从此迈上了一条全新的发展轨道。1996 年，周庄在全国乡镇中率先举办由国家旅游局主办的中国周庄国际旅游节，其后一年一届。1995—2005 年，周庄经历了以旅游为主体的十年发展。民俗周庄、生活周庄、文化周庄成功开创了江南水乡古镇游的先河，周庄成为国内外著名旅游景区。

经过十年保护、十年发展，周庄旅游业的“繁荣”超乎想象。1999 年，周庄接待中外游客 125 万人次，2001 年突破 200 万人次，2006 年突破 300 万人次。过多的游客使规划每天最大游客容量 6000 人的古镇不堪重负，旅游严重超负。旅游带来了全镇繁荣，也一定程度上掏空了小桥流水的文化意境。2005 年 2 月，发生了一桩对周庄来说极不寻常的风波，当年旅游联盟合作峰会在周庄举行，由于周庄门票从 60 元涨到 100 元的提价问题，与会的上百家旅行社批评周庄商业味太浓、古镇保护不力，决定不再向游客推荐周庄游，集体“封杀”周庄。

这场巨大的风波，成为周庄旅游发展的一个重要转折点。周庄的领导意识到，在市场经济条件下，只把旅游作为单一的产业是十分危险的，如果旅游业还只停留在观光层面，不全面转型，周庄未来的路可能将越走越窄。为此，周庄提出了从 2005 年起的十年提升战略，提出旅游、高新技术制造、文化创意三大产业转型升级，建设国际知名的文化古镇、旅游名镇、创意新镇。2005 年起，周庄主动适应整个旅游从观光型向休闲度假型转变的趋势，率先提出古镇要走向国际化。围绕“国际周庄”品牌的打造，周庄大胆地提出“将原来 0.47 平方千米的古镇旅游，扩大到全周庄 38.96 平方千米，并确立大景区、大旅游、大发展的概念”。在旅游产品上，围绕“古”“夜”“水”，周庄新开发了古镇水巷游、环古镇水上游、万三财运之旅、水乡玫瑰婚礼、江南采珠游等。旅游形态以古镇旅游为核心，围绕吃、住、行、游、购、娱的旅游六要素延伸转型，形成一批以《四季周庄》实景演出、昆曲展演为代表的演艺娱乐项目。旅游从古镇延伸到农村，农家乐、民宿客栈等旅游产品亦在周庄发展起来，与之相配套的商务、经济型酒店和围绕农业休闲设计的商旅项目也逐步推出，周庄旅游已经开始从单一的观光型向休闲度假的综合型转变。与旅游业相融合，周庄开始把文化创意产业作为新的发展方向，初步形成以中国八大美术学院写生创作基地——周庄画家村和画工厂、国际艺术品博览中心为载体的艺术品交易产业链，使周庄成为华东地区最大的生产、展示和销售艺术品的中心场所。以设计孵化中心、富贵园、江南人家、大陆首个台湾怀旧主题风情老街——爱渡风情小镇为集聚区，周庄形成创意设计产业链，吸引工业设计、动漫设计、建筑设计、平面设计等国内外知名设计机构入驻园区。周庄还拿出一些有特色的老房子打造成艺栈，还原古镇部分街区、民宿、客栈的历史风貌，使其成为传统文化的物质化体现，花间堂人文客栈、贞丰轩客栈等先后投入运营；古镇区内逸飞之家、马晓辉文化沙龙、古琴雅集、摄影沙龙等一批文化、艺术名人工作室相继开设。

周庄，如同沈万三的聚宝盆一样，是历史留给当代中国的宝贵财富。正如建筑大师贝聿铭所说“周庄是国宝”，周庄是江南水乡的典范，是江南文化的一个缩影，同时也是向世界展示中国历史与文化的一扇窗口。在江南以外的远方客人眼里，它是画里烟水，对繁华都市的居民来说，它是梦中天地，而在生活日趋现代化的乡镇人看来，它则是旧日家园。千千万万的人来到周庄，其实是来寻找心中的故乡、遗失的故乡，重温残缺的故乡梦。周庄为每一个现代人提供了“精神故乡”，让他们回味说不尽的“故乡的回忆”，周庄就是每个游子“他乡的故乡”。

吴跟越角话枫泾[1]

枫泾，天泽地润。浙江天目水脉自西而来，上海浦江潮汐由东而至，共同滋润着这方土地；枫泾，一镇横跨吴越两地，依嘉禾之胸怀，挽茸城之臂弯。国画大师程十发赞之："两个母亲共同喜欢这个孩子。"

枫泾地接吴跟越角[2]之气，时承海派文化之灵。枕涓涓江南之水，溯悠悠历史之源，枫泾曾有过多种称谓：白牛村、白牛市、白牛镇、枫溪，后为纪念名人陈舜俞的清风亮节而改为清风泾、风泾，明末正式定名为枫泾镇。因境内林木荫翳，庐舍鳞次，清流急湍，遍植荷花，故又有荷叶地、芙蓉镇等雅称。正如枫泾牌楼对联所描绘的那样："清泾似练满城瑞气出芙蓉，万枫如丹一天秀色连吴越。"又曰："南北峙分历经五朝终归一镇，古今融汇垂信八极长治万年。"清代"镇界全图"的牌楼处有座桥，桥堍北面刻有"商"字，南面刻有"量"字，意即南北两镇有事好商量。南北以界河为界，长久分治，南属浙江，为越地；北属江苏，为吴地。直到 1951 年 3 月才归江苏一地管辖，1958 年划归上海。

枫泾在马家浜文化时期，已有先民繁衍生息。南朝梁天监元年（502 年）已成村落。超逸道人张半山指仁济道院址曰："此福地，若建道院，民安物阜。"于是众捐资建院，人气日盛。至明末，枫泾与盛泽、南浔、王江泾成为江南"四大名镇"。枫泾四乡，坊间村落，机杼声声，衣被天下，食供八方。跟随郑和七下西洋的御医陈以诚是枫泾人，他带着家乡的土布行天下。"收不完的魏塘纱，买不完的枫泾布"，道出了当年南镇、北

① 选自上海市金山区枫泾镇志编纂委员会编：《中国名镇志丛书·枫泾镇志》，2016 年出版。

② "吴跟越角"：特指枫泾地处吴越交界的地域关系。"跟"是指脚跟，"角"是指头角。意为吴的"脚跟"与越的"头角"相互交会在一起。

镇自然分工的纺织产业链。

综观历史，政通人和，和则兴，反之则乱，则衰，其规律在枫泾也得以验证。枫泾水陆交通便捷，又处两省市的分界线上，历来为兵家必争之地。春秋战国，吴越相争，刀光剑影，这里是古战场。

明嘉靖三十三年（1554 年），倭寇屡犯枫泾，烧杀抢掠，无恶不作，境内百姓流离失所。枫泾百姓与官兵奋力围剿，至嘉靖三十五年（1556 年），倭患始绝。

清康熙初年，枫泾镇上布局林立，各家布局雇佣的江宁（今南京）染匠、砑匠们背负官府和坊主的双重压迫，不堪重负。清康熙二十二年（1683 年），染匠、砑匠们集体罢工，遭到血腥镇压，被杀者有数百名之多，酿成“虹桥血案”。这一事件在中国历史博物馆的展览中被称为“中国最早的工人罢工运动之一”。自此枫泾的布业也遭到打击，由盛转衰。

清咸丰十年（1860 年）至同治二年（1863 年），太平军与清军在枫泾展开拉锯战，时任江苏巡抚李鸿章亲临督战。四年战事，枫泾百姓死伤无数，数百商铺民房变成瓦砾，寺庙、园林等名胜古迹被毁 20 余处。枫泾大户人家因战事十有八九迁往异地，致使许多族谱、家谱无法续修。枫泾又一次遭遇衰落期。

1937 年，侵华日军从金山卫登陆，一路烧杀抢掠，狂轰滥炸，刚刚恢复元气的枫泾又遭受严重打击。房屋被烧毁 2693 间，居民被杀 110 多人，至今在古镇油车弄里还保留着日军暴行的“弹痕墙”。

枫泾英雄儿女铁肩担道义，热血铸辉煌。1928 年，陈云领导的“枫泾暴动”，惊心动魄。中国共产党党员袁世钊、陆龙飞，为了中华人民共和国先后英勇就义，可歌可泣。

1949 年 5 月枫泾解放，迎来了前所未有的发展期，但道路并不平坦。砸烂一切的“破四旧”，给传统文化带来了浩劫，枫泾大量的庙宇、祠堂被毁，族谱、家谱被抄，并被付之一炬，大量文物被毁，直到“文化大革命”结束，才开始慢慢恢复元气。

枫泾“三步两座桥，一望十条巷”。许多村庄依水而建，镇上周围水网遍布，镇区河道纵横交叉。古镇区内保存着 5 万多平方米的明清建筑群，灰墙黛瓦，枕河人家，尽显吴越水乡古韵。和平街、生产街、北大街、中大街、南大街、友好街、河沿街等保存较为完好。著名的小巷里弄有圣堂弄、冯家弄、思古弄、曹家弄、油车弄、莫乃弄等，著名的桥有致和桥、泰平桥等。河流、船、桥、房屋、街坊、里弄、石板、店铺、树木、行人，车水马龙，熙熙攘攘，俨然一幅枫泾版的《清明上河图》。

千百年来，枫泾人民用智慧和勤劳的双手创造了丰富多彩的文化遗产。其中物质文化遗产有：上海市文物保护单位3个（5处），金山区文物保护单位5个，金山区登记不可移动文物点7个，第三次全国文物普查登记点25个。还有许多因天灾人祸湮灭的文物，使人除了敬叹，更有扼腕！非物质文化遗产有市级4个、区级3个，体现了枫泾人民的智慧和创造力。

“枫泾寻画”是枫泾一道亮丽的人文风景。人们置身于枫泾，不管是乡间，还是镇上，都可以步移景换，处处入画。同时，枫泾产生了诸多闻名遐迩的大师级画家。宋代画家李甲擅长花鸟画，灵秀生动，同时代的苏轼为他的《喜鹊图》题诗：“闻说神仙郭恕先，醉中狂笔势澜翻。百年寥落何人继？只有华亭李景元。”元代大画家张观传世作品《山林清趣图》卷和《疏林茅屋图》卷收藏于北京故宫博物院,《月下人物图》册页收藏于美国纽约大都会艺术博物馆。明代陈继儒《梅花图》轴收藏于北京故宫博物院,《梅花图》册（八页）收藏于日本东京国立博物馆。明末清初枫泾出了大画家项圣谟，清代道光年间枫泾出了一位海派先驱画家黄鞠。枫泾有一位画坛圣杰俞明，是我国近代最早学习西洋画的画家之一。现代枫泾有“三画”：程十发的国画，丁悚、丁聪父子的漫画，金山农民画。枫泾是金山农民画的发源地、中国农民画村所在地，金山农民画的代表人物有曹秀文等。曹秀文的《渔家乐》，美国前国务卿基辛格谓之“构图巧妙，一个小池塘就是地球村，一张渔网就是互联网，把全世界的人联系在一起了”。曹秀文用画的语言与世界沟通，表达的是人类共同的心声；画的是普通的农家生产，沟通的是整个世界。

有道是：“话不足，则歌之；歌不足，则舞之。”在吴越文化和海派文化的熏陶下，当代的枫泾人学会了用故事去表述，涌现了故事大王郁林兴、唐秀芳等；用歌声去表达，成功地举办了一届届“十月歌会”；更有古戏台好戏连台、载歌载舞，吸引着八方游客。

地以人而名，人以地而杰。在唐代，当中华文明的中心还在黄河流域时，枫泾已走出了中国古代十大名相之一的陆贽，北宋有被苏轼誉为“学术才能兼百人之器”的名士陈舜俞。陆贽令天子动容，苍生仰望，是何等的大家风范；陈舜俞冠制科，文章彪炳，又是何等的儒雅。正是陆贽主持殿试主考时，韩愈、柳宗元先后考上了进士；陈舜俞与王安石、曾巩、苏轼、苏辙等都是欧阳修创办的庐陵学派中的佼佼者。在婚姻十分讲究门当户对的年代，陈舜俞还与北宋著名的政治家、文学家、军事家范仲淹攀了亲家。这样算来，枫泾的这两位先贤与“唐宋八大家”等名人之间的关系非师即友即亲，想当初他们指点江山，激扬文字，潇洒自如，风光无限。

枫泾虽然是小地方，但大人物却不少。屈指数来，宋代有诗人、画家李甲；元代有教育家戴光远；明代有学官支大纶、大文人陈继儒、御医陈以诚；清代有二品大员谢墉、状元蔡以台、三品真人娄近垣；现当代有原民革中央主席、全国人大常委会副委员长朱学范，国画家程十发，漫画家丁悚、丁聪，围棋国手顾水如，教育家吴若安，等等。经考证，枫泾历史上出过状元 3 人、榜眼 1 人、进士 56 人、举人 122 人。其中任宰相 3 人，外任知县、知州、知府 111 人。现当代又出了那么多人才，可谓英才辈出。放眼枫泾英彦，群贤毕至，他们为枫泾留下了许许多多诗文著作，名人名作争领风骚。他们来自不同的家族，济世兴邦，为族人争气，为枫泾争光。

佛教、道教、天主教、基督教在枫泾和谐并存，实属罕见。三国时期佛教已传入枫泾，建梧桐禅院。唐朝以后，佛教日渐兴盛，至清朝中叶，枫泾佛教庙宇众多。道教文化也源远流长，仁济道院建于南朝梁天监元年（502 年），唐朝贞观十九年（645 年）李世民赐“仁济道院”匾额。清光绪三十四年（1908 年），枫泾镇区寺观有 79 座，解放前夕枫围乡尚有寺庙 52 座。枫泾的天主教始于清朝。枫泾的基督教始于民国初年。千百年来，不同的宗教文化在这块土地上汇集交融，和睦相处，彼此尊重，体现了枫泾人宽容的性格和善良的品德。

枫泾的界河文化是吴跟越角的象征。一年四季，年年月月，虽然界处吴越交会之处，口语、文化、习俗、特产各有不同，但千年并存、和谐融洽，自然形成两地文化，你中有我，我中有你，互为补充，相得益彰的独特境界。

古镇为文脉所系，原貌依旧，盎然古意；古镇保护与开发并举，以历史文化为载体，人文旅游方兴未艾。新镇建设，继往开来。1995 年，枫泾被列为全国 500 个小城镇改革试点之一，20 年的探索建设，步履铿锵。新枫泾初具规模，与古镇新旧交辉。

枫泾田沃水秀，物产丰富，物华天宝。宜稻宜麦宜果蔬，素称“鱼米之乡”。枫泾布、薄稻（枫泾晚粳水稻品种）远近闻名，枫泾猪宛如大熊猫一般珍贵，上海市人民政府拨专款进行保种培育。著名的特产枫泾丁蹄、状元糕、天香豆腐干和金枫黄酒被誉为“枫泾四宝”。枫泾工业形成以新能源及通用机械、汽车及零部件、纺织服装及服装机械、黄酒酿造及特色食品为主的“四大主导”品牌，农业、商贸、金融、旅游和社会事业全面发展，人民生活水平不断提高。

改革开放给枫泾这块古老的土地注入了新的活力，精神文明与经济建设比翼齐飞。

2000 年，建成上海市卫生城区后，陆续被评为国家卫生镇、全国文明镇。2005 年 9 月，被列为“中国历史文化名镇”。2007 年，古镇旅游区成为国家 AAAA 级旅游景区。2009 年 11 月，古镇入选“新沪上八景”之一。2014 年，枫泾古镇入选中国最具价值文化（遗产）旅游目的地，列中国建制镇综合实力百强第 66 位，被评为国家级生态镇。

天道健行，地势厚德。枫泾秉承吴越久远之文明，融汇海派文化之精华，必将谱写新的华章！

万里长江第一镜①

一

李庄镇，位于北纬 28° 48'9" ～ 28° 48'13"，东经 104° 47'31" ～ 104° 48'11"。坐落于四川省宜宾市长江下游 19 千米的南岸边，上距宜宾机场 32 千米，下距南溪县城 24 千米。长江干流金沙江段，在三江口宜宾城接岷江后，始称长江。长江流淌首经李庄，李庄镇以其地理优势和抗战文化知名，素有“万里长江第一镇”之称。

全镇平均海拔 260 ～ 361 米。系亚热带湿润性季风气候，年平均温度为 18℃具有气候温和，雨量充沛，冬无严寒，夏无酷热的特点，全年无霜期为 350 天，属丘陵和浅丘地带。年平均降水量为 1190 毫米。

2014 年，全镇辖区面积 71.52 平方千米，场镇建成面积 2.5 平方千米。辖 23 个村（社区），149 个社和 78 个居民小组。总人口 4.6 万人，其中非农业人口 1.5 万人。辖两个场镇社区（同济社区和奎星社区）。

二

南朝梁大同十年（544 年）设六同郡、南广县，郡治、县治同在李庄对岸，李庄属南广县。隋仁寿二年（602 年）初，南广县改为南溪县。李庄在梁、隋、唐、宋时曾作

① 选自四川省宜宾市翠屏区李庄镇志编纂委员会编：《中国名镇志丛书·李庄镇志》，2016 年出版。

为戎州州治及南广县、南溪县县治共计400多年。

清雍正时，李庄镇隶属于南溪县上桂里。解放后，李庄镇为南溪县第三区区公所驻地，1956年为南溪县属镇，1960年又恢复为李庄区区公所驻地。1984年1月，李庄从南溪县正式划归宜宾市（县级市）。1992年9月撤区并乡建镇，由原来的李庄区公所、文化乡、麦坝乡、李庄镇合并组建成新的李庄镇。

三

明清以来，李庄商贸繁荣，人流如织，是川南数十个镇乡的粮食、食盐、食糖制品主要集散地。地方美食以“一花二黄三白”最为著名。“张家的顶子，罗家的银子，黄家的碇子”，这句清朝以来广泛流传的俗语反映了李庄当地大姓旺族的概况。各行业和帮会云集，为李庄留下了大量庙宇宫殿兼帮会聚集场所建筑。具有一定规模和影响的是“九宫十八庙”，现保存完好的有：紫云宫、真武宫、桓侯宫、南华宫、禹王宫（现慧光寺）、天上宫（现玉佛寺）、东岳庙等。奎星阁、旋螺殿、百鹤窗、九龙石碑，被抗战时期迁居李庄的梁思成誉为“李庄四绝”。李庄镇现有国家级文物保护单位两个：中国营造学社旧址、旋螺殿。省级文物保护单位四个：原国立中央研究院李庄旧址、张家祠、东岳庙、禹王宫。

1918年前后，朱德曾在李庄留下探索的足迹和动人的故事。1928年4月7日，由中共南溪县委和川南特委组织并领导，七千余众参与的“南溪农民暴动”爆发，在李庄镇打响席卷全县、影响全川的“四川工农武装革命”第一枪。

“同大迁川，李庄欢迎，一切需要，地方供给。”抗日战争时期，一纸十六字电文，不仅开启了李庄与同济大学的缘分，也为抗战时期中国学术的命脉找到了一处避风之所。1940—1946年，国立中央研究院部分机构、国立中央博物院筹备处、国立同济大学、中国营造学社、北京大学文科研究所等近十个文化教育科研单位迁驻四川李庄长达6年之久。其间，教授学者们不仅取得了丰硕的科研成果，而且为国家培养了大批栋梁之材，留下了大量富有人文色彩的传奇佳话。吴孟超、王守觉等大批知名专家至今仍十分依恋“第二故乡”李庄。《留别李庄栗峰碑铭》《李庄同济广场纪念碑碑铭》饮誉中外。作为中国抗战大后方的四大文化中心（重庆、成都、昆明、李庄）之一，坚持文化抗战的四川李庄，被誉为“中国文化的折射点，民族精神的涵养地”。

1950年李庄镇人民政府成立之初，国民党残余势力与李庄一带土匪相勾结，大肆进行破坏颠覆活动，李庄人民为保卫新生红色政权与土匪展开了战斗。在此次“李庄保卫战”中英勇牺牲的解放军、征粮队员和贸易公司职员共9人，被人们尊称为“九烈士”。

1963年建九烈士纪念碑，1971年迁建九烈士墓。

四

1974年，李庄镇实现村村通广播。1986年实现村村通公路。1992年被命名为四川省历史文化名镇。1995年被列为全国500个、全省200个小城镇建设试点镇之一。1997年，全镇成建制达小康水平。1998年，李庄到宜宾的三级水泥公路建成通车。2005年，李庄镇入围中央电视台年度中国魅力名镇前26名，被评为“中国历史文化名镇”，大型电视文献纪录片《中国李庄（1940—1946）》在央视播出。2008年，李庄古镇成功创建为国家AAAA级旅游景区。2010年，被省文化厅确定为“四川乡村文化旅游示范城镇”“四川最美古镇”，被环保部确定为“全国环境优美乡镇”。2011年，李庄白肉入选央视综艺频道《欢乐中国行·魅力宜宾》节目，李庄草龙被列入第一批四川省非物质文化遗产扩展名录。2014年，李庄镇被省发改委、省住建厅确定为“川南十大魅力乡镇”。2015年秋，李庄古镇旅游景区在闭关打造后，全新升级，更具人文性和观赏性。

中国移民纪念地[1]

松口镇位于广东省梅州市梅县区，是梅江下游一个依山傍水的小盆地，镇域面积328.6平方千米。因地处松源河注入梅江的入口而得名（另说，该地有松柏圩和溪口圩，故合称“松口”）。松口坐落于闽粤赣三省要冲，东北连接闽西，东南直通潮汕地区，水上交通发达，是客家人入广东、下南洋的迁徙要道。因河而兴，因侨而名。

松口镇是千年古镇，早在南汉乾和三年（945年）建镇，迄今逾千年，为岭南四大古镇（梅县松口、惠州博罗、顺德杏坛、潮汕澄海）之一。松口镇是客家重镇，宋代以降，松口各姓氏先祖从闽赣陆续迁入，筚路蓝缕，渐成闽粤赣商贸集散地，在明清时期即为嘉应州（今梅州）繁华乡镇。松口镇是著名侨乡，宋代伊始，特别是清末民国初期，梅州乃至闽粤赣客家人从此向海外迁徙、出海寻梦，成为世界客侨“海上丝绸之路”的始发地、客家人“印度洋之路”的第一港。截至2015年，松口镇户籍人口6.73万人，而旅居海外华人华侨却有8万多人。松口镇因客侨文化底蕴深厚，素有“文化之乡、山歌之乡、华侨之乡”美誉。

2012年，松口镇被联合国教科文组织确定为“中国移民纪念地”；2014年，松口镇获评“中国历史文化名镇”“全国重点镇”；2015年，松口镇获评“中国华侨国际文化交流基地”。

---

① 选自广东省梅州市梅县区松口镇志编纂委员会编:《中国名镇志丛书·松口镇志》，2017年出版。

向南

“亦余心之所善兮，虽九死其犹未悔。”

千百年来，客家人从中原辗转迁徙，颠沛流离，但始终坚韧不拔，勇于拼搏。如同被命运之神安装了指南针，闽粤赣地区的许多客家人，又从松口再次向南出发，目的地：南洋（南洋是明清时期对东南亚一带的称呼，包括今马来群岛、菲律宾群岛、印度尼西亚群岛，也包括中南半岛沿海、马来半岛等地）。

松口人下南洋的历史，远可溯到700多年前。南宋景炎二年（1277年），元军南攻赣闽粤，右丞相文天祥先后在赣州、嘉应州等地招募义军，起兵勤王。仅松口一地便有卓谋等800多人从军抗元。次年十二月，文天祥在海丰五岭坡战败被俘，余部退至新会崖山，又遭元军伏击，幸存的卓谋等10余人，伐木架舟，漂流南渡到婆罗洲（今加里曼丹岛）定居。

清同治年间（1862—1874年），太平天国康王汪海洋兵败嘉应州，太平军中有不少松口人，这些人害怕株连家人，也逃往南洋避难。

19世纪60年代，西方列强先后在东南亚开辟商埠，急需大量劳动力开发东南亚，从中国沿海各省掳掠大量劳工，各地亦有乡民卖身充当“契约华工”（俗称“卖猪仔”）；而客家山区人稠地狭，生存艰难，不少客家人便远走他乡，另谋生路，逐渐形成客家人“丁满十六出南洋”的传统，掀起“下南洋”的移民浪潮。

松口是闽粤赣地区客家人从水路向海外迁徙、出海寻梦的始发站。人们取道松口，沿梅江，转韩江，直达潮州柘林港或汕头港，再乘木船、舢板、帆船、“大眼鸡”商船等，漂越太平洋、印度洋，近者到达东南亚，远的到达非洲南部，形成一条南洋古道。（也有人由珠江水域甚至从陆路出洋。）

19世纪末20世纪初，清廷解除“华侨海禁”，加上国内兵连祸结，客家人出洋之风更盛，将持续近百年的“下南洋”移民潮推向高峰。20世纪30年代，松口的火船码头开通后，最多的时候有300多艘船只在这里停泊，每天有6000多人在此踏上越洋之旅。其间，松口人也大量远渡南洋，每年少则数十人，多则百余人。

漫漫长路艰险，九死一生而不悔。一代代的客家人从松口出发，衍播四海，开枝散叶，遍布南洋。在世界历史的舞台上上演一出客家人下南洋的大戏，奏响一曲中华民族闯世界的壮歌。松口也因之成为世界客侨“海上丝绸之路”——“印度洋之路”的第一港，成为全国著名的“华侨之乡”。

反哺

“慈母手中线，游子身上衣……谁言寸草心，报得三春晖。”

客家人到南洋后，或务农，或做工，或经商，他们继承祖先勤劳、智慧的基因，成为开发东南亚的主力军，成就了当地的繁荣。同时，不少佼佼者很快事业有成，也彻底改变了自己与家族的命运。

他们继承客家人爱国爱乡的优良传统，家国、亲人在心中重如泰山。

松口华侨解决自身温饱后，最牵挂的就是家乡嗷嗷待哺的亲人。“番邦赚钱唐山使”[客家人出洋又叫“过番（邦）”，“唐山”是海外华侨对祖国故乡的爱称]，这是他们下南洋的初衷，也是他们下南洋的夙愿。于是，侨汇源源不断寄回家乡，或由水客捎物寄钱，成为家乡亲人的主要生活支撑和家庭经济的重要来源。松口凭借地利，成为水客活动和侨批（银信合一的通邮方式）流转的枢纽，鸿雁传情。鼎盛时期，松口专设侨批局，办理国内外汇兑业务，营办的钱庄也兼办。多数过番者事业有成后，也回乡建房、买田，光宗耀祖。

许多侨贤侨领，心系家国，慷慨解囊，纷纷捐资或投资，反哺乡梓，支持家乡建设，造就松口的繁荣，助力民族的复兴。

清光绪三十年（1904 年），松口旅印度尼西亚华侨投资兴建潮汕铁路，这是中国首条侨建铁路。20 世纪 20 年代后，松口侨贤陆续在家乡投资办实业，先后兴建火船码头、坝头大街，捐建梅东桥，开设商行、酒店，开办纺织厂、造船厂、发电厂、火柴厂。古镇街区风貌和建筑景观表现出浓郁的侨乡文化特色，各式学校、民宅、商店、酒店、桥梁均具有中西合璧的建筑艺术特征。当时的松口，船来客往，商贾云集，“日看千帆过，夜观万盏灯”，繁华盖过嘉应州城，以至于有“松口不认州”的说法。海外寄回的邮件，信封上只要写明“中国汕头松口转某村某人”，即可送达，知名度之高可见一斑。

中华人民共和国成立乃至改革开放后，松口华侨、侨属又投资兴办松香厂、水电站、华侨戏院、毛织加工厂、大理石厂、水泥厂等一批实业。松口侨胞、港澳台胞纷纷捐资家乡公益建设，涉及教育、医疗卫生和道路桥梁、河堤码头等基础设施建设，各项捐资中，尤以教育捐资数额最大，更使松口客家人崇文重教的传统发扬光大。松口独秀粤东，华侨功不可没。

爱国

“灵台无计逃神矢，风雨如磐暗故园。寄意寒星荃不察，我以我血荐轩辕。”鲁迅先生的诗，道出松口华侨澎湃的家国情怀。

松口侨胞传承客家人勤劳忠义的精神，心系国家、民族的命运。资助革命，不惜倾家荡产。投身革命，不惜抛头颅、洒热血。松口侨胞英雄辈出，他们忠肝义胆，气贯长虹，彪炳千秋。松口也因之成为辛亥革命的纪念地。

清光绪三十二年（1906 年）春，在东京留学的松口人谢逸桥、谢良牧、温靖侯 3 人在日本横滨接受孙中山指令，回国组建中国同盟会岭东分会；同年八月，在铜琶村谢氏宗祠秘密召开成立大会，有 20 多名会员参加。光绪三十三年（1907 年）一月，中国同盟会岭东分会松口支部成立，会员有 31 人，秘密联络据点就设在松口的公裕源米店。松口支部成立后，分头联络嘉应五属地方开明人士加入同盟会，先后发展同盟会成员 1000 多人。光绪三十三年五月，潮州黄冈起义失败后，同盟会成员回到松口，借温氏精庐，创办松口体育传习所、松口体育会，培训革命军事人才，聘请同盟会会员为教师，招收学员 120 多人。这些学员，后来都成为孙中山在国内组织武装起义的骨干。其中，清宣统三年（1911 年）“三二九”广州起义，松口体育会就派遣 30 多名会员参加，其中有 20 多人壮烈牺牲。

松口华侨竭尽所能为孙中山领导的民主革命活动、为革命起义慷慨捐资，甚至毁家纾难。孙中山为松口侨贤梁密庵颁发的“旌义状”，仍陈列于松口中山公园密庵亭内。并题写“博爱”两字赠予张耀轩，亲书两副门联和一副对联赠予对革命做出重大贡献的松口籍侨胞谢逸桥、谢良牧兄弟。松口侨胞为中国革命立下了不朽功勋，在中国革命史册上写下光辉的一页。

思乡

“晴川历历汉阳树，芳草萋萋鹦鹉洲。日暮乡关何处是，烟波江上使人愁。”

游子最思乡，客家人的一个“客”字，道尽他们对故土的眷恋。

松口华侨的血脉中，有着客家人眷恋故土的浓烈情结。身漂南洋，心却始终指向北方——松口，那是家园，是根；“唐山”，那是故国，是魂。

怎么忘得了苍苍青山，茫茫梅水！记得火船码头的送别时刻，泪眼婆娑，难分难舍；记得耸立在梅江河畔的元魁古塔，目送孤舟起航，从此踏上茫茫的前途。盼望着有朝一日，逆流而上，还我故乡，重见元魁古塔，靠泊火船码头，再进松江大酒店，飞奔围龙屋，拜见老爹娘。

怎么忘得了“唐山妹”！当年，出洋者多为男青壮年，多数尚无妻室，到南洋艰苦创业，有些积蓄后，便与家乡亲人联系物色女子，待水客返乡复出时，把“唐山妹”带到南洋成亲。有些华侨后裔，遵从长辈之命，也委托水客从原乡带出“唐山妹”婚配。松口和梅州其他地方山多田少，生活艰难，许多姑娘都乐于过番做“番婆”。更令人难以割舍的是婚后留守家乡的“唐山妹”，日也盼，夜也盼，甚至有个别女子终生再没跟丈夫相聚，天长地久有时尽，此恨绵绵无绝期！

怎么忘得了松口一声“软过糯米羹”，化百炼钢为绕指柔，那是永恒的乡音，那是世上最动听的语言！怎么忘得了“自古山歌从（松）口出”的客家山歌！柔润婉转、旋律悠扬、情意绵绵，如同乡间清澈的小溪，从心田流过，沁入肺腑，那是心中不变的旋律。“此夜曲中闻折柳，何人不起故园情。”

怎么忘得了中秋的圆月、春节的欢笑、“扛公王”的热闹和“太阳日”的炒面。春节舞狮、元宵赏灯、端午赛舟、中秋对歌，那是松口侨胞永远的节日。一口梅菜，一个柚子，就能催人泪下。猪胆干、酿豆腐、杨梅圆、鱼散粉、企炉饼、仙人粄、沙田柚和下店阳桃，那是松口侨胞舌尖上的眷恋。

凡是和“松口”两字挂钩的事物，都是心中最柔软的部分，都能在心中激荡起阵阵涟漪，勾引起对故乡故人的思恋。魂牵梦绕，那般亲切。

寻根

白云悠悠，蓝天依旧。往事越千年，最忆是故园。

2004 年，联合国教科文组织发起纪念海外华人的“印度洋之路”项目。2012 年，松口被选择作为中国唯一的移民纪念地。这个移民纪念地是在全球建设的第七个，也是最后一个移民纪念项目。2013 年 10 月，中国（梅州）移民纪念广场建成，同时世界客侨移民展览馆落成，收藏海外游子萦怀桑梓和刻骨铭心的集体记忆，展示世界客都文化内涵。2015 年，松口镇又被列为“中国华侨国际文化交流基地”。

这里，是客家人开拓印度洋丝绸之路的第一港。松口火船码头，是移民之路的起点。有许多华侨后裔来到火船码头，面对滔滔江水，怀念逝去的岁月，循着祖辈的足迹寻根问祖。正对着火船码头的松江大酒店，是客家游子远渡重洋的见证人。中国（梅州）移民纪念广场，铭记着古镇昔日船来客往、商贾云集的繁华情景。元魁古塔，是松口侨胞记忆中永远的珍藏，伴随不老的时光，镌刻历史的印记。多姿多彩的客侨风情，引导游人穿越时空，阅读一部波澜壮阔的中华民族移民史，让世界了解松口，让松口走向世界。

有道是:“背井离乡过番去，魂牵梦萦寻根来。”

北疆锁钥　龙江明珠[①]

瑷珲，亦作“艾浒”“爱呼”“艾虎”“艾呼”“艾浑”“瑷瑚”“爱珲”，皆为满语（一说达斡尔语，意为“可畏”）的不同汉语音译，本意为“母貂”（aihuu），取名于瑷珲河，清代瑷珲古城，汉语称“黑龙江城”，满语称“萨哈连乌拉霍通”（sahaliyan wula hoton）。1956 年为更改生僻字地名，将“瑷珲”改为“爱辉”。2015 年 3 月，黑龙江省政府批准将黑河市爱辉区爱辉镇行政区名称用字恢复为瑷珲。

瑷珲镇位于黑河市爱辉区东南部、黑龙江中上游西岸，与俄罗斯隔江相望。滚滚的黑龙江水从城东流过。镇域东濒黑龙江，西依小兴安岭，南与坤河乡接壤，北与四嘉子乡相邻。城镇位于北纬 49° 30′、东经 126° 5′，距离黑河市区 32 千米。2016 年，辖区行政面积 211 平方千米，辖 16 个行政村 22 个自然屯，人口 10975 人、3072 户，其中，农业人口 8025 人、2218 户。吉黑高速、311 省道贯穿全镇，交通便利。

瑷珲镇域处于黑河盆地腹地，地势平坦，平均海拔为 125 米左右，土壤为肥沃的草炭土及沙砾土，属典型的沿江平原乡镇。境内河流纵横，气候湿润，雨量充沛，土质肥沃，素有“北国粮仓”之称。泉水发育的小片沼泽和丘陵，既是飞禽走兽的活跃天地，又是渔猎、畜牧的良好场所。2016 年，拥有耕地 11533 公顷，林地 2733 公顷，草原 1333 公顷，水面 667 公顷。

瑷珲镇历史悠久。据考古证明，早在 1 万年前的旧石器时代晚期就有人类活动。在区域划分上，先秦时期瑷珲镇域属东胡所辖。汉朝属乌桓，魏晋南北朝时期为鲜卑族居

① 选自黑龙江省黑河市爱辉区瑷珲镇志编纂委员会编：《中国名镇志丛书·瑷珲镇志》，2017 年出版。

地。唐朝时期，为室韦族居地由室韦都督府所辖。辽代归属西北路招讨司，金代归属蒲与路。元朝时期，瑷珲镇域属辽阳行省开元路。元朝政府为了沟通内地与边疆的联系设立了许多“站赤”，其中失宝赤万户府，即为黑龙江中上游地区的政治中心，有学者考证该城位于历史上的江东六十四屯区域（今属俄罗斯阿穆尔州）。明代在黑龙江流域建立奴儿干都司，广设卫、所、寨、地面，其中的忽黑平寨、黑龙江地面即设在瑷珲境域内。清朝康熙皇帝为了反击沙俄侵略，于黑龙江地区实施“筑城永戍”战略，遂在康熙二十二年（1683 年）于此增设黑龙江将军，同时添设黑龙江（瑷珲）副都统，并在忽黑平寨旧址修筑黑龙江城，即瑷珲城，设立将军衙门。康熙二十四年（1685 年）将军驻地由黑龙江左岸迁至黑龙江右岸新筑成的黑龙江城，即今瑷珲镇，史称黑龙江新城，即瑷珲新城。康熙二十九年（1690 年），将军衙门移驻墨尔根城（现嫩江县城）。光绪三十三年（1907 年），于黑龙江建立行省。宣统元年四月十五日（1909 年 6 月 2 日），裁撤黑龙江（瑷珲）副都统，添设瑷珲兵备道加参领衔，驻瑷珲；置黑河府知府，驻大黑河屯，设瑷珲直隶厅同知，驻瑷珲。1912 年 7 月 1 日瑷珲兵备道改为黑河道，移驻黑河（现爱辉区）。1929 年，国民政府决定将地方行政设置由省、道、县三级制改为省、县二级建制。是年 2 月 15 日，裁撤黑河道，改设黑河市政筹备处，归黑龙江省公署管辖。1933 年年初，日本侵略者占领黑河和瑷珲，设立伪瑷珲县公署；是年 9 月，伪瑷珲县公署迁至黑河。1945 年 8 月 9 日，苏联红军出兵东北，解放黑河及瑷珲，抗战胜利后，瑷珲改区，成为中国共产党在黑河地区建立民主政权较早地区之一。1956 年改乡，1983 年改名爱辉镇。2015 年 3 月 11 日爱辉镇名称恢复为瑷珲镇。

瑷珲镇为“北疆锁钥，龙江名珠”。清康熙二十二年，因防御沙俄的不断入侵，实施“筑城永戍”战略而建而兴。自建城之日起，它便成为抗击沙俄侵略的前沿阵地，成为守护祖国北大门的边疆重镇。在这里，曾经两次胜利完成了雅克萨自卫反击战，并经历了中俄《尼布楚条约》的签订和中俄边境维持了近 170 年的和平。瑷珲也见证和经历了 19 世纪中叶以来沙俄侵略者侵略黑龙江的全部历史。在这里，签订了丧权辱国的中俄《瑷珲条约》，瑷珲历史陈列馆院内的那棵见证松犹在述说那段耻辱的历史。瑷珲镇更是抵御沙俄入侵的不屈之城。在这里，震惊中外的“庚子俄难”发生后，爆发了抗击沙俄侵略的斗争。面对沙俄当局的残酷暴行，瑷珲军民进行了惨烈而顽强的抵抗，先后开展了瑷珲保卫战、北大岭（即今大岭）伏击战等。

瑷珲镇是特色民俗风情集聚之城。瑷珲地处边塞，历史悠久，是汉族、满族、蒙古族、回族、达斡尔族、鄂伦春族等民族共同居住之地。多民族共处，生活起居、服饰装扮、饮食偏好、人际交往、时令节庆、地方特产、故事传说等，形成了独具特色的民风习俗。沧桑递嬗，岁月更迭，随着时代发展、社会进步，传统民俗又不断被赋予新的内容，而独具特色的古城风土民情，令人称奇，独具魅力。其特有的抹花迷子、骨碌冰、露水洗脸等特色民俗至今犹存。

瑷珲的特产闻名遐迩。种类繁多的江鱼、琳琅满目的野味山珍、北三家子的西瓜，令人垂涎欲滴。而特色江鱼、满族八碟八碗、火锅、渍菜粉、杀猪菜，以及猪肉炖粉条、排骨炖油豆角、鲇鱼炖茄子等几大炖，无不使人顿生一饱口福之念。

传统节日，是体现民俗文化的集中载体。重新恢复流传三百余年的瑷珲上元节，新设立的开江节，在继承和弘扬古老民俗的基础上，又不断被赋予新的内容。众多的民间故事传说、逸闻逸事会让人浮想联翩，引起人们无限的遐思。

瑷珲镇是英雄辈出、名人荟萃之城。瑷珲古城历史悠久，人杰地灵，英才会集。清朝自道光以来协领以上官至将军、都统的瑷珲籍官员有 51 人，而瑷珲籍的将军就有布尔沙、德宁阿（后改称“德英阿”）、富明阿、富勒珲、善庆、克蒙额、托克湍、绰哈布、寿山 9 人，瑷珲籍在外地担任佐领的官员有 275 人。瑷珲不仅涌现出抗俄英雄萨布素、凤翔、崇玉、庆祺、恒玉、瑞昌及抗日英雄永山等英雄人物；还涌现出李金镛、姚福升、勾纪修、张寿增、乌尔卿额、谢泰钧、孙蓉图、徐希廉等名宦人物；被遣戍、宦游、流寓瑷珲的客籍名人，如名流人士蔡毓英和杨瑄及随侍杨锡履、杨锡恒二子等；少数民族诗人敖昌兴，爱国诗人边瑾等；力呈“万民摺”《索还江东六十四屯呈文》的省议员陈连悦；瑷珲籍的著名社会活动家郭霁云、国民党高官“黑河布衣”郭德权、抗日联军烈士陈庆山等；荣获苏联最高苏维埃主席团授予伟大卫国战争英勇劳动奖章的周芳、“红色摄影家”钱嗣杰等近现代著名人物。这些历史名人都在瑷珲这片土地和神州大地上书写出了无数壮美诗篇。他们为开发建设瑷珲、保卫瑷珲，乃至为中华民族的繁荣昌盛、领土安全贡献了自己的力量，甚至献出了宝贵的生命。

瑷珲镇是人文旅游之都。瑷珲古城是清康熙年间黑龙江流域的政治、经济、文化、军事中心，是清代第一任黑龙江将军衙门的驻地，是中俄《瑷珲条约》的签订地，是黑龙江畔的历史名镇。瑷珲历史悠久，文物胜迹众多。重要的遗址有将军衙门、副都统衙门、海关旧址、榷连队旧址、瑷珲籍将军墓、北大营、水师营、清真寺、永积仓、龙王庙、窦尔敦祠堂等，还有分散在镇村各地的古庙、祭坛等。其中文物保护单位 7 处。古城瑷珲遗留下许多有价值的文物资料，为当地发展旅游事业提供了可靠的依据与内容。瑷珲历史陈列馆、知青博物馆、瑷珲国家森林公园、“十里长江”景观公园、瑷珲卫国英雄园、瑷珲古海关遗址和瑷珲海关历史陈列馆、金法寺佛教公园、瑷珲古城仿古街区及众多历史遗址等构成了瑷珲古城立体旅游网络。新旧黑龙江城（瑷珲古城），蕴含着永久的历史记忆。见证松、魁星阁、瑷珲条约纪念碑，国耻家仇终生难忘；将军墓、海关署、瑷珲码头、十字街头钟楼，边风塞月遗址犹存。寻觅当年驿站，不断拾起沧桑印记；踏访战争遗迹，愈加缅怀庚子抗俄英雄。漫步古城街区，驻足“十里长江”，令人流连忘返；游览森林公园、度假特色村寨，使人心旷神怡。众多的人文盛景，丰富的民俗文化，无数名人的雪泥鸿爪正在向游人叙说瑷珲的沧桑历史。观美景、品美食、游展馆、踏遗址、赏民俗，领略非物质文化遗产的魅力，使游人流连忘返。

瑷珲人民正在结合瑷珲的生态、民俗、特色文化、名人名镇等区位优势，以大绿、生态、野趣、自然为理念，以传承古城文化，发展特色经济，助推瑷珲镇各项事业的蓬勃发展为重点，进一步增强忧患意识、守土意识、责任意识、创新意识，不断弘扬抵御外侮、不屈不挠的斗争精神，为把瑷珲建设成民俗风情之城、地域文化之乡、名人文化之地、人文旅游之都而努力奋斗！

神奇绿洲的璀璨明珠 ①

文化名乡

远在东汉时期，部分居住在洞庭湖西部的武陵蛮人（系三苗后裔）在朝廷的多次征剿中，被迫溯沅江而上进入五溪地区，其中一小支定居在雄溪一带，与祖祖辈辈生活在这里的土著融合，成为寨市苗族的先祖。

唐武德四年（621 年），朝廷征服在今绥宁县一带的苗民，置弭州（现寨市城）。贞观十一年（637 年），朝廷将弭州改名徽州。因此，寨市又名徽城。

北宋元丰四年（1081 年），朝廷在原徽州建莳竹县（现绥宁县），隶属湖南路的邵州，派官任知县。自此开始莳竹地域被纳入宋朝版图，寨市城成为县府所在地，一直到 1954 年绥宁县城搬迁为止。

由于历史悠久、建城时间长，又是以苗族人口为主的民族乡，所以历史文化沉淀深厚，民族风情浓厚，是历史文化名镇。

寨市有 6 条街道，西正街整条街道保持建街时的原建筑物，县正街、东正街、小东门、西河街和对河街部分保持原建筑，老店铺保持原建筑的有 65 家，现在还有 10 家老店铺在营业。城内古巷、古井、古钟都是原建筑。古桥、古寺院虽是后人复修，但保持原貌。红七军指挥所保持原建筑，邓小平曾经居住过的房屋保持原摆设。

寨市城现存的 80 座窨子屋，大多建成于宋朝和明清时期，其选材严格、风格独特、

① 选自湖南省绥宁县寨市苗族侗族乡志编纂委员会编:《中国名镇志丛书 · 寨市苗族侗族乡志》，2017 年出版。

结构严谨、很有特色。房屋四周为砖砌高墙，高墙内分别建三座两层木楼房，一面建公用槽门。每个窨子屋都留有天井，通风透气、光线好。

中国传统村落正板村古民居的窨子屋，完全是明清时代的建筑。现保存完好的古民居有 20 栋。每座窨子屋四周用 2 丈（约 6.67 米）高的砖砌封火墙围着，封火墙之间“三横六纵”整齐排列，构成完整的大院落。“三横”为三条横巷道，每条宽 1 米，青石板铺设。“六纵”为六条纵巷道，每条宽 1.5 米，也是青石板铺设。封火墙是古民居特色，较为少见。一旦有房屋起火，有封火墙相隔，不会殃及邻居。古民居有 3 口消防池，一年四季装满水，一旦火灾发生，就近取水，容易扑灭火灾。还有 3 口水井，供人畜饮用，也是消防井。

从北宋元丰四年（1081 年）寨市建莳竹县起，县署为方便官员往来、文书传递和物资运输，征集大批农民服徭役，开辟从县城（寨市）往东至武冈和往西至靖州 2 条驿道。清光绪十七年（1891 年），修建寨坡经枫香、平溪、梅口至城步县界的驿道。还有 1 条是寨市经云雾山梨子界，过黄桑坪到上堡，直到城步丹口的驿道，为明朝所建。

乡域有国家重点文物保护单位 1 个，中国传统村落 1 个，国家级非物质文化遗产 1 项，其他各级非物质文化遗产 10 项（根雕、木锁制作技艺、放小灯、傩戏、舞龙灯、耍狮子、号子歌、山歌、佛歌、吹木叶），多项正在申请非物质文化遗产 。

红色古乡

寨市是富有革命传统的红色古乡。在中国现代史上，在中国共产党的正确领导下，寨市开展了轰轰烈烈的革命斗争，成为湖南西南部的红色古城。

1921 年 7 月 1 日中国共产党成立之后，寨市各族人民紧跟中国共产党，走上了新的斗争征程。1927 年在寨市江背老营盘田圹下成立了中共绥宁特别支部，第一批共 11 名中共党员，其中寨市有 6 名。同时在寨市城成立了工会、农会、学联、妇联等群众团体，轰轰烈烈开展第一次国内革命战争。

1927 年，当蒋介石发动“四一二”反革命政变屠杀共产党人和革命群众的消息传到寨市后，寨市各族人民自觉集会，愤怒高呼。

家住在东门村的共产党员，曾在 1927 年 8 月 1 日南昌起义中任中队长的刘彦文，1928 年顶着腥风血雨从上海回到寨市，以开办文华石印铺为掩护，长期进行革命活动，积极准备武装斗争。1931 年不幸被捕，1941 年 12 月 30 日深夜被刽子手匆匆抬至和尚坳烂泥冲残忍活埋。临刑前，刘彦文奋力高呼：“共产党万岁！”时年 41 岁。

1930 年 12 月，邓小平率红七军征战绥宁，在西正街龙家祠堂设立指挥所，寨市人民积极支援红七军追歼国民党残兵败将。

1934 年 12 月，任弼时、王震、萧克率红六军途经东门外七星坡，痛击阻挡红军前进的守城部队一小时。国民党部队抵达十里铺，密谋从磨刀石山上抄红军后路，寨市人民冒着生命危险向红六军送情报，使红军迅速撤退。

在抗日战争民族存亡的生死关头，寨市各族人民争着参军，奔赴前线，与日本侵略者进行生死拼搏，有 6 位苗族同胞血洒疆场，英勇献身在抗日最前线。

在解放战争时期，寨市人积极向远在湖南芷江的中国人民解放军提供情报，并首先夺取绥宁县初级中学和简易师范学校的领导权。

经济强乡

寨市从唐置徽州开始，就是湖南西南部的商业中心。乡内商铺多，客栈多，商贾云集，非常繁荣。

中华人民共和国成立以后，特别是 1954 年县政府迁移以后，寨市成了一个农村集镇。随着靖州开发以及道路修筑，寨市的经济结构发生了变化，形成以林为主，农林结合的经济结构。中共十一届三中全会以后，寨市的农业走上产业化发展道路，建立起了立体化种植业模式、系列经济带以及科技示范专业村，保证农业高产高收。江背、东门、西河等村大胆探索瓜稻油、豆稻油、豆稻麦等多种种植模式。建立起岩塘至长溪 20 千米长的水果生产走廊，发展无核椪柑 2350 亩、有核椪柑 5300 亩、蜜橘 5800 亩、荸荠 360 亩。建立起莳竹水 20 千米综合经济带，以发展电力工业为龙头，农、林、副、渔共同发展。建立起西河科技示范专业村、东门养猪专业村、石门村罗汉果示范基地、竹桥村神州苗木培育合作社，形成了一系列集约化经营生产基地。2015 年，全乡粮食亩产达 500 千克，比 1953 年的 150 千克增加了 350 千克，比 1978 年的 325 千克，增加了 175 千克；粮食总产 15405 吨，比 1953 年增加 10783.5 吨，增长了 2.33 倍；比 1978 年增加了 5435.62 吨，增长了 54.52%。2000—2015 年，平均每年出栏菜牛 3000 头，生猪 285600 头，出笼家禽 105000 羽，出笼竹鼠 2000 只，养龙虾 8391.6 平方米，养鱼240426平方米，茶油产量比低改前增长10%。

全乡坚持构建松、杉、竹各占1/3的混交林林种结构，形成了林业立体开发的新模式。白寨、兰家、正板、利试、马田、竹桥等村利用林地种茯苓等中草药、培养食用菌，均获得高效益。1985—2015年，全乡除完成造林、迹地更新和封山育林任务外，平均每年种植茯苓23000窖、百合286380平方米、灵芝8391.6平方米、金银花66600株、生姜578484平方米，保持了一个良好的生态环境，发展了林区经济。

1950年，寨市工业只有寨市城一台柴油发电机，发电量600千瓦时，仅供县委和政府机关晚上两个小时照明用，其余只有打铁、缝纫、竹木粗加工等手工业。改革开放前，寨市只有一个家庭鞭炮制作小作坊，其余仍为打铁、缝纫、竹木粗加工等。1985年建立了寨市花炮厂，修建了新厂房。经过十来年发展，工人队伍壮大到近300人。1985—2015年，寨市工业实现一年一个大发展，拥有竹木加工、药材加工、电力工业、食品加工业、自来水工业，形成了农、工、商三足鼎立比翼齐飞的生动局面。

1984年，黄桑地区被列为省级自然保护区，2008年被列为国家级自然保护区。2010年7月，寨市古城被确定为中国历史文化名镇，随后正板村古民居先后被定为湖南省重点文物保护单位和中国传统村落。寨市抓住这个契机，对全乡经济结构实行大调整，注重发展旅游经济。至2015年年底，全乡已初步打造三大旅游风景区，即寨市古城风景区、正板古民居风景区、云雾山风景区。寨市旅游独具特色，优美的自然风光、古朴的建筑群和庄严的红色景点相互辉映，让游人回味无穷、流连忘返。

“阿庆嫂”的家乡——沙家浜[1]

一

沙家浜镇距今已有1500多年的历史，历史悠久，文化发达。南朝梁天监年间（502—519年），境内建有法华庵。隋大业十一年（615年），村坞筑城，法华庵也筑土城——朗城。据《吴地记》记载，时常熟县有十二都，今沙家浜境域属双凤乡。南宋宝祐二年（1254年），境内已有黄泾、洋澳等村，属常熟县双凤乡莫邪里。至明正统年间（1436—1449年），乡人聚居于境内尤泾河畔，渐成集市，因唐姓人居多，遂称唐市。南朝时，法华庵中已建有水月阁，为历代文人学士寄读之地，明代吏部尚书、武英殿大学士严讷曾留下《朗城秋夜读书》的著名诗篇。南宋嘉泰初（1201—1204年），里人苏氏舍宅奉佛供僧，在横泾村建崇福庵。明正德七年（1512年），工部员外郎钱仁夫撰《崇福庵佛殿记》，吴门著名书法家祝允明书，立碑于寺中。明末清初，著名藏书家、出版家毛晋于境内七星桥筑藏书楼汲古阁、目耕楼，以藏书和刻书为业，藏书8.4万余册，名扬海内外。同时代里人杨彝在镇上筑凤基楼，集苏南、浙江一带文人学士，结社吟诗，讲礼论文，创立“唐市学派”，名扬江南。明末清初三大思想家之一的顾炎武奉母命自昆山避乱于唐市十年，著有《天下郡国利病书》《日知录》，与里中名士诗文酬和，并提出了“天下兴亡，匹夫有责”的至理名言。据旧志记载，明清两代，仅沙家浜镇就有进士12人、举人28人，有著作的文人138人，著述不下数百种，而书、画、琴、弈

① 选自江苏省常熟市沙家浜镇志编纂委员会编：《中国名镇志丛书·沙家浜镇志》，2017年出版。

之能者，也代不乏人。

中华人民共和国成立后，沙家浜镇更是人才辈出，涌现出中国戏剧大师胡伟民、《解放军报》党委书记兼总编辑吴之非、上海市公安局原局长扬帆、中南海服装大师田阿桐、中国科学院院士戴松恩、杀虫药剂毒理专家龚坤元、石油专家李奎元等。沙家浜镇民间文化活跃，先后成立3个民间文艺剧团，演出剧目有《白毛女》《刘胡兰》等地方戏剧。在南京庆祝越南民主共和国主席胡志明六十大寿晚会上，江苏省苏昆剧团演员、里人邹根兴的笛子独奏得到观众赞扬，并受到党和国家领导人的接见。2006年，镇成立文学艺术界联合会，设有文学、摄影、书法、演艺、音乐、舞蹈6个工作者协会，共有成员59人。截至2014年年底，沙家浜镇共有省级文物保护单位1处、市级文物保护单位9处、市级控制保护建筑10处。

二

沙家浜镇是一个具有光荣革命传统的乡镇。在近现代史上，何香凝、张治中、谭震林、叶飞等著名人士，都在沙家浜的土地上留下了足迹。全镇先后为国捐躯的革命先烈有43人，其中抗日英烈有33人。在抗日战争时期，这里是苏（州）、常（熟）、太（仓）抗日游击根据地的中心，是中共江南特委、苏常太公署和苏州县政府的驻地，是新四军后方医院所在地、江南抗日义勇军东路司令部（以下简称“新江抗”）的诞生地，留下了许多遗迹、遗址和革命斗争故事。1928年4月，中国共产党横泾农村支部成立，书记苏北春，为常熟境内农村第一个党团混合支部。是月，共产党员石楚材参加江阴地区的农民暴动后回到常熟，随即组织成立中国共产党常熟县临时委员会。1939年5月，新四军第六团在团长叶飞率领下，以江南抗日义勇军（以下简称“江抗”）的名义，挺进苏南常熟等地区，从此，唐市、横泾成为苏常太抗日游击区的活动中心。同年9月，“江抗”部队西移。11月，以留在芦苇荡养伤的新四军36位伤病员为骨干，在唐市成立“新江抗”，夏光任司令，杨浩庐为副司令兼政治部主任。1941年2月，这支部队改为新四军第六师十八旅，谭震林任师长，江渭清任旅长。至解放战争时期，该部队发展成为华东野战军的一支王牌劲旅，号称“百旅之杰”。在淮海战役的战场上，当年的36位伤病员之一、时任华东野战军第一纵队司令员的刘飞指着刚从战场上撤下来的一支部队，对前来采访的新华社华东一支社记者崔左夫说，这支队伍就是由当年留在常熟阳澄湖畔芦苇荡里战斗的“江抗”部队伤病员发展起来的，他们的传奇经历，值得新闻工作者关注，并嘱咐崔左夫等人以后认真写一写这支英雄的部队。

崔左夫牢记刘飞将军当年的嘱托，于 1957 年夏天来到常熟阳澄湖地区，深入采访两个月，写出了纪实文学作品《血染着的姓名》。同年，刘飞将军撰写了回忆录《火种》，后把有关章节取名《阳澄湖畔》在《萌芽》《雨花》等杂志发表。1958 年，上海沪剧团副团长兼党支部书记陈荣兰和该团编剧文牧，读了崔左夫的《血染着的姓名》和刘飞将军的《阳澄湖畔》，深受启发，随即创作了沪剧《碧水红旗》，后改剧名为《芦荡火种》。1964 年 1 月，沪剧《芦荡火种》进京演出。随后，北京京剧团将其改编为现代京剧《芦荡火种》。是年 4 月 27 日，党和国家领导人观看了现代京剧《芦荡火种》。不久，毛泽东主席也观看了现代京剧《芦荡火种》，并提议将剧名改为《沙家浜》。1968 年，现代京剧《沙家浜》被拍成电影在全国放映，沙家浜从此家喻户晓，名扬天下。

三

1978 年改革开放以来，沙家浜镇依托抗日革命根据地这一红色资源，经过历届政府的共同努力，逐步把沙家浜风景区建成国家 AAAAA 级旅游景区和全国爱国主义教育示范基地。叶飞、李岚清、李锡铭、迟浩田及费孝通等先后到沙家浜镇考察，并予以充分肯定。

沙家浜风景区依托革命历史、民俗文化、绿色生态等旅游资源，做大、做强旅游产业。革命传统教育区有大型照壁、东进桥、沙家浜亭、瞻仰广场；红石民俗文化村有石牌坊、文昌阁、土地庙、根雕馆、婚育馆、春来茶馆与戏台；被人们称为“景中乐园，天然氧吧”的环湖绿色游览区有隐湖柳堤、江南小渔村、万竹岛、文脉流长石刻、芦花村、芦苇迷宫、迷宫百菜园、休闲小木屋、农家乐；沙家浜湿地公园有芦荡人家、植物园、渔乐园、蟹趣滩、觅虾台、清水潭、浊水潭；横泾老街影视基地有古城墙、市河、钓渚渡桥、翁家糟坊、刁家大院、春来茶馆、染坊、织坊、绣坊、铁匠铺、江南农家民俗馆等。还有实景演艺区、湿地科普园、春来街坊等。沙家浜旅游节、阳澄湖大闸蟹美食节、阿庆嫂民俗风情旅游节、啤酒节、风筝节、龙舟节、水乡婚俗表演、石湾山歌表演等，无不吸引着游客的眼球。景区芦荡湿地的面积达 400 公顷，空气中负氧离子含量是城区的 25 倍以上，有多达 89 种鸟儿在这里繁衍栖息，清新的空气形成了天然氧吧。

水乡泽国沙家浜以千顷碧波、万亩绿野、飞鸟闲逸、游鱼戏水、荇菜参差、苇叶摇曳的优质生态环境，吸引着世界各地的游客到此休闲度假。沙家浜风景区已建成集“红色教育游”“绿色生态游”“金色美食游”“演艺文化游”和“休闲养生游”于一体的，在全国有较大影响的旅游度假区。2014 年，接待游客 210 万人次，实现自营收入超 1.1 亿元，解决就业岗位 3000 多个。沙家浜镇已成为一个有口皆碑、闻名遐迩的红色旅游重镇。

四

沙家浜镇物产丰富，是江南著名的鱼米之乡，其出产的阳澄湖大闸蟹闻名遐迩。据旧志记载：“（螃蟹）出阳澄湖者最大，壳青，脚红，名金爪蟹，重斤许，味最腴。”“沙家浜牌”阳澄湖大闸蟹个大质优，多次获江苏省名牌产品称号，并通过国家原产地认证，年销售量达 1.5 万千克。每年秋季是食蟹最佳时节，有渔谚：“西风响，蟹脚痒。”秋风起之际，螃蟹四处游荡，此时的蟹质量最佳，重者雌雄 1 对有 1 斤许。置于玻璃板上，能双钳舞螯，八爪坚挺。“九月团脐十月尖”，意谓农历九月雌蟹味最美，十月以雄蟹为上品。沙家浜镇有大闸蟹交易市场 2 家，分别坐落于常台高速公路沙家浜入口处和常昆公路北段，摊位多达 200 余个。鸭血糯为常熟地区著名的地方特产，粗蛋白含量为 13.3%，并含有生物吡咯素，有强身补血之功能。以此制作的血糯八宝饭，为沙家浜地方传统特色点心，可现场品尝，也可打包作为礼品赠送亲友。沙家浜爊鸡和叫花鸡已有百年以上的历史，其主要原料是当地草鸡，用传统的烹煮工艺加工，配以十余种天然香料，采用现代真空包装和灭菌技术精细制成，不含任何添加剂，开袋即食，为游客馈赠亲友之佳品。湖荡水鲜更是沙家浜所特有，除了养殖的鲢鱼、草鱼、青鱼、鳊鱼四大家鱼和虾蟹类外，还有“小三白”（鳑鲏鱼、凤尾鱼、白丝鱼）、“小三黑”（塘鳢鱼、泥鳅、黑鱼）、“小三黄”（花郎季、昂丝鱼、翘嘴黄颡鱼）、“小三鲜”（螺蛳、田螺、河蚌）、“小三特”（河豚、甲鱼、鳜鱼）。

沙家浜镇现建有江苏省级现代渔业产业园区，这里拥有澳洲小青龙虾、本地与台湾杂交泥鳅、富贵喜鱼、冷水狗鱼、鲥鱼、金斑鱼、胭脂鱼、太阳鱼、淡水鲈鱼等十余种外来品种。在传统“虾、蟹混养”的基础上，探索“虾、蟹、鱼混养”技术，采用青虾、大闸蟹加高档鱼（鳜鱼、沙塘鳢）主体混养模式，传统小品种鳜鱼、沙塘鳢逐步走向人工养殖。现在，沙家浜莲藕、菱角、慈姑、茭白、芋艿、水芹、芡实、荸荠“江南水蔬八鲜”，以及河蟹、河虾、鳗鲡、白鱼、黑鱼、鳜鱼、昂丝鱼和花郎季“江南水荤八鲜”，已成为极具地方特色的美味佳肴。

五

至 2014 年，沙家浜镇已建成省级现代渔业产业园区 1 个，其带动农民致富效应不断显现。全镇养殖业亩均产出超 1 万元，农民人均纯收入 2 万元以上，连续五年保持 12% 以上的增长速度。2014 年，全镇村均财政年收入 453 万元，同比增长 21%。

沙家浜镇又是一个工业发达、活力迸发的新兴工业强镇。她拥有常熟市级开发区——常昆工业园区，截至 2014 年年底，园区入驻企业 280 家，累计投资超 200 亿元。园区的工业经济发展始终走在常熟各板块的前列，2014 年，园区实现销售收入 170 亿元，利税 12.5 亿元，占全镇工业份额的 85% 以上。这里正逐步成为环境优美、设施完备、产业布局合理、富有生态气息的现代工业园区。与此同时，沙家浜镇的光电通信、新能源、装备制造、玻璃模具、休闲服装及汽车零部件等产业的发展活力不断彰显，新能源、新材料产业基地快速扩张态势持续凸显。2014 年，全镇实现工业总产值 296.1 亿元。

著名报告文学作家、邑人何建明在《我的天堂》一书中情真意切地写道：“沙家浜，是我的家乡，是一个真正的人间天堂。”水乡古镇沙家浜，在改革开放大潮的推动下，传承着红色基因和历史文化，并不断地发扬光大，书写着新的历史篇章。

这就是“阿庆嫂”的家乡——沙家浜。

顾炎武的故乡——千灯[1]

这里是江南的灵秀之地，这里是昆曲的发端之地，这里是灯光的辉煌之地。这里是明末清初著名的思想家、文学家顾炎武的故乡——她的名字叫“千灯”。

千灯原名千墩，是江南古镇，也是一个有智慧的地方。据考古发现，这里有距今五六千年的新石器时代文化遗址，被誉为“中国土建筑金字塔”。千灯的少卿山、秦峰塔、石板街及诸多的古树古桥等文物遗存，都是悠久历史文化的见证。千灯经历了2500多年历史的风雨沧桑，孕育了昆山第一位状元卫泾、南宋武状元刘必成、昆曲创始人顾坚及明朝文学家叶盛等著名历史人物。明万历四十一年五月二十八日（1613年7月15日），一代鸿儒顾炎武诞生于千墩镇蒋泾湾。清顺治十四年（1657年），45岁的顾炎武改号亭林，走出千墩，北游考察，历经山东、河北、山西、陕西等地，探求强国之计，一路著书立说。他在长达25年的文化苦旅中，结交各地豪杰，走访山川，经世致用，积累学问，践行“行千里路，读万卷书”的诺言，写下了一系列流传后世的不朽著作——《日知录》《天下郡国利病书》《音学五书》《肇域志》等，提出了“天下兴亡，匹夫有责”的思想。顾炎武是明清之际与王夫之、黄宗羲齐名的伟大的思想家，他在经学、史学、哲学、地理学、文学等学术领域均有很深的造诣，并为后人留下了宝贵的精神财富；他不仅学问大，而且人格高尚，其气节，尤为后人所敬仰。梁启超称赞顾炎武：“不仅是经师，而且是人师。”毛泽东曾说过：“我们每个国民都应该努力，顾炎武说得好，天下兴亡，匹夫有责。”他把顾炎武标举为中国历史上少数几个“可师”的“文而兼武”之人。中华人民共和国将顾炎武列为“中华民族七十二伟人”之一，受到华夏人

① 选自江苏省昆山市千灯镇志编纂委员会编：《中国名镇志丛书 · 千灯镇志》，2017年出版。

民的崇敬；他那“天下兴亡，匹夫有责”的传世警句，激励着无数仁人志士报效国家。

千灯是曲艺之乡，也是一个有戏的地方。这里既是昆曲创始人——顾坚的故里，又是江南丝竹的首创者——陶岘的寓居地（陶渊明的第九代裔孙）。2001 年 5 月 18 日，昆曲被联合国教科文组织宣布为第一批“人类口述和非物质遗产代表作”。作为昆曲的发源地，千灯人听昆曲、唱昆曲的习俗一直延续下来，逢年过节或者婚庆喜事，都要拉起场子唱上几段。到千灯镇听昆曲，置身在灯光璀璨的舞台下，陷身于咿咿呀呀的水磨腔中，会让人感到时光倒转，眼前仿佛是似曾相识的前世。2004 年起，千灯独具特色地传承着这一民族瑰宝。千灯中心小学“小昆班”的一支昆曲唱到了北京人民大会堂，受到了党和国家领导人的接见，曾经七度荣获“小梅花”奖；炎武小学的“戏曲班”仅一年的时间，就培育出了两朵“小梅花”，他们演出的节目在中央电视台戏曲频道播出，2015 年“戏曲班”获得江苏省财政专项补贴。从 2007 年起，中央电视台先后到千灯拍摄了《青春剧院走进千灯》《大唐生态风光》《粉墨牡丹亭》《盛世梨园情 · 走进千灯》等文艺节目，并在文艺频道播出。2009 年 4 月，江苏省戏剧家协会授予千灯“昆曲之乡”称号。2010 年 4 月，中国曲艺家协会授予千灯“中国曲艺之乡”称号。

千灯富有传奇色彩，是一个有美誉的乡镇。早在中华人民共和国成立初期，千灯就成为农业生产的典型。西宿乡两年实现农业合作化，获得“江苏省农业合作化运动先进单位”称号，毛泽东为此撰写了《这个乡两年就合作化了》一文，给予“群众中蕴藏了一种极大的社会主义的积极性”的高度评价。千灯曾是血吸虫病的严重流行区，当地政府发动群众，连续十年打“钉螺”歼灭战。1970 年 1 月 27 日，《人民日报》就千灯实现基本消灭血吸虫病，发表了《红日照千灯，群力送“瘟神”》的调查报告，轰动了大江南北，从此千灯引人瞩目。改革开放以后，千灯提出了“科技兴镇”的战略，全面实施乡镇企业转换机制和技术创新工程，很快成为“中国线路板企业”之乡，苏杭电子、华新电路板企业为国家的“风云”气象卫星和“神舟”飞船提供了线路板零部件。进入 21 世纪以来，千灯成为对外开放的卫星镇，提出“做好三老之文章，走富民强镇之路”策略，明确了文化与旅游相结合的发展思路和构建以古镇为龙头的旅游大格局的发展目标。经过整治与修缮后的千灯古镇面貌一新，秦峰塔、延福寺、顾宅、谢宅、余氏当铺等传统的建筑精品，虽然经过千百年的风霜雨雪侵蚀和人为的损坏，但至今仍然散发着古代文明的艺术光彩，延续着其应有的功能。千灯石板街成了华东地区跨度最长、保存最完好的原汁原味的水乡地域文化典型，“足踩青石板，头顶一线天”，充分体现了江南古镇老街窄巷的独特风格。

千灯如一块光彩熠熠的福地，宜居而让人神往。千灯，人文荟萃，钟灵毓秀，物阜民丰，历来是昆南地区繁华的重镇，素有“金千灯”之美誉。历史总是站得很高，峨冠博带地擎一盏灯，悠悠然照亮古今。走进深邃静谧的老街，在那座百年府第中，藏有栩栩如生的1500余盏灯具，这是古往今来连接天地文脉的象征。“千灯馆”，展示了中华大地5000年灯火辉煌的文明史，承担了华夏民族薪火相传之魂。闪耀的千灯，无愧于民族的火，不愧为中国的灯。千灯镇，2005年，入选“中国魅力名镇”；2007年，被评为“中国历史文化名镇”；2008年，获评“国家AAAA级旅游景区”和“江苏人居环境范例奖”；2010年，列江苏省百强镇第13位；2011年，被评为“第二批全国特色景观旅游名镇”；2015年，获“国家园林小城镇”称号，大唐生态园获“江苏省十佳创意农庄”称号。2015年，千灯镇地区生产总值164.87亿元，工业产值558.07亿元，完成外贸进出口额22.43亿美元，公共财政预算收入13.49亿元，全社会固定资产投资60.06亿元，农民人均纯收入34466元，城镇居民可支配收入37194元。千灯已成为大众休闲、观光、旅游的好去处，2015年接待游客140万人次。

“自昔浮图淡世华，夕阳映处景偏赊。孤峰欲揽淞南秀，落照恍流赤水霞。绕树寒烟凝不散，趋林倦鸟静无哗。浊醪饮罢余晖尽，灯火频催几万家。”这首由清代陈至阶写的《淞南八景》诗篇之一，是千灯古韵的经典之作。清风明月，灯火人声，如今多少故事已经随着时光而去，但小桥流水人家、塔影袅绕古树的景致依存，在岁月浪潮中历久弥坚，其古朴风貌又显得神采焕发。这就是历史积淀出的精华，是江南水墨的底蕴。对于民族文化的传承，应该是千灯中照得最远的一盏。那些保存、修复完好的古镇民居民宅，以及在工业经济飞速发展的同时，倾力保护好的绿水青山，真是千灯人点燃了一盏最值得敬佩的灯。这是千灯人的气派，千灯人的远虑，让所有来到这里的人留下脚印，沾满记忆。

顾炎武是一盏灯，一盏闪烁在中华大地上的思想明灯，这盏光辉灿烂的灯属于千灯，属于昆山，属于全中国。“天下兴亡，匹夫有责”，将永远激励着千灯人民百折不回，奋勇向前；在不远的将来，千灯人民一定会谱写出更新、更美的历史篇章，再创“金千灯”之辉煌。

脚踏三省青木川[①]

青木川镇位于陕西宁强县西南角，地处陕甘川三省交界处，是陕西省最西的一个古镇。东临安乐河镇，南接广坪镇，西邻四川省青川县，北倚甘肃省陇南康县和武都区，素有“脚踏三省”之誉。地理坐标：北纬 32° 47′～ 55′，东经 105° 35′～ 45′。总面积 208 平方千米，其中城镇规划区面积 3.6 平方千米。距汉中市 197 千米，距宁强县城 108 千米，距九寨沟旅游风景区 227 千米。广坪—青木川、青木川—姚渡两条公路使古镇与陕西省内及四川、甘肃地区紧密相连。和青木川邻近的宝成铁路交阳安铁路于阳平关，为中国西部南北大动脉的联系咽喉；连接华北与西南的 108 国道、京昆高速公路纵贯宁强县，320 省道经大安镇—阳平关—广坪—青木川一线横穿北部，形成汉中、华北进出西南的门户，也是进入世界自然遗产九寨沟、黄龙景区旅游的交通要道和必经路段。建设中的兰渝铁路站点距离青木川半小时车程，建成后经成都、重庆、兰州、武汉、西安到达青木川景区更为便捷。

青木川位于嘉陵江上游陕南丘陵区，镇域主要地形为山区、浅山丘陵，海拔在 680 ～ 1047 米。受秦岭大巴山山地气候和西南季风气候交替影响，青木川地区一年四季变化分明，平均气温 13℃，气候温和，雨量充沛。境内有大片原始森林，并有金丝猴、羚羊等国家重点保护动物，被动植物专家誉为“天然动植物基因库”，是国家级森林保护区所在地，有发展第三产业可资利用的丰富森林资源，也是原始森林观光、溪水漂流等旅游项目开发的天然资源和实施动植物科研项目的理想场所。西沟漂流、猴园观

① 选自陕西省宁强县青木川镇志编纂委员会编：《中国名镇志丛书 · 青木川镇志》，2016 年出版。

光、栈道探险等旅游项目的实施，就是对这些资源的有效利用。

春秋战国时期，青木川就是羌汉杂居区，为白马氐所辖。南北朝时期是氐人杨氏藩王国的领地，羌氐人口繁盛，势力强大，是本地域人口的主要构成部分，对后世的历史文化影响较大。明以前属四川，明初划归陕西，隶属陕西省宁羌卫管辖。明正统年间，因连续几年全国大面积的水、旱、蝗灾，加之赋役过重，外省大量流民逃移来到此地，于川谷沿河一带建房聚居，逐渐形成村落。随后，四川、甘肃、关中等地不断有居民迁入，大多集中居住在今回龙场所在地（草场坝）一带，村落规模扩大，逐渐形成集镇，因建造回龙寺而改称回龙场，即今回龙场的肇始。时朝廷统一地名，今县境编户 5 里，命名草场坝一带为永宁里。清光绪十四年（1888 年），州境分为州城和东、南、西、北、中 5 路，共 48 牌。原永宁里地属西路 18 牌之一。乡民以当地一颗大青木树为象征，称为青木川，此为青木川名之肇始。民国时称凤凰乡。民国时期，很多逃避战乱的人从各处逃到青木川，以此为家，故回龙场老街基本定型。现今这里老一辈的有四川人、湖北人、湖南人等，从他们残存的乡音里还能觅到一点人口迁移的踪迹。1949 年 12 月，今青木川境设青木川和玉泉坝两个乡。1996 年，撤区并乡建镇，建立青木川镇，至今建置没变。

青木川山大林深，土地肥沃，出产丰富，人烟辐辏，又处于秦蜀陇三省交会处，自有集镇始，就有商贸活动。民国末期，政乱匪患，兵祸连连，魏辅唐趁此机会建立武装，政由己出，游离于政府管治之外。战乱中的官府或忙于国事，或争权夺利，无暇顾及此偏僻之地，偶有涉及，也是鞭长莫及，或尾大不掉，无能治理，给此地以少有的自由发展时间段。尤其商贸发展迅速，于民国末年达到鼎盛，荣盛魁、荣盛昌、唐世盛、辅友社等商贸场所享誉遐迩，连大城市也难得一见的国外商品，在这里也能购得，被称为“小上海”，其繁华程度可见一斑。

青木川文化内涵丰富，民族文化、移民文化和特殊地理位置融合的地域文化一起，形成了独具地域特色的青木川文化，是一块多元、多彩、多姿的民间民俗文化的沃土。羌汉民族杂居，历史悠久的羌氐遗风遗俗至今犹存，依旧是青木川民间民俗文化艺术的主要构成成分；三省交界的特殊地理位置，使秦陇楚蜀文化在此相互掺杂，尤其陇蜀文化特色明显；明清至民国时期，大量外来移民五方杂处，带来各地的民俗文化，各种文化并行碰撞、吸纳交融，使文化艺术结构多元，内容丰富，形式多样，其中，傩戏、川剧、山歌、秦腔、庙会、社火、饮食、服饰等民俗，具有广泛的群众基础，其他的民间年节民俗活动，都具有浓郁的地方特色。青木川虽为要塞，却一直处于闭锁状态，过去仅有几条逶迤石径连通邻省邻县供山民来往交通。只有每逢集日，四方山民结伴来往，背扛肩担荷货互市，卖货买物，才可互通信息有无。也正因为处在如此交通不便的闭塞环境，外面的世界日新月异，青木川却羌氏遗风犹存，明清、民国时期风貌依旧，加之传统纯正的农耕文化和自然文化、生态文化一起，构成了人与自然和谐相处的“世间桃源”，几百年积淀的内涵丰富的文化和习俗才受到较少冲击，得以延续至今，并有所发展。

民国末期，青木川在经济较为发达的前提条件下，对教育和民生空前的重视。在陕南首开免费教育先河的私立辅仁初级中学，也在这期间建成，在陕西和邻近的甘肃、四川两省影响甚大，“普及教育”和“提高文化”是当时的宣传口号，当地强制性免费入学，并且免费选送优秀生进入外地中等学校和大学学习，在全民普遍提高文化素质的同时，还造就了一批有识之士和高级知识分子。与此同时还兴修水利灌溉农田；兴修道路，架设桥梁，便捷交通运输；整修河堤，治理水灾，使房屋和道路免受损失。这一系列便民惠民的民生举措，使青木川人民生活水平普遍提高。

发轫于明中叶的回龙场古镇经清、民国时期的陆续扩建，逐渐形成了现在规模，风格迥异的古街、清民古建筑群保存完好，具有几百年历史的船型、吊脚楼、四合院等建筑式样应有尽有，建筑风格既秉承传统，也吸纳现代建筑元素，中西合璧，不拘一格，尤其是精美的雕刻装饰，更是深厚的传统文化艺术的集中体现，拥有深厚的历史人文资源。其中的唐世盛、荣盛昌等，建造伊始就是重要的商贸场所和政治活动中心，当地和外地有影响的人物，包括曾任中共陕甘区委候补委员和共青团区委候补委员、《国民日报》总编、中共西安碑林区委书记、中共陕南特委书记兼团特派员的共产党人刘甲三，曾任中共陕南特委机关刊物《前驱》和《追求周刊》编辑、中共北大党小组长、北平学联秘书处秘书、中国左翼作家联盟党组成员、解放后任重庆市教育局社会教育科科长的屈成章等共产党人，和青木川地方武装投诚而和平解放密不可分的进步人士黎民觉，国民党官员宁羌州（县）长、勉县县长、甘肃文县县长，国民党高级军官胡宗南等，都和这里有联系，丰富了青木川的历史文化内涵。

青木川交通枢纽、行政边缘、陕西门户的区位明显，自然旅游资源与文化旅游资源相互衬托、相得益彰。青木川利用这些优势，注重历史人文资源和自然生态资源的良好结合，科学规划、合理开发、同步发展，发挥山雄林幽、水美湖秀、气侯宜人三大自然生态优势，打好民俗文化、名人文化、古镇文化等文化旅游牌，政府主导，市场运作，联合开发，加快旅游产业发展步伐，形成青木川的旅游精品，把青木川建成了著名的文化与生态旅游目的地，被国家和省市相关部门认定为国家青木川自然保护区、国家级AAAA级旅游景区、中国最美休闲乡村、中国历史文化名镇、国家特色景观旅游名镇、全国重点文物保护单位、陕西省重点文物保护单位、陕西省文化旅游名镇。截至2014年年底，累计接待游客100万人次，旅游收入3.5亿元。

为了使青木川得到更好的发展，政府部门和青木川旅游管委会先后编定了《青木川镇建设规划》《青木川历史文化名镇保护规划》《宁强县青木川古镇修建性详细规划修编》等，确定了以古建筑群落、民间民俗文化艺术、动植物资源等为重点保护对象，在此基础上积极改善旅游投资环境，完善旅游基础设施，创造良好的基础条件，进一步开发利用文化和自然旅游资源，在保护中发展，在发展中保护，明确了保护目标和目的，确定了发展方向。

青木川集镇的发展建设，以历史文化资源为依托，发展旅游业的配套服务设施和相关的服务业，重点在餐饮业、住宿业、旅游商品销售业、活态民间民俗文化艺术展演等方面。

农村也调整了发展思路，改变传统的生产生活方式，在做好移民搬迁安置点的基础上，创新发展，重点是加大发展旅游服务配套产品的生产，如茶园建设及茶叶加工，木耳香菇的生产，天麻、猪苓、茯苓等药材的种植，以及鸡鸭鹅牛羊等禽畜的养殖等第三产业的大力发展，增加农民收入，提高生活水平。

随着根据叶广芩小说《青木川》改编的电视剧《一代枭雄》的热播，剧中风雷镇的原形——青木川镇被外界广泛关注，成为旅游热点。古镇深厚的历史文化与旅游资源的融合，给青木川插上了腾飞的翅膀，带动青木川乃至宁强县、汉中市旅游事业的蓬勃发展。截至2014年年底，全镇生产总值完成5.5亿元，同比增长96.4%；招商引资5600万元，完成任务的140%；游客人数实现历史性突破，旅游收入同比增长316%；财政收入完成330万元；农民人均纯收入达到7900元，同比增长14.5%。

得天独厚的地理位置，深厚的人文历史积淀，优秀的多元民俗文化，丰富的经济产业资源，都是青木川发展可资利用的宝贵无形资本。全镇0.8万人民共同努力，因地制宜，扬长避短，发挥优势，调整产业结构，优化经济组合，合理开发利用资源，逐步形成以文化旅游为主，二、三产业协调发展，农、林业稳步增长的经济新格局，为下一步突飞猛进的发展奠定了坚实的基础。

千年古镇银南翔[1]

白鹤翔舞之地　东南一大都会

南翔古名“槎溪”，早在2500多年前，这里已有先民聚居繁衍，人们将流经这里的三条大河分别命名为“上槎浦”“中槎浦”“下槎浦”。相传1500多年前，一村民在田间耕作时，掘到一块一丈见方的大石头，石头刚露地面就有一对白鹤在上空盘旋，并飞落到石头上歇脚。此情此景恰被路经此地的和尚德齐看见，深为感慨，顿悟白鹤翔舞之地必是吉祥宝地，于是发愿造寺。说来奇怪，每天白鹤飞往哪里，哪里就有人捐钱。不久，德齐和尚筹集到一大笔钱，终建起寺庙。寺庙建成当天，白鹤向南方飞去，为了纪念这对南飞的白鹤，佛寺取名“白鹤南翔寺”。槎溪之地因此香火鼎盛，遂因寺成镇，名“南翔”。

南翔因积沙成陆，棉花成为主要作物。明初，经济繁荣程度已为全县各市镇之首。明正德、嘉靖年间（1506—1566年）倭寇屡侵，镇、乡多遭焚掠。万历年间（1573—1620年）逐渐复兴，四乡以植棉为主，农户多以纺织为副业，所产刷线布光洁耐用。随着商品经济发展，加之交通方便，因而徽商云集，成为江南一大棉布贸易中心。清康熙年间（1662—1722年），集镇南北长2.5千米，东西长3千米，拥有商店400多家，被称为“东南一都会”，有“小小南翔赛苏城”之赞，素有“金罗店、银南翔”“小上海”之美誉。

南翔水陆交通便捷，是进入上海市区的西北大门，因地处军事要冲，历来为兵家

① 选自上海市嘉定区南翔镇志编纂委员会编：《中国名镇志丛书·南翔镇志》，2017年出版。

必争之地。这里曾是南宋时期的抗金烽火台，明嘉靖年间（1522—1566 年）的抗倭古战场，清咸丰年间（1851—1861 年）的罗汉党起义、上海小刀会集聚地，抗日战争中十九路军的总指挥部。南翔人民具有强烈的爱国主义精神和光荣的革命传统。清末民初南翔籍一代巾帼陈君起，率领南京妇女参加革命运动惨遭杀害；邑人王培孙兴办南洋中学，从事教育救国事业；有志青年陆默深与廖家礽领导嘉定农民，掀起以“抗租、抗债、抗粮、抗捐、抗税”为中心的“五抗”斗争而英勇就义……众多南翔儿女为中华人民共和国的成立和中华民族的强盛前赴后继，英勇事迹可歌可泣。

明清街巷格局 “四宝”名扬天下

南翔以水文化为内涵的水乡自然景观和以商业集市为特征的江南城镇生活方式，构成了古镇独具魅力的水乡经济和文化空间。流经镇中心的横沥、上槎浦、封家浜、走马塘“四河”形成“十字港”，另有支河道 30 多条、石桥 70 余座。呈“八”字形布局于河上的太平桥、吉利桥、隆兴桥，岸上店铺林立，游人如织；桥下百舸争流，舟往楫来。宋代的水系布局和明清的街巷格局，形成古镇“井”字形街市。其核心保护区区域由人民街（旧寺前街）、解放街（旧云翔街）、共和街（旧横沥西岸街）、民主街（旧南岸街）、生产街（旧横沥东岸街）等 11 条老街以及 40 余条巷弄组成，完整保存着 11.32 万平方米的历史建筑群。

南翔老街沿河而建，临河人家枕河而居。1998 年始，南翔镇人民政府秉承“整旧如故，以存其真”的方针，编制规划，斥资 4 亿余元，修缮改造保护古镇。2000—2004 年，分 3 期工程修复云翔寺；2008—2013 年，改造修缮人民街、共和街、解放街、生产街，恢复百年老店、弹石街面，改造修缮和平街为中医文化街；建江南庭院、八老亭和尚贤廊；重建檀园，新建书场、历史文化陈列馆、游客中心和小笼馒头制作体验馆等。在改造和修缮老街的同时，对报济桥、太平桥等 7 座古桥进行修建，恢复古色古香的拱形桥。

已有百年历史的南翔小笼馒头、郁金香酒、罗汉菜和肥羊大面，被誉为“南翔四宝”。清同治十年（1871 年），南翔镇“日华轩”老板黄明贤首创“南翔小笼馒头”，经过 140 多年的传承和发展，“南翔小笼馒头”以“皮薄、馅大、汁多、味鲜、形美”而著称。2002 年 6 月，在马来西亚吉隆坡第四届中国烹饪世界大赛上获金奖。2007 年，南翔小笼制作技艺被列入上海市首批非物质文化遗产名录。2014 年 11 月，南翔小笼馒头制作技艺被列入国家第四批非物质文化遗产代表性项目——传统面食制作技艺名录。康熙年间，郁金香酒由今人民街酱园弄内石有成槽坊首创，由郁金等 20 多种药材酿成。在光绪年间（1875—1908 年）被定为朝廷贡品。1937 年，宝康酱园的郁金香酒获巴拿马博览会金质奖。罗汉菜系野生草本植物，秋季生长于田野，因其叶密叠似叠罗汉状，故称罗汉菜。此菜腌制后食用，有祛暑解热之效，价廉物美。肥羊大面乃每年中秋节起，由酒菜馆选用山羊肉，加适量冰糖红烧，肉酥汁浓，略带甜味，不腥不腻，用羊肉原卤作面汤，每碗另加羊肉 1 碟，南翔各菜馆均有供应。

名胜古迹厚重　文化底蕴渊深

南翔人民在长期的生产和生活实践中积累了丰富的经验，用勤劳与智慧创造和传承了众多文化遗产。历经千年、重见天日的梁代双井和国内仅存的五代砖塔是南翔古镇独特的人文景观。唐代的石经幢，宋代的普同塔、鹤槎山和明代的古猗园，清代的天恩桥等胜迹，显示了古镇的厚重与内涵。其中市级文物保护单位 2 处、区级文物保护单位 8 处和区级文物登记保护、不可移动文物登录点 20 处。

明清时期名闻遐迩的嘉定竹刻，南翔占半壁江山，2006 年被列入首批国家级非物质文化遗产保护名录。由南翔窑村村的青壮年首创的石锁、石担健身运动，成为增强农民体质的运动项目，2004 年被列为嘉定区非物质文化遗产保护名录。南翔地区传统文化（包括元宵节灯会、中元节庙会、端午节龙舟赛、重阳节鹤槎山登高等）具有鲜明的地方民俗特色。南翔在明清时期已拥有私家园林 25 座，文人雅士在园内会朋晤友，吟诗作画，为南翔留下诸多珍贵史料。20 世纪 90 年代起，在古猗园举办大型菊花展、新春灯会、竹文化艺术节、荷花展和书画摄影展、欢乐民俗节等，在重建的檀园举办灯谜会、“三画”（年画、宣传画、连环画）展览等，使园林文化得到传承与创新。80 年代起，喜闻乐见的群众文化活动绚丽多彩，百花艺术团、“夕阳红”艺术团以及戏曲、书画、插花、舞蹈、民乐等文化沙龙，展现了古镇南翔独有的文化艺术魅力和地域特色。

南翔优越的地理位置、源远流长的历史和丰富的文化底蕴，为文人骚客提供挥毫泼墨、吟诗作画的机会，开辟展现聪明睿智、博学多才的舞台。明末清初的竹刻大师、书画全才朱三松以“瞻波淇奥、绿竹猗猗”的造园理念，规划设计古猗园，使之成为上海五大古典园林之一。晚清的南翔人黄明贤首创南翔小笼馒头制作技艺，在中国食文化中独树一帜。古建筑专家陈从周、阮仪三对保护五代砖塔的精辟见解和南翔古镇的修复规划设计为人称道。著名画家陈逸飞、导演谢晋、演员牛犇为南翔历史文化风貌区的保护建言献策不遗余力。著名作家邓伟志、叶辛、赵长天、程乃珊等撰文赞美南翔、推介南翔功不可没。著名画家程十发、刘旦宅、张安朴、郑辛遥、陈燮君等为南翔专题作画跃然纸上。著名书法家周慧珺为《南翔报》挥毫题写刊头。

历代名人荟萃　杰出人才辈出

宋、元、明、清四个朝代，南翔涌现出贡生 34 人、举人 35 人、进士 29 人、乡贤 300 多人。明代画家、“嘉定四先生”之一的李流芳，以品行诗文重于当时，工善诗文，擅山水花卉，画如诗之境。清代吴之璠、周颢等竹刻名人的影响甚广，其中吴之璠的竹刻笔筒流入清宫，使嘉定竹刻声名远播。现代国画大师陆俨少，“外师造化，中得心愿”，无论创作和书画理论，都自成风格，开一代山水画风。南翔籍知名文人中，明代有史学家王圻，诗人归昌世，“槎溪四子”程廷浩、李景董、程芝筠、诸玉衡，“乡饮大宾”张鸿磐。清代有画家、篆刻家程庭鹭，地方文史、志书学者姚明晖，茶经“亚圣”陆廷灿，著名评弹编剧张梦飞。民国时期有学问渊博、精通书画的王同愈，创办南洋中学的王培孙和创办南翔苏民中学的许苏民。中华人民共和国成立后，涌现出新一代摄影家张祖麟、陈之平，国内比较文学的开创者和奠基人孙景尧，有“文坛怪才”之称的作家陆棣等。

在这片生机勃勃的土地上，为民官吏者有之，热心公益者有之，赈灾、救贫者有之，兴办民族企业者有之，热忱教育者有之。这里有明清及民国时期的清官张恒、李赓云，热心人士任良祐、陆士元、程虔五、陈家栋，医学奇才余伯陶，实业家朱志一、方剑阁，百年老店的徽商创始人胡子才、陈义亨等。中华人民共和国成立后，涌现出众多杰出人才，有被誉为“百科全书式的学者”的经济学家于光远；有第五、第六届全国政协常委、商业部部长吴雪之；有杰出的建筑家、教育家黄家骅；有为民族纺织工业争光的顾吉生；还有美籍华人博士朱谱康、医学人才张志方和农艺人才倪文甫等，人才辈出，不胜枚举。

经济持续攀升　宜居城镇凸显

中共十一届三中全会以后，南翔镇以经济建设为中心，坚持改革开放，经济协调发展，产业结构发生重大变化。20 世纪 70 年代末，全镇已有市、县属企业 17 家，社办企业起步较早。1988 年，南翔工业公司、南翔镇工业公司、南翔第二工业公司和南翔灯泡厂成为全镇四大工业实体，逐步形成电线电缆、精细化工、印染服饰、精密机械、印刷包装、电子产品六大支柱产业。“栽下梧桐树，引得凤凰来”，1992 年始，南翔镇抓住改革开放契机，累计引进外资企业 438 家、内资企业 477 家。1994 年起，南翔镇加快发展非公有制经济步伐，先后成立蓝天、南翔、古猗园、环球、高科技五大经济城和南翔投资服务中心，成为上海市郊私营经济城最多的乡镇。2015 年，五大经济城累计引进注册企业 46359 家，累计注册资本 1126 亿元。2010 年起，全镇产业结构由第二产业向以现代服务业为主的第三产业转变，大力发展“一部五业”（总部经济和现代物流业、文化信息业、商务商贸业、房地产业、生产性生活性服务业），有效形成产业的高度聚集和完整产业链，全镇的经济结构转型取得明显成效，综合经济实力稳步攀升。

21 世纪初，南翔镇根据市政府提出的农业现代化、农村城市化、农民市民化、城乡一体化及农民向城镇集中的要求，大力推进城镇住宅小区和农民集中居住区的建设，城镇区域逐渐向沪嘉高速公路以东和沪宜公路（南翔段）两侧、横沥东西两岸拓展，面积扩至近 10 平方千米。至 2015 年，全镇 168 个自然村宅，已动迁 105 个，占 62.5%；全镇农村住户 8353 户，已动迁 5706 户，占比 68.3%，城市化率达 90%。建造农民集中居住区 8 个、动迁安置住宅小区 6 个。镇域内陆续建造住宅区 30 个、人口导入区 4 个、高层住宅区 17 个、别墅区 15 个、商务楼 24 幢。2015 年，全镇常住人口 16.41 万人，其中户籍人口 5.83 万人，市区导入人口 1.16 万人，集聚民族成分 33 个。南翔已是一个集多民族、多文化、多层次的大型高端人才聚居地和“新上海人”创新创业实验区。

20 世纪 60 年代初，南翔已是全国卫生红旗单位，《文汇报》发表长篇报道《南翔，水洗过的》，后被编入沪教版初中语文课本。《人民画报》和中央新闻纪录电影制片厂也曾对南翔作过专题报道。1978 年，南翔镇被评为上海市第一批卫生城镇。2000 年起，南翔镇连续被国家卫生委员会评为国家卫生镇。全镇的绿化面积达 315.78 万平方米，人均绿地 45.22 平方米，森林覆盖率达 10.79%。2006—2008 年，整治河道 101 条（段），河岸植树 25.1 千米，修筑护岸 87.64 千米。1998 年始，全镇实施生产、生活污水纳管工程，污水处理率达 90%。建造银翔湖和留云湖 2 个生态公园，成为集镇南、北两块“绿肺”。镇域内既有江南水乡风光，又具备现代新型城镇气息。

春风沐浴热土　打造“小美南翔”

改革开放的春风沐浴着这片热土，经济持续发展和城镇化建设为南翔注入了新的活力，使这个千年古镇焕发出勃勃生机，全镇“两个文明”建设比翼双飞，硕果累累。1991 年被评为上海市历史文化名镇；2005 年古猗园被评为国家 AAAA 级旅游景区；2008 年被评为全国社区教育示范镇；2008—2009 年在中国乡镇综合实力 500 强排名中，南翔被列为第 71 位；2010 年被评为中国历史文化名镇；2011 年被评为“全国文明镇”和“上海市生态镇”；2012 年南翔（老街）景区被评为国家 AAAA 级旅游景区；2015 年被评为国家特色景观旅游名镇。众多的殊荣使南翔饮誉江南，更以经济腾飞和社会全面发展而名震中外。

1500 多年的风雨沧桑，改革开放的辉煌成就，是造就今日南翔腾飞的基础。南翔古镇入城口那双双飞向天空的白鹤雕塑已成为新南翔的象征，陆俨少先生曾为故乡题写“白鹤南翔，一飞冲天”的美好愿景在今天已成为现实。展望未来，南翔人民以“创新、协调、绿色、开放、共享”五大发展理念为引领，努力打造“发展更科学、功能更完善、社会更和谐、文化更繁荣、生态更文明、人民更幸福”的新型城镇，“小美南翔”将续写瑰丽的历史新篇章。

西出陇山第一镇①

陇城镇，位于甘肃省秦安县东北部，是古丝绸之路由西安进入甘肃的重要驿站，向有西出陇山第一镇之谓。自秦汉置郡县始，为郡、为县、为道、为寨、为镇，盛衰屡显。商贸发达，人文荟萃，历史积淀深厚。

2006年，陇城镇被命名为“甘肃省历史文化名镇”“中国旅游文化名镇”。2008年，被住房和城乡建设部、国家文物局授予“中国历史文化名镇”称号。2009年，被评为“天水市十大魅力乡镇”。

一

陇城是中国女娲文化的发源地之一。清宣统《甘肃新通志》云:“相传女娲氏风姓，生于风台，长于风谷，葬于风茔。”另据清光绪十四年（1888年）李勉所书《西番寺碑记》云:“陇城镇，历代相传为娲皇故里。娲皇姓风，生镇之南，有风台、风茔，其东南又有风谷，盖皆以姓名地焉。”

陇城的娲皇之祭，由来已久。明胡缵宗《秦安志》载，陇城女娲祠始建于汉以前。北魏郦道元《水经注·渭水》云:“略阳川水又西北流入瓦亭水。瓦亭水又西南出显亲峡，石宕水注之。水出北山，山上有女娲祠”。

民间对于娲皇的崇拜浸润于风俗民情之中。庄严肃穆的祭祀，雅俗共赏的酒令，延续千年的庙会，独具特色的小曲，精巧别致的马尾荷包以及丰富多彩的民间传说，无不

① 选自甘肃省秦安县陇城镇志编纂委员会编:《中国名镇志丛书·陇城镇志》，2018年出版。

流淌着女娲文化的远古神韵。

陇城庙会，历史悠久且久盛不衰。农历正月十五的女娲庙会和三月十九的西番寺庙会，融祭祀、商贸、文娱、体育为一体，以浓郁的地方特色吸引着四方游客。2006 年起，天水市在秦安县先后三次召开全国性女娲文化研讨会，并在陇城镇举办公祭人文始祖女娲大典。2011 年 5 月，女娲祭典被文化部列入第三批国家级非物质文化遗产名录。

二

陇城因大陇山和秦王朝所建战国城而得名，是一个汉、羌、氐、回多民族融合之地，自古为关陇交通要道和物流中心。

西汉元狩四年（前 119 年），随着丝绸之路开通，地处清水河谷的陇城商贾云集，流通日渐繁荣。

隋唐时期，陇右繁富。北宋司马光《资治通鉴》载："是时中国盛强，自安远门西尽唐境凡万二千里，闾阎相望，桑麻翳野，天下称富庶者无如陇右。"

明清时期，陇城已是关陇道中的商贸重镇。山西会馆、都宪牌坊、"娲皇故里"牌坊相继落成，铺面、楼阁鳞次栉比。现存于陇城镇内的明清建筑多为商铺，其中陇城明清街是天水市保存最完整的古代商贸街区。

三

陇城地处秦陇咽喉，为历代兵家必争之地。有据可考的重要战事 30 余起。魏蜀街亭之战因关系蜀之存亡，更因《三国演义》推澜而声名远播；东汉略阳之战，光武帝刘秀亲征陇上，中郎将来歙奇袭略阳城，与占据陇右的隗嚣在陇城激战，上演了伐木开道、野斩金梁、激水灌城、五路上陇、略阳解围、得陇望蜀等一幕幕精彩战事。这些战事《后汉书 · 来歙传》有详细记载。除此之外，陇上壮士陈安退保陇城、血战平先之战更是感人泣下。这些重要战事和历史名人使略阳彪炳史册，名扬海内外。

四

历史记载着过去，也孕育着未来。陇城几千年的历史文化积淀，成为促进当地经济社会发展的重要基础。

中华人民共和国成立后，陇城人民在中国共产党领导下，发扬女娲补天的抗争精神，治山整地，改造自然，成为甘肃省农业战线的先进典型。进入 21 世纪，陇城镇在持续强化农业基础建设的同时，借力中央扶贫开发优惠政策，着力现代农业和新农村建设，镇村面貌发生巨大变化；依托区位优势和文化资源，突出发展商贸和文化旅游业，产业结构进一步优化，经济发展更具活力。

新的历史时期，陇城人民正抓住乡村振兴和建设文化大省的机遇，发挥“中国历史文化名镇”和“中国旅游文化名镇”的品牌效应，挖掘历史资源，助推经济发展，建设更加繁荣、文明、和谐的新陇城。

厚土高天高家堡　玉魂石魄石峁城[1]

秃尾河是陕北的一条普通河流，发源于毛乌素沙地边缘，全长仅 140 千米，但水量丰沛，属黄河一级支流。其近 1/3 的中游河段纵贯高家堡镇域，蜿蜒激荡的河水在黄土高原的宽阔河谷中九曲十折，一路南下，向黄河奔流而去。

秃尾河滋养着两岸的土地和生灵，孕育了华夏早期文明，连接起农耕与游牧文化，见证了这块土地的兴衰变迁，也串起了高家堡镇曲折而生动的文明史。

六千余年前在秃尾河东岸桑树渠村一带，仰韶文化时期的聚落已经出现，先民劳作的脚印密密麻麻，烧陶的青烟袅袅萦绕，秃尾河区域的古文明于此肇始。

又过去两千年，进入龙山文化时期，大约公元前 2300 年，先民们在秃尾河与其支流永利河交汇处的石峁山塬上砌筑起一座总面积约四百万平方米的庞大石城。

今天，考古工作者用他们缜密细致、系统科学的工作，让这个浸染了四千余年风霜雨雪的史前石城，也是迄今国内发现的最大史前城址呈现在世人面前。石峁石城包括外城、内城和核心区“皇城台”三重石砌城垣，石城的建筑水平达到中国史前城址的最高水准。城址内不仅遗存着精心砌筑、固若金汤的城墙本体，气势恢宏、装饰华丽的城门，神秘威严、残酷血腥的杀戮祭祀遗迹，还出土了数量庞大的精美玉器、品类丰富的各式陶器，以及彩绘壁画、石人头像、青铜器、骨器等大量珍贵文物。这些文物展现了中国北方早期国家都邑的宏大规模及其复杂的社会形态，刷新了人们对中国史前文明的认识，不仅给高家堡镇的历史增添了辉煌的篇章，更极大地丰富了中华文明形成和中国

---

① 选自陕西省神木市高家堡镇志编纂委员会编：《中国名镇志丛书·高家堡镇志》，2018 年出版。

起源过程的细节，为中华文明探源工程提供了全新的研究资料，为确立文明起源的中国标准增加了新内容。

石峁遗址与黄河的直线距离不足 50 千米，置身于高阜山峁之上的石城，“黄河远上白云间，一片孤城万仞山”的意境油然而生。其实，龙山文化时期秃尾河流域的聚落分布密集，石峁石城的周边众星拱月般地存在着三百余处小型聚落，其文化影响力辐射晋陕高原。“石头上的王国”——石峁，应为史前中国北方地区“大一统”政治格局的核心，是塞北史前文明的集大成者。

存续时间约五百年的石峁石城，大约在公元前 1800 年的夏代早期遭到毁弃，神秘消失。此后的三千余年间，随着自然环境的变迁，以及南北地缘政治格局形势的变化，处在农牧交错带上的秃尾河流域始终是民族争雄的战场，是苦寒的边陲之地。农耕与游牧文明经常在这里激烈碰撞，导致人烟荒芜，建置难设。镇域北部团团沟、芦沟一线屹立着秦昭王所筑的长城，秃尾河东岸有残留的喇嘛河古城、堡坬等秦汉古城，柳巷村出土了汉画像石，虎头峁崖壁上留有北周的石窟造像，这些古迹遗存依稀可证这片土地上曾有的短暂繁盛。

明代，随着迁徙进入河套地区的鞑靼蒙古部落与明朝的军事冲突加剧，为了巩固边防，正统初年，延绥成为明九边重镇之一。为在战略要地修筑军堡，秃尾河与永利河交汇处的东南冲积地带进入了镇守陕西的右副都御史陈镒的选址视野。正统四年（1439年），阻山带河、地理形胜的高家堡建成，自此正式有了名称和建置。

此后，明成化九年至十年（1473—1474 年），延绥巡抚余子俊督修“大边”“二边”长城，扩修高家堡。嘉靖十年（1531 年），陕西三边总督王琼补筑高家堡边垣。隆庆四年至六年（1570—1572 年），神木兵备道副使张守中对“大边”东路长城进行大规模整修。万历二年（1574 年），延绥巡抚宋守约重修高家堡边垣墩台。万历三十六年（1608 年），延绥巡抚涂宗濬用砖包砌高家堡城墙。高家堡的边防设施得以巩固，军堡与边墙相结合的防御体系逐步完备。后又采取移民实边、垦荒屯田等措施，高家堡由单纯的军事防御聚落逐渐向军民共存的综合性聚落发展。其时营造的寺庙建筑，集防御性与宗教观念为一体，成为塞上独特的文化景观。

在明代战事多发和战兼备的时期，随时快速入侵的鞑靼诸部出没无常，兵锋常直指高家堡，战事残酷，史籍屡有记载。高家堡是威震九边的延绥要塞，秃尾河流域的沟谷是双方厮杀的战场。明嘉靖年间，刀光剑影中，高家堡走出了一位威名赫赫的战将——

宁夏总兵牛秉忠。如今镇域北部山梁之上环曲绵连、断续起伏的长城，仿佛无言地诉说着那金戈铁马、角声四起的烽烟岁月。

清朝开基，长城内外一统，延绥镇军事功能逐渐衰退。高家堡常驻武官先设游击，后改为守备，再改为都司。驻军裁汰，保留数量仅百余员，不及明代十分之一。康熙三十六年（1697 年），康熙帝西征噶尔丹，途经高家堡后不久，即允许将长城外侧的“禁留地”开放为“伙盘地”，从此大量汉民迁徙至此垦殖，高家堡口外村落逐渐形成。同时，凭借北接长城、南连河东的地利和秃尾河商道的优势，以盐茶皮革为主的边地贸易逐渐兴盛，时有“十六家盐行半座城”之称，高家堡由边塞重地转变为区域商品集散转运中心。乾隆二十七年（1762 年）正月，高家堡由葭州（今佳县）划归神木县管辖。乾隆三十三年至三十五年（1768—1770 年），高家堡得以大规模整修。此后，积极进取的高家堡商人在秃尾河上游，开发利用湖泊碱土资源，生产外销碱锭，使盐碱业成为高家堡的重要产业支撑。其时，高家堡物阜民丰，市井繁华，为闻名遐迩的陕北名堡。

晚清至民国初年，风雨如晦，岁月不宁，殃及小城。同治七年（1868 年）正月十八日，马治和率陕甘回民武装数万人攻破堡城。遭此变故二三十年后，商业开始兴盛，元气逐渐恢复。1913 年 6 月 17 日，因官府禁种罂粟激起民变，建安堡“神团”围攻高家堡，杀死神木县知事，“神团事变”震惊塞上。1916 年 4 月 17 日，内蒙古土匪卢占奎率匪帮南下，九百余骑攻破高家堡，烧杀抢掠，群众备受劫难，苦不堪言。

乱世纷扰，高家堡的仁人志士兴学救国。民国初，乡贤裴宜丞、刘培英、康希尧等倡导办学，“振兴学务”的宗旨振奋人心，将西街祖师庙改为学校的惊世骇俗之举成为高家堡开办新式教育的传奇故事。得风气之先的高家堡小学培育出一批心向光明、志存高远、投身革命、奉献社会的俊彦人杰，其中有革命烈士史仙舟，中共高家堡党支部第一任书记、中共中央西北局统战部副部长刘文蔚，西北红军、西北革命根据地和东北革命根据地创建人之一张秀山，曾任中共甘肃省委书记的李登瀛，中国博物馆学创始人韩寿萱。

1927 年 9 月，中共高家堡党支部在高家堡小学成立，这座青灰色古城的天空上，从此有了耀眼的红星。党支部在中共陕北特委的领导下积极开展地下工作，虽然几次武装斗争均以失败告终，但秃尾河畔的枪声也震撼了国民党当局。1934 年春，国民党军队进驻高家堡后，党支部遭到严重破坏，但神木南部山区的党组织和红军游击队继续坚持斗争。1936 年 3 月，刘志丹率红二十八军东征途经神木南部山区，击溃国民党驻军，镇域以南的部分地区纳入神府革命根据地。

抗战时期，国共两党在镇域南部划界管理。1940 年 4 月，陕甘宁边区政府将葭县（今佳县）划归绥德行政分区，国民党葭县政府移驻时属葭县德胜乡的乔岔滩村。由于驻军增加，又毗邻神府边区，迁居而来的晋冀沦陷区商民也给小镇工商业发展注入活力。以“三盛长”碱坊为代表，高家堡的工商业再度兴盛，商贾云集，四方辐辏，秃尾河畔驼铃声声。

1947 年 7 月，中国人民解放军晋绥军区第三纵队独立二旅在许光达率领下西渡黄河，参加保卫陕甘宁边区作战，首战高家堡，揭开榆林战役的序幕。解放军与国民党驻军激战三日，于 8 月 6 日解放了高家堡。由于攻克高家堡后发生了部队违反“城市政策和工商业政策”破坏纪律的事件，毛泽东主席专门作了批示，在全军开展政策与纪律教育。

1949 年 7 月，中共神府县委和神府县政府机关由温家川（今神木市贺家川镇温家川村）正式迁驻高家堡，高家堡成为神府县的政治经济文化中心。

1950 年 4 月，神府县并入神木县，此后高家堡一直由神木县管辖。改革开放前，高家堡仍然为秃尾河流域的经济中心，但集市的相对繁华难掩整体的闭塞落后。20 世纪 80 年代神府煤田开发，榆林至神木二级公路建成通车，高家堡逐渐失去全县交通枢纽的地位，往昔的热闹逐渐消退。

进入 21 世纪，神木县成为国家级能源化工基地的核心区域，镇域内高速公路开通，镇域北部的锦界工业园区兴起。全镇群众生活水平随县域经济发展不断改善，享受免费教育、免费医疗等惠民措施，但由于大部分区域仍然是传统农业区，加之人口大量外迁，镇域经济地位不断下降，古镇更显寂寞寥落。

2011 年以后，石峁遗址的重大考古发现使高家堡镇声名远播。2014 年，高家堡被评为“中国历史文化名镇”，沉寂的小镇逐渐为世人瞩目。由于古城保存基本完好，具有 20 世纪 70 年代陕北城镇风貌，2014 年，由著名作家路遥同名小说改编的电视剧《平凡的世界》在古城取景拍摄。当电视剧热播后，高家堡声名鹊起，游客纷至沓来，感受“平凡的世界，不平凡的高家堡”。

2017 年 7 月，神木撤县设市。同期，陕西省人大常委会通过《陕西省石峁遗址保护条例》。面对新的发展机遇，高家堡镇积极规划建设文化旅游特色小镇，石峁博物馆和石峁国家考古遗址公园开始建设，石峁遗址申报世界文化遗产工作也已启动。

石峁莽莽，秃尾汤汤；山川毓秀，天高地旷；城彼朔方，风起云扬；俊采星驰，人文煌煌；岁月流淌，声誉日彰；丰采名镇，永耀荣光。

坐落在瀑布上的千年古镇①

酉水潺湲而过，曲折成一湾翠屏。“酉阳雄镇”——永顺县芙蓉镇，巍然肃立，犹如当关的勇士，把守着“楚蜀通津”。五里石板街蜿蜒而上，沿街商铺林立，土家吊脚楼依山傍水，鳞次栉比。高60余米、宽40余米②的王村大瀑布飞泻而下，声若雷鸣，可传数里之外。夜晚，古镇灯饰璀璨，如满天星光，映照着瀑布，别有情韵，千年古镇仿佛悬挂于瀑布之上。

芙蓉镇原名王村，是一座具有2300多年历史的山城古镇。由于处在酉水之阳，汉高祖五年（前202年），朝廷设置酉阳县，王村即为酉阳县治所。唐天授二年（691年），朝廷设置溪州，王村为其所辖。后梁开平四年（910年），溪州刺史彭瑊统一溪州各部，其子彭士愁继任溪州刺史后，成为都誓主，建立以下溪州为中心的20余州的统治。南宋绍兴五年（1135年），第十一任溪州刺史彭福石宠迁州城于灵溪河畔，筑福石城（即今老司城），王村仍为溪州辖区。1956年王村设镇，1958年属高坪人民公社。1984年公社改乡制，分设王村镇和太平乡。1986年乡镇合并，统称王村镇。同年，古镇因著名电影导演谢晋在此拍摄电影《芙蓉镇》而闻名遐迩。2007年，王村镇更名为芙蓉镇。2018年，全镇辖5个社区、17个建制村，总人口32822人，有土家、苗、汉、回等16个民族，其中土家族占总人口的81.18%。姓氏以向、彭、王、杨、张等为主。

历史上古镇得酉水舟楫之便，上通川黔，下达洞庭，入鄂抵沪，自古就有“楚蜀通津”之称，享有“酉阳雄镇”、湘西“四大名镇”、“小南京”等美誉。自战国时期以来，

① 选自湖南省永顺县芙蓉镇志编纂委员会编：《中国名镇志丛书·芙蓉镇志》，2019年出版。
② 此高度与宽度为枯水期时数据。

这里一直是湘西地区与外界通商的黄金口岸。清朝乾隆、嘉庆、道光年间，镇区店铺有500余家，每日骡马千余，往来客商逾2000人。进入21世纪，芙蓉镇是永顺县产业融合发展的经济重镇。2001年，经湖南省人民政府批准，湖南永顺经济开发区在王村镇成立。近年来，该镇通过建设配套设施、优化服务环境等措施，吸引了省内外十余家著名企业前来投资创业。这些企业的引进，大大促进了镇域经济的发展。2018年，全镇实现生产总值5.72亿元，财政总收入5503万元，比上年增长10%。

芙蓉镇属武陵山区，山川神奇而美丽。境域内有两河一溪，即酉水河、猛洞河、营盘溪。酉水河流长477千米，为内河航道，流经湘西土家族苗族自治州的龙山、花垣、保靖、永顺、古丈5个县，至沅陵注入沅水，流域面积18530平方千米，舟楫之便成就了芙蓉镇的千年繁荣。猛洞河是酉水较大支流，全长158千米，在芙蓉镇境内长约10千米。沿途有大龙洞、小龙洞等旅游景点。这里山高林密，峡谷幽深，层峦叠嶂，水流湍急，猿啼鸟鸣，山花烂漫，是一幅纯美的山水画卷，也是被中国旅行社总社评为中国仅有的两家四星漂流项目之一。营盘溪是镇域的一条小河，属典型的喀斯特地貌，沿河形成众多洞穴高坎，并形成多段瀑布群，有新桥瀑布、跳礅河瀑布、白水潭瀑布、王村大瀑布等。河上桥梁密布，有三拱桥、土王桥、幸福桥、王村大桥、五里牌大桥等，形成一道道桥梁景观。

芙蓉镇历经2300多年的历史，人文景观相当丰富，有古街道、传统民居、特色村落、历史遗迹等，历史建筑总面积24586平方米。从历史建筑中，可以一睹古街风貌，感悟汉唐遗风。

芙蓉镇街道绵延五里，沿坡伸展，全用青石板铺成，分段命名，十多段都有自己的故事和寓意。古镇留存有许多奇特建筑，如土家族极具典型的民居建筑——吊脚楼，改土归流后引入的汉族民居建筑——四合井，封建社会表彰贞烈妇女的贞节牌坊，建于清嘉庆二十五年（1820年）的兵谷仓，土家人供奉先祖、祭祀祈祷的神圣殿堂——土王祠，土家人祭祀祖先、欢庆舞蹈的摆手堂，土司当年的避暑山庄——飞水寨，1919年由英国人修建的基督教堂——福音堂，1920年由美国人修建的天主教堂。古镇还保留着许多见证历史风云的古物遗址，有展现土司与楚王歃血为盟的溪州铜柱，后晋时期的土知州城堡，清朝雍正年间（1723—1735年）修建的王村巡检司衙门旧址，西汉时期的墓葬群，贺龙、萧克等率领红军作战留下的高粱坪、王村战斗遗址等。芙蓉镇名胜古迹与自然景观交相辉映，成为“张家界—猛洞河—吉首—凤凰”黄金旅游线路的重要节点和天下第一漂、土司古都老司城、小溪生态旅游景区等景区的中枢，既可辐射县域内猛洞河、老司城、小溪等自然景观和人文景观，又可辐射至县外坐龙峡、红石林、栖凤湖，以及凤凰古城、张家界森林公园等众多著名景点。这里交通便利，与周边旅游景点形成一体化网络。2018 年，接待游客 54 万人次，成为“神秘湘西游”的旅游拳头产品。

这里土家族文化底蕴深厚，有民间戏剧汉戏、高腔、阳戏、傩戏，民间器乐合奏打溜子，吹管乐器咚咚喹，民族歌舞土家山歌、哭嫁歌、摆手舞、毛古斯舞、铜铃舞……这里可以品尝到许多土家美食，如牛头宴、竹筒饭、土家腊肉、泥鳅钻豆腐、天下第一螺、米豆腐……这里可以购买到许多民间工艺品，如土家织锦、竹编、藤编、刺绣……这里还可以观赏到土家族婚嫁等民俗表演。

芙蓉镇融自然景观、民族风情、历史文化为一体，先后获得一系列殊荣：“中国历史文化名镇”、“中国十佳旅游休闲古镇”、“国家 AAAA 级旅游景区”、2010 年首批“湖南省美丽乡镇示范”、2018 年“湖南十大特色文旅小镇”。

1985 年，永顺县航运公司率先开发王村至猴儿跳段猛洞河平湖游，当年接待游客 1 万余人次，猛洞河也因此被湖南省人民政府列为全省六大风景名胜区之一，芙蓉镇旅游业从此起步。1986 年《芙蓉镇》《乌龙山剿匪记》两个影视摄制组先后进驻王村，拍摄外景。两部影视作品热播后，掀起“芙蓉镇”的旅游热潮。1988 年，永顺县中国旅行社成立，与永顺县航运公司共同开发猛洞河漂流项目，猛洞河漂流获得全国人大常委会原副委员长、著名社会学家费孝通的题词“天下第一漂”。1992 年，永顺县举办“猛洞河国际漂流月”活动，并获得圆满成功，使猛洞河、“芙蓉镇”旅游成为县域经济龙头产业。2009 年，成立以芙蓉镇为中心，辐射猛洞河、老司城、小溪、坐龙峡、红石林、栖凤湖等 10 余个景区的湘西芙蓉镇景点圈旅游投资开发股份有限公司，投资数亿元保护性开发这座历史文化名镇，完善基础设施，新增《土王出巡》《芙蓉小戏》等文化娱乐项目。

如今这里的景点更加优美，配套设施更为健全，观光、休闲客流量不断增长。吉（首）恩（施）高速公路穿境而过，张（家界）吉（首）怀（化）高速铁路在镇区设站，为芙蓉镇旅游业发展插上腾飞的翅膀，这个坐落在瀑布上的千年古镇将焕发新姿，越发璀璨夺目！

秦简故里　土家古镇[①]

公元前 221 年，秦王扫六合，一统天下。但二世而亡，引后人遐思不断。2002 年，里耶战国秦汉古城奇迹般地从 2000 多年的沉睡中苏醒，古井出土的三万多枚秦简牍上的日志式的记载，使大秦帝国从古井里复活，里耶——一个富有诗意的南方古镇展现在世人面前。

里耶古城和秦简牍被称为 21 世纪初中国考古最重要最惊人的大发现。2002 年，里耶古城遗址被国务院增补为第五批全国重点文物保护单位。里耶于 2005 年被授予“中国历史文化名镇”称号，是当时湖南省唯一获此殊荣的小镇。其后，它先后获评全国特色旅游景观名镇、全国文明村镇、全国宜居小镇、全国特色小镇等国家级荣誉称号。

里耶，一个酉水河流载而来的古镇，其与众不同的神韵，著名作家沈从文为之迷醉，称之为“别一国度”。它地处八百里武陵山脉的深处，位于湖南省湘西土家族苗族自治州龙山县最南端。里耶，土家语为开垦、拓土之意。现代考古发现，里耶在新石器时代就有人类活动，夏商时期有漕船运行，战国晚期为秦楚争霸的军事重镇，秦王朝时为洞庭郡下辖的迁陵县县治。明朝末年，里耶开设集贸市场。清末民国初，里耶与王村（芙蓉镇）、茶洞、浦市并称湘西四大名镇。里耶从远古走来，生生不息。

酉水河从湖北宣恩县的酉阳山奔流而出，绵延百里，流到里耶，把里耶亲切地呵护在臂弯。2000 多年来，酉水河上的商船拖来了古镇的繁华。酉水因其特殊的地理位置，春秋战国时期就是吴越、江汉、中原等地连接川渝、云贵的重要通道。战国中期，酉水成为中国西南、东南一带前往南方丝绸之路的大通道。著名作家沈从文在《湘西》中如

---

① 选自湖南省龙山县里耶镇志编纂委员会编：《中国名镇志丛书 · 里耶镇志》，2019 年出版。

是写道:“白河（酉水河）上游商业较大的水码头名‘里耶’，川盐入湘，在这个地方上税。边地若干处桐油，都在这个码头集中。”悠悠酉水河，孕育了土家族这个古老的民族，孕育了里耶古镇，是土家族人的生命之源，里耶因酉水河而兴，因酉水河而荣，更因酉水河而美。

21 世纪初的重大考古发现，让里耶重现历史辉煌。1996 年，文物部门开展酉水河碗米坡电站库区里耶考古调查。2002 年，湖南省文物考古研究所抢救性发掘古城遗址，因而有了里耶战国秦汉古城这一惊世发现。在这里，先后发现里耶战国秦汉古城遗址、魏家寨古城遗址、大板遗址与墓群，“三城”与每座城址相对应的麦茶和下码头秦朝古墓葬群、魏家寨古墓葬群及大板古墓葬群相互关联，文化内涵互为印证，文化承袭脉络清晰，具有极高的考古价值和历史文化价值。里耶“三朝三城”“三址三墓”的布局，为解析封建帝国时代作为国家基层政治统治中心、经济管理中心、军事控制中心的“县城”提供了极为全面、丰富、科学的证据，这在中国考古学和世界考古学上都十分罕见。

“北有西安兵马俑，南有里耶秦简牍”。西安秦代兵马俑出土曾轰动海内外，号称“世界第八大奇迹”。里耶秦简出土时，专家们谨慎地将其与兵马俑相提并论，认为里耶秦简的史料研究价值无与伦比。里耶战国秦汉古城出土的秦简牍有 38000 余枚，是此前国内发现的秦简数量的 9 倍，简牍文字有 20 多万字。里耶秦简的字体有古篆书、古隶书、隶中带楷书等，运笔流畅，笔画遒劲，特别是撇、捺、点等笔画十分漂亮，是一部在竹木片上写成的书法集锦，是中国最早的秦简书法之大成。里耶秦简最大的价值在于它是中国第一部日志式断代史，是中国第一批官方档案。简牍纪年从秦王嬴政二十五年（前 222 年）到秦二世二年（前 208 年），整整十五年，堪称大秦帝国的一部地方编年史。简牍属秦代当地官署正规文书，涉及政治、军事、经济、法律、文化、民族、官职、历法、邮传、防汛、报警、文书处置、户籍管理、军品运转等诸多领域，重要事件都详细记录了发生时间、起因、发展变化的过程以及结果；同时记载有主管机构、主管长官和经办人，丰富和复活了秦朝历史。至 2018 年，已解读的秦简只是冰山一角，三万多枚秦简牍，或许就是等待人们探索的三万多个历史奥秘。随着里耶秦简牍释读工程的不断推进，里耶——秦简故里将以更神奇、更完美、更迷人的形象走向全国，走向世界。为生动形象地展示里耶战国秦汉古城，尤其是古城古井中出土的大批秦简牍，2004 年，国家投资修建里耶秦简博物馆，它是目前世界上唯一一座大型秦简专题博物馆。2010

年 10 月，国家文物局局长单霁翔参观后，给予里耶秦简博物馆高度评价，称之为当之无愧的全国“五大博物馆”（中国国家博物馆、南京博物院、上海博物馆、陕西历史博物馆、里耶秦简博物馆）之一。2011 年 3 月，里耶秦简博物馆的“大秦迁陵”陈列展获湖南省“十一五”期间博物馆优秀陈列展第一名。

里耶历来商贸繁荣，素有“小南京”之称。2012 年出版的《龙山县志》中记载，清雍正七年（1729 年），龙山县“改土归流”时，里耶发展成大贸易圩场。清乾隆《永顺府志》中记载：“里耶市，即保靖里耶司对河，商民数百余户，路通四川酉阳。”早年，里耶经营百货南杂、布匹、桐油等土特产的商户中，江西人居多，故有“江西街”、江西庙（万寿宫）、江西会馆。之后，酉阳、秀山等商业大户亦到里耶开设分户，又形成“四川街”等。20 世纪 30 年代中期，里耶商业进入鼎盛时期。1934 年，里耶有商户 423 户、750 人。里耶市场有 3 万余人，市场商品齐全、交易活跃，时有“买不空的湖南，销不满的四川”之说。此后，里耶商贸几起几落，有过抗战前期的短暂繁荣，也有内战期间的萧条。中华人民共和国成立到 20 世纪 70 年代，里耶商贸发展缓慢。1978 年改革开放以后，商贸逐步放开，湘渝边区贸易日趋活跃。1997 年，里耶酉水大桥通车，长沙街修建，大大推进里耶商贸繁荣发展。2018 年，全镇个体工商户突破 2800 家，服务项目有 40 余个，从业人员有 6300 多人。里耶明清古街是里耶商贸发展的历史缩影，记录着曾经的繁华，延续着边贸的兴旺。里耶古镇现仍保存着“七街六巷五行”的原风原貌。古街区占地面积约 130 亩，街巷总长 3500 多米，保存较好的古民居 910 余栋，建筑面积 31940 余平方米；建筑风格以土家族民居建筑为基调，同时配合有赣、苏、皖、浙等地的建筑风格，蕴含着一种古朴、简约、温馨、大方、实用的情致，是千里酉水河码头古镇的典范集镇。

里耶有着重视教育的良好传统。清乾隆《永顺府志》记载，乾隆二十四年（1759 年），里耶始建义学，称“炳文书院”。此后的几百年，里耶重教传统一直延续。境内学校数量、规模和教学质量，在龙山县境处于领先地位。教育的兴盛使里耶有了深厚的文化积淀，优秀人才不断涌现，如清代进士瞿之璋参与编纂《四库全书》；清末举人瞿方梅是宋教仁的老师，在民国时期担任过吉林省政务厅厅长、奉天省代省长等职；近代民主革命家瞿方书，是《中华民国临时约法》的起草人之一。当代亦是人才辈出，一批又一批青年学子学业有成，成为国家栋梁之材。

里耶民族文化丰富多彩。这里有土家族先祖雍尼婆婆美丽生动的传说故事，有土家族神话史诗《梯玛神歌》流传至今，有被称为中国舞蹈戏剧“活化石”的土家族人原始歌舞戏毛古斯，有土家族传统舞蹈摆手舞，有深情款款、如泣如诉的土家族哭嫁歌，有非物质文化遗产土家族打溜子、土家族织锦，有婉转悠扬的土家族咚咚喹、粗犷豪放的土家族山歌和调皮逗趣的三棒鼓，还有米豆腐、油粑粑、马打滚、霉豆腐、大头菜、土家腊味等风味美食。

八面山在里耶古城西面，被称作“土家族人圣山”。至今，里耶土家族人逢年过节都要向八面山朝拜，祈求平安。登上八面山，可以看到“大小岩门”绝壁雄姿，还能看到杯子岩、鲭鱼潭、燕子洞、自生桥等自然奇观，欣赏到空中草原奇景。那连片牧草中流动的羊群、牛群，那牛羊群中不时传来悦耳的铃铛声，远远望去，天苍苍，野茫茫……一眼望不到头的绿地，无不令人心旷神怡。

里耶山水秀美、文化厚重。秦代文明、明清文化、土家文化相互交融，古城遗址、秦简博物馆、明清古街巷、“南方空中草原”八面山、酉水河风光等旅游景观独具特色，文化、山水完美结合。依托里耶特色的人文和自然资源，龙山县委、县政府实施以秦文化体验、山水休闲度假为核心的里耶古城保护开发和旅游发展战略，先后制定《里耶历史文化名镇保护规划》《里耶古城遗址文物保护规划》《里耶镇城市总规划（2002—2020年）》《龙山县里耶镇镇区控制性详细规划》，着力将里耶打造成潇湘湖南的又一扇旅游窗口，凭借湘西、鄂西、渝东南三大旅游板块黄金接合部的地域资源优势，建成独具魅力的旅游目的地。作为湘西的旅游黄金板块，里耶古城将与张家界、凤凰古城共同托起大湘西旅游“金三角”，成为研究历史文化、展示民族风情、发展山水实景旅游的一个新热点。

古镇里耶，将以震撼性的人文历史体验，情景化的民俗风情体验，差异化的休闲度假体验，立体化的自然山水体验，成为人们向往的旅游目的地。里耶也是土家儿女的憩息港湾、梦里家园。正是：天荒地老古城在，秦简故里姗姗来，土家儿女缠绵舞，名镇里耶歌徘徊。

姑苏繁华地　吴中第一镇[①]

中国历史文化名镇　穹窿山东侧乌龟墩出土的新石器时代陶片告诉人们，距今7000多年的马家浜文化时期，木渎的先民就在此繁衍生息。

木渎是吴文化的重要发源地。木渎春秋古城北起五峰村，南至合丰村，西通太湖，群山环抱，依山而筑，沿盆地边缘而建，气势恢宏、雄伟。古城规划之科学，规模之巨大，工程之伟大，令人叹服，被列为2010年度全国十大考古新发现之一。七子山、五峰山山顶上的一个个土墩石室，人称“江南长城”。2500多年前，吴王阖闾、夫差在姑苏山、灵岩山上筑高台，建行宫，“吴王春夏游姑苏台，秋冬游馆娃宫、兴乐、华池、南城之宫，又猎于长洲之苑”（宋范成大《吴郡志》）。穹窿山顶上的藏兵洞，相传是伍子胥训练吴军水师处；穹窿山茅蓬坞纡曲纵深，相传“兵圣”孙武曾在此“辟隐深居”，著述兵法。阖闾“将孙武，相伍胥，据山水，建城池，缮甲兵，实仓庾，破楚入郢，威晋慑齐，显名诸侯，号称大吴”（明莫旦《苏州赋》）。木渎这片土地上曾经见证了吴国历史的辉煌与悲壮。

秦台山巅上“秦台”两个摩崖石刻大字，向人们讲述2200多年前“千古一帝”秦始皇巡游到木渎，登山眺望湖山胜景的传说。汉初三杰之一的张良曾到穹窿山，山上的国师龛留下“乃汉留侯从赤松子采赤石脂于此”（清《穹窿山志》卷四）的记载。茅蓬坞里的读书台，向人们讲述朱买臣采樵读书，实现人生理想与抱负的故事，书声琅琅依然在山谷回荡。史学家司马迁为撰写《史记》千里迢迢来到木渎，登姑苏台之废墟，眺

① 选自江苏省苏州市吴中区木渎镇志编纂委员会编:《中国名镇志丛书 · 木渎镇志》，2019年出版。

望五湖之烟波，感慨唏嘘，淹留踌躇。东晋陆玩舍宅为寺，后经扩建，成为我国著名的佛教净土宗道场。

北宋，木渎设镇，逐渐成为苏州古城西部的中心。明洪武二年（1369 年），木渎设立巡检司，管辖阊门、胥门、盘门外及木渎、横塘、新郭 3 镇。清康熙、乾隆两位帝王南巡到木渎访古寻胜，其中乾隆皇帝 6 次到木渎，写下诗歌 200 多首。清乾隆十一年（1746 年），吴县县丞移驻木渎，又设千总驻防。

2005 年，木渎被建设部和国家文物局评为第二批中国历史文化名镇。2014 年，木渎被列为苏州市“强镇扩权”改革试点镇之一，赋予部分县级经济与社会管理权限。

国家级风景名胜区 木渎地处太湖之滨，山河毓秀，形胜地美，名胜古迹星罗棋布，自古就是苏州西部风景名胜核心区。1982 年，木渎被列为国家级太湖风景区 13 个景区之一。

木渎境内有山丘 20 多座，拥有穹窿、灵岩、天平、天池、花山、尧峰、七子（横山）等吴中名山。位于境内西南的穹窿山是苏州海拔最高、山体最大的山峰，山势俊秀，纡曲幽深，三峰突起，群山拱卫，自古有“吴郡名山第一山”（北宋杨备语）之称。位于古镇西侧的灵岩山青松苍翠，万木葱茏，素有“秀绝冠江南”之誉，奇石或坐或立，或卧或挺，形象众生，俨然是一座天然石雕艺术馆。天平山怪石林立，清泉潺潺，红枫万丈，人称“三绝”，驰名中外。七子山绵延起伏，以林涧之美、峰壑之秀、云景之丽、泉石之怪，享誉吴中。天池山奇峰异石，天池古泉，以幽静著称。

木渎寺院道观众多，宗教文化发达。穹窿山上真观始建于西汉元始二年（2 年），是苏州最古老的道教场所，鼎盛时有殿宇 36 座、房屋 5048 间。穹窿山因此跻身中国道教十大名山，被誉为“穹窿福地”“聚灵胜境”。建于宋朝的宁邦寺，依山而建，凿崖构屋，气势雄伟，海云禅洞里的唐彩观音卧佛，长 18.8 米、高 3.8 米，成为江苏卧佛像之最；寺旁的玩月台，铭刻的是韩世忠与部将仰面冷月、抹泪长叹的痛楚和无奈。天池山寂鉴寺的石屋、石佛，是江苏省内罕见的元代石构建筑。灵岩山寺历代高僧辈出，香火绵延；近代高僧印光卓锡在灵岩山寺修道弘法，灵岩山寺成为举世闻名的净土宗专修道场。1980 年创办的中国佛学院灵岩山分院，为全国寺院培养输送了一批批有文化、懂佛学的青年僧侣。1983 年，灵岩山寺院被国务院列为汉族地区佛教重点寺院。

木渎拥有独特的植物资源，穹窿山茅蓬坞里的紫楠林是苏南地区罕见的中亚热带过渡到北亚热带的地带性天然次生森林区，1981 年被列为江苏省首批自然保护区。穹窿山森林覆盖率达 99%，山上生长着 210 多种植物和 150 多种中草药材；山里的空气负离子含量达每立方米 2 万个，被誉为苏州最大的“天然森林氧吧”。1993 年，被林业部批准为“东吴国家森林公园”。天平山红枫闻名海内，是全国四大赏枫胜地之一。

2006 年，木渎被国家环境保护总局评为全国环境优美镇。2017 年，木渎有国家 AAAAA 级旅游景区 1 处、国家 AAAA 级旅游景区 3 处，全年接待中外游客 500 多万人次，实现旅游综合收入 15 亿元。

中国园林古镇 春秋时期，吴王夫差在灵岩山上建亭台，筑长廊，凿池井，植嘉木，种香卉，馆娃宫成为中国最早的山顶花园，开创吴地人工造园之先河。

木渎以其独特的地理环境和社会环境，成为文人雅士卜居隐逸的首选之地。宋朝，张廷杰归隐天池、花山，营造“就隐”，搜奇选胜 30 年，刓剔岩窦，疏导泉源，负山崖，创亭榭，佳花美木满庭园，四时景色有奇观。明朝，徐政在西跨塘桥侧筑凝翠楼，与文徵明、王宠辈结吟社于此。书画家陈道复在白阳山下筑五湖田舍，茂林修竹，花源柳陾，鸭阑鹤圃，极幽居之胜。郭仁后裔在七子山北麓建花园，辟桃浪馆、静文阁诸胜，花园山因此得名。赵宧光构造寒山别业，千尺雪、绿云楼、飞鱼峡、驰烟驿、澄怀堂、清晖楼，错落有致，冠绝吴中。范允临筑天平山庄，寤言堂、鱼乐国、来燕榭、听莺阁、宛转桥……依山而造，因地建筑，成为一代名园。

明末清初，灵岩山北麓的水木明瑟园，有升月轩、听雨楼、暖翠浮岚阁、桐桂山房诸胜，著名画家王石谷曾绘以画。清康熙年间，吴铨在木渎东街筑遂初园，楼阁亭榭、台馆轩舫连缀相望，嘉花名卉、四方珍异荟萃于园；裔孙吴泰来又构掬月亭、鸥梦轩、凝远楼、清旷亭、横秀阁，盛极一时。徐惇复在西跨塘青龙涧旁构筑“茧村”，有经耒堂、如谷斋、碧深、梅畛、疏雨林亭、紫香庵、螺龛、饮虹涧，“水木峥泓，房廊深静，为（横）山北园亭之冠”（清《横山志略》）。清乾隆年间（1736—1795 年），状元毕沅在灵岩山麓筑灵岩山馆，占地 2 万平方米，耗银数十万两，有御书楼、九曲廊、澄怀观、画船云壑、砚石山房等，极其雄丽壮观。山塘街上的虹饮山房，既有江南园林之秀美，又有皇家园林之雄伟，“高庙四次巡幸，词臣随扈必信宿于此”（民国《木渎小志》），俗称“乾隆民间行宫”。山塘街的羡园（俗称严家花园），四季景色荟萃一园，亭榭池阁新意层出，建筑学家刘敦桢称“清幽之趣，为园林翘楚”，园林专家童寯称“斯园结构之精，不让城市”（《江南园林志》）。

明清时期，木渎有私家园林 30 多处，故有“中国园林古镇”的美誉。岁月沧桑，

2017年古镇老街上尚有羡园、虹饮山房、古松园、榜眼府第4处古典园林，已被列入苏州古典园林名录。

人文荟萃之地 木渎自古人文荟萃，西汉朱买臣家贫而好学，励志奋发，最终实现人生的远大理想。东汉高士梁鸿偕妻孟光，不远千里来到木渎，寓居在灵岩山北梁巷，留下举案齐眉的千古佳话。唐朝“诗仙”“诗圣”“诗豪”“诗王”先后到木渎，留下了“旧苑荒台杨柳新，菱歌清唱不胜春”（李白），“东下姑苏台……抚事泪浪浪”（杜甫），“艳倾吴国尽，笑入楚王家”（刘禹锡），“天平山上白云泉，云本无心水自闲”（白居易）等优美的诗篇。“温李”“皮陆”也来了，留下了“吴王此地有楼台。千年事往人何在”（刘沧），“水打城根古堞摧。尽日伤心人不见”（李商隐），“半夜娃宫作战场，血腥犹杂宴时香”（皮日休），“吴王事事须亡国，未必西施胜六宫”（陆龟蒙），一首首隽永的诗歌，令人感慨万千，荡气回肠。

五代时，隐士陆遹隐居金山，山顶巨石上“最胜”两字，“字径丈余，笔力奇劲，翩翩动人”（明《金山杂志》）。宋朝，范仲淹迁葬祖坟于天平山，留下的是中华传统美德；伫立高义园、忠烈庙前，让人想起一代名臣“先忧后乐”的胸襟与情怀。韩世忠情缘灵岩山，墓前巍巍“中兴佐命定国元勋之碑”，近1.4万字的碑文叙述的是一代名将收拾金瓯的传奇与悲壮。大诗人范成大尤爱木渎，长眠于天平山仰天坞。张可九、柯九思、郑元祐、杨维桢、萨都剌、倪瓒等元朝名流到木渎寻古探幽，吟唱抒情。杨基曾结庐赤山。元末明初“黑衣宰相”姚广孝在穹窿山为僧，朝廷赐第茅蓬显忠寺。相传建文帝税驾穹窿积翠庵，皇驾坞、皇驾庵、皇坟见证了那段离奇诡谲的历史。状元吴宽读书尧峰山，归葬花园山，墓前状元浜涓涓流淌着绵绵不绝的中华优秀文化。徐有贞、沈周、王鏊、祝允明、唐寅、徐祯卿、蔡羽、文徵明先后到木渎，无不留下诗文书画。杨循吉读书金山，著有《金山杂志》。明末，状元大学士文震孟在竺坞读书，卒后长眠于此。

清朝，汪琬在尧峰山麓筑山庄，叶燮在横山讲诗学，沈德潜在山塘街潜心读书著述……多少名流曾在木渎演绎人生的辉煌。沈磐、张永夫、黄子云、盛锦才思横溢，诗情勃发，被誉为“灵岩四诗人”。沈钦韩贯通经史，旁及诸子百家，是著名训诂学家、考据学家、历史地理学家。近代改良主义先驱冯桂芬晚年退居木渎，纂修府志，会聚各路才俊于一堂。民国期间，李根源隐居小王山，庐墓守孝，经营“松海十景”。

木渎又是一个名家辈出的工艺美术之乡，“书家事社，琴客印人，工艺之巧，罔不绝伦”（民国《木渎小志》）。宋代，袁遇昌以像塑婴孩名播四方，王惟清以善制墨闻名八乡。元代，朱碧山制造的银器，精妙绝伦。明代，金山石匠陆祥曾参与北京紫禁城营造；朱端擅长锡器制作，造型奇古，被誉为“朱象鼻”。“吴中铁工不绝，今出灵岩山下数家，能炼铁成钢，制刀者资之……铜作亦出木渎，王家其制香球及锁皆精巧”（明《姑苏志》）。清代，灵岩山钟士奇仿制诸葛亮木牛流马，能盘走几上；孙庄周寿民妻汤氏制麦柴团扇，“极工巧，他人仿之莫能及，四远皆购之，为山中之贽”（民国《木渎小志》）。这里曾经走出陈道复、王宠、徐枋、张宗苍、黄孝锡、沈祚昌、吴健甫、袁培基、沈玉山、韩树青等书画与篆刻名家，以及沈寿、顾文霞、李娥英等刺绣工艺大师。

2008 年、2011 年，木渎被文化部两度命名为中国民间文化艺术之乡。木渎现有中国作家协会会员 1 名、中国书法家协会会员 4 名、中国摄影家协会会员 10 名；各级非物质文化遗产项目 12 个，各级各类“非遗”代表性传承人 20 名。

全国经济百强镇 木渎自古就是苏州西部的经济重镇。宋代建造翠坊桥、斜桥将胥江和香溪两岸联成一体，木渎从此成为郡西经济中心。明朝，除传统农桑外，花岗石的开采和刺绣业的遍及，使木渎经济得以快速发展。清朝，“木渎为市易都会……自南而东，隶吴县者乡聚百数，并投最于木渎”（清沈钦韩《竺林庵碑记》），为吴县六大名镇之首。清末，上海滩开埠，花岗石的开采，造就了金山浜、石码头两个集镇的兴盛。木渎古镇上商贾云集，严、蔡、郑、徐“四大家族”纷纷投资兴业。民国时期，木渎呈现小发电厂、碾米、榨油等民族工业和工场、作坊、城镇个体手工业以及农民家庭手工业多层次并存的经济格局，集镇上商铺鳞次栉比，交易活跃，市场繁荣。

1956年，木渎通过公私合营和合作化组建米厂、石灰厂及手工业生产合作社（组）。1958 年大办地方工业，组建创办农具、农机、建材、服装、针织、苏绣等工厂 32 家。20 世纪 60 年代后期，创办阀片、味精、饮料、草包、纸箱等工厂。70 年代，木渎东郊先后创办县属工厂 22 家，成为吴县工业重镇。80 年代，村镇工业迅猛发展。1985 年，农、副、工三业总产值首次超亿元，被列为江苏省首批对外开放重点工业卫星镇。电扇“小骆驼，跨进大上海”，曾经成为工业产品的一时佳话。此后，木渎工业经济总量连续跻身苏州市十大重点乡镇之列，连续多年获中国乡镇企业“十大”百强乡镇称号。90 年代起，积极发展外向型经济，村镇集体企业全面改制，建立股份合作社，大力发展民营经济，跨入全国十亿元乡镇和全国综合实力百强镇行列。1995 年，木渎名列江苏省农村经济百强镇第 9 名，各项主要经济指标曾连续 9 年名列吴县市榜首。

20 世纪 90 年代起，木渎规划建设经济开发区，构筑宽敞、便捷的交通网，为经济发展奠定基础。进入 21 世纪，推进城乡一体化，调整产业结构，优化经济布局，创建金桥民营经济工业园。2007 年，木渎镇（不含原藏书镇）被纳入苏州中心城区。2012 年，被列为苏州城乡一体化先导区。苏州轨道交通 1 号线起始于灵岩山东麓，南环西延高架、中环西线两大立体交通建成，有力助推经济发展。木渎现有经济开发区、金桥开发区、古镇保护区、穹窿山（藏书）风景管理区“四大平台”，拥有（地产）招商服务、金枫集团、新城镇、文旅集团等镇属“十大公司”，以创新创意产业、商贸流通产业、精密制造业、生态旅游业“四大产业集聚”为驱动，推进“两山一镇”、镇区、胥江城、金桥工业园、古镇及穹窿山（藏书）“五大区域”的产城融合、文旅融合，打造现代化苏州中心城区。2017 年，木渎实现地区生产总值 167.5 亿元，综合实力排列 2017 全国综合实力百强镇第 62 名。

吴中首镇，渎上名区。清乾隆年间，著名画家徐扬绘有《姑苏繁华图》，木渎画景占全图的。如今，木渎正全面实施改革创新、区域联动、绿色发展战略，古老的木渎青春永驻，活力四射，木渎人正以勤劳、智慧的双手描绘新的“姑苏繁华图”。

水乡天堂　灵秀锦溪[1]

锦溪，亦名陈溪，曾名陈墓。其历史悠久，自然环境独特。志载，一溪穿镇而过，夹岸桃李纷披，朝霞夕辉，尽洒江面，满溪跃金，灿若锦带，故名“锦溪”。据镇北原国营昆山大东砖瓦厂（以下简称大东砖瓦厂）出土的穿孔石刀、带把石刀、回纹硬陶片和朱浜村、宅前村围垦荡发现的石钺、石镰等文物考证，早在5000多年前的良渚文化时期，已有人类在此繁衍生息。春秋时，聚为集镇，地属会稽郡。三国至唐代，地属吴郡。五代属苏州。北宋时，定名锦溪。

北宋靖康二年（1127年），宋室南渡。南宋孝宗赵昚曾驻跸锦溪。山河破碎和一路上的颠沛流离，让紧随孝宗的爱妃陈氏身心俱疲，不久便含恨病逝于锦溪。悲愤万分的赵昚遂将陈氏水葬于锦溪五保湖口，并于水冢对岸五保湖畔构建莲池禅院，命僧为其超度守之，还降御旨将锦溪更名为“陈墓”。明文徵明有诗：“谁见金凫水底坟，空怀香玉闭佳人。君王情爱随流尽，赢得寒溪尚姓陈。”1992年10月，经江苏省人民政府批准，同意陈墓镇恢复旧名锦溪镇。陈墓一名，使用了860余年。

历史上，陈墓曾长期以界浦河（今南北中心市河）为界，分县而治。河东下塘以东，属昆山县管辖；河西上塘以西，属长洲县（元和县、吴县）管辖。直至1952年9月，吴县境内的陈墓镇划入昆山县。原昆、吴陈墓镇合并后，升为昆山县直属镇。同镇两县分治的局面因此终止。1985年2月，实行镇管村体制，将围绕陈墓镇东西两侧的陈墓乡、淀西乡并入陈墓镇，使得陈墓镇辖区面积达92.43平方千米，户籍人口4.6万人，成为昆山县城外第一大镇。

---

① 选自江苏省昆山市锦溪镇志编纂委员会编:《中国名镇志丛书·锦溪镇志》，2019年出版。

锦溪，地处太湖下游淀泖地区，湖荡密布，河流纵横。古时，澄湖、明卿荡、长白荡、汪洋荡、淀山湖一线，上接大运河达苏州、太湖，下连淀浦河过松江直通出海口，是往来吴越间及吴地出海的重要水道。境内地势平坦，土地膏沃，物阜民丰，同时又远离城郭，不及世乱，如同世外桃源一般。唐“江湖散人”陆龟蒙晚年曾长期往返于此，其陆氏水东一族至今仍为锦溪大族之一。北宋景祐年间（1034—1038 年），范仲淹出任苏州郡守，曾挥师上万开挖三十余浦，将太湖之水分泄于东海，其开江指挥所就设于镇西南明卿荡与长白荡相接的隘口之上，该地也被后人称为扎营坝。

宋室南渡，尤其是更名陈墓以后，陈墓之名得到扩散，一些北方大族相继流入。他们经历了颠沛流离的生活，深感陈墓平和安详，有的置地购宅，有的就一艘小船，把陈墓作为他们的安身之地。陈墓也由此逐渐繁盛，市镇的中心也由原来的锦溪河、道院港区域向东扩展至今菱荡湾、南大街、上下塘街一带。至元至元年间（1264—1294 年），陈墓市肆林立，客商云集，人烟稠密，已成为苏州葑门外一大镇。乡人顾华甫，海运万户，从事海外贸易活动，“富贵为江南望”。①

明洪武二年，陈墓设立巡检司，掌管葑门外独墅、大姚、甪直浦等地治安。镇西（今道院港口）设有水关，名石音关，控制着进出陈墓的各路船只。由于管理严密，市镇繁华而不失宁静。一些富裕起来的大户，纷纷建造庭院。部分乡贤或独资或募资，修缮并扩建了文昌阁、通神道院、鲁望先生祠、海忠介公祠、莲池禅院等祠庙建筑，重建了里河桥、普庆桥、具庆桥、天水桥、青龙桥等众多桥梁。明朝中叶，因厌弃官场隐居青丘的著名诗人高启，十分仰慕陆龟蒙“笔床茶灶”的恬淡生活，常到陈墓拜谒鲁望先生祠，写下了著名的《陈墓八景》诗。之后，文徵明、沈周、祝允明、唐寅等吴中才子，不断相约陈墓，或吟诗唱和，或题画相赠，他们的高蹈之风，在陈墓乡贤中引起了强烈的反响。一时间，不为官、不为财，崇文尚墨的良好风尚在陈墓骤然兴起，成就了陈墓人才辈出、文运鼎盛的历史。

明崇祯十七年（1644 年），明朝覆亡。此时的陈墓人已将家国情怀与个人命运紧紧地联系在了一起。崇祯末年，陈墓乡绅陆兆渔变卖了家中所有的田产作为粮饷，广征义勇保护乡里。他们立寨于镇西南长白荡中，日夜操练。清顺治二年（1645 年）十二月，趁夜黑攻打苏城（苏州），志谋恢复。但终因寡不敌众而失败，其弟亦死于战斗之中。

① ［清］陈尚隆、陈树谷：《（乾隆）陈墓镇志》卷十“人物”。

乡人陆世鎏，崇祯年间（1628—1644 年）拔贡国子监，应天举人，曾任莆田知县。明亡后，便布袍棕履，隐迹于太湖之滨，一生著述等身。

明清两朝，陈墓走出过陈景琇、盛符生等 5 名进士，11 名举人，5 名贡生。辛亥革命以后，新学进一步兴起。一大批陈墓学子赴苏州、上海、北京等地深造或出国留学，其中包括著名天文学家朱文鑫、刺汪未果英勇就义的清华英烈陈三才、图书馆学家陈渭士、文字学家朱文熊等一大批负笈海外、学成后归国的优秀人才。他们在政治、经济、文化、科技等各个领域，取得了卓越业绩，古镇也因此被誉为“留学生之乡”“教授之乡”。

上千年的繁荣史，给水乡古镇留下了诸多名胜古迹。当人们划着小船在市河里穿行，五保湖中若隐若现的陈妃水冢，河道两岸古色古香的文昌阁、通神御院和莲池禅院，石桥的圆拱在头顶闪过，稳实的驳岸散发出湿润的气息，一处处风景令人应接不暇。

明高启曾经写过一首《锦溪渔唱》，诗曰：“春风拂拂柳依依，无数莺声燕语时。红杏碧桃花烂漫，长堤曲港水流漓。浮梁滩下维鱼艇，野店门前飏酒旗。此景欲描描未尽，一溪烟雨当迷离。”这首诗的意境，至今仍可以在水乡古镇感受到。得天独厚的自然环境，世外桃源般的田园风光，源远流长的清幽气质，琳琅满目的丰盛物产，无不让国内外人士推崇备至。

1986 年春天，一位名叫莫欧礼的美国游客悄然到达陈墓。他尽情游览以后，在中国的《旅游天地》杂志上发表了一篇文章。他说：“我没有到知名的旅游城市去，却去了江苏昆山的一个小镇。这个小镇名叫陈墓，游人不多，她比苏州还美，是典型的江南小镇，听说这里出瓦好，很有意思。”莫欧礼尽管是西方人，却知道什么才是真正的江南水乡。

事实上，在他之前，旅美青年画家陈逸飞已经不止一次到陈墓写生。他以陈墓里河桥的水乡景致为内容创作的油画《晨》，印在了 1985 年联合国邮局发行的首日封上，传遍了世界的每一个角落。陈逸飞带着一挎包胶卷，乘坐小轮船，在陈墓的市河里流连忘返。他说，这样迷人的景色，一定要设法把它留下来。

从溪水中走来的锦溪，守护着历史，又书写着历史，传承着文化，又创造着文明。近年来，锦溪视古镇为珍宝。20 世纪 80 年代，建立古镇保护机制，编制《锦溪历史文化名镇保护规划》，制定出台《锦溪古镇保护与管理条例》，通过开辟新区，将原古镇中与古镇风貌不协调的工厂、农贸市场、银行及政府机关撤出古镇区，并对原有的古建筑进行修缮，开设各类民间收藏博物馆十余家，创造性地走出了一条古镇保护、开发与利用的新路径，为全国的古镇保护工作提供了新的样板。锦溪先后获得国家AAAA级旅游景区、全国环境优美乡镇、中国历史文化名镇、中国民间文化艺术之乡、国家特色景观旅游名镇、中国最美小镇、国家卫生镇、国家水利风景区等荣誉称号和中国人居环境范例奖、中华宝钢环境奖，入选《中国世界文化遗产预备名单》。

今天，锦溪宁静与繁华并存，自然与心灵相融，传统与现代互动，人文锦溪与生态锦溪已成为推动经济社会发展的两大品牌，也为锦溪这片古老的土地插上了腾飞的翅膀！

韵味悠长话安仁①

安仁镇，是西蜀明珠大邑的第一大镇，同时又是名列成都十佳的文化古镇。安仁镇的历史文化底蕴之厚重，如同一瓶甘洌醇香的陈年老酒，细细品来，韵味悠长。

安仁镇的韵味，首先在于它的镇名。安仁镇，古为安仁县治。据北宋《太平寰宇记》，安仁县取“仁者安仁”之意。“仁者安仁”出自《论语·里仁》，意为有仁德的人，安于仁道。仁，是中国古代儒家所推崇的做人的最高道德准则。孔子认为：仁包含“恭、宽、信、敏、惠、智、勇、忠、恕、孝、悌”诸要素，内涵深刻、外延广阔。一个人只要具备仁的美德，他就具备做人的良好基础；某个地方教化有方、民智开启，这个地方就邻里和睦、互不争斗。可见，仁是安的基础和前提，安是仁的必然结果和归宿。古时，还把行仁政作为统治者“善政”的标准。《论语·子路》篇云“如有王者，必世而后仁”。《孟子·公孙丑上》曰“以德行仁者王”。由此推之，安仁镇的得名缘由至少有三条：一是民众道德素质高；二是行政管理者善政；三是社会环境安定，人民安居乐业。仅从镇名，我们就可想及从古至今，中国儒家文化在此传播之广、教化之深、影响之远。

安仁镇的韵味，还在于它的悠久历史。秦汉时代，安仁就是蜀郡重镇。它河渠纵横，土地肥沃，物产富饶，交通便利。东连江原古县，南接五津河渡，西通商埠邛州，北邻屏障晋原。唐高祖李渊建立唐王朝不久，即认识到安仁的重要，及时批准了大臣们的奏请，于唐武德三年（620 年）割临邛、依政、唐隆等县建置了安仁县。安仁的建县史，比大邑建县史还早 50 余年。唐宋两代，安仁与大邑齐名，都是“蜀之望县”。望县

① 选自四川省大邑县安仁镇志编纂委员会编：《中国名镇志丛书·安仁镇志》，2019 年出版。

者，是名列京都所治赤县、京之旁邑畿县之后的第三等地域广大、经济繁荣的大邑，望县之下还有“紧、上、中、下”之等级，足见安仁县在当时之繁华。

20 世纪 70 年代，省、市、县文物工作者在安仁曾发掘过一墓一窖。墓为五代墓，墓主姓谯。发掘此墓的最大收获在于发现一方石刻——“大蜀国邛州安仁县广德乡和众里谯氏买地券”，买地券长 40 厘米、宽 32 厘米，阴刻券文 12 行，文曰“大蜀国邛州安仁县广德乡和众里□□女弟子安定郡谯氏谨用闰九月廿五日……”。这方买地券以实物和文字确凿证明，安仁在历史上建县较早，它在当时属大蜀国邛州管辖。墓主是一位女性，原籍安定郡，姓谯。据查，五代时期安定郡在今天的甘肃省泾川县。谯氏从甘肃远嫁安仁，足见安仁县人当时通婚圈很大。如果不是商贾发达、经济繁荣、交往频繁，哪会有外省女子入嫁安仁？

窖为宋代窖。考古工作者从窖中清理出唐代八卦镜、铜广口瓶、铜执壶、端石砚、端石笔架、青釉瓷器、影青瓷器、绿釉贯耳瓶等文物 72 件。这批明显出于豪门大族、书香门第，带有浓厚人文色彩的窖藏文物，足以证明安仁县绝非边陲之地的穷乡僻壤，而是成都平原上繁荣富庶、文化灿烂的发达之都。历史资料也证明了这一点，宋《元丰九域志》中，就有安仁县统广德等 12 乡，有后田、沙渠、头泊 3 镇及延贡寨的记载，其建置时间较大邑县早，其建置规模比大邑县稍大。

安仁镇的韵味，还体现在这方水土养育了众多对历史有过突出贡献的人物。翻开纸页发黄的史书，你会看到一个个出自安仁这片钟灵毓秀之地、人文荟萃之乡的朝廷重臣、文人墨客、抗敌英雄以及军事家、教育家、实业家、科学家。在宋代，安仁县的计用章、计良辅、计有功祖孙三代都是进士，都任过朝廷高官。计用章足智多谋，在任延州通判时，劝振武军节度使范雍修城练兵，以防备赵元昊叛乱，范雍却不以为然，认为他是迂腐胆小，赘言多事。后来赵元昊果然领叛军攻城并生擒两员大将，范雍这才慌了手脚，忙向计用章问计。计用章气愤地说：“唯有死耳，何计可言？”是夜，幸得天助，大雪纷飞，叛军自退。范雍由此忌恨计用章，向皇帝诬告，计遂被免了职。后来，范仲淹得知此事，伸张正义，为其洗清罪名，计用章得以官复原职。计用章之孙计有功，不到 20 岁就中进士，先后任过眉山知州、蜀州知州、简州知州等职。他在任时体恤庶民，打击豪强，减赋税、励农商，深受民众喜爱，百姓向他赠送“计青天”朱匾。计有功积极向朝廷建议加强国防、抗击金兵，他写的《上陶漕书》和《晋鉴》，颇受宋高宗重视。计有功常与他的外甥张浚共论抗敌之事。张浚官至右丞相，是南宋著名主战派官员，后被以秦桧为代表的主和派陷害打击，罢去官职。计有功眼看朝廷腐败、奸臣当道，也愤然辞职回乡。计有功还是南宋著名文学家，他所著《唐诗纪事》81 卷及《晋鉴》《史钞》等，为中华文化宝库留下了一笔宝贵遗产。

在中国近现代史上，大邑地区的“三刘”可谓是一代驰骋疆场、叱咤风云的人物。“三刘”中除刘成勋之外，其余“二刘”为刘文辉、刘湘叔侄二人，都是喝安仁的水、吃安仁的粮、读家乡的私塾逐步成人的七尺男儿，家乡安仁镇的民风濡染为他们后来的发展、造化奠定了根基。二十世纪二三十年代的四川军阀混战，“二刘”曾经纵横捭阖，与军阀相互厮杀，生灵涂炭；红军长征入川时，甚至围攻拦截红军北上。但具有性格、人生及历史多重性的叔侄二人赞同中国共产党统一战线主张，反对和抵制蒋介石的独裁统治。在面临外族入侵、国难当头之时，刘湘请缨出川抗日；刘文辉在新社会的黎明即将到来的关键时刻通电起义，为成都的和平解放建立功勋。一个是胸怀满腔热血，出师未捷身先死的陆军一级上将；一个是抛弃黑暗，走向人民阵营的中华人民共和国林业部部长。至今，安仁镇人咏起“放怀天地日，中原鼎沸时。翘首山头望，临风匹马嘶”的诗句，尚可从中领略一代英豪当年金戈铁马、壮怀激烈的风采，也能从中体味到“二刘”及其众多子侄学识不凡、文武兼备的内涵。

在安仁镇的历史上，还出现过李吉人、安敬堂、李仲乾等杰出人物。李吉人创办的私塾“愿学堂”和新学“天相学校”，在当时远近闻名，为教化民众、培养人才立下了功绩。著名实业家李万华、李育滋、李先春等也是安仁镇的俊杰。他们不仅含辛茹苦、艰苦创业，而且向往光明、资助革命，掩护中共地下党人活动，在川西起义中识时顺势走向光明。在新编《大邑县志》中，你可以阅读到中国科学院大气物理研究所所长、国家自然科学一等奖获得者高登义的事迹。这位号称“世界首登三极第一人”的国际知名大气物理学家，就是生于安仁、学于安仁的农民儿子。至于近年来在安仁中学就读且在全国高等学校招生考试中写出唯一获得四川省满分作文《回答》的李彬，更是全县家喻户晓的人物。他的《100 个哈姆雷特》，他的《条条大路通罗马》，无不展示着滋润、养育他的家乡的厚重人文色彩。

安仁镇的韵味，还在于它的古朴。古朴的建筑：一间间青瓦木门的铺面，构成一条条清静幽深的小巷，没有刻意的雕琢，一切显得那么随意自然。古朴的民俗：客来石磨推豆花，嫁女林盘办酒碗，婆婆院坝纳鞋底，老头街上坐茶馆。古朴的民风：做事从不偷奸耍滑，说话从不转弯抹角，一家有事邻里相助，修桥补路广结善缘。虽说现代化带来了新的观念，但上千年沉淀下来的传统文化并没有随着时间流逝而改变。安仁镇一方面与时俱进强化了现代商品经济的发展，另一方面却又坚守着传统优秀文化的最后底线。

安仁古镇以传统古朴、积淀丰厚的文化为基础，以中西合璧、建筑精美绝伦的安仁公馆群为依托，以敦厚淳朴的民风民俗和秀丽优美的田园风光为背景，融入现代的人文内容与新颖的表现方式，构建具有川西田园古朴情趣的博物馆小镇。通过政策扶持、引进社会资金、整合民间资源，一个以中国传统风格布局，以川西古朴民居为骨架，以安仁镇公馆群落为灵魂，结合最新时尚理念，充分考虑人文、环保、科技诸因素的既有川西民居历史渊源，又有现代人文气息的文化小镇，必将展现在世人面前。

千年水码头　古镇黄龙溪[1]

黄龙溪，古名“赤水”，已有2100多年的历史。据《三国志 · 蜀书》记载，刘备在成都建立蜀汉政权之际，有“黄龙见武阳赤水九日乃去”之说，黄龙溪由此得名。

黄龙溪镇位于成都市双流区南部边缘，地处牧马山南麓，龙泉山中段以西，与眉山市仁寿县、彭山区和成都市新津县交界，东临锦江，北靠牧马山，锦江、鹿溪河在此交汇。地理坐标为北纬30° 17′，东经103° 58′。距成都市区36千米，距双流城区34千米。镇域整体地势起伏舒缓，略向南倾，地形坡度15°，西北部为牧马山，中部为沿锦江分布的狭长冲积平原，东部为龙泉山丘陵地区。最高处海拔555米，最低处海拔423米，是双流区海拔最低的地区。2016年，辖古佛、东岳、华严、嘉禾、响水、川江、大河7个村和黄龙社区。镇域面积50.4平方千米，耕地面积27936亩，总人口29457人。

黄龙溪古镇，历史上曾是锦江航道和南丝绸之路的重要水码头。“朝出锦官城，夜宿黄龙溪。日有千人拱手，夜有万盏明灯”形象地描述了当年黄龙溪古镇的繁荣景象。历史文化与民俗风情相互交融，两江交汇，山水相依，秀美的自然风光与古香古色的传统民居天然融合，相得益彰，共同构成了黄龙溪古镇不可复制的“名”与“特”，“千年水码头、古镇黄龙溪”的旅游品牌即在此基础上形成并发展壮大。

在古蜀时代，无论从自然环境还是从历史进程，黄龙溪镇均属于牧马山区，直接受古蜀文明的影响。从先秦至民国时期，黄龙溪的历史脉络可分为四个时期：古蜀开明王最后的军事据点，三国蜀汉政权的圣迹之地，宋代的乡村商业集市，清初至民国时期新

①　选自四川省成都市双流区黄龙溪镇志编纂委员会编：《中国名镇志丛书 · 黄龙溪镇志》，2019年出版。

兴的移民场镇、水运码头。

秦代，蜀郡守李冰疏浚郫江、检江，两江汇流后成为蜀中成都平原对外交往的黄金水道。源自龙泉山脉中段的鹿溪河在黄龙溪与锦江交汇，黄龙溪成为锦江通衢、天然良港、重要的水码头，在此屯兵设防，利于屏障川西平原、巩固古蜀王国后方，其军事战略地位不言而喻。

秦惠文王九年（前 316 年），秦灭巴蜀。据《华阳国志·蜀志》载：末代蜀王于葭萌关抵御秦军失败后，“遁走至武阳，为秦军所害”。据考，这里的“武阳”，当为黄龙溪镇一带。蜀王之所以选择在武阳与秦军作最后决战，并在此阵亡，证明黄龙溪及其所在的牧马山区在先秦（古蜀时期）已因地理位置重要而成为古蜀王国最后据守的军事要地。

此后，东汉建安十六年（211 年），诸葛亮与先主（刘备）共围成都，牧马山为积粮屯兵之地。“（建安）二十四年，黄龙见武阳赤水”，随后建黄龙庙、沉龙形鼎、刻黄龙甘露碑等一系列政治活动在黄龙溪上演。黄龙溪成为蜀国政治活动中心和重要江防据点。

隋唐时期，成都曾是长江上游著名的商业都会，在全国也是数一数二，“号为天下繁侈，故称扬（扬州）一益（成都）二”。蜀锦、酒、糖、茶叶等大量商品经黄龙溪运往全国，黄龙溪成为成都货物输出的重要码头之一。在唐僖宗入蜀避难期间，成都别号“南都”，成为政治、经济、文化中心。宋代，黄龙溪的商品经济和乡村集市贸易兴旺起来，成为一个收购、销售茶叶的主要集散中心和交易市场。后因蒙古兵进犯成都，一路烧杀破坏，村庄被夷为平地，黄龙溪镇也随之衰败。

明初，黄龙溪境域归仁寿县管辖。清初，黄龙溪及周边地区被各地移民重新开发出来。湖广上川的贺、乔、唐三家首建黄龙溪新场于锦江西岸。依托便利的水运交通优势，且离成都仅一天水程，黄龙溪新场成为客商建场开店和往来船只停宿的首选之地。经过二三百年各省移民的共同努力，黄龙溪又再度繁荣起来。到了清末，黄龙溪有人口 360 户，1310 人，居华阳县第十名。

民国时期，黄龙溪有大小商铺上百个，著名商号有益民号等，所售商品有粮食、木材、煤炭、猪鬃、山货、黄表纸、卷烟、盐、糖、酒等。日本侵华战争全面爆发后，长江三峡航道被封锁，川江航运业迅速发展，黄龙溪的繁忙更是达到历史新高。做煤、木炭、焦炭生意的，做柴火生意的，从自贡运盐到成都销售的，做叶子烟、卷烟生意的，往成都贩运竹筛、刷把、箩筐、糖、酒等杂货的，都在这里聚集。王爷坎（黄龙溪码头）经常泊船上百艘，来往场镇、进出码头的客商、行人和以船运为生的船工、渔民，熙熙攘攘，一派人声鼎沸的繁荣景象。1949 年，人民解放军将驻防黄龙溪的国民党胡宗南残余部队在皇坟山一带击溃，解放黄龙溪。

中华人民共和国成立初期，黄龙溪进行社会主义改造和社会主义建设，农民拥有了自己的生产资料。20 世纪 60 年代以后，随着陆路交通的发展，成都至乐山的水路交通彻底中断，曾作为锦江通衢、成都水运重要码头的黄龙溪场上仅剩下 3 个经营饭食、小吃和茶饮的小店。加之黄龙乡与佛洞乡合并为黄佛乡后，场上的乡级党政机构迁至古佛洞场镇，黄龙溪更是日渐冷落和萧条，但古镇建筑和原貌得以完整地保存下来，成为成都市乃至四川省明清时期（主要为清代）建筑保存最为完整的古镇。80 年代，黄龙溪被影视界发现，随着历史故事影片《卓文君与司马相如》在黄龙溪开拍，黄龙溪走上荧幕，进入人们的视野。1992 年 6 月，黄龙溪被列为县级旅游开发区，成为成都近郊旅游的胜地。

黄龙溪枕水而建。从西寨门入口的龙头至龙尾绵延数千米、宽十余米的“水街”，涵盖了神龙抬头、龙颈飞瀑、真龙现身、黄龙摆尾四大主题，青瓦楼阁、小桥流水穿行其间，赋予黄龙溪水乡的风韵。千年古榕，盘根错节，是古镇的标志，游人总要在此留影。

古镇保存有建于清代的街区 7 个、巷子 9 条，街道两旁有保存完好的传统清代民居 76 套（座），有木结构、砖木结构，有抬梁式、穿斗式、硬山式、悬山式、歇山式，临河为吊脚楼，各具特色。还有传统川西民居大院 4 座。有庙宇 7 座，其中古龙寺、潮音寺、镇江寺集中在一条不足 500 米的古街上，“一街三寺庙”在全国也罕见。

黄龙溪镇古佛洞进场口，有修建于清乾隆年间的古佛堰，仍灌溉双流、仁寿、彭山万余亩农田，民众誉为“小都江堰”。古佛洞场尾有古庙金华庵，依山崖开凿成五重殿，隔河对望，风光绮丽。应古佛堰堰务管理之需而设的古佛堰管理机构，其职责从最初的堰务管理扩展为民事管理、堰务管理、治安管理等，民间形象地称作“三县衙门”。三个行政区域共建一个管理机构，负责三县交界地区的民事、治安管理，在中国历史上也极为罕见，是全国唯一保存完好的“三县衙门”，成为封建社会县级衙门珍贵的历史活标本。

历史留给黄龙溪奇特景观的同时，也孕育出丰富多彩的民间民俗文化。其中，最有代表性的是黄龙溪火龙灯舞（俗称烧火龙）。黄龙溪烧火龙起源于南宋，根据民间流传的“烛龙”“应龙”“龙生九子”等神话故事，在龙图腾文化的基础上，创造了独具特色的火龙灯舞。相传，南宋时期，黄龙溪先民们根据“黄龙见武阳赤水”和民间传说“烛龙”的故事，创造出火龙灯舞，后经不断改造、丰富流传开来。1996年，文化部命名黄龙溪为“中国民间艺术之乡（火龙艺术）”。2007年，黄龙溪火龙灯舞被评为成都市第一批非物质文化遗产；2008年，黄龙溪火龙灯舞被收入第一批国家级非物质文化遗产扩展项目名录。黄龙溪火龙灯舞多次参加国内外巡演，向世界展示我国丰厚的非物质文化遗产和灿烂的民间民俗文化。

黄龙溪船工号子，又称府河号子、锦江号子，曾流传于锦江及川西平原各江河流域，现仅存于黄龙溪镇，黄龙溪船工号子已成功入选四川省非物质文化遗产名录。

中华人民共和国成立后，特别是改革开放后，黄龙溪进入旅游开发的新时代，以“古镇、文化、生态”享誉全国，成为璀璨夺目的旅游古镇。来到黄龙溪，虽然美丽的风景你无法带走，但尝一口地道乡土风味的黄龙溪美食，芝麻糕、丁丁糖、黄辣丁、猫猫鱼、焦皮肘子、石磨豆花、一根面等，必定会让你的舌尖品尝到幸福的滋味。沿古镇往外，一个个生态农庄生机盎然。这里有四季可采摘的蔬果，这里有原生态的农家美味，这里有当地特色的农家小院。

亲水嬉戏是黄龙溪有名的游乐项目。每到夏季，这里就成了人们玩水的胜地。夜晚，镇龙街流光溢彩，你可以亲触那摇曳的火烛，感受酒吧的激情。一曲《水龙吟》，不夜黄龙溪。黄龙溪旅游资源丰富，旅游设施齐全，拥有高中低档宾馆、客栈120余家，带给你更多的快乐与舒适。

悠久的历史赋予了黄龙溪深厚的文化底蕴。古蜀文化、三国文化与民俗文化水乳交融，两江交汇与川西建筑天然融合。古镇保存下来的独有“十古”：古街巷、古民居、古衙门、古寺庙、古码头、古堤、古佛堰、古树、古战场、古崖墓，共同形成黄龙溪古镇“千年水码头，古镇黄龙溪”不可复制的特色和旅游金字招牌。截至2016年12月，黄龙溪古镇获评成都新十景、田园城镇样板镇、天府第一名镇、全国环境优美镇、中国民间文化遗产旅游示范区等，并于1992年获评四川省历史文化名镇，2007年被评为中国历史文化名镇，2008年被评为国家AAAA级旅游景区。

如今，古镇黄龙溪正按照“一心两带两河六组园”的总体发展规划和“景村相嵌”式发展的战略布局，遵循古镇锦江十里水线与自然水湾的本底特色，结合成都锦江生态带和天府绿道建设，倾力打造一个集古镇游憩、农业观光、文化体验、田园度假于一体的国际古镇游憩与生态田园度假区。黄龙溪，这座以龙得名，因龙而灵的小镇，正以崭新姿态开创着千年古镇辉煌灿烂的明天。

盛世浦韵　市通古今①

一

浦市，坐落在湖南第二大水系沅水流域中游西岸，水陆交通便利。历史上，浦市曾辉煌灿烂，像一颗璀璨的明珠，镶嵌在千里沅江之畔。明朝时期，冶铁业带动了浦市的商业兴盛。明洪武年间（1368—1398年），在浦市后山高山坪、灰洞坳和五斤坡一带山上，发现储量丰富的铁矿石资源，随之进行了大量的开采，并在近沅水的浦市下湾一带建炉冶炼。由于产品装运便利，至清朝康雍乾兴盛时期，浦市冶铁业已经空前发达，座座冶炼炉在下湾沅水河岸一字排开，晚上炉火、船灯映红古镇半边天。时有清进士唐效尧对这一盛况作诗："运铁若丘陵，洪炉煽山麓。火光波涛翻，烁烁走珠玉。铁片才成堆，帛布售已速。"冶铁业的发展促进了其他行业的发展，产生了各时期的商业大户。20世纪70—90年代，由于泸溪县浦市化工总厂的兴起，让浦市又一次进入历史辉煌时期。泸溪县浦市化工总厂坐落在浦市下湾沅水河畔，兴盛时有职工1800多人，有9个分厂、1个公司，工厂机器轰鸣，灯火辉煌，通宵达旦。1995年，泸溪县浦市化工总厂被核批为国家级大（2）型化工原料工业企业。

2010—2017年，浦市先后被授予中国历史文化名镇、湖南省旅游重点镇、国家AAAA级旅游景区、中国少数民族特色村寨、湖南省经典文化村镇、第三届湖南省最美少数民族特色村镇等称号。2018年，下湾遗址入围2017年度全国十大考古新发现终评名单。2019年，浦市古建筑群被核定为全国重点文物保护单位。古镇旅游起步于2010

① 选自湖南省泸溪县浦市镇志编纂委员会编：《中国名镇志丛书·浦市镇志》，2020年出版。

年，以独特人文历史和地理环境为背景，以中国历史文化名镇为招牌，以中国重点文物保护单位之古建筑群为核心资源，结合古镇自身特有的军事与商贸文化，实施保护和修复古镇格局、恢复古镇风貌等工程，挖掘历史文化内涵，打造集观光游览、民俗文化体验、休闲度假于一体旅游景区。2018 年，接待游客 85 万人次，实现旅游综合收入 3.22 亿元。

文学大师沈从文曾在《泸溪 · 浦市 · 箱子岩》中感叹浦市风光：“一切光景静美而略带忧郁。随意割切一段勾勒纸上，就可成一绝好宋人画本。满眼是诗、一种纯粹的诗……”

浦市，这颗沅水边的明珠，正以饱满的热情向世界展现着自己的魅力。

二

浦市，得益于位处沅水中游地段天然开阔的地理优势，有通达川、黔、滇的古南方丝绸驿道，历史上曾拥有较高的政治、经济、军事地位，位列湘西四大名镇（浦市、芙蓉、茶峒、里耶）之一。“城内万商云集，河边千舸蚁聚”。历史上浦市因物产丰富，地势平坦，水陆运输便利而成为沅水流域商业和工业中心。据湘西《陈氏族谱》载：“明洪武十七年三月，沅陵明辅公在《浦市江东陈家山记》中载‘泸溪县属地，有大集曰浦市’”。清康熙二十六年（1687 年），行人司行人徐炯《使滇日记》载：“浦市称巨镇，廛舍稠密、估舶辐辏，十倍于洪江”。清乾隆二十年（1755 年）《泸溪县志 · 重修大码头记》载：“浦市一镇，上接滇、黔，下通吴越，烟火万家。四方商贾所辏集，往来舟楫所停泊，楚南一大都会也。”区域时有面积 3 平方千米，城墙周长 5 千米，高 5 米。有 12 座城门、3 条商贸古道、200 多栋古民居建筑、13 座省级会馆、23 座府县级会馆、15 个行业会馆、6 座戏楼、72 座寺庙道观。45 条巷弄将河街、正街、后街三街连接成整体，每段街巷直通 24 座航运码头，形成“三街四十五巷”的格局。截至 2019 年，浦市有省级文物保护单位 27 处，州级文物保护单位 1 处，县级文物保护单位 52 处，其余 200 余处未定级文物保护点，核心保护范围 48 公顷。

三

浦市古镇历史上作为沅水流域的重要口岸和商业中心，其镇区规模远远超过一般集镇。明末清初，有“瞿唐康杨”四大商家；清中叶，有“南吉北李”两大商贾；清末民国初期有十二大商家。其时，城内拥有 3 家银行、7 家钱庄、5 家典当行、9 家油号、4 家瓷庄、3 座洋行，其中的 3 座洋行是湘西地区洋油（煤油）批发总站；4 家江西人经营的瓷庄为沅江上下游流域各地的瓷器总批发地。彼时，浦市已成为名副其实的商城。这座披有神秘面纱的古镇，历史上留有“不夜港”“三楚雄关”“五溪之巨镇，百里之边城”等美誉。

四

浦市是一座有腔调的千年古镇。浦市人不仅喜欢泡茶馆，还喜欢看戏。每逢重大节日、喜庆日和庙会日，或农闲之时，都要唱大戏。这个大戏便是蜚声海内外的“中国戏剧活化石”辰河高腔戏。清光绪《湖南通志》载:“浦市产高腔，虽三岁孩童亦知曲唱。”辰河高腔发源于浦市，兴盛于明末清初。历史上，涌现出安启家、米殿臣、陈依白等艺术名角。辰河高腔的产生，派生了阳戏、花灯、蚌壳灯、采莲船等一批传统戏剧。继而形成吃社、六月年（开祭）等，丰富了端午、中元盂兰盆会、腊八节等传统节日的活动；派生了抬故事、抬黑龙、划龙舟、舞龙灯、舞狮子等民俗活动。多姿多彩的民俗文化，世代相传，历久弥新，至今仍然为这片土地上的人们所钟爱。

浦市历朝历代不乏仁人志士。明清时期，浦市李家“一门五县令”活跃于各地县府。革命烈士姚鉴雪等为信仰和理想而英勇牺牲。抗日名将李奇亨，教育界知名人士廖名缙、陈大诰，中医世家康世甫等曾生活在这片土地上。屈原、王昌龄、沐英、贺龙、沈从文等知名人士涉足浦市，留下诸多佳话。

浦市是魅力文化的探索地。1990 年 10 月 20—23 日，全国盘瓠文化学术讨论会在湖南省湘西土家族苗族自治州泸溪县召开，会后专家们考察浦市古镇。2012 年 10 月 9 日，中央电视台中文国际频道《远方的家》栏目播出《北纬 30 度 · 中国行》第七十五集《湘西的风情往事——湘西泸溪：沅江边的浦市》，19 日，中央电视台中文国际频道《走遍中国》栏目，播出《中国古镇（59）浦市：古宅探秘》。之后电视台、电影制片厂、文化艺术团队到浦市镇拍摄、采访，文艺界名家走进浦市写生、采访、表演、调研。2018 年，举行“沈从文与泸溪 · 浦市”大型文化考察交流研讨会。仅 2018—2019 年，国内就有 28 所高校到浦市进行专题社会调查和写生考察。1990—2019 年，在浦市镇拍摄的电视剧、纪录片、电视片、动漫有 20 多部，《人民日报》副刊发表描述浦市的文章有 8 篇。

五

1973 年，湖南省文物部门在对库区淹没范围内的地下文物进行调查时，发现了下湾遗址。1980 年，湖南省博物馆联合厦门大学等单位对该遗址进行第一次考古发掘，并首次在沅水流域发掘出新石器时代晚期文化遗存。

1996 年 5 月，浦市桐木垄考古又发现了旧石器时代文化遗存，从而证实了浦市在远古时代就有人类活动。1996—1998 年，浦市桐木垅考古发掘资料证明，东周、战国、汉代时期浦市已很繁盛。据《禹贡》记载，古代浦口（今浦市），属荆州地区管辖。春秋战国时属楚，秦统一中国时属黔中郡。浦市桐木垄大面积的战国、汉代以降古墓葬群，证明浦市拥有悠久的历史文化。2017 年，为配合泸溪县浦市化工总厂一期工程拆迁和征收工作，经国家文物局批准，湖南省文物考古研究所对该遗址进行首次主动性考古发掘。从发掘情况看，除新石器时代遗存外，还发现有商、战国至两汉以及宋至明清时期遗存。其中，新石器时代、商及宋代遗存是本次发掘发现最多的。下湾遗址出土的玉器，年代为整个长江中游最早之一，从玉器的质地、形态及工艺特点来看，与长江下游玉器遗存有密切联系。2018 年 2 月 26 日，下湾遗址入围 2017 年度“全国十大考古新发现”终评名单。

岭南古镇　汉乐故里[①]

茶阳位于广东省梅州市大埔县北部，境内群山叠翠，江河澄碧，岭南风光，美不胜收。

茶阳之谓，始于明代，过去这里叫神泉。据传唐朝高僧潘了拳，幼年失怙，由叔婶抚育而不得其欢，14 岁便流浪至大埔西河上黄砂村，认寡妇游氏为母。游氏逝后，潘出家为僧，云游至今茶阳境内，见山清水秀，遂卓锡于此，凿井得泉，名之神泉。此地遂得名神泉村、神泉市。明嘉靖五年（1526 年），大埔于此立县，因县治处茶山之麓，故名茶阳。

茶阳地处汀江、小靖河、漳溪河三水汇流之处，天然形胜。蕉岭人邱瑞甲任大埔县县长时，曾亲撰一联“大江合汀水南来气吞海若，埔势倚茶山北向形胜天然”。茶阳城南的茶山，松木参天，山风拂过，如波涛汹涌，谓之“茶岭松涛”；茶阳城北，小靖河畔，一峰孤耸，形似官印，名曰天印山；城东乃鹤顶峰，上有清泉古寺，晨钟暮鼓，香火极盛；而城西狮子山，山阳有南华古寺，山阴则下临三水汇流的狮子口，每逢春天，巉岩峭壁上杜鹃盛开，“狮崖春花”美妙绝伦。

茶阳是岭南古镇，也是商贸重镇。2 平方千米的老城区至今保留着明清时期的茶楼酒肆，而上下堂、围寨式、殿堂式围龙屋、杠式围屋等众多的岭南民居结构各异、精彩纷呈。古城墙、古街巷、古桥、古树，一切都珍藏着茶阳过往的瑰丽和传奇。茶阳自明嘉靖五年立县至 1961 年县城迁离，作为县治的时间长达 400 余年，借此之利，加上汀江航运发达，商贸业迅速发展，日渐成为岭南重埠。明嘉靖《大埔县志》载：“神泉市在

① 选自广东省大埔县茶阳镇志编纂委员会编:《中国名镇志丛书·茶阳镇志》，2022 年出版。

神泉社河滨，集舟楫，列铺肆，鱼盐物货咸聚贸易。”时至今日，茶阳依然是福建龙汀、广东潮汕的交通枢纽，商业发达，贸易兴旺，经济活跃。

山清水秀，灵气所钟，物华天宝，英才辈出，茶阳还是岭南文化的渊薮。明清以降，茶阳儒学兴盛，科第蝉联，有进士 9 人、举人 27 人，饶相和饶与龄、饶芝和饶褒甲更是闻名遐迩的“父子进士”。创立于 1904 年的大埔中学，坐落于汀江河畔，这座百年老校“开大埔教育之先河，蔚起万川之人文”，一百多年来薪火相传，人才辈出。28 位将军、6 位院士和一大批社会名流都曾就读于大埔中学。

茶阳是广东汉乐的故里，这种根植于茶阳乡间的岭南奇音，既有中原之风，亦有南国之韵，源远流长、历久弥新。民国初年，茶阳“同益国乐社”异常活跃，县境之内的汉乐演奏高手，纷纷慕名而至，茶阳一时名家荟萃，高手云集，汉乐演奏、汉乐研究步入兴盛时期。1998 年应新加坡茶阳会馆之邀，广东汉乐跨出国门，在异域一展风采。2006 年广东汉乐被国务院列入第一批国家级非物质文化遗产名录，2008 年大埔县被文化部命名为“广东汉乐之乡”。在茶阳古镇，可随时欣赏到“半入江风半入云”的美妙乐章。

茶阳是花环龙之乡。清康熙年间茶阳秀才饶君滚首创的花环龙，在继承中原龙舞的基础上革故鼎新，吸取中国民间舞蹈、古典戏剧舞蹈“刚中带柔、柔中寓刚、刚柔相济”之优点，以“文舞”“软舞”为基调，使花环龙舞得娇柔婉转，潇洒自如，日渐走上大舞台。茶阳花环龙舞表演队，曾多次参加国家和省、市大型文艺演出比赛并屡屡夺冠。1999 年、2000 年，茶阳镇先后被广东省文化厅、中华人民共和国文化部命名为“中国民间艺术——花环龙之乡”。2007 年，茶阳花环龙被广东省政府公布为省级非物质文化遗产。

茶阳是客家的“香格里拉”。这里天地澄明，山美得柔和，水绿得澄碧，竹海林涛，满眼苍翠，置身其中，不酒而醉。行走在茶阳乡村，一片静谧与祥和，一道道山路，一片片农舍，竹林间、榕树下，门扉半掩、鸡犬相闻。若逢节庆，这里自有轻歌曼舞、乡间美食，一如客家人的热情与豪爽，茶香酒洌，你便感到这就是陶渊明笔下的世外桃源。

茶阳从古老和梦幻中走来，和着时代的节拍，一步步走向文明，走向科学，走向现代社会。当今的茶阳，沐浴着社会变革的春风，正以其独特的风姿展现在世人面前。茶阳的明天，必将更加美好，更加灿烂辉煌。

崖州古城　南繁宝地[①]

天开奇甸　文脉流长

海南省三亚市崖城境域，形势奇妙。大瀛浴日，山清水秀。南山宛若巨鳌雄踞，观海听涛。北岭层峦叠嶂，郁郁葱葱。数万亩田园五谷丰登，蔬果飘香。发源于保亭黎族苗族自治县仙安石林南麓的宁远河，全长110千米，分两条径流环绕崖城，从大疍港和保平港入海。宁远河是崖城各族儿女的母亲河，取名意含“安宁久远”。千百年来，养育着黎民百姓安居乐业，生生不息，滋养着崖州传统文化，异彩纷呈，世代传承。

崖州地区有一万年前古人类生产生活的遗址、遗物。史前迁徙分布在崖城区域居住的族群最早是黎族（哈方言区）的先民，为诸越族的支系。殷商时期，黎族先民在海滨、河岸和山岭上从事采集渔猎、刀耕火种的农业活动。汉代，汉族民众因郡县建立陆续到崖城。至明清时期，崖城地区定居的汉族移民逐渐超过黎族人口。隋开皇九年（589年），朝廷为表彰冼夫人统一岭南及宣抚海南所建立的功勋，册封她为“谯国夫人”，赐临振县1500户为“汤沐邑”，赠其子冯仆为崖州总管。随着先进农耕技术引进和中原文化的传播，当地生产力提高，经济社会发展取得明显的进步。

明清以来，崖城发展成为琼南地区政治、经济、文化、教育中心和军事重镇，以崖城为治所的这方辖地领海，几乎包括中国自古至今县、邑、郡、州、军、直隶州、镇等

① 选自海南省三亚市崖州区崖城镇志编纂委员会编：《中国名镇志丛书·崖城镇志》，2023年出版。

行政建置的类型。自西汉元封年间（前 110—前 105 年）设珠崖、儋耳二郡，至隋代郡县治所设在此地，崖城作为中国边疆治所，其城垣位置明确且始终不变。

海内知己　天涯比邻

清光绪《崖州志》记载：崖州有六种语言，即军话、迈话、客话、番话、儋话、黎话，其中，“军话在城内外三坊言之”“迈话附城四厢言之”“客话保平里及西六里言之”“儋话儋（州）人隶籍者言之”“黎语东西黎言之”。三坊四厢的相邻居民各讲“军话”与“迈话”，城外更有客话、黎话、儋话、番话等多种语言并存，此“方言岛”的现象反映了崖城历史文化的多元化和包容性，折射出崖城地区历代社会氛围的和谐与民族关系的融洽。

明正德《琼台志》记载：“迈人客人俱在崖州，乃唐宋以来仕宦商寓之裔。”历代居留崖城从政或经商的人士，居留前的迁徙过程也各不相同。近代语言学者根据“迈话”语音声调的调查研究，认为崖城“迈话”具有汉语方言混合性质，可定义为“汉语混合方言”，至今已有上千年的历史。崖城“军话”属北方方言西南官话系统，是明朝初期在崖州设立“卫”“所”军制的士兵用于交际所使用的“通语”。

“海内存知己，天涯若比邻。”历代遭贬寓居崖州的臣相，朝廷委派任职的官吏及其后裔，来琼崖经商的商人货贩，从征戍边屯田的军人士兵，他们虽然来自黄河南北、中原各处、苏浙闽赣及岭南粤西，但都因为乐其风土人情，遂留居本地置业安家，与先后到崖州创业的汉、黎、回等各族移民携手并肩，共同建设美好的家园。

臣相谪寓　堂颜盛德

贬官谪迁是崖城历史上独特的人文景观。自从隋炀帝“以诬怨望”流放宗室滕嗣王杨纶迁徙珠崖之后，历朝将逆臣政敌贬谪琼崖的事情，史不绝书。据史料记载，隋唐以来，先后流放到崖城的朝廷官宦有 40 多人，其中有皇子、宗王、宰相、大臣 14 人。著名人物有唐代宰相韩瑗，宋代宰相卢多逊、丁谓、赵鼎，名臣胡铨，元代参政王仕熙等。崖城作为一个古镇，历史上接待遭朝廷贬迁的相臣，其地位之高，名气之重，影响之深远，如五公祠楹联“唐宋君王非寡德，琼崖人士有奇缘”。

南宋绍兴十四年（1144 年），两度为相的赵鼎被诬遭贬吉阳军，水南村裴氏敬仰忠臣，让出住宅安置赵鼎。不久，力主抗金的朝臣胡铨凛然上疏控诉秦桧，遭贬吉阳军，亦入该庐住宿 8 年。胡铨北归之际有感而发，题书“盛德堂”留赠。之后，来往琼崖的名贤墨客纷纷为盛德堂赋诗撰联，赞扬裴氏的义举德行，盛德堂因此成为象征崖城人民崇德尚义的名片。

丝路良港　乘潮牧海

崖城是古代海上丝绸之路商舶往来的必经之地，是海洋文化、岭南文化与中原文化交汇融合的节点。自汉代开通海上丝绸之路以后，崖城镇沿海山谷、石隙有清甜淡水，可为来往的海船补水，所以逐渐成为海船的定泊点。大疍港位于宁远河的出海口，最终成为中外商船海上交通往来中转补给停泊的良港。宋至明中叶，随着海南岛内外商品经济兴旺，大疍港作为海南商品集散地和对外贸易港口，地位愈加显要。梅山海滩八人轿坡发掘的伊斯兰教徒古墓场遗址，可证实宋代以来，已有中东地区的商人到崖城经商居住。黄道婆是中国历史上杰出的棉纺织革新家，元代王逢《梧溪集》记载:“黄道婆，松之乌泥泾人。少沦落崖州。元贞年间，始遇海舶以归。”王氏记述黄道婆搭乘海舶返回松江的事迹，说明宋元时期，停泊在大疍港的商船航行海路可经泉州抵达上海地区。大疍港后来因宁远河泥石冲积，海砂淤塞，港口搁浅，至晚明清初化为滩涂，出海通航遂改为保平港。

崖州湾是崖城人民的蓝色家园。祖祖辈辈生活在这里的渔民疍家以海为田，耕海谋生。得益于宁远河水入海携带的养料，港门海区鱼虾蟹蛤肥美繁多，渔业资源异常丰富。以捕捞海产为生计的海南渔民常年咸集港门，扬帆闯海。在长期的捕捞实践中，疍家渔民熟悉风浪潮汐的变化，了解海区鱼虾的生长特点和洄游习性，投资造船，放网置钓，扩大深海作业，致力开发南海渔业资源。

千百年来，崖城渔民深耕海洋，仰给鱼虾为利，港埠乡墟，交易兴旺。与海结缘的疍家渔民风习礼俗，彰显南海海洋文化的鲜明特色。龙舟竞渡、抬公游神、渔舟唱晚、风味美食，成为崖城地方文化的亮丽风景。

耕读传家　英才辈出

南宋赵汝适《诸蕃志·海南》记载：丁晋公尝贬为（崖）州司户，教民读书著文。崖城地区形成“耕读传家久，诗书济世长”的传统家风。百姓深谙“勤稼穑丰五谷，以齐家济世；读诗书达礼义，以修身治国平天下”的道理，自古至今，兴学重教。崖城物华天宝，人杰地灵。自宋至清，崖城有儒学、社学、义学，学宫、书院、学堂等各类学校。崖州通过科举考中进士 4 人、举人 30 人、贡生 212 人。1912 年，现代小学在崖城创立。1921 年，县长孙毓斌及后任县长集资筹建崖县中学。1926 年秋，正式招生。1955 年，崖县中学高中部搬迁到三亚，原址改为崖城中学。崖县（崖城）中小学培养出众多为中国革命英勇献身的俊杰和为国家科技、教育、经济、文化建功立业的人才。

崖州文教敷扬，薪火相传，世泽流芳。受传统文化的熏陶，当今的崖城城乡，尊师重教蔚然成风，家家户户重视子女读书求学，立德成才。崖城民众自幼喜欢琴棋书画，随着经济社会的发展，城乡居民相继成立诗画社、楹联会、文艺歌舞队、民歌传习所，经常开展创作交流表演活动，丰富人民群众的精神文化生活。2012 年秋，港门村有 3 名女学生同时考上北京大学，轰动一时，玉成佳话。

物阜民丰　南繁宝地

崖城镇位于海南岛最南端，地处宁远河中下游田野平原。属热带海洋性季风气候，年平均气温 25℃，全年为无霜期，年日照时间一般为 2450 小时，年积温 8850℃，年均总降水量 1273 毫米。崖城镇土地肥沃，光照充足，水利设施完善，生态环境优越，自然资源丰饶，堪称“奇甸宝地”。

崖城人民历来靠山食山，临海耕海，稼穑于田园，捕捞于海洋，交易于市井，互通有无，丰衣足食。崖城镇发展热带农业得天独厚，是著名的鱼米之乡。自 1990 年以来，崖城镇逐渐发展成为全国重要的冬季瓜菜种植基地和琼南最大的瓜果蔬菜集散中心，市场影响乐东、东方、保亭等周边乡镇。冬季瓜菜种植成为崖城地区农民增收致富的主要产业，每年瓜菜种植面积 5.3 万亩左右，产量约 20 万吨，产值达 3.8 亿元，约占全镇农业总产值的 44%。崖城镇先后建成优质蔬菜种苗开发中心和大型农产品批发销售市场，同时加强质量监控和安全检测，提高崖城农产品的知名度、美誉度。乡村各种应市的蔬菜瓜果通过绿色通道，渡海峡，过岭南，越黄河，源源不断进入市场，丰富城市居民的“菜篮子”“果盘子”。

海南省三亚市被中国育种专家誉为中国的“种业硅谷，南繁宝地”。崖城地区具有独特的南繁育种优势。20世纪50年代，农业科技人员就试验利用崖城冬季光热充足的气候条件，开展甘蔗、玉米等农作物种子加代、繁育、鉴定工作。1962年，四川省农科院首次在崖城良种场冬繁玉米获得成功。从此，各省（自治区）市和科研院所的玉米、棉花、水稻、大豆、甜瓜等育种团队纷至沓来，每年都有数十家机构驻扎崖城。育种制种面积达12270亩。其中，杂交水稻6720亩，玉米4350亩，大豆、棉花及其他作物1200亩。在国务院和海南省委、省政府的领导下，在中央部委的大力支持下，崖城凭借天时、地利、人和，在中国工程院院士袁隆平、中国科学院院士谢华安和颜龙安、“玉米大王”李登海以及王连铮、郭三堆等农业科学家的引领下，以其“天然大温室”和“绿色基因库”的独特优势，创造了中国南繁育种的光辉业绩，为粮食安全做出重要的贡献。

海山奇观　旅游览胜

崖城虽位于南溟一隅，却具备最佳的旅游资源：碧海蓝天，阳光沙滩，文脉古迹，山水田园，民情殊胜，海山奇观。崖城旅游开发历史悠久。早在宋代，大小洞天闻名遐迩，“崖州八景”如诗如画，水南村堪称世外桃源。古往今来，凡到崖城参观的海内外游客莫不交口称赞，流连忘返。

获“中国人居环境范例奖”的崖州湾有两处相邻的国家AAAAA级旅游景区：一处是道教福地大小洞天，另一处是佛教圣地南山寺。传说，南山即菩萨长居“补怛洛迦”，有“大光明山”之称。南山寺仿唐风格，建有仁王殿、大雄宝殿、法堂、观音院、悲田院等。寺前海中塑造高108米的海上观音圣像，“一体化三尊”，规模宏伟，举世瞩目。工程历时6年，于2005年4月24日（农历三月十六准提普萨诞辰日）举行开光仪式。

大小洞天是古“崖州八景”之一，系宋代吉阳知军周鄘与后任的崖州郡守毛奎开发，海岸巨石上有毛奎撰写的“小洞天”三个字，为海南省著名的摩崖石刻。侧旁石头题刻“钓台”，另处岩壁上还刻有“海山奇观”“仙梯”“仙履石”及诗文题词。

唐代高僧鉴真与日本留学僧荣叡、普照，弟子祥彦、思托一行，于唐天宝七年

(748 年）十一月第五次东渡日本，海上遇季风漂流至此登陆，在崖城开元寺居住一年多，修寺授律，宣扬佛教经典，传播中原文化。崖城南山海岸建造鉴真东渡大型花岗岩群雕，以作纪念。

文化遗产　历久弥新

崖州文化源远流长，历经中原文化、海洋文化、岭南文化的交会汇合，厚积海南文化的底蕴，具有朴实、务实、兼容、敢闯的特性。崖城一方水土养一方人，同时孕育出多姿多彩的民俗文化，创造出别具特色的非物质文化遗产。2007 年 5 月，建设部、国家文物局授予崖城镇“中国历史文化名镇”称号。

崖州民歌系明代以来汉族移民迁徙定居古崖州沿海一带村落之后，用汉语闽南方言崖州“客话”咏唱或改编创作并流传至今的民间歌谣。2006 年，被列入第一批国家级非物质文化遗产保护名录。崖州民歌源于人民群众的生产生活，歌词生动有趣，曲调悠扬流畅，优秀作品深得民众喜爱和传唱。民歌题材有生产劳动感想、生儿育女情长、恋爱婚姻娱乐、乡土民风习俗、才子佳人传奇、民间忠义孝举、社会生活变迁等，蕴含当地社会民情、经济生活、文学艺术等诸多信息，是研究古崖州经济社会历史发展的“活化石”，解析琼崖文化的“信源密码”。崖州民歌音调适应各种不同的内容、唱词及演唱场合，发声唱法生活化，字正腔圆，旋律动听。崖州民歌是民歌百花园中的一枝奇葩，已成为崖城的地方名片，形成“政府部门重视、传承人带动、群众自愿、歌迷参与、小学生喜爱”的局面，让人看到崖州民歌“活在传承、路在拓展”的愿景。

黎族打柴舞是黎族民众在丧葬仪式中所表演的一种祭祀活动舞蹈。《崖州志》记载：黎人“作八（丧仪）必分花木，跳击杵”。崖城镇郎典黎村民众仍有在丧仪中举行“击杵驱邪”活动的传统。2006 年，被列入第一批国家级非物质文化遗产保护名录。打柴舞在长期的流传过程，舞蹈动作逐渐成型，除主要以击木声响作为节拍外，有时也配置喇咧、口弓、锣鼓等乐器渲染气氛。中华人民共和国成立后，文艺工作者推陈出新，将木条改为竹竿，创作音乐伴奏，表现热闹互动的场景，受到黎族民众的认可和观众的好评，成为当今代表黎族传统文化的经典之作。

2007 年 5 月和 2010 年 7 月，崖城镇和崖城镇的保平村先后被评为“中国历史文化名镇”“中国历史文化名村”；2010 年，保平村又被命名为“中国传统村落”。保平村现存清代宅第民居 42 处，其院落布局、宅第结构、材料装饰、建筑风格等体现崖州沿海民居的地方特色，是目前海南保存较为完整且规模较大的传统建筑群落。住房和城乡建设部及省、市人民政府已下拨专款，开展修缮保护工作。传统民居、古城遗址、学宫、盛德堂、广济桥、少司徒牌坊、既济亭热水池、迎旺塔、孙氏宗祠、骑楼街等，被列入古镇保护规划，实施严格的保护措施，让崖城儿女记住乡情、留住乡愁，使海内外游客了解崖州历史文化。

渔港扬帆　科技兴业

崖城区位优势显著，铁路、公路、环岛高铁、高速公路纵贯城乡，城区距三亚国际凤凰机场 28 千米，陆、海、空交通便捷，南山货运港已投资建设，初见成效。

崖州中心渔港建设实现三亚市“三港分离”的目标，是海南省规模大、设施全的现代化、综合性、多功能的示范性中心渔港。渔港码头岸线长 1020 米，共有 21 个泊位，年渔货卸港量 12 万吨，港区锚泊水域面积 100 公顷，可停泊 1200 艘渔船。配套建设冷藏库、交易场地、商住旅游设施，成为集生产贸易、加工储运、避风服务于一体的南海渔业基地。崖州中心渔港有利于海南渔民拓展南海三沙渔场，避风减灾，增产增收，促进第三产业和海洋经济发展，使崖城镇乃至三亚市经济社会发展迈上新台阶。

三亚市创意产业园位于崖州湾，2007 年启动开工建设。规划面积 17 平方千米，其中陆域面积 12 平方千米、水域面积 5 平方千米。产业园拥有超过 80 亿元的基础设施配套项目，以创意产业、高新技术产业为龙头，集教育培训、港口物流、旅游居住于一体，建设高科技产业、高端人群聚集的智慧园，助力三亚市产业转型发展。2014 年，创意产业园区累计完成社会投资 32.1 亿元，年产值达 4.9 亿元；有 21 家高科技企业入驻，一批重点项目陆续开工建设。

崖州湾是海南提高海洋资源开发能力、发展海洋经济的重要前沿。崖州湾科技城总体发展定位为“两区”“三地”。“两区”指生态文明的展示区、产城融合的先行区；“三地”是指拓展蓝色经济的产业地、承载农业硅谷的开放地、培育产学研的聚集地。协同发展南山佛教旅游、历史文化旅游及现代海洋渔业，推动产业升级发展与产城融合、港城融合、城乡融合和农旅融合发展。

京杭大运河上的名镇①

邵伯古镇是京杭大运河河畔一处重镇，是名城扬州北上门户。战争年代，是兵家必争之地；和平年代，是百商云集、货积如山的鱼米之乡。1600多年来，古镇几度荣衰，生生不息，屹立于大运河边。改革开放以来，古镇焕发生机。2008年，邵伯镇被列入第四批中国历史文化名镇名单。2014年，镇内中国大运河遗产的若干水工遗存被列入世界文化遗产名录。

古镇之古，始于东晋谢安筑埭治水时期。《晋书》载，东晋太元十年（385年），谢安镇广陵，于城东二十里筑垒，名曰新城。新城北二十里率民众筑埭，平衡水量，调节河流，防涝防涸。农田获利，百姓将谢安比作周代燕国的召伯（召，同邵），名其长埭为邵伯埭，为邵伯镇的后世繁华奠定基础。在农耕社会，随着陂塘水利的发展，粮食产量节节攀升。灌溉有节，常获丰收，于是生民聚集，耕种打渔。在邵伯埭旁，逐渐出现村落，形成墟镇。

北宋时期，境内地势南高北低，水流至淮安清江口入淮。南宋时期，因黄河夺淮入海，致使淮河淤垫，北水南流，运河终成悬河，丘陵滩渚常漫。邵伯居民常受洪涝之害，村镇逐渐撤离，东移至现邵伯镇地带。至清代，已形成街道7条、里巷57条的城镇格局。古街古巷至今尚保存有34条。

明清时期运河繁忙，扬州鼎盛，邵伯商业繁荣、行旅如织、百货屯聚、廛市鳞次。关于昔日商业繁荣的景象，至今邵伯还流传一首“十字歌谣”：一是益美酱园，二是二

① 选自江苏省扬州市江都区邵伯镇志编纂委员会编：《中国名镇志丛书·邵伯镇志》，2023年出版。

妙堂笔庄，三是三益斋糟酱，四是泗阳春酒楼，五是武家豆腐店，六是陆明书茶社，七是戚家棺材铺，八是王家八鲜行，九是久和杂货店，十是石家肉案子。当时外地商人纷纷在邵伯建立会馆，记载有江西会馆、中州会馆、西河会馆、彭城会馆等。杂货、绸布、药材、钱庄、当铺、客栈、酒楼、浴室等各业俱荣，主营批发销售较大的商号有春生恒纸号、亿顺源布庄、恒春隆香粉店、马大顺酱园等。盐业兴盛，有盐业总栈，分运各县，里下河集镇皆设子店和分售所，从业者近百人，河下盐船川流不息，河上抬盐工人络绎不绝。邵伯水码头排列的过境船舶连樯接橹，首尾相衔，为船民服务的油麻店、钉铁店、柳器店、车匠店达百家以上。仅油麻店即有 27 家，尤以杨恒昌店资金雄厚、信誉卓著，其桐油销售范围覆盖里下河地区，最盛时日销售 200 桶以上，营业额 2000 银圆左右。至中华人民共和国成立初期，邵伯尚有私营商户 351 户。

清代扬州画家王素（1794—1877 年）绘制的《运河揽胜图》，现收藏于扬州博物馆。该艺术作品真实反映了清代邵伯运河两岸的市井风情，对邵伯水道、街市的繁华做了详细描绘。

邵伯几度兴废均与水密切相关，因水而生、治水得名、顺水兴旺。勤劳智慧的邵伯人从治水到用水演绎出辉煌的历史文化。邵伯四周环水，西临运河、邵伯湖，南对南塘，东面艾陵湖，北枕包塘、北河头。镇内河流交错，有玉带河、铁牛湾、上夹河、银锭河、惠政河等。邵伯的繁荣发展离不开水，而邵伯又常受水患灾害。在社会动荡不安、水系无人治理、堤坝年久失修时期，京杭大运河邵伯段常发生决堤，洪水淹没房屋，家园被毁，百姓流离失所。在与大自然斗智斗勇的过程中，邵伯人民也逐渐学会化水害为水利，因势利导，为生产生活服务。古镇地势西高东低，邵伯人节制西边的湖水，涝则疏导，旱则储流。在集镇西侧由北向南，建设多个港口，如菜花港、奶奶庙港、城隍庙港、木排港、红桥港、水西桥港、铁牛港、梁家港等，这些港口外通棠湖，里连集镇，有效控制水流，造福地方百姓。古镇如今尚保存清朝时的城镇形制，古街、古巷、古民居、古井、古祠、古石碑多保存完好。甘棠庙，古风犹存；斗野亭，古韵依然。

古镇民风淳厚，和谐守静，土地肥沃，物产丰盛。地方美食风味独特，水乡生活令人流连忘返。生活在运河边上的邵伯人民，在兼收并蓄诸多民俗文化元素的基础上，形成了自己的水乡风格。在长期的历史积淀中，邵伯以其特定的地理、人文环境，孕育出独特的运河文化：以人为本，崇德尚文，沟通交流，开放包容。千百年来，邵伯人民供奉的甘棠庙、谢公祠，是对埭开世泽的谢安最好的纪念。甘棠树、邵伯镇、棠湖、惠民井的一草一木均烙上与谢安相关的印记，古镇人民世代相守，铭记恩泽。宋代，浙江台州罗适在江都任县令期间，勤政爱民，以人为本，罗适离任后，邵伯百姓为其绘像立生祠以祀，至今石碑仍立于黉宫。

邵伯之地，耕读传家，蔚为风气，孕信育厚，人才辈出，文脉绵长，代有瑰奇杰出之人。仅清代有史可稽者，赴京会试中进士者达 20 余人，诸生及登乡榜者在百人之上。邵伯谚语云:“举人满街跑，秀才多如毛。”邵伯文风兴盛，杰出者众多。蒋继轼，清康熙五十二年（1713 年）进士，翰林院编修；其长子蒋之英，康熙五十九年（1720 年）举人；次子蒋之兰，雍正五年（1727 年）进士。徐寅亮，嘉庆四年（1799 年）与其兄徐元方同举进士，清仁宗特赐“花萼联辉”“棠棣竞秀”匾额；其长子徐玉华，附贡生；次子徐玉丰，道光二十一年（1841 年）进士，翰林院编修。董恂，道光二十年（1840 年）进士，道光、咸丰、同治、光绪四朝元老，官居户部尚书、兵部尚书。邱育卿，咸丰十一年（1861 年）拔贡，选入京师国子监，有“十岁神童、二十岁才子”之誉，其《新建文昌楼记》笔力遒劲，观者无不称妙；其子邱正襄、邱正夔兄弟二人，光绪年间双双中举。

古镇居水陆咽喉，得交通之便，天下名士在此流连者甚多。唐代大书法家颜真卿、诗人张籍；五代十国诗人徐铉；后周皇帝周世宗柴荣；北宋大文学家欧阳修、苏东坡；南宋诗人尤袤、民族英雄文天祥；元代诗人、画家萨都剌；明代著名学者杨基、欧大任；清代六下江南的乾隆皇帝，诗人王士祯，一代大儒阮元、焦循等，都曾驻足邵伯，留有诗文传世。《西游记》作者吴承恩曾到古镇拜谒露筋祠，有感于烈女的高风亮节，发出“气与山河在，心将水月孤”的赞叹;《聊斋志异》的作者蒲松龄泛舟邵伯湖，诗酒唱和之余，将村姑、渔婆口中的神怪鬼狐故事收入笔下；欧阳修载酒赏荷，邵伯湖的美景勾起诗人无穷遐想；康熙皇帝挥笔为露筋祠题词“节媛芳躅”，流传千古，为后人留下一段佳话；一代才子、孔子 64 代孙、《桃花扇》的作者孔尚任拜访好友甘棠进士蒋继轼，兴致勃勃游览邵伯湖，被水乡风情所陶醉。一河通南北，特别是明清两代，名流游屐，数不胜数。运河为邵伯对外交流沟通提供便利。

邵伯依傍运河经济大动脉，长期站在经济发展的前沿，具有开放包容的文化个性，邵伯文化惯于接纳外来多种文化。国家级非物质文化遗产项目——邵伯锣鼓小牌子就是在外来文化的影响下，衍化出的苏中地区独特的文化形式。由本地的几个音乐形式——

扬州清曲、道教音乐、“六书”和“新春长锣”形成其雏形，结合南方丝竹音乐以及北方大鼓，经过几百年的发展融合，最终形成新的音乐形式。江苏省级非物质文化遗产——邵伯秧号子，也是运河开放融合形成的优秀民歌形式。它结合各地的民间小调、俗曲，形成地方特有的艺术风格，既有南方民歌的婉转流美，也不乏北方民歌的高亢嘹亮。江苏省级非物质文化遗产——露筋娘娘传说，是流传在露筋当地的民间故事，受到清朝康熙、嘉庆两代帝王的诰敕，乾隆为之题诗。经过历代传说的修饰，其文化内涵不断加深，露筋娘娘被奉为运河女神。

开放的特征使古镇接纳先进的外来文化，同时古镇又将经过融合、加工的本土文化向外扩散。扬州沐浴业、“三把刀”闻名全国，源于邵伯，清代李斗《扬州画舫录》载：“浴池之风，开于邵伯镇郭堂。后徐凝门外之张堂效之。”装运粮食的“邵伯划子”、粮食交易的通用量器“邵伯斛”，这些具有地方特色的文化通过运河的交流扩散，产生深远的影响。1938 年，一些分散在各行业、志同道合的邵伯锣鼓小牌子爱好者成立“同福会音乐班”，赴各地交流，并多次获得奖项。曾配合华东军区文工团为人民解放军渡江部队慰问演出，产生广泛影响。如今的甘棠乐队接受中央媒体及国际友人的采访，并且参加多届国家非物质文化遗产日活动，引起广泛关注。邵伯秧号子的代表作《拔根芦柴花》享誉全国，经常在国际、国内重大场合演奏；《纱囊子撂在外》被联合国教科文组织公布为亚洲民歌。

繁盛有传统，今日更辉煌。历史上因为大运河的推动，邵伯商肆鳞次栉比，服务业繁荣兴盛。因区域优势，今日邵伯为江都经济重镇，是江都区“一主两翼”发展战略的北翼，倾力打造“三区一业”（工业集中区、渌洋湖生态区、商贸集镇区，建筑安装业）。工业产品主要有化工及高分子材料、玩具及玩具配件、机械、电子、轻纺、造船六大系列。建筑业名扬全国，被誉为“建筑之乡”，屡获“鲁班奖”“白玉兰奖”等建筑业大奖。产业根植传统，逐渐形成钢材、建材、农贸等十大专业市场，以“龙虾”为龙头的美食业不断做大做强，享誉大江南北。

随着沿江、沿海地区经济开发，运河作为内河，所发挥的经济作用不断被削弱。中国大运河申报世界文化遗产成功后，古老的河道重新焕发青春活力。邵伯镇确立“以文立镇”的发展思路，在历史文化传承中推动城镇化建设，彰显小城镇特色。

邵伯镇以运河文化做好经济文章，抓住大运河文化带建设，积极加快推动城镇化步伐。集镇西部为旅游保护区，紧邻大运河和邵伯湖。根据“运河遗产点保护与展示”发展方向，相继实施邵伯老街整治、明清古居老屋修缮、明清运河故道清理、大马头周边环境整治、邵伯巡检司重建、斗野亭重建、梵行寺重建工程，并新建明清美食街等历史街区。按照旅游规划，逐步拉开旅游布局。集镇东部为商业居住区，建设有 2 万平方米的市民广场、东花园别墅区，以及桃园、银杏、工农、水韵甘棠等新型住宅区。集镇南部以文化旅游产业园和高端装备制造产业园为主要聚集点。2016 年，邵伯被列入国家新型城镇化综合试点。

抓住扬州旅游圈扩展的机遇，形成集聚效应，推动经济发展。为融入扬州大旅游发展格局，彰显邵伯旅游特色，对邵伯湖实施“三退三还”（退耕、退渔、退养，还林、还湖、还湿地）政策。为更好地沟通江淮，建设好纵贯南北的生态大走廊，对邵伯湖中浅滩、小滩等影响泄洪通道的部分进行挖掘，加大加高较宽广的陆岛，使湖面更加辽阔，湖区更加生态化、绿色化。

沿运河两岸打造观光带，改造南塘景区入口，建设运河生态公园：茶花园景区、荷塘月色景区、净瓶广场景区、桃花坞景区、铁牛湾景区、柴坝等，逐步形成产业特色明显、人文气息浓郁的运河风情特色小镇。相继入选中国大运河文化带产业特色项目、江苏省最美水地标、扬州市首批特色小镇。先后被命名为江苏省新型示范小城镇、江苏省经济和环境协调发展示范镇、江苏省文明镇、江苏省百家名镇、江苏省群众文化先进镇、江苏省卫生镇、全国重点镇、全国环境优美乡镇。

细述古镇邵伯古今种种，以期继往开来，传承光大。历史虽已远去，但记忆不曾忘却，古镇的一草一木是每个邵伯人心中的乡愁，这颗京杭大运河的明珠如今仍然熠熠生辉。

大运河畔的年画之乡①

在大运河流经天津市域的南运河段上，有一座千年古镇——杨柳青，它不仅有个充满诗情画意的地名，还享有中国历史文化名镇、中国文化传承魅力名镇和中国木版年画之乡的美誉。

2005 年，杨柳青被中央电视台评为中国文化传承魅力名镇。2008 年 12 月，杨柳青镇被评为中国历史文化名镇。为加强对历史遗存、名胜古迹的保护，政府投资恢复 4.2 千米的南运河（京杭大运河杨柳青段），建成南运河景观带和御河人家民俗文化旅游区，形成南有秦淮人家、北有御河人家的人文景观。运河文化、年画文化、大院文化和民俗文化等，这些中国北方传统的民俗历史文化在此集中体现，显示了杨柳青镇的古典风格，充溢着浓郁的文化气息和斯文气质。

2019 年年末，天津市将杨柳青大运河国家文化公园建设明确为重点实施的标志性工程，对外公布规划方案，即把杨柳青大运河国家文化公园全力打造成文化传承的载体、文化交流的平台、文化消费的场所和市民乐活的家园，使其成为大运河上一颗闪亮的明珠，向人们呈现一座展示中华民族灿烂文化、生动鲜活的“历史博物馆”。

一

杨柳青地处九河下梢，从太行山山脉顺流而下的卫河、漳河、滹沱河、滏阳河、大清河等河流都汇入子牙河与南运河。杨柳青南临南运河，北临子牙河，历来水资源丰

① 选自天津市杨柳青镇志编纂委员会编:《中国名镇志丛书·杨柳青镇志》，2022 年出版。

富，被称为“北国小江南”。

因有大运河水运之便，南方的文人墨客、达官显贵往返北京，杨柳青是必经之地。其中，很多名家在当地留下诗篇，赞美杨柳青的旖旎风光。清代天津水西庄查彬有诗《杨柳青道上》：烟水迷离处，驱车纵目遥。日斜杨柳驿，帆落直沽潮。① 富察明义诗《舟行子牙河》：遥天阔野望苍茫，河势奔腾东去长……苇村晓作鱼虾市，泽国春多凫雁行。② 清沈峻诗《津门棹歌》：家家户户对篷窗，白鹭飞来照影双。杨柳桃花三十里，罟师都惯唱南腔。③ 在诗人笔下，古镇杨柳青不是江南，却胜似江南，尤其“罟师都惯唱南腔”，点醒读者不要错以为杨柳青是在江南，其实是在北方，当地渔夫习惯于用南方腔唱渔歌。

杨柳青镇西有广袤的莲花淀，清高恒懋有诗《泛莲花淀口占》：十年荷花面面秋，渔人指点向莲洲。芦花深处难回棹，一叶随风溯水流。……花光水色乱晴湖，小艇轻移起浴凫。遥望远波无限景，恍疑身入辋川图。④ 诗人生动地描绘了莲花淀“云水流肆，舟楫过往”的美景，令人仿佛置身于仙境般的画卷之中。

二

“杨柳青”之名本身就美，再有年画之美，二美相加，使古镇优雅的气质蜚声海内外。杨柳青年画亦有神奇之处，被媒体称为“中国四大木版年画之首”。究其历史原因有四。

其一是年画进京。杨柳青是北京门户，又有大运河之便，年画于清乾隆年间进入北京城，皇家贵族、豪门富贾需要与年俗画不一样的高雅艺术品，杨柳青年画因此必须提高档次，开始走向富丽雅致。

其二是手工彩绘。杨柳青年画发明了手工彩绘，仅绘制面部就有 15 道工序，精细程度由此可知，从此品位提升走向高雅。

其三是拓展题材。源于农耕文化的年俗画走向高雅，进入中上阶层后，题材的局限性问题突出。杨柳青年画作坊为开拓新内容，聘请南方海派画家进入杨柳青作画，其中

① 查彬：《杨柳青道上》，选自《小息舫诗草》卷二。

② 富察明义：《舟行子牙河》，选自《绿烟琐窗集》。

③ 沈峻：《津门棹歌》，选自《欣遇斋诗集》卷十三。

④ 高恒懋：《泛莲花淀口占》，选自 1934 年《静海县志》人民部成集文艺志（下）。

较著名的是钱慧安，他在十余年里先后为杨柳青年画创作 100 余幅作品。钱慧安把文人画的诸多特点融入年画创作，杨柳青年画色调风格也由浓艳转向淡雅，使人耳目一新。皇家如意馆宫廷画师高桐轩以画亭台楼阁式的界画著称于世，其《荷亭消夏》《四美钓鱼》等画作一经问世，精美的皇家园林画面令人惊叹，很快风靡市场。张祝三也是宫廷画师，他最擅长画“戏出画”，即以戏曲剧目为题材的作品，如《三英战吕布》《大破冲霄楼》等都出自其手。正是这些高手画师和杨柳青本土画师的共同创作，使杨柳青年画规模达到 3000 多个题材，中国数千年的历史人文故事尽收画中。

其四是万人同画。杨柳青年画进入鼎盛期后，镇上作坊近百家，画牌相连，彩幌比肩。其中，较大的作坊画案有上百个，工人 200 余人，每年能制作年画 2000 件，每件 500 张。每年冬至前后，远近趸画的客商云集古镇，订货到手，客商才相继散去。随着市场需求越来越大，单靠作坊已无法满足，年画艺人便大胆放手，将印完墨线的画坯子分发给南乡百姓去着色描金，很快带动南乡 36 个村的人加入年画彩绘行列，形成万人作画，“家家会点染，户户善丹青”的画乡之势。这一令人惊叹的可喜局面延续百余年，既是伟大创举，也成为历史佳话。

清光绪三十三年（1907 年），俄罗斯汉学家阿列克谢耶夫（1881—1951 年）到杨柳青探访。经过对杨柳青年画的深入了解，这位学者震惊了。他看到大运河畔沿街的画店竟如此之多，一家紧挨一家，大作坊甚至占据一条胡同。更令他感到不可思议的是，古镇南乡 36 个村的农民都在画画。这位汉学家开始崇拜这片神奇的土地，并大量购买杨柳青年画，达 3000 幅之多。阿列克谢耶夫的举动影响了一批欧洲有识之士，他们先后进入画乡，把大量年画带回欧洲。后来，这些年画被俄罗斯、法国、德国等国各大博物馆收藏。

阿列克谢耶夫收集的 3000 多幅杨柳青老版年画大部分收藏在圣彼得堡的博物馆。天津市西青区新闻中心得知这一消息后，于 2016 年派记者前往俄罗斯一探究竟。在圣彼得堡国立艾尔米塔什博物馆，记者见到了大量 100 年前的杨柳青年画。俄罗斯圣彼得堡国立艾尔米塔什博物馆、国家东方民族艺术博物馆、普希金造型艺术博物馆等共收藏中国年画 7600 余幅，这也是他们几代人努力搜求的成果。

三

清同治年间（1862—1875 年），新疆被外国侵略势力占领，同治五年（1866 年）伊犁地区也被沙俄侵占。左宗棠临危受命陕甘总督，督办西北军务。同治六年（1867 年）左宗棠因追击捻军到河北，击败捻军后回师西北，临行在河北广备军需，在杨柳青招募大船和纤夫运送物资，纤夫安文忠与伙伴们应招。军需物资送到西安后，安文忠和一些伙伴没回家，改行做货郎，追随军队大营做货郎生意，因此叫赶大营。

安文忠和众多货郎随西征军进入新疆，有力地支援了军队供应，新疆收复后他们由货郎改为坐商。安文忠和先期进入新疆的货郎发迹后，一批又一批的杨柳青人奔赴新疆，时有“3000 货郎遍天山”之说。到光绪末年，去新疆谋生求发展的杨柳青及周边人口已有 2 万余人。

从纤夫安文忠于清同治七年（1868 年）改行货郎追随西征军大营做生意开始，到 1937 年抗日战争全面爆发驼道被封闭结束，赶大营已延续 70 年。杨柳青人在新疆创造了商贸奇迹，他们重新激活了古丝绸之路，利用被称作“沙漠之舟”的骆驼，把大量的新疆土特产运进北京、天津，又把其他各地的货（统称京货）运到新疆，提高新疆人的生活质量。他们的商贸店堂字号遍及北疆和南疆，迪化（今乌鲁木齐）大十字商业街的生意户基本是杨柳青人，伊犁的汉人街、惠远城的十字街上杨柳青商人占 80% 以上。塔城、奇台、吐鲁番，以及南疆各城，到处都有杨柳青人。大商号比比皆是，一次进货或回货能用 2000 头骆驼。他们还将丝路拓展到渤海之滨。清末，在民族危亡的紧要关头，朝廷给新疆的协助饷银迟迟不能到位时，是大营客们拿出巨额银两解了新疆之危。

赶大营的大营客遍布新疆各地，他们扎根西域边疆，重视教育，后辈多出人才，遍及各行各业。至 2019 年，据新疆赶大营后裔估算，大营客后代已有 60 万余人。

四

石家大院，古镇杨柳青的名门望族石家，祖籍是山东东阿大瓮口石家岭村。清雍正年间以船运为业的石蓬到杨柳青定居。从此石家依靠漕粮运输，兼营万兴粮行，成为津西首富。清道光二十六年（1846 年）出版的《津门保甲图说》，载有清嘉庆二十年（1815 年）的石府住宅图，其范围东起美成德胡同，西至大寺胡同，南至前大街，北至后大街，连同旧宅，近 20 个宅院连成一片。清光绪三年（1877 年），石献廷之孙石元士在大运河畔新建的石家大院由 10 个大四合院连体，也就是如今被辟为杨柳青博物馆的石家大院尊美堂。1991 年，作家冯骥才到馆参观，题词“津西称首富，华北第一家，民殷皆如是，自然安天下”。

2006 年 6 月 10 日是第一个中国文化遗产日，石家大院被国务院列为全国重点文物保护单位。同年 10 月，被国家旅游局批准为国家 AAAA 级旅游景区。

作为杨柳青博物馆的石家大院，其宏大的四合院连套规模，精美的砖雕、木雕、石雕蕴含了丰富的北方民俗文化知识。许多国家领导人、文化名人和国外友人到大院考察游览，游客常年络绎不绝。这里是完整的明清风格古建筑群，也是影视剧选景的极佳场所，电视剧《狼烟北平》《故梦》《辛亥革命》《阴谋与爱情》《我是大侦探》等诸多剧目都曾在此拍摄。

安家大院，位于石家大院后门一路之隔的杨柳青估衣街 28 号，始建于清同治年间（1862—1874 年），宅院占地面积 1118 平方米，建筑面积 583 平方米，一宅两院，是中国北方典型的连套四合院格局。它有房屋 35 间，皆砖木结构，外墙磨砖对缝，内墙是清水砖砌的围墙，屋顶是木椽清水砖望板。

宅院虽年代久远，但基本完好，正门门楼等处的砖雕、石雕无甚破损。房屋的青砖碹窗、碹门仍显露着昔日建筑的艺术华彩；上房梁时贴的福字和对联“上梁喜逢黄道日，竖柱欣遇紫微星”的字样仍清晰可见。清末民国初的家具古香古色、典雅华贵，尤其各房间的 300 余扇、近百种门窗隔扇能充分体现房主的富有与工匠的精湛技艺。游人置身此地，可真切感受老式庭院的魅力，体味古人的智慧与工匠精神。

安家大院门前是当时杨柳青最繁华的估衣街，出门向前百余米是穿镇而过的京杭大运河，距离运河上的西摆渡口不足 200 米。从宅院处向后远眺，由东向西依次是东门、北门、西门。

这所极富北方古老风格的民宅大院最初的主人是谁已不得而知，后来被安文忠买下，给二弟安文发居住。

安家大院被开辟成旅游景点后，在修葺时有一大发现。正厅一侧的地砖下突见洞口，进洞口逐级而下，才知这是一个不小的藏金银珠宝的地窖，并在地窖里挖出一把锈迹斑斑的手枪。这地窖不知是在建筑初期就已经存在，还是安文忠买下后增设的。

安氏祠堂，位于杨柳青镇估衣街施医局胡同 2 号的安氏祠堂，始建于清光绪年间

（1875—1908 年）。安文忠购得此民居，用来祭祀祖先，改建成安氏祠堂。安氏祠堂占地 631 平方米，由一路两进四合院 24 间房屋组成，中间有穿堂，将整座建筑分为南北两个院落。院落布局相同，皆为四合院式，建筑形式均采用小式硬山做法。正房为七檩前出廊五开间，东西厢房三栋为三开间，均为布瓦屋面、马鞍脊。所有房屋明间采用四扇五抹隔扇门，次间和捎间下部为海棠池式槛墙，上部为支摘窗，地面为仿古青砖，古朴雅致。东南角开金柱大门，门内有一字影壁。院内保存有安氏家祠记事碑一通，主要记述安文忠的生平及修建家祠的初衷。

中华人民共和国成立后，安氏祠堂先后作为杨柳青文化馆、图书馆、少年宫、启智学校等办公使用。在第二次、第三次全国文物普查中，安氏祠堂被登记为不可移动文物。2002 年，西青区对安氏祠堂进行全面修缮，恢复原貌。2003 年，此院成立杨柳青年画馆，同时设计布展陈列。

如今，建设中的杨柳青大运河国家文化公园、文化小镇，让人们对这个历史文化名镇魅力的提升充满热切的期盼和美好的憧憬。

西沱镇志概述①

西沱镇地处北纬 30° 24′，东经 108° 13′，位于重庆市石柱土家族自治县（以下简称石柱县）西北部，东接石柱县鱼池镇、王家乡、临溪镇，南邻石柱县王场镇、黎场乡，西与重庆市忠县石宝镇隔江相望，北与重庆市万州区长坪乡相连。西沱镇距石柱县城 48 千米，距黄水国家级森林公园 70 千米，距忠县县城 40 千米，距万州城区 47 千米，距丰都县城 82 千米，距重庆主城 279 千米。镇境处于方斗山背斜西翼向忠县向斜东翼过渡的斜坡地带，地势东南高、西北低。境内最低海拔（陶家坝）175 米，最高海拔（冒火山）1200 米。属中亚热带季风性湿润气候区，雨量充沛，气候温和，四季分明。西沱镇与长江明珠——石宝寨隔江相望，是巴盐古道的起点，是长江上游深水良港、黄水国家森林公园的重要旅游门户，是中国历史文化名镇。

西沱原名西界沱，古为“巴州之西界”，隋为浦州之西界，且临长江南岸回水沱，故得名西界沱。早在新石器时代，当地就有人类繁衍生息。其地夏属梁州，商属巴方，周属巴国。战国时秦灭巴后，其地属秦国巴郡，汉代因之。三国时期，西界沱属蜀汉益州巴郡，因其地处巴郡、巴东、涪陵三郡的交界地，故史书也称西界沱为“界坛”“石鼓峡”“界滩”。隋代时，西界沱隶属浦州（今万州）武宁县。唐武德二年（619 年），析浦州西界之地置南宾县（今石柱县），西界沱隶属南宾县。明洪武十四年（1381 年），朝廷撤南宾县，实施土司制度，西界沱隶石柱宣抚司石渠里十甲。天启元年（1621 年），石砫宣抚司改为石砫宣慰司。清乾隆二十六年（1761 年），石砫宣慰司改土归流，置石

① 选自重庆市石柱土家族自治县西沱镇志编纂委员会编：《中国名镇志丛书 · 西沱镇志》，2022 年出版。

砫直隶厅，西界沱隶石砫直隶厅石渠里十甲。清乾隆四十年（1775 年），石砫直隶厅同知王萦绪编修的《石砫厅志》记载：县境“北抵江岸，忠、万交邻为西界沱，水陆贸易，烟火繁盛，俨然一都邑也。置塘汛，且设巡检驻之”。1912 年 3 月，改石砫直隶厅为石砫厅知事公署，实行团防制，先后设西界沱总团、团防局、团练局、团务局、团务区。1930 年，设西界沱镇，为建镇之始。之后几经撤并，中华人民共和国成立后将西界沱更名为西沱。至 2017 年 12 月 31 日，西沱镇辖 4 个社区居委会，7 个村 47 个村民小组，总面积 62 平方千米，共 11142 户 32796 人。

西沱镇是因盐兴商、因商成埠的江滨镇。西沱镇东靠方斗山、七曜山，翻越二山即达鄂西。远在商、周时代，巴人逐盐而居，由清江流域向长江流域扩展疆域，形成数条古道，其中一条古道的终点就是西沱。西沱镇西滨长江回水沱，是石柱县最大的深水良港。独特的地理位置使之成为交通要冲，成为沿江商品及鄂西、石柱山货进山出江的咽喉。随着商业发展、人口增多，遂成商埠。唐、宋时期，鄂西及湘西的盐卤开采将罄，而西沱对岸的忠州有涂井、涂井等汲卤制盐场，所产锅巴盐大量销往鄂西、湘西等地，川鄂古道变为巴盐销楚的古道，西沱为巴盐古道的起点。成百上千的背夫背着锅巴盐从西沱出发，吼着盐道号子翻越方斗山、七曜山，到达鄂西的利川，进而分路前往恩施及湘西的龙山等地。巴盐销楚使西沱的流动人口剧增，带动商业发展，吸引湖南、湖北、广东、广西、浙江、安徽等地的商人到西沱经商，进一步促进了西沱的繁荣。店铺日益增多，形成人口稠密、连甍接栋的古场镇。

国内其他江滨城镇的街道多是沿着等高线顺江梯次分布，而西沱镇的主街道则是沿着巴盐古道，从江边一直向山顶延伸，街道垂直于长江，从海拔 145 米（三峡水库建成后为 175 米）的江边码头，直上山顶独门嘴，全长 2.5 千米，有 112 个平台 1314 级石梯。云梯街随山势弯曲，时而平坦；以石板铺地，时而笔直向上，以条石砌梯或在岩石上凿阶为梯。整条街既是一条巴盐古道，又是一条商贸大道。远处观看，街道似入云之梯，故名“云梯街”。又如一条苍龙，从山顶俯冲向长江。入夜，云梯街灯火通明，犹如一条火龙。因其独特的布局，被誉为“万里长江第一街”。1986 年，石柱县人民政府公布西沱镇云梯街为县级文物保护单位。1993 年，中央电视台到西沱拍摄《奇石雄柱》风光专题艺术片，并用中英文播出，引起国内外不少建筑学、考古学专家的重视，北京建筑工程学院教授汤羽扬到西沱考察，撰成学术论文《从忠县、石柱县传统民居建筑的文化内涵谈三峡工程地面文物的保护》。2002 年，重庆市人民政府公布西沱镇为重庆市级三峡库区迁建保护传统风貌镇。2008 年 7 月，西沱古镇的云梯街被评为重庆市巴渝新十二景之一。2009 年，重庆市人民政府公布西沱云梯街民居建筑群为市级文物保护单位。2015 年，西沱镇云梯街入选长江三峡 30 个最佳旅游新景观之一。随着三峡环湖游的兴起，西沱古镇在保护老云梯街的基础上，又开发一条新云梯街。新云梯街传承了老云梯街的特色，同样依山取势、拾级而上。西沱古属巴国，巴文化在此积厚流光。春秋战国时期，巴人与楚人长期征战，巴文化与楚文化碰撞交融。巴国灭亡后，经过秦、西晋、北宋、元末明初、明末清初 5 次大移民，汉人大量迁入西沱，巴文化又与汉文化交融。西沱镇是长江码头，长期以来孕育了丰厚的码头文化。明洪武十四年（1381 年）撤南宾县，实施土司制度，西沱之地划归石砫宣抚司辖治，天启元年（1621 年），石砫宣抚司改为石砫宣慰司。至清乾隆二十六年（1761 年）石砫宣慰司改土归流，长达 381 年的石砫土司统治，滋生出独特的土司文化。因此，西沱文化虽以巴文化为基础，但兼容楚文化、汉文化、土司文化、码头文化等多元文化，进而形成独具特色的地方文化。唐至民国时期，西沱是巴盐销楚及巴盐济楚的陆路起点，一千多年的盐运历史，积淀了丰厚的盐运文化。1992 年，四川省人民政府公布西沱镇为四川省历史文化名镇。1994 年三峡大坝动工，众多文物考古队抢救性发掘西沱古镇文物，先后发掘出商周时期的观音寺遗址、沙湾遗址、砖瓦溪遗址、公龙背遗址。1999 年，重庆市文化局副局长王川等中国专家与外国专家到西沱调研，认为西沱犹如一座原生态博物馆，具有很高的艺术价值、学术价值。2003 年 11 月，西沱镇被建设部和国家文物局公布为第一批中国历史文化名镇。2011 年 6 月，重庆市文化广播电视局命名石柱县西沱镇为第一批重庆市民间文化艺术之乡。2014 年 6 月 17 日，西沱古镇被中国作家协会少数民族文学委员会和民族文学杂志社联合授予“中国少数民族文学创作基地”称号。

经济强镇

JINGJI QIANGZHEN

中国近代史开篇之地——虎门①

虎门——英雄之门，复兴之门

虎门是中国近代史开篇地、民族复兴之路的起点。虎门潮头涌动，浪拍涛飞，地势险要，历来为兵家必争之地。从明朝开始在虎门驻军设防，至第一次鸦片战争前夕，相继建有十余座炮台，被誉为“金锁铜关”“南海长城”。这里是第一次鸦片战争的重要战场。170 多年前，民族英雄林则徐率领虎门军民销烟御敌，写下了悲壮的中国近代史第一页。三江协副将陈连陛、广东水师提督关天培、广东水师左营游击麦廷章等先后在此英勇献身。这里是抗日战争时期守卫广东边防的前沿阵地。国民革命军将领陈策、东江纵队副司令员王作尧等在这里奋勇抗击日本侵略军，谱写了英雄虎门的光辉篇章。抗日战争期间一次著名的海战就是在虎门爆发。遮天蔽日的硝烟，赤红如血的战火，犹如彭湃不息的潮声，时时在这片英雄沃土的上空回响。

从 20 世纪 40 年代起，虎门相继建立起林则徐纪念馆、鸦片战争博物馆等纪念设施。1996 年后，鸦片战争博物馆先后被列为“全国爱国主义教育基地”“全国爱国主义教育示范基地”，虎门炮台被评为“海外华人最喜爱的广东历史文化景区”。到 2014 年，鸦片战争博物馆等景区每年接待中外游客约 300 万人次。党和国家主要领导人江泽民、胡锦涛等先后到此参观、考察。

① 选自广东省东莞市虎门镇志编纂委员会编:《中国名镇志丛书·虎门镇志》，2016 年出版。

虎门——开放之门，富裕之门

虎门是改革开放先行地。虎门人敢字当头，义行天下，具有较强的开拓精神。早在800多年前，虎门人以自强不息、锲而不舍的愚公精神裁盐改稻，将千顷盐滩改造为鱼米之乡。明正德年间（1506—1521年），葡萄牙人依仗船坚利炮强占香港岛，虎门巡检何儒计据技术资料，仿造佛郎机炮，首举“以夷器制夷”。万历十年（1582年），虎门布衣陈益远赴越南，甘冒杀身之险引入番薯回乡种植，从此传播天南，缓解国人饥馑。第一次鸦片战争后，香港开埠，虎门人较先认识世界，利用滩涂耕种水草，改良传统工艺，引进外洋燃料，遍开草织工场，创造的数十个名优品牌风行欧美及东南亚地区，赢取民族手工业在海外市场独领百年风骚的地位；培植的一批草织大亨名动省港，引领一大批士民参与粤海通商，奠立了虎门工商百业的外贸优势。在1978年中共十一届三中全会召开前三个月，虎门人以敢为人先的胆魄，率先创办中国内地第一家“三来一补”（来料加工、来样加工、来件装配和补偿贸易）企业——太平手袋厂，成为“第一个吃螃蟹的人”从此点燃全国“三来一补”加玨业的燎原星火。

从1978年率先引进外资，到20世纪90年代初大力实施“服装兴镇”，再到当前“珠江口湾区节点城市”建设，基本实现工业化、信息化、城市化、市场化，摘取了全国综合实力千强镇之首等多个桂冠，经济发展成就辉煌，城市面貌沧桑巨变，人民生活幸福安康。170多年过去了，当年英雄的后代，弘扬先辈雄风，把握历史机遇，在改革开放中，参与世界竞争，使虎门旧貌换新颜，经济发展成就令世人瞩目。2014年，全镇国内生产总值超400亿元。虎门镇先后被国家授予“全国财政之星”“中国乡镇之星”等称号。

虎门是珠江三角洲工商业重地。虎门地处沿海，毗邻港澳，工业基础较好。清代，造船、草织、粮食制品等工业在虎门兴起。到1949年，虎门有造船、草织、辗米、锻造、修配、渔具、制鞋、雕刻、缝纫、印刷等20多个工业门类及行业，共有店铺、工场、作坊190多家，从业人员超过2000人。1954年，创办太平（虎门镇中心区，下同）机械厂，主要生产齿轮和机械母机等机械产品，虎们工业的产业水平得到提升。1971年，虎门利用丰厚的水产资源创办罐头厂，生产加工各类食品罐头，投放到国内市场。1976年，虎门在九门寨河边征地2.67公顷开办建材厂，生产的红砖通过口岸销售到香港。中共十一届三中全会后，虎门从引进“三来一补”企业开始，大力发展外向型工业，工业企业数量迅速增加，工业产品种类也不断丰富。其间，虎门社（镇）办企业生产的工艺蜡烛、烟花等被评为“广东省优质产品”。20 世纪 80 年代后期，虎门镇以搞活企业为中心，开展经济体制改革，推行企业承包经营责任制，实行厂长（经理）任期目标责任制，并实行多层次办工业，形成全镇“层层办工业、村村搞引进、处处建厂房”的局面。到 1990 年，虎门镇共吸引港资 4.6 亿港元，建成厂房 70.5 万平方米，办起外向型工业企业 510 家，其中，“三来一补”企业 435 家，合资合作企业 75 家，还有一批与国内部分省市横向联营的企业。1996 年，虎门镇在东莞市率先成立虎门镇资产经营管理有限公司，由其代表镇政府管理镇属集体企业，通过股份合作、集体转民营、赎买经营等多种形式推进集体工业企业经营体制改革。2000 年，虎门的工业涉及 23 个行业大类，形成服装、电子、五金、塑胶、玩具、皮革、家具、建材、彩色印刷、电线电缆十大支柱行业。2005 年，聚变为服装、电子信息、电线电缆三大产业集群。是年，虎门镇被评为“全国首届小城镇综合发展水平 1000 强”第一名。2013 年，虎门镇谋划现代产业布局，提出做强服装服饰、电子信息、商贸流通、文化旅游“四大产业”设想。2014 年，虎门镇被评为“中国中小城市综合实力百强镇”第八名，实现国民生产总值 416.46 亿元，同比增长 7.9%，其中：规模以上工业增加值 142.9 亿元，同比增长 6.8%；规模以上服装产业增加值 50 亿元，同比增长 8.9%；规模以上电子信息产业增加值 20 亿元，同比增长 1.9%；工业企业及工业个体工商户总数 11733 个，主营业务收入 1 亿元以上的企业有 92 家，超过 10 亿元的大型工业企业有 6 家。是年年底，全镇形成了规模庞大的产业集群、配套完善的产业链条、成熟发达的市场体系。

虎门是珠江口进出口贸易重镇。虎门的对外贸易源远流长。由明历清，虎门一带一直是东莞对外贸易最为活跃的地区。明代，广济墟已有居民经广济河道出洋经商。太平在明末已发展成为有 1 万多个入聚居的港口墟镇。清朝初年，虎门出产的谷米、海鲜、咸杂货品等，多于此地转运广东省各地，草织品也开始销往国外。清康熙二十四年（1685 年），清政府在虎门和镇口设立隶属千粤海关的虎门口、镇口口。由此，虎门迅速发展并成为广州海外贸易的重要关口。东莞及周边市面所销“洋货”多由商民、“水客”经此地输入，广州、惠州、东莞的出口商品也多通过虎门关口运往香港转销外洋。其间，东莞特有的咸水草制品出口量不断增加。到同治年间（1862—1874 年），太平发展成为东江沿岸最大的草织埠头。民国初年，虎门较大的出口商行有“和盛”“埠源”“建业”“泰盛”“泰益”等，均先后在东莞沿海各乡墟镇设分号，并在广州、香港开设洋行。除草织品外，虎门还大宗输出谷米、禽蛋、油鸭、膏蟹、红薯、草仔等产品，大量输入火水（煤油）、火柴、食盐、白糖、海味，以及五金、塑料制品等。周边地区的商人也以太平为“洋货”“港货”的采购、运输基地，促使虎门对外贸易更加兴旺。

中华人民共和国成立后，虎门成立太平土产出口支公司，主要经营土特产品的收购与出口，其中较大宗商品水草、草织品、红砖、水泥砂砖、梅菜、竹制品和棺木等销至香港后再转销至东南亚、欧洲、美洲各地。1960 年，外贸部门在虎门建立出口蔬菜种植和加工基地，实施奖励办法鼓励各生产大队扩大蔬菜生产以增加出口货源。1978 年 7 月，广东省批准在虎门设立太平进出口货物装卸点。同年 9 月，虎门引进的中国内地第一家来料加工企业——太平手袋厂投产，开展对外加工贸易。此后，虎门敞开门户，面向国际市场，抓住“三来一补”和“三资”（外商独资、中外合资、中外合作）企业两大重点，积极招商引资，大力发展外向型经济，对外贸易迅速增长。至 2014 年，虎门镇外贸出口总额为 27.3 亿美元，其中“三资”企业出口额 24.3 亿美元，“三来一补”企业出口额 0.2 亿美元。

虎门——梦想之门，时尚之门

虎门是全国服装名城、服装之都。20 世纪 70 年代后期至 80 年代初期，虎门人从香港或深圳沙头角带回一些布料、服装、鞋袜在地摊摆卖，以换些零用钱，一些虎门渔民利用到香港卖海鲜的机会，也带些布料、服装回来出售。虎门“洋货一条街”因此形成，并逐渐发展，乃至远近闻名。这里的香港商品令国人大开眼界，购物者接踵而至。虎门镇政府因势利导，将那些散乱的地摊集中到商场一带和虎门医院附近，各类服装、小商品全部上货架经营，来自全国各地的购物者摩肩接踵，交易活跃。虎门很多服装界老板就是靠练摊起家的。1993 年，虎门镇政府建造的富民商业大厦为虎门第一座大型专业服装商场。该大厦有商铺 1080 间，开业第一年交易额达 10 亿元。接着又陆续建成多家大型服装商场，吸引各地商家进场经营，从此推动了虎门服装产业快速发展。1996 年，举办全国第一个乡镇级的中国（虎门）国际服装交易会。此后每年举办一届，吸引来自国内各省市和港澳台地区，以及美国、俄罗斯、意大利、法国、德国、日本、韩国等国家的客商参展、采购。此后，经过二十多年的快速发展，虎门已成为享誉国内外，以女装、童装、休闲服装为特色的“中国服装服饰名城”。每年一届的中国（虎门）国际服装交易会更是享誉国内外，已发展成为国内服装界最具影响力的服装盛会，为虎门打响了“中国服装第一镇”的品牌。虎门这个服装交易会造就了众多品牌，创造了无数的财富，成为千千万万名服装从业人士的梦想舞台。服装梦、时尚梦、品牌梦、财富梦，这里是让诸多梦想开花结果的沃土，这里是企业飞向下一个更美梦想的加油站。虎门用自己独特的时尚名片，在坚持不懈的努力之下，实现了“时尚虎门”的梦想。到2014年，虎门有服饰生产加工企业2300多家，配套企业1000多家，年产值超300亿元，年销售额超600亿元。2015年，虎门镇被国家质检总局正式认定为“全国服装（休闲服）产业知名品牌创建示范区”。

虎门——人文之门，历史之门

虎门是岭南历史文化名镇，史迹斑炯，人文彪炳。自南宋王知在举“八行科”以后，虎门氏族村落倡教兴学，彰显珠江文明。一代代学人科场折桂脱颖而出，一个个仕宦戴德归宗壮本培根，且不说一村同榜两进士、一家子侄七登魁驰誉粤海，仅明清两代科场胜出者，计有进士23人、举人139人，秀才则累百近千。须知虎门不过区区一粟之地，人文之众竟称胜岭海。而北栅一村，当时人口稀薄，居然有进士6名、举人49名、清代秀才64名。时人曾称“怀德脆杆当火棒，北栅祠堂当下间（厨房）”可谓文化兴盛矣。自明历清，境内凤岗、宁溪、靖康、凤鸣等书院声名远播，民间兴学沿续四百余年，文脉绵延，流长颇远，可见其科名之盛，仕宦之多。进入晚清，西学东渐，虎门又以地理之利、经济之兴，率先与世界沟通，吸纳新知，逐渐成为中西文化交汇的前沿。王屋村人王元深首开华人入粤传教，其子王煜初吸收西学，首创汉义标点推动文化革新，裔孙王宠惠为近代中国法学奠基人、中华民国首任外交部部长；自沙村人杨衢云与孙中山在香港筹建中国最早的资产阶级革命团体——兴中会，并任第一任会长；北面村人刘达潮在香港组织香港海员大罢工、省港大罢工和抗日救亡运动，为中国海员工人运动的革命先驱，曾任中国海员工会全国委员会第一任主席；南栅村人爱国将领蒋光鼎在淞沪指挥第十九路军奋起抗击日本侵略军的猖狂进攻，表现出了“相约以血湔国耻”的英雄气概；卢屋村人慈善家卢礼屏经商省港，首创香港保良局，仁德善业遍布粤港城乡；王屋人著名地质矿床学家王宠佑，在中国建立第一个采用近代方法炼锑的工厂，参与发起组织中国地质学会和中国矿冶工程师学会，并当选为中国地质学会会长；虎门寨村人苏夏、苏聪父子，一个是中华人民共和国高等音乐教育的开拓者、高才迭出誉满学界，另一个是首获奥斯卡最佳电影音乐奖多项桂冠、名列国际最高音乐殿堂的中国精英；虎门人王志东为中国 IT 先驱，创建全球最大中文门户网站——新浪网，成为中国改革开放 30 年风云人物 30 人之一。

虎门的区位环境优越，历史文化深厚，名胜古迹众多，地方人文芸萃，旅游资源丰富。这里有当年铁链拦江的金锁铜关遗址，有两山雄峙、状如卧虎、扼守江门的狮洋虎吼；这里有夕阳斜照、炮台聚列成阵的威远山巍峨高耸，有大溪湖水涟漪微泛、落花浮荡、山深谷幽的奇景；这里有横空出世、托起粤港通衢的飞天长虹，有十里长街广厦崛起的滨海商城。2009 年，虎门镇被广东省住房和城乡建设厅、省文化厅评为“广东省历史文化名镇”；2010 年，被住房和城乡建设部、国家旅游局评为“国家特色景观旅游名镇”；2011 年，被评为“中国最具特色乡村旅游目的地”。

虎门——中国之门，神奇之门

虎门，是一座军事古镇，170 多年前的抗英壮举，让虎门名垂史册；虎门，是一座时尚之都，资讯领先，名牌荟萃，引领时尚新潮；虎门，是一座服装名城，南派服装名扬中外，美丽之路越走越长；虎门，是一座滨海商城，万商云集，商机无限；虎门，是一座充满梦想、创造奇迹之城，众多的名牌、给转型创新、持续发展增添能量。如今，虎门正在成为绿色低碳经济、智慧城市和宜居幸福的滨海国际商城，成为珠江口湾区的重要支点城市。

钱清镇志概述①

钱清名自东汉宋嘉泰《会稽志》记载："《越绝》云，浦阳者，越王句践兵败，众溃于此，故曰浦阳，去山阴五十里。《唐书志》：越州会稽县有府，一曰浦阳。今土人以钱清为古浦阳也。"明王祎在《钱清江浮桥记》中明确记述："后汉刘宠作守，郡中大化，及去，山阴有五六老叟，人赍百钱送宠，宠为人选一大钱受之，寻投诸江。故后人因名江曰钱清，今俗唯称钱清。"

钱清镇起北宋。钱清建镇早在北宋时期，宋《元丰九域志》有"望山阴一十四乡，钱清一镇"之语。又有宋嘉泰《会稽志》称："钱清镇在县西北五十里。"当时山阴县辖一镇十四乡，钱清则为该县唯一之古镇。

钱清为名士之乡。钱清，青山绿水，物华天宝，人才辈出，名宦济济，彪炳春史，乡里增色。前梅周氏、高氏，后梅陆氏，东塘及枢里的王氏，遗风和南钱清的徐氏，仕宦芸芸，不可胜数。府第巍然，显赫无可比；牌坊林立，高耸无可及。据统计，自宋至清，境内进士及第有 65 名，举人、贡生有 320 名，浩瀚如星，叹为观止。

钱清是廉吏之基。钱清的出典，不只是投一钱而清一河而已，实乃为官者洁身自重、一尘不染的清风亮节之写照。前述东汉刘宠有"钱清"之名，尽人皆知。永乐元年（1403 年），南海人岑子原，时在钱清为北坝官，役夫馈酒肉，悉却之。敝衣蔬食，恬如也。为官不在尊卑高下，洁身廉明，当为人颂。钱清前梅周祚，正德十六年（1521 年）进士，仕为东阿令、兵科给事中，转工科，祚还至三河，蒙犯风雪，有以貂裘进

① 选自浙江省绍兴市柯桥区钱清镇志编纂委员会编：《中国名镇志丛书·钱清镇志》，2016 年出版。

者，峻拒之，遂病手足挛痿，后因疾归隐故里。一酒一食，一领一裘，虽为微粒小节，然严拒推辞，一尘不染，为人高洁。境内江墅村有江革者，为会稽郡丞，行府州事。革简居乡村，构屋三楹权作江府别墅，今江墅村名由此而得。后奉诏征拜都官尚书，因身无长物，舟轻不禁钱江风浪，乃取西兴岸边十余石以压重量。为官三载，竟清贫如此。百姓闻之，建“取石亭”旌表其志。

钱清绿水青山。钱清不但文化古韵深厚，而且山水秀美，令古今观者赞叹不绝。宋陆游在他的《钱清夜渡》中吟哦出“月出半天赤，转盼离巨海。清晖流玉宇，草木尽光彩”之句，描绘一幅钱清渡头夜色迷人的美丽景象。绵绵狮林山，淙淙梅溪河，蜿蜒九曲水，茫茫海滩头，古塔斜阳、浮桥渔火、纤道白帆、禅院钟声，构成钱清秀丽的自然风光。“柳城归帆、狮山结翠、环翠夕照、南仓积雪、东堰观鱼、荷香望月、义坊踏雪、马埠荡千、浮桥夜渔、崇福晚钟”是钱清十景。禹会桥畔的清水亭是千百年来不可多得的廉政文化代表，当年乾隆皇帝南巡至此，有感于刘宠的为人，赋诗赞美他的清廉，读来令人肃然起敬。钱清遍地的古寺名刹，也是难得的名胜佳处。巍巍牛峰巅，悠悠仙岩洞，怪石峭壁，凌峻逼人，清泉淙淙，藤蔓拂拂，无怪乎宋代江湖浪人葛庆龙居穴藏身，修炼养生，至死不离。狮林山巅狮林寺，俗称西天竺，岭地平坦，视野开阔，盘山公路蜿蜒可达，殿宇巍峨，佛像辉煌，曾引得游客摩肩接踵、流连忘返。环翠寺、智度律寺历史悠久、规模宏大，金身佛像熠熠生辉，令观者目不暇接。

钱清物阜民勤。境内先民以农耕为主，长期耕作，湖头方的茶叶、顾家荡的茭白、下堡的萝卜、江墅的红菱、陈许的黄瓜、遗风的荸荠和珠墅的芋艿、白菜等，皆属境内的传统特产。

农副业加工历史悠久。钱清的酱业始于明朝，松盛酱园、义昌官酱乳坊开钱清酱缸业的先河，后又有文成、太康等相继开业。酱园以酿制酱油、米醋为主，还兼营酱制产品，如“绍兴醉鱼”“鱼肉香肠”“绍兴醉蟹”“干菜猪肉”等产品，颇具绍兴风味，誉满国内外。

制盐业，无疑是钱清最古老的行业，列境内各业之首。宋朝起，利用海水制盐，一直是境内劳动人民的传统职业。宋崇宁元年（1102 年），置场署于钱清镇，至 1949 年，钱清盐场尚有盐田 39051.5 亩，盐工 8073 人。至 1952 年裁废，历时 850 年，成为全国盐业的主要基地，写下钱清盐场浓墨重彩的历史。

越瓷烧制，境内有九岩青瓷越窑和虎山、庙山的越窑窑址，为西晋时代的古窑址，器物釉面光润，瓷器精美，令人叹绝。可见，早在1700多年前，钱清先民已能通过手工制作精美瓷器。

锡箔业是境内主要的传统手工业，岭江、三西、九岩一带从事锡箔业的人较多，仅这三地开锡箔作坊的就有15家，当时九岩流传“九岩大地方，猪间开作坊”，可见作坊之多。在江墅，常年打锡箔者也有约300人。

纺织业的发展也早于日出万丈绸的华舍。最初也是用木机生产，后改用木制铁龙头织绸机（即洋机）。早在民国初期，渔后、江墅、蜀风、新甸等地就出现一大批洋机师傅。仅渔后、江墅两村，纺织工就达240多名。花边作为一种手工挑编的精致手工艺品，是妇女们手工制作的主要副业。1919年，花边始传入钱清。花边产品图案严谨、精巧结实、素雅大方。

钱清经贸繁荣。钱清现代工业虽起步较晚，然至1979年年底，镇内已有各类企业99家，特别是经过广大经营者努力打拼，至2003年年底，钱清镇成为绍兴市第一个工业产值超百亿元的乡镇。至2014年年底，境内有法人企业3239家，年销售2000万元以上规模企业160家，其中超亿元企业58家，拥有纺织、五金、电力、包装四大支柱产业，特别是纺织产业已形成从化纤、织造、染整到服装家纺的完整产业链。不断涌现出浙江永通染织集团公司、繁盛纺织集团、维艺纺织印染集团、永乐集团、钱清热电集团、古纤道化纤有限公司、兴鑫纺织有限公司、鹏越纺织有限公司、梅盛实业股份有限公司、金威塑料染织有限公司、南洋染织有限公司、飞跃实业公司、八达铜业有限公司、绍兴电视机厂等一批大中型企业。至2014年，纺织业纳税87925万元，五金业纳税5110万元，热电业纳税2566万元，包装业纳税2632万元。

对外贸易领先全省。1998年农业部和对外贸易经济合作部联合表彰1995—1997年度全国乡镇企业出口创汇管理先进单位和出口创汇先进乡镇企业，钱清镇为全国乡镇企业出口创汇14个先进乡镇之一，全国171家出口创汇先进乡镇企业中，境内的浙江永通染织集团有限公司、浙江兰花集团公司和绍兴梅盛布业服装有限公司3家企业入围。是年，钱清镇外贸出口居全国乡镇第36位、浙江省第4位，1995年被列入浙江省百强乡镇的第4位。到2014年年底，外贸出口8.1亿美元。

钱清轻纺原料市场是一个顺应历史潮流而兴起的专业市场，初建于1993年12月，经不断扩建，发展至今已成为亚洲最大的轻纺原料集散中心。市场占地总面积28万平方米，经营面积达28万平方米，经营户1280家。2014年市场成交额496.03亿元。

农运首义之镇钱清，还有一段光荣的革命历史。1921年，徐梅坤、沈玄庐、宣中华、刘大白、徐白民等在萧山、绍兴一带从事农民运动的宣传组织工作，培养一大批农民运动骨干。继9月27日，衙前农民协会成立，《衙前农民协会宣言》《衙前农民协会章程》发布，10月底，在钱清镇清水亭的灵助庙，宣告成立“钱清乡农民协会”。会上，推举单夏兰、沈阿秀、缪文德、王阿纪、王曾昌等7人为议事员。会后即组织农民开展以“‘二五’减租、‘三七’还租”为主要内容的减租减息斗争，曾带领灾民千余人上绍兴县城“跪香”告荒状，在清水亭设立缴租场，迫使地主按新规收租等，活动声势之大前所未有。钱清农民运动是衙前农民运动不可分割的一部分，是中国共产党领导的最早的一次农民运动。

政事潮起 1950年3月，绍兴县在钱清增设区公所，并设立中共区委。自此，中国共产党一直带领钱清人民发展经济，建设家园，福泽百姓。从组织个体手工业者走合作化道路，各类作坊公私合营，成立供销合作社，办起社队企业，到改革开放后，领导人民发扬“历经千辛万苦，说尽千言万语，走遍千山万水，想尽千方百计的‘四千精神’”，发展乡镇企业，增加农民收入；从兴修农田水利，实施清水工程，到开展“五水共治”（即治污水、防洪水、排涝水、保供水、抓节水），致力于环境整治；从走集体化道路，到实施联产承包，发展特色农业，实现农业现代化；从兴学教化，医保救治，到扶贫帮困，构建和谐社会，可谓是政事潮起，一心为民。钱清也终成乐居乐业之名镇。

兴修水利。绍兴水利始于大禹治水，创于春秋越国，成于东汉围筑鉴湖时期，调整完善在明朝建三江闸之时，但大规模改造，进行高标准水利建设却在当代。钱清境内江河湖泊纵横交错，浙东大运河横穿镇域，东小江、西小江头尾相接，是全镇的主排河道，河岸线长达140多千米，水面520多公顷。中华人民共和国成立以来，镇政府组织人员新开河道13千米，包括前梅东江新开河、东畈河、梅东与前梅联系河、新甸高地翁到小车畈入东小江河、南钱清龙山大洋畈新开河和境内10千米长的新杭甬运河。1970年9月，钱清街河进行过一次彻底的、全面的治理。由区革命委员会抽调钱梅、南钱清等公社的部分大队劳动力，开展千人会战，将河床挖深近1米。1981年7月，疏浚修缮境内南钱清卫生院至环翠寺的浙东古运河河塃及塘路1200米。特别是21世纪初，镇政府组织民众投入巨资，开展以“清面、清淤、护岸”为主要内容的清水工程，各村对村内河道也纷纷进行疏浚砌塃到2014年年底，全镇累计砌塃215051米，连山区里枢村的0.5千米溪河也砌筑石塃。

培育企业。政府深谙经济是基础，致力搞活发展企业，乘改革东风，大胆尝试、大力扶持。政策激励，建起市场扶一家带一片，集聚资源，树形象、立精神。钱清企业从1979年的77家，发展到2003年的618家，2014年的3239家；从单一的纺织业发展到20世纪90年代的五金、机械、建筑、化工，多业并举；从单一的织造发展到21世纪初的化纤、印染、家纺、包装，多种经营；从企业单打独斗到联手创市场；产值从几十万元增至上亿元。政府对经济的管理模式从粗放型的村村建企到精细化的园区集聚发展，走科技创新驱动发展，经过35年的培育，钱清企业既有数量的增长，又有品质的提升；既有规模的扩大，又有价值的飞跃。

改造村庄。钱清农房改造始于20世纪70年代末，农村经济逐渐搞活，农民勤劳致富、粮食丰收，建房添舍成常态。至1990年后，每个村里都可见到一排一排的三四层楼房。从20世纪的80年代到90年代的10年间，有不少农户频繁建房，房子越造越好，楼层越建越高。到21世纪初，各村不断拆旧建新，道路改建，路面硬化，村道四通八达，高楼林立，别墅成群，农村城市化、园林化目标逐步实现，新农村形象处处呈现。1992年，钱清、华星、蜀风、凤仪、陈许、江墅、南钱清、前梅等村，被列为绍兴县社会主义新农村建设的重点村。1992年，东畈村依靠区位优势，投入1000余万元，建立村工业小区。1997年，村里按照新农村建设总体规划的要求，拆掉旧房88间，猪舍100多间，露天粪坑180多个，统一建造170间面积12平方米的卫生专用房。2001年，又投入100多万元建成村文化活动中心，一幢幢别墅式民居错落有致，新农村风貌映入眼帘。1998年，绍兴县委〔1998〕111号文颁布全县新农村建设达标村名单，境内31个行政村榜上有名：墅后、丁家畈、腾蛟桥、堰头、凤仪、后东塘、龙山、砖窑、劳动、江南、秦望、湖西、东沙头、湖头方、江墅、陈许、东江、东畈、白马山、岭江、前梅、华星、沙田、虎象、九岩、钱清、上浦西、顾家荡、南钱清、方家桥、西沙头。2001年，全镇总体规划重新进行修编并经县政府评审通过，同时，完成48个行政村的村庄规划编制、评审工作，为规范各村村庄建设提供依据。截至2001年，48个行政村，村际及村内道路硬化32.91万平方米，新增绿化面积6.62万平方米。

整治环境。截至2001年，全镇13716个露天粪坑全部被清理，新建公厕491座，改厕率达100%，同时民居中的改厕工作普及面也逐步扩大，据2002年统计，全镇16329户中，建立卫生厕所的有12388户，占比75.87%。至2014年，全镇户户都建有卫生厕所，文明卫生意识深入人心。

进入21世纪，随着经济的发展，生活水平的提高，生活垃圾数量急速增长，环境保洁任务艰巨，政府采取分村组织打扫、垃圾集中清运、政府全额买单等措施，大幅度增加环卫投入，在陈许村兴建占地面积760平方米的垃圾中转站1座，添置垃圾压缩机2台，环保人员保持在71人左右，同时，加大舆论宣传，倡导生活垃圾袋装化，生活习惯文明化，环境卫生的管理纳入长效治理的轨道，经过几年的坚持，境内环境面貌大为改观。2003年，钱清镇通过市级卫生镇的验收。

2013年，钱清镇所有工业企业废水全部纳入外排管道，加大对小微企业的整治力度，严控污水偷排；完成40家印染企业258台定型机废气静电二级处理改造，严控废气排放；完成清、养、关、停，并拆除污染企业，复耕畜禽养殖场80处70483平方米，严控面源污染；启动实施河道清淤，完成清淤42.5万立方米，严控臭河再生；各村生活污水纳管工程全面启动建设。

并举“八网”。钱清镇致力“八网并进”，城乡统筹发展水平处在柯桥区乃至绍兴市前列。率先建立“镇域公交网”，投入运行12辆公交车，开通5条公交线路，真正实现村村通公交。构建起城乡一体化的“城市供水网”，全镇所有村居完成自来水一户一表改造。建成覆盖面积5.3平方千米、总长62.3千米的“城乡集污网”，基本实现核心区范围内生活污水纳管排放。建起镇村一体化的“社区卫生网”，完成1家二级医院和25个村（居）卫生服务站（室）改造建设，建成柯桥区首个120镇级应急平台。完善镇域“现代教育网”，形成以镇中心幼儿园、中心小学、初中、高中和成教中心为核心的相对完整的教育体系，且镇中心幼儿园、中心小学、初中和成教中心均为省级示范学校。全面改造完成“数字电视网”，实现有线电视联网全覆盖。规划建设“社会视频网”，建设政府视频监控486个，初步构筑起一张集“治安防控、交通管理、数字城管”于一体、覆盖全镇的动态视频监控网。构建“集镇燃气网”，完成建成区7.5千米干管铺设，集镇居民也能和城市居民一样使用管道煤气。

现代的钱清人正沿着前人的足迹，谱写钱清新的历史篇章。

金沙洲上大锦丰[①]

锦丰地处长江之滨，属江苏省苏州市张家港市（县），位于苏州市西北部，张家港市东北部，204 国道、锡通高速公路和在建的沪通铁路穿越境内，地理位置优越，水陆交通便捷。2003 年，由原锦丰、三兴、合兴 3 个镇及原东莱镇的定丰、合丰、交通 3 个村合并组建新的锦丰镇。2015 年年末，锦丰镇区域面积 114.32 平方千米，辖 2 个办事处、23 个村民委员会、9 个社区居民委员会，人口约 18 万人。全年实现地区生产总值 527.1 亿元，完成全口径财政收入 45.94 亿元，其中公共财政预算收入 21.77 亿元，入库税金 47.66 亿元，全社会固定资产投资 149 亿元。

因水而生

锦丰大地曾经处在一片波涛滚滚的江海之中。历经元、明、清数百年的沧桑巨变，江中出现大大小小数十片沙洲，其中包括寿兴沙、青屏沙、东兴沙、关丝沙、横墩沙、盘篮沙等。大自然的鬼斧神工，使这些大小沙洲逐步积涨归并为南沙洲、中沙洲、北沙洲三大片，沙洲之间有段山南夹和段山北夹两条夹江。

从清代中叶到民国初年，勤劳勇敢的锦丰人民在两条夹江上修筑海坝，拦腰截断江流，围垦造田，开始在这片新生的土地上勾画自己的梦想。清代赵翼有诗为记："沙洲涨出海中央，争筑圩田在渺茫。"20 世纪 20 年代后期，时任长江缉私营统领的杨在田建

① 选自江苏省张家港市锦丰镇志编纂委员会编：《中国名镇志丛书·锦丰镇志》，2017 年出版。

造庄园和集镇，杨氏以其表字锦龙中的“锦”字与丰稔的“丰”字相结合，将镇命名为“锦丰镇”。这片神奇的土地先后建有合兴、牛市、三兴、福兴（店岸）、麒麟等10余个集镇，这些锦绣地名道出了人们对美好生活的憧憬。锦丰·沙洲新城这座生态宜居城市的建成，让奋斗几十年的锦丰人梦想成真。

烟波浩渺的长江赋予锦丰人智慧和勇气，也庇护和滋养了这方水土。锦丰镇拥有丰富的长江水产、秀美的生态环境、淳朴的乡风民俗、深厚的沙上文化底蕴。清明时节，春光明媚，滩上苇丛碧绿，江中渔帆点点，这正是长江三鲜——河豚、刀鱼、鲥鱼的上市季节。“扬子江头雪作涛，纤鳞泼泼形如刀”，清代诗人清端用形象化语言描述捕捞刀鱼的喜人景象。长江三鲜等水产是大自然恩赐给人们的美味佳肴。

鱼米之乡

锦丰土地肥沃，宜粮宜棉，水网密布，河流纵横，交错有序，鱼肥蟹壮，是江南北部著名的鱼米之乡。传统作物有棉花、大豆、三麦、油菜、水稻、花生、山芋等。该镇原属粮棉夹种区，后调整为粮食和经济作物区。20世纪90年代中期，农业产业结构作了重大调整，以市场为导向，由农民自主经营，向优质高效现代农业发展，改种蔬菜、药材等经济作物，大力发展畜禽、水产养殖业。1993年，锦丰农民创新的双膜棉种植技术在全市乃至全省进行推广。1995年，锦丰镇获江苏省移栽双膜棉丰产方高产竞赛一等奖。1996年，移栽双膜棉“双高”栽培技术成果获江苏省农业技术推广三等奖。药材、秧草、辣椒、枇杷生产基地等先后建成。2000年3月，张家港新世纪农业技术开发有限公司在久生村开辟新世纪农业科技示范基地，引进日本樱桃番茄“桑丘利”和网纹甜瓜“阿鲁索”等特种瓜果。2006年起，73.33公顷的南港农业连片示范基地成为苏州地区集中连片规模最大、设施标准最高的蔬菜基地，“金南港”牌系列蔬菜形成独特的蔬菜品牌。2008年4月，省长罗志军考察金南港蔬菜基地。2014年，投资1200万元的金南港农业科普园建成并对外开放，建设农机专业合作社被农业部评为全国农机合作示范社。2015年，投资58亿元的“金沙洲”农业生态示范园全面启动，其中香草农场建成开放，3个月就接待游客8万余人次。沙洲新城现代花卉产业园、鸿春锦上添花园（张家港菊文化主题园）等开工建设。锦丰现代农业开始新的飞跃。

沙洲钢城

改革开放30余载，锦丰人用世界的眼光丈量脚下土地，缔造了现代工业文明。境内诞生了亚洲最大的氧化铅生产企业、中国最大的玻璃生产和深加工基地、国内最大的不锈钢薄板生产基地、电炉钢生产基地——江苏沙钢集团。沈文荣世居锦丰庞家桥，从一名普通的炼钢工人成长为卓越企业家，他以非凡胆略将沙钢集团建成全国最大的民营钢铁企业，昂首阔步跨入世界企业500强行列。

2003年，江苏省人民政府批准在锦丰镇设立国内首家省级特色工业园区——江苏扬子江国际冶金工业园。2015年，工业园区已有国内外投资企业2000余家，其中世界500强企业6家。2011年，规划总投资300亿元的张家港玖隆钢铁物流园，以优异的服务功能、优越的投资环境，吸引世界和中国500强企业纷纷入园投资经营。2011—2015年，玖隆钢铁物流园累计入驻企业1300家，完成钢材交易量16225万吨，销售收入6224.8亿元，实现利税总额31.56亿元。锦丰镇产业转型升级取得显著成效。

崇文兴教

锦丰地区为崇文重教之地。清道光年间（1821—1850年）就开办学塾（学馆），后相继开办书院、文会、民众教育馆等。清末，废科举兴学堂。光绪三十二年（1906年），青屏沙与东兴沙两地同时开办初等小学堂，开境内新学之先河。1940年，沙洲旅沪教育界人士陈桂清、陈贯吾等在合兴创办大南中学。学校开办后声名远扬，大江南北的澄（江阴）、虞（常熟）、通（南通）三县子弟纷纷前往就读。1952年改名为沙洲中学。后建成江苏省苏州地区农村重点中学、江苏省重点高中。1961年，合兴中心小学被列为江苏省示范小学。1991年，境内各乡镇均通过九年制义务教育达标验收。2004年起，锦丰镇实施学校体制改革，整合教育资源，推行公平教育，创新政府主导、多元办学举措，倡导企事业单位、社会人士与教育机构联合办学，形成公办、联办、民办学校并立的体制格局。锦秀学校、德美幼儿园建办，南京师范大学附属合兴初中、附属合兴小学正式挂牌，成为探索多元化办学体制的实验基地和成功范例。

沙上文化得到传承。旧时，境内仅在庙会、节日，汇集各种民间文艺，人们借此娱乐。中华人民共和国成立后，群众性文艺活动蓬勃兴起，农村文化生活渐趋活跃多样。

“文化大革命”期间，群众文化生活变得单调枯燥。1980 年后，锦丰兴建影剧院、文化宫等文化设施。王彬彬等锡剧名角和总政歌舞团等著名文艺团体到锦丰献艺。1984 年 7 月，锦丰农乐园正式开放,《人民日报》专门刊文予以肯定。锦丰籍著名书法家陈肯、中国书法家协会会员曹兴福、青年书法家朱永灵、著名金石书画家张耕源等名人书法、美术作品多次在国内外参展并获奖。2012 年，江苏扬子江国际冶金工业园（锦丰镇）出台《精神文明建设“三年行动”计划》，每年安排 500 万元专项资金用于发展群众文化。平均每年用于各项社会事业及文明创建资金 5 亿元。投资 2.2 亿元新建文体中心、休闲广场、公园等。沙上文化展示馆、沙洲县抗日民主政府纪念馆建成开放。图书馆、农家书屋遍及乡村。各村（社区）均建文体团队,“我们的节日”“沙洲新城美 · 网格群英会”等各类文化活动常年开展。沙上文化研究会成立，举办四届沙上文化艺术节,《沙上风俗》《沙上集镇》等系列丛书编纂出版。“十佳道德模范”等评选表彰活动组织开展，好人事迹汇编成《榜样的力量》,《新华日报》《光明日报》等媒体刊用好人事迹 160 余次。76 个志愿服务组织活跃在乡间村里，年均开展文明志愿活动 200 余场。锦丰镇获全国网格化公共文化服务示范点、全国文明镇等称号。

锦丰镇体育、卫生事业得到长足发展。1994 年,“少儿业余乒乓学校”创办，引进乒乓球世界冠军孙晋的启蒙教练殷本新到校担任主教练，培养一大批乒乓学子，获江苏省体育传统项目学校、发展乒乓球运动先进集体等称号。2004 年，锦丰镇承办中国鲁能杯女子乒乓球超级联赛、全国男子篮球俱乐部青年联赛等，先后创建苏州市象棋、乒乓体育文化特色乡镇。2008 年 5 月，国务委员刘延东考察张家港市，饶有兴趣地与乒校学生李璐莹精彩过招，合影留念。该镇先后获江苏省亿万农民健身活动先进集体、全国乡镇体育示范工程先进单位等称号。占地面积 1.52 公顷的锦丰文体中心，是集文化、体育、休闲、健身、娱乐等于一体的多功能活动场所。2010 年，建筑面积 1.5 万平方米的锦丰医院投入使用，拥有核磁共振、快速螺旋 CT 等先进医疗设备，核定床位 160 张，2013 年，建成国家二级医院。

敢为人先

锦丰人民素有很强的创新意识和勇于争先精神。中共十一届三中全会以后，锦丰人的聪明才智进一步得以发挥，各项事业蒸蒸日上，农田水利基本建设，村庄、道路规划等工作进入沙洲县先进行列。植棉、养猪、工业经济和为民办好事等成为全县的一面旗帜，在全省乃至全国都具有较大影响。其中，社会保障体系得到中华人民共和国民政部和江苏省民政厅的充分肯定，被称为“锦丰模式”，在省内外推广。1981年，锦丰民办公园，当时是全国第一家，故有“天下第一农乐园”的美誉。1984年农乐园正式开放不久，著名社会学家费孝通专程到锦丰考察。1985年3月，中共江苏省委书记江渭清参观锦丰农乐园后题词“锦绣人欢，丰阁民乐”。孙起孟到锦丰考察后，欣然提笔“锦丰乡的成就使人们看到真正的社会主义”。从全国社队企业生产出第一块平板玻璃，到全国最大的民营钢铁企业，这一切都是锦丰人勤劳和智慧的结晶。习近平、胡锦涛、温家宝总理、李鹏总理、吴邦国委员长、乔石委员长等党和国家领导人到锦丰考察，这是对锦丰人民的肯定和褒奖。

“一带一路”倡议、长江经济带、长江三角洲区域一体化发展规划等国家重大战略的实施，为锦丰提供新的发展机遇。面对新机遇、新挑战、新常态，锦丰人将继续围绕高端制造集聚区、集中居住样板区、生态建设示范区、新型农村引领区、玖隆钢铁物流区等“五区”建设目标，主动适应经济社会发展新常态，服务沙钢集团，立足自身实际，完善基础设施建设，推进产业转型升级，保持经济稳步增长，以全新的视角、前瞻的思维、创新的手段，全方位推动经济社会发展再上新台阶。

相逢阳澄湖[①]

几百年前，阳澄湖边，一个叫宅里的地方，一个小村落，小溪、石桥、三五古树，数间茅屋，那时候沈周已经烧好了泡茶的水，备好了温酒的壶，端正好了纸笔砚墨，站在自家的屋门口，朝门前的小河张望。

河水轻轻流动，他渐渐地听到了橹声。橹声近了，更近了，他的朋友们来了。

是唐伯虎，是文徵明，或者他们呼朋唤友一大群人一起来了。日复一日，年复一年，隔三岔五，他们就要过来坐坐，好像不过来坐坐，心里就不能踏实，下面的日子就不知道怎么过了。春天，来听雨；秋天，来品蟹。夏天可以来，冬天也可以来。一年四季，每月每日都有他们的话题，都有他们聚会的由头。

这是古代文人的生活，是他们休闲潇洒的日子，也是他们努力耕作的时间。他们在纸上耕作，在随随意意、率率性性的谈吐间就播撒了种子。一幅幅的字画，一篇篇的诗文，就在这个角角落落的小村子里诞生出来了。这时候，沈周知不知道，他们的聚会，他们的文化耕作，将成为航行在未来海洋上的帆船。其实，知道或不知道，都是无所谓的，重要的是，他们创造了，他们写下了历史。

几百年以后的某一天，初春，阳光明媚，微有寒意，在忙碌浮躁的世俗生活中的这一刻，我们忽然间就站到了沈周的墓前，忽然间繁杂的心情就纯净起来，恍惚间就像遇见了沈周，走进了当年在宅里村的聚会，这是一次历史的相逢，是一个意外的惊动。他们的气息，历经数百年风雨的洗刷，仍然感染着我们，仍然振奋着我们。

---

① 选自江苏省苏州市相城区阳澄湖镇志编纂委员会编：《中国名镇志丛书·阳澄湖镇志》，2017 年出版。

此时此刻，站在沈周的墓前，我们在心里默默地感谢他，感谢他和他的朋友们，为我们留下了这么多无价之宝，给我们提供了如此丰厚的文化遗产，更是让生活在今天的文人们，不感到寂寞和孤独，在富饶的光怪陆离的物质世界里，不觉得文人生涯的贫穷和单调。这是因为许许多多的沈周们，极大地丰富了我们的精神世界。正如明代吴宽给沈周诗稿写序时说："盖隐者忘情于市朝之上，甘心于山林之下，日以耕钓为生，琴书为乐，陶然以醉，倏然以游，不知冠冕为何制，钟鼎为何物，且有浮云富贵之意，又何穷云？"

另一位明代诗人高启诗曰："东津渡头初月辉，南陵寺里远钟微。主人入夜门未掩，蒲响满塘鸭未归。"沈周和沈周的家乡湘城镇，就这样在诗中、在画中流传了下来。

镇子还是从前的模样，以济民塘河为中轴线，河岸两边就展开了湘城镇百姓千百年来的日常生活。和周庄，和同里，和许许多多的江南古镇老街，几乎是一个模子里刻出来的。据说湘城镇这条老街的模式最早形成于春秋战国时代，这个说法我没有去考证，也不想去深究。走在这条老镇的小街上，我第一感觉，它就是尚藏闺中的周庄和同里，它是一块未经开发和调理的处女地。许许多多的古镇老街，它们曾经是那么相像，河为中心，沿河而筑。但是现在它们渐渐地离得远了，它们不太相像了。湘城镇的老街上有许多错落无致并且老化了的电线，有许多斑驳的老墙和透风漏雨的窗口，比起旅游热线的周庄和同里，湘城镇的这条老街，少了一点规整，少了一些人气，也没有大红灯笼和旅游团队，几乎还完全停留在那个朴素而单调的年代。唯一一幢稍有规模的房子，是建于 20 世纪 70 年代的一家饭店，也是当地人永远不会忘记的镇上曾经在几十年里唯一拥有的饭店。水泥的墙面、老式的结构，为我们保留了一份朴素的感情，给我们留下了一段亲切的记忆。

离得远一点，相差大一点，看起来它似乎没有踩在时代的节奏和步伐上，但却带来了另一种效果：它走着自己的路，它有着自己的节奏。

也许，过不多久，它也会改变，也会有导游挥着小旗，带着远乡的游人来了。我只是希望，能够让他们走一条和周庄和同里不一样的老街。从一样中找出自己的不一样，从相像中发现自己的不相像，保持住自己的东西，保留住应该保留的东西。这样，如果有朝一日，沈周回来了，沈周就不会因为找不到自己的家乡而苦恼，沈周会高兴地说，从前我就是住在这里的呀。

虽然现在宅里村改名为沈周村，虽然现在湘城镇改名为阳澄湖镇，但是一切的变也许都是为了一个不变，这个不变，就是对历史负责，这是一种自信，这是一种以不变应万变的风度。

走出老街，就到了水码头，莲花岛的村主任正在小艇上等着我们，他笑眯眯地跟我说，我知道你写过我们莲花岛，那篇文章叫《擦肩而过莲花岛》。想不到两年前的一篇小文章，他还能记得清楚。莲花岛确实是我向往已久却一直未能去到的地方，有几次打算去了，甚至已经在路途上了，却又因其他事情打岔没去成。一次一次与莲花岛擦肩而过，莲花岛对我的诱惑也越来越大。记得那篇文章是在春夏之间写的，所以我在文中写道："我想，到今年的秋天，我的这个愿望应该实现了吧。"无数次想象着，秋风渐起天高气爽的那一天，和三五好友或和远方的客人去阳澄湖上的莲花岛品尝阳澄湖大闸蟹。但是那一年的秋天我还是没有去成莲花岛，也许我与莲花岛的缘分还未到吧。但是我相信，我和莲花岛是有缘的，不必费心安排，也不用刻意组织。有缘就一定能够相逢。

果然，相逢的日子就这么不知不觉地来了。

莲花岛比我想象中更繁忙一些。这是一个不繁忙的季节，但家家户户都在做着养蟹养虾的准备工作，蟹笼虾笼铺得满地都是。小艇安静而有序地停泊在河道里。到了金秋蟹肥时，它们就不再安分了，它们腾空飞跃破浪前行，到岸边，把客人接回来，安顿在自己家里，让他们饱尝螃蟹的美味，吃一顿农家餐，来一回农家乐，让他们的心情，让他们的思绪，回一趟童年。沈周写过一首《渔庄村店图》："渔庄蟹舍一丛丛，湖上成村似画中。互渚断沙桥自贯，轻鸥远水地俱空。船迷杨柳人衣绿，灯隔蒹葭火影红。全与我家风致合，草堂亦有此遇翁。"这就是莲花岛的从前和现在，这既是诗与画的莲花岛，又是现实生活的莲花岛。

初春的这一天，我们只在沈周的家乡湘城镇逗留了半天，离开的时候，大家都意犹未尽，这是一个值得来了再来的地方。

我们还会再来的。

泽国镇志概述 ①

泽国境域自古“盖众流汇聚，如财之归库”，故旧时称泽库。泽国历史悠久，早在新石器时代就已有人类生息繁衍。自夏、商、周以下至设立太平县前，泽国分属越、楚地，先后属闽中郡、会稽郡回浦县、章安县、临海县、黄岩县。明成化五年（1469年），设太平县，境地属太平县繁昌乡、方岩乡。清乾隆二十八年（1763年），境地仍属繁昌、方岩两乡。1914年，太平县改名温岭县，始建泽国镇。1949年7月建立泽国镇人民委员会，属泽国区。1992年3月升格为区级镇。2001年10月，牧屿、联树两镇并入泽国镇，镇域面积扩大到63.12平方千米。泽国镇地处温岭市北部，地理坐标北纬28° 31′，东经121° 22′。东连新河镇，南接城北街道、横峰街道，西邻大溪镇，北界路桥区峰江街道和螺洋街道。

泽国镇地处甬台温经济区“台州金三角”腹地，是温岭对外水陆交通的枢纽，104国道跨越境内，路泽太一级公路贯穿南北，76省道泽坎线以此为起点，月河穿境而过。1997年实现村村通公路，境内道路四通八达，交通条件优越。镇人民政府距温岭市区18千米、温岭火车站5千米、沈海高速公路大溪出口13千米、台州路桥机场9千米、大麦屿深水良港64千米。2014年，境内户籍人口128502人，其中外出经商、办企业者有20057人；外来务工人口有117105人；工业总产值365亿元，财政总收入11.61亿元。

① 选自浙江省温岭市泽国镇志编纂委员会编：《中国名镇志丛书·泽国镇志》，2017年出版。

一

广厦层楼气象雄，城乡一体显宏崇。泽国集镇建设始于宋代，郑氏沿中河北岸东西向建街，至清代分上、下街，以十字街为中心，经马桥南连丁字街、前街。城区面积0.22平方千米。中华人民共和国成立初期，温岭县中粮公司等单位在后姜河两岸一带建仓库35处，占地面积15公顷。1975年，在月河西岸至杭温路，兴建一条长300米、宽18米的商业大街，与老街相连，城区面貌有所改观。改革开放后，城镇建设日新月异。“七纵五横”的城市道路框架基本建成，小城市格局初显雏形；30多幢20层以上标志性建筑拔地而起，成为一大亮点；陆续开发的景观花苑、凤凰城等宜居小区风格各异，环境优美。2014年，建成区面积达13.9平方千米。街道纵横，井然有序，功能齐全，设施完善，城市面貌发生翻天覆地的变化。

20世纪80年代，农村开始进行示范村建设，90年代开展城乡一体化建设，进入21世纪，实施农村现代化建设。经过旧村改造和环境综合整治，农村普遍实现绿化、美化、硬化、净化、亮化，人民的居住环境和住房条件得到根本改变。1997年，泽国镇达到浙江省制定的社会主义新农村标准，跨入小康行列。2014年，农民人均纯收入26471元；农村人均住房面积从中华人民共和国成立初期的9平方米扩大到53平方米。全镇汽车保有总量28953辆。数字电视、固定电话、移动电话、宽带网络全面普及。网络交易迅猛发展，2014年荣获中国“淘宝镇”称号。全镇医疗机构共69家，形成较为齐全的卫生网络，新型农村合作医疗实现全覆盖。1998年被评为浙江省卫生镇。2007年获浙江省首批“全国亿万农民健康教育示范镇”称号。群众性的文化艺术活动丰富多彩，2003年被评为浙江省“东海文化明珠镇”。全民体育活动十分活跃，2006年被授予“全国亿万农民健身活动先进镇”“浙江省体育强镇”称号。

二

昔年维新铸鼎处，今朝亿万工贸城。泽国传统工业比较发达，在宋代冶炼业已盛行。宋时进士郑瀛把冶炼列为“郑庄八景”之一，并赋诗《南野暮熔》。宋时夹屿酒坊是全县7家酒坊之一。元至正十二年（1352年），丹崖郑思成铸造的开云禅寺铜钟，造型美观，声音洪亮。明天启三年（1623年），陈维新以铸钟鼎而扬名，所铸的铁炉重三五百斤，光莹可鉴，款刻分明。清康熙年间（1662—1722年），泽国镇以冶铸镬、釜、犁、耙闻名，有“取生取乐，泽国铸镬”的民谚。清咸丰年间（1851—1861年），阮万昌酱酒作坊经营规模居台州府第二位。1916年，泽国丹崖织布厂使用改良织布机，能织30余种花样的布匹。1923年，泽国三万碾米厂兴办机械动力碾米，次年兼营发电，为温岭县内发电之始。

中华人民共和国成立后，泽国传统工业得到传承和发展，至20世纪70年代，境内有7家国营企业、3家县属大集体企业、25家县属小集体企业、135家社队企业，初步形成了冶炼、家具、食品、酿造、草编、五金机械等工业行业。泽国工业虽有较长的历史和较好的基础，但始终在传统工业的格局中徘徊，真正实现突破性的发展是在改革开放之后。1983年1月15日，牧南大队陈华根等4位农民率先摘掉挂靠集体的“红帽子”，经工商部门审核批准，创办了全国第一家股份合作制企业——温岭县牧屿牧南工艺美术厂。从此，各种类型的民营企业如雨后春笋般蓬勃发展，充满了生机活力。1988年，全镇工业总产值9916万元。1992年，乡镇工业实现产值2.29亿元，比1988年增长130.94%。镇党委、镇政府引导和鼓励企业走发展与提高并重之路，调整产业结构，使工业由粗放型向集约型、资源型、质量型转变。2014年，全镇共有2000万元以上规模工业企业197家，其中上市公司1家，年产值超亿元企业33家。有中国驰名商标2件、国家汽车零部件出口基地企业1家、国家鞋业出口基地企业5家、国家级火炬项目6个；浙江省著名商标20件、浙江省名牌产品21个、浙江省出口名牌产品12个。泽国已初步构成以企业集团为主导，工业区为基地，科技创新为动力，现代化管理为载体，大量中小企业参与分工协作的经济格局。全镇股份制、私营、个体、“三资”企业呈现出百舸争流、千帆竞发的良好发展态势。形成了空压机、汽摩配件、注塑鞋业、新型建材、机械电器五大支柱行业。泽国镇先后被命名为“中国小型空压机之乡”“中国铝塑复合建筑材料之乡”“中国民族鞋业之乡”。

三

三秋泽国鲈鱼美，十里林塘橘柚香。泽国是温黄平原水稻高产区，素以盛产稻谷著称。中华人民共和国成立前，虽然自然条件优越，但由于耕作技术落后，农业发展缓慢。中华人民共和国成立后，农业稳步发展，1955年粮食亩产达到403.7公斤，获省人民委员会奖励，并作为中共中央制定的《全国农业发展纲要》中江南粮食亩产指标400公斤的依据之一。1956年，浙东南地区第一个拖拉机站在泽国建立，开创了农业机械化的先河。1978年5月成立光明农业机械服务公司，为水稻全程机械化服务和农业技术推广应用做了大量工作，多次被评为全国农机推广和管理先进单位。1982年，全面实行农业生产家庭联产承包责任制，极大地调动了农民的生产积极性。是年，全镇粮食生产创历史新高，总产量达到47407吨，平均亩产853公斤。20世纪90年代，开始建设标准化农田和农业示范园区，调整农业产业结构，建立土地流转机制，发展生态高效农业。2004年，洋肚、陈家里、章袁、横泾等村的超级杂交水稻示范方，被农业部、省农业厅列为超高产攻关项目。联树果蔗合作社生产基地被省农业厅认定为绿色农产品生产基地。“温联”牌果蔗享誉省内外，畅销全国10多个大中城市，多次在省农业博览会上获得金奖。果蔗产业已成为境内种植业特色产业之一，是农民增收、创收的主要渠道。2007年，泽国镇被评为浙江省农业特色优势产业强镇。2014年，粮食单产每亩519公斤，总产16748吨；种植果蔗1.01万亩，创产值4100万元；柑橘、杨梅、枇杷、葡萄等水果种植面积6195亩，总产10678吨。

四

泽水回环六七里，中流拥出一廛市。泽国集市贸易始于五代，形成于宋，其间陆续建成夹屿街、牧屿街、联树街。元、明、清时，泽国集市渐具规模，交易品种不断增多。民国期间，已成为温岭县内集市商业最繁盛的集镇。逢农历四、九集市日，上百只市船停泊街口河岸装卸货物，赶集民众数以万计，商品交易异常活跃。20世纪50年代开始，温岭五大主要商业公司聚集泽国，经营批发兼零售业务，至20世纪70年代末拥有国营商业企业21家、集体商业企业61家。改革开放以后，商业已成为泽国的主要经济支柱。20世纪90年代，个体商业迅速崛起，街道两侧商店林立，各主要街道逐步形成家电、服装、家具、摩托车、装饰材料等特色商业街。2014年，全镇拥有商贸服务业10343家，实现销售收入125.66亿元；商品交易市场49个，年总成交额57.47亿元，其中年交易额超亿元的有鞋革商城、五金城、机床电器交易中心、水产品批发市场等14个市场，是温岭市内的商贸重镇、市场大镇。

泽国的商品不仅销往全国各地，而且打入国际市场。1956年夏，泽国粮油加工厂加工大米销往苏联，是境内最早的出口创汇产品。2000年3月，台州宝丰鞋业有限公司、台州技艺鞋业有限公司率先在尼日利亚和俄罗斯创办境外贸易公司。2014年，全镇有自营出口权企业182家，产品销往阿拉伯联合酋长国、俄罗斯、美国、日本、德国、南非等100多个国家和地区，出口额达9.66亿美元。

五

忠厚传家久，诗书继世长。泽国教育源远流长，素有“教育之乡”美誉。据史料记载，宋代有云阳、圣泉书院，明代有丹崖山房，清代有骊山、丹崖、月湖等书院。1942年，浙江省立台州农业职业学校从仙居迁入丹崖山。1945年创办私立逢儒中学。中华人民共和国成立后，教育事业蒸蒸日上。1952年开办台州财政学校。1956年始设温岭县速成师范学校。1958年秋季，泽国中学设立高中部。1995年实现九年制义务教育。2014年，总投入2.55亿元建造校舍，配备现代化教学设施，办学条件得到明显改善。教育正向现代化不断迈进，已成为浙江省教育强镇。

水乡代有人才出，各领风骚传千年。自唐末至清，有进士23名。元代易学家盛象翁，是元代县内首批入乡贤祠的6名乡贤之一。明代方志学家叶良佩，从事著述30多年,《海峰堂稿》《周易义丛》等书为世人所称颂，其总纂的《嘉靖太平县志》是温岭现存最早的县志。清代音韵学家戚学标，被称为“台州一代宗师”。历代还有不少在政治、学术、文学、艺术、体育等方面颇有建树的人物。当代泽国籍乡友中有省、厅级以上干部15人，县处级干部58人，高级知识分子260人。

改革开放后，泽国人民解放思想，顽强拼搏，坚持走“工贸强镇、民资建镇、科教兴镇、依法治镇”之路，经过30多个春秋，把一个古老集镇建设成工贸强镇。2004年，在浙江省综合经济实力百强镇中排名第38位，在全国综合实力千强镇中排名第182位。2014年，在全国综合实力百强镇中排名第96位。先后被列为住房城乡建设部全国小城镇建设试点镇、浙江省小城镇综合改革试点镇、浙江省中心镇、浙江省村镇建设示范镇、浙江省首批小城市培育试点镇，获“浙江省文明镇”称号。今日之泽国，生机盎然，欣欣向荣，是温黄平原上的一颗璀璨明珠。2015年，全国综合实力百强镇中排名第59位。

吴韵源流长，湖滨新天堂①

唯亭为苏州工业园区北部城市副中心和生态门户区，位于苏州市中心城区规划范围东北部，行政区域面积 95 平方千米，其中含阳澄湖水面 36 平方千米，户籍人口 7.94 万人。全国政协原副主席，著名教育家、数学家苏步青院士早在 1988 年就为唯亭题词："吴县唯亭傍太湖，地灵人杰甲姑苏。如今经济更开发，好作中华掌上珠。"题词在充分赞扬快速发展的唯亭经济的同时，还对这块具有悠久历史和灿烂文化的土地和这块土地上的人们给予了高度评价。

唯亭，为苏州历史最悠久的古镇之一。据唐《吴地记》和宋《吴郡志》记载，吴王阖闾十年（前 505 年），"东夷寇吴，吴王结亭于此，以御东夷"，故名"夷亭"。又因当地方言"夷"和"唯"相近而得"唯亭"之名。

唯亭，"江南史前文化标尺"

唯亭有距今 6000 多年的新石器时代遗址——草鞋山文化遗址，有重建的在历史上与寒山寺、灵岩寺、保圣寺齐名的著名古刹重元寺，有北宋至和二年（1055 年）为纪念至和塘（娄江）开掘成功勒石纪事而建、清道光十五年（1835 年）重建的乙未亭，还有石桥夜月、古寺乔柯、元泾听潮、渔沼荷风、金沙落照、曲水环山、阳城渔艇、青丘野眺等"唯亭八景"等。真可谓胜迹源远流长，文化积淀深厚，历来风土清嘉，人文

① 选自江苏省苏州工业园区唯亭街道志编纂委员会编：《中国名镇志丛书·唯亭街道志》，2020 年出版。

荟萃。其中，位于阳澄湖南岸现唯亭东区的国家级文物保护单位——草鞋山文化遗址最为世人瞩目。该遗址于 1956 年文物普查中被江苏省文物管理委员会发现，随后分别于 1972 年和 1973 年进行了两次发掘。考古学家们发现该遗址的文化堆积层最厚处达 11 米，地层有 10 个之多，从其叠压关系可清晰地看出其所经历的马家浜文化（第 10、9、8 层）、崧泽文化（第 7、6、5 层）、良渚文化（第 4、3、2 层）和春秋时代的吴越文化（第 1 层）等不同的文化发展期，以及从这些文化层中所透视出的历史文化信息。

在草鞋山这一历史文化遗址的地层中，专家们发现了马家浜文化时期的木构建筑遗迹、炭化粳籼稻谷、炭化纺织品残片和从各个不同文化层中出土的大量制作精美的玉器及陶器……这些深藏地下的文物，为人们展示出了 6000 多年前先民们在唯亭这片古老的土地上所创造出的灿烂文化，及为我国丰富多彩的远古文化的发展所做出的杰出贡献。

草鞋山文化遗址作为太湖流域一处具有代表性的新石器时代遗址的完好保存，无疑为人们研究长江中下游太湖流域的古文化、为中国东南考古学的分期断代提供了重要的标尺和依据，是历史赋予的一笔宝贵财富。同时，它又以丰厚的历史遗存告诉人们：这一历史遗址，就是埋藏在唯亭这片古老土地下的远古苏州的历史长卷，而唯亭，就是中国远古文明的一个重要发祥地。

唯亭，经济发展的新高地

草鞋山文化遗址，为人们展示和勾勒了那一个个历史时期生活在唯亭这片古老土地上的先民独特的物质与精神文化生活。唯亭的先民们依靠自己的智慧和力量开创了那些时代“经济”与“文明”发展的先河，唯亭的当代人更是开创了时代经济发展的新天地，使当今的唯亭登临时代经济发展的新高地。

1978 年以前，唯亭，包括合并前的跨塘，主要以农业经济为主。1978 年以后，联产承包责任制的实施，农村剩余劳动力的转移和乡镇企业的迅速崛起，为沉寂了数千年的这片土地注入工业化的气息。镇域经济结构也因此开始发生变化。

1994 年 4 月，唯亭、跨塘两镇同时划归苏州工业园区（以下简称园区），为两镇经济发展提供了新机遇。按照园区确定的区域发展定位和建设规划，两镇主动接受园区首期开发区的辐射，在镇域内开始实施分区开发，将乡镇企业向镇域内工业区集中，并对规模小、档次低、效益差的“小微亏”企业实行“关停并转”，引领企业向规模化、集约化方向发展，企业产品向技术含量高、市场前景好、附加值高的方向发展。区域产业的布局和经济结构均得到了较大跨度调整，经济效益得到新的提升。1995 年 10 月，跨塘成功进入“江苏省农村综合实力百强乡镇”行列。

2005 年，唯亭、跨塘两镇合并组建新唯亭镇，唯亭经济步入崭新发展期。凭借草鞋山文化遗址的文化积淀，凭借阳澄湖、青剑湖“双湖”优美的环境和丰富的自然资源，凭借唯亭不断优化的独特区位交通优势与中新合作项目的辐射带动，唯亭通过择商选资，吸引国内外各类优秀企业纷纷落户，尤其是一批带动性强、成长性好，在业内具有“第一性、唯一性”的企业的落户，有效带动了相关企业在唯亭的高度集聚及快速发展，唯亭经济迅速显现出规模型、外向型、科技型、创新型、服务型的鲜明特色，一大批企业、产品优势凸显，相继进入国际、国内先进行列。是年，唯亭实现地区生产总值 75.5 亿元，增长 35%，完成地方一般预算收入 5 亿元，增长 58.7%，跃居苏州市乡镇第六位，增幅位居全市 20 个重点乡镇第一。2007 年，唯亭实现地区生产总值 135 亿元，比 2006 年增长 31%，完成地方一般预算收入 10 亿元，比 2006 年增长 57%，位居苏州市乡镇第六位，荣获“苏州市财政收入上新台阶先进乡镇”称号。全镇新增注册外资及港澳台资 9.58 亿美元，实际利用外资及港澳台资 3 亿美元，两项指标均位居苏州市乡镇第二，获“苏州市利用外资先进单位”称号。之后，唯亭继续保持每年 35% 的增幅持续快速发展。至 2010 年，全镇实现地区生产总值 265 亿元，增长 18%，实现地方一般预算收入 16.6 亿元，增长 21%，位居苏州乡镇第五位。注册外资及港澳台资 6.7 亿美元，实际利用外资及港澳台资 3.2 亿美元，外向型经济保持全市乡镇第二名。全镇经济指标位列“全国千强镇”第 31 位和“江苏省百强镇”前 10 强。

2012 年撤镇建街道后，唯亭围绕城市化、现代化建设目标，以项目建设为抓手，以发展创新经济和服务经济为主攻方向，加快现代产业体系的构建。2013 年全年实现公共预算收入 15.2 亿元，比上年增长 16.6%，列园区街道第一。进出口总额 36 亿美元。禾盛新材料、春兴精工、江南嘉捷等一批先进企业相继成功上市。是年，唯亭还完成固定资产投资 77 亿元，进一步加快了区域一体化发展步伐，在全面提升区域城市化、现代化水平的同时，为区域经济的提升创设了新的发展环境。

2015 年年底，唯亭实现公共财政预算收入 16.69 亿元，规模以上工业总产值 385.02 亿元，固定资产投资 51.16 亿元，工业固定资产投资 11.47 亿元，限额以上零售额 13.99 亿元。在实现经济持续、稳定、健康发展的基础上，创新区域综合管理，优化各项社会服务，区域经济又步入了一条以服务创新管理，以创新管理推进区域创新发展的城市化、现代化的经济社会发展跃变新路。域内产业已形成以电子信息、精密机械、生态环保、新能源、新材料等集聚配套，商贸商务、科技服务、创投管理、金融软件等服务业快速发展，先进制造业与现代高端服务业互为作用、并驾齐驱的创新型、服务型产业结构，并彰显出外向型经济、上市经济和民营经济共同发展的区域经济特色。

唯亭，环境优美的宜居地

唯亭、跨塘怀抱青剑湖，坐拥 3.3 万米阳澄湖湖岸，自然风光秀丽。1994 年，两镇划归苏州工业园区时，区域内除了两个集镇外，均为田野和村庄。是年，跨塘因行政区和大部分设施都位于娄江之南被划入苏州工业园区中新合作区需动迁而暂停建设。唯亭因原集镇分布于娄江两岸，商业和公共设施集中在娄江北岸与 312 国道之间，发展受到限制，正实施在 312 国道北侧发展新集镇的规划。跨塘划归园区后，娄江以南土地全部划入中新合作区。镇政府按照园区新的发展定位和建设规划，加快了新集镇建设，先后建成镇区道路、学校、银行、商业大厦、居民住宅和大型集贸市场等基础设施。至 1996 年，新集镇初步形成规模。1999 年年底，唯亭集镇建成区范围扩大，东到司马泾河，西到仁寿河，南到娄江，北到金陵路，总面积达 65 万平方米。是年，唯亭新集镇建筑面积 1.8 万平方米的商业街建成。金陵花园、东亭家园商品住宅开始建设。跨塘则从 1998 年起，在沪宁铁路与沪宁高速公路之间建设新集镇。新集镇首期规划面积 200 万平方米，其中工业用地 100 万平方米，公建、商住用地 100 万平方米。由东西两个相对独立用地组成，东部为工业用地，西部为居住用地。镇行政管理机构设在中部。跨塘从 2000 年起，加快了新集镇道路、供水、供气等基础设施的建设，并于 2002 年年底初现规模，建成区范围北至沪宁高速，南至沪宁铁路，西至跨阳公路，东至星湖街。2003 年，先后建成派出所、商业街、市民广场、第二中心小学等基础设施。2004 年，跨塘先后建成锦丰 · 泰盛生活广场、新跨塘医院、敬老院等，并对葑亭路、渔泾路、蠡塘路、高浜老街全面实施绿化、亮化工程。

2005 年，唯亭、跨塘两镇合并，跨塘成为新组建的唯亭镇的行政中心所在地。唯亭集镇则成为唯亭镇东区中心集镇。是年，辖区完成动迁民房 1698 户，开工建设动迁房50万平方米，竣工55万平方米，回迁近3000户。2007年，唯亭主动呼应阳澄半岛与中新生态科技城的新一轮开发，明确了以青剑湖环湖开发为中心、以东西集镇改造提升为两翼的“两头重锤、中间开花”的城建思路，并重点加强了对“北部行政商贸区”“唯亭东片老镇区”“城际站商务区”和“阳澄湖沿线生态带”四大城市功能区基础设施的建设和城市功能的提升。是年，全镇完成全社会固定资产投资37.6亿元，比2006年增长28%。新开工各类工程超过185万平方米，竣工123万平方米，同时动迁民房2921户。2008年，唯亭加大投入，全年完成全社会固定资产投资50亿元，比上年增长33%。其中，用于基础设施、动迁安置和新农村建设等项目的投资达21亿元，占42%；工业投资15亿元，占30%；社会房产及服务业投资14亿元，占28%。全年完成民房动迁2247户。2009年，唯亭被市委、市政府列为全市“城乡一体化综合配套改革试点先导区”之一，进一步加快“城市化、现代化、一体化”建设步伐。年内，完成全社会固定资产投资51亿元，动迁民房591户。2010年，完成全社会固定资产投资56亿元，在建动迁房达到160万平方米，开工富民载体超过20万平方米，实施沪宁城际站沿线等环境综合整治面积超过10万平方米。全镇先后累计撤并自然村230个，建设动迁安置房530万平方米，2.1万户农户共6万人随着征地动迁全部转变为城市居民。同时，建立社区居民委员会，全面实现了农村形态管理体制向城市社区管理体制的成功转型，并实现了社区公共服务中心的全覆盖。唯亭农村城市化步入一个新的发展阶段。2011—2013年，唯亭又先后完成全社会固定资产投入66亿元、75.8亿元和77亿元，按照城市化、现代化、一体化建设标准，进一步完善对辖区产业、教育、卫生、商业、文化等社会资源的优化整合和合理布局，从而确保了区域用地、就业、商业基础设施及生活各方面的全面平衡，使整个辖区面貌发生了巨大而深刻的变化。

如今，整个区域内全面实现“九通一平”基础设施建设标准。完善各类城市配套设施建设的同时，域内生态建设全面推进，宽度逾100米的高速公路沿线绿化带成为江苏省高速公路绿化示范带；建于阳澄湖沿岸的集生态湿地、防洪防汛、环境保护、休闲健身等多重功能于一体的苏州市首个大型市民体育公园已成为苏州市防护林和阳澄湖沿岸生态带建设的亮点示范工程。同时，建设公园、广场和休闲游园13个，对辖区道路、河道、住宅区、单位与公园进行了全方位的绿化、美化。辖区绿化面积达959万平方米，绿化覆盖率达56%，动迁社区绿化覆盖率达50%，人均占有公共绿地面积达14平方米。昔日的村落已变成小区，昔日的农村已变成道路通畅、高楼林立、别墅成片、游园遍布、河道清澈、绿树成荫、繁花似锦，劳动就业、生活等各类服务保障设施完善的美丽、时尚的宜居新城，昔日平淡的农家生活已变成了丰富多彩的都市生活。一个“规划先行，适度超前，有序推进”，有品位、有个性、有优势的城镇民生一体化、居民收入一体化、文明水平一体化的现代化生态湖滨新城已经形成。

如今的唯亭，已是名副其实的经济、文化强镇，勤劳智慧的唯亭人民为她戴上了一个个桂冠:“全国环境优美乡镇”“国家卫生镇”“江苏省园林小城镇”“江苏省体育强镇”“江苏省公共文化服务体系示范区”“江苏省和谐社区建设街道”“苏州市文化示范镇”“苏州市特色文化之乡”……唯亭宛如一颗璀璨的明珠，闪耀在中华人民共和国美丽、富饶的土地上，并成为域外众多人们向往和竞相投资的一片热土。

特色镇

TESE ZHEN

两京锁钥无双地　跨越发展新龙头①

一

第一关镇历史悠久。早在新石器时代，就有人类在此繁衍生息。在区域划分上，此地商代属孤竹国，周代属燕国，秦汉时期属辽西郡。魏晋至隋，先后建有少数民族政权。唐代属临渝县，辽、金时期隶属迁州迁民县，元代属迁民镇。明洪武十四年（1381年），筑城建关设卫，因其依山濒海，得名山海关。清乾隆二年（1737年），撤卫置临榆县，为县治所在地。1948年，隶属河北省秦榆市山海关办事处。1949年4月21日，隶属辽西省山海关市，今第一关镇域属肖庄、马头庄、回马寨等联村范围。1952年11月，划归河北省。1953年3月，山海关撤市建区后，隶属秦皇岛市山海关区，今第一关镇域属马头庄乡、前棉花庄乡。1958年，山海区农村撤乡，今第一关镇域属城关人民公社。1962年4月，城关人民公社分为第一关人民公社和马头庄人民公社。1984年3月，农村人民公社改为乡建制。1996年1月，第一关乡、马头庄乡合并建立第一关镇，辖24个行政村。

山聚仙乃奇、海藏龙而神、关踞险为雄，山海关三者合一，可谓巧夺天工。第一关镇作为军事要塞，北靠燕山，峰峦叠嶂，峡谷纵横；南临渤海，烟波浩渺。山与海之间，7.5千米长城纵贯南北，关城紧扼隘口。以关城为中心，以长城为主线，从老龙头

① 选自河北省秦皇岛山海关区第一关镇志编纂委员会编：《中国名镇志丛书·第一关镇志》，2016年出版。

至角山的关隘、卫城、敌台、烽火台、战台，形式不同，用途各异，主次分明，点线结合，主体两翼，左辅右弼，形成完整的科学防御体系。东有欢喜岭，乃天然屏障；西有石河，为自然壕堑，从而构成名副其实的战略要地。

第一关镇自古为兵家必争之地，见证朝代更迭，承载岁月与时代的风云。东汉曹操北伐乌桓、隋唐大军远征高丽，均发兵过此。明初徐达建关设卫，戚继光领兵戍边，抵御蒙古骑兵。明代后期，山海关成明廷门户，抵御后金的崛起。明末李自成、吴三桂、多尔衮陈兵鏖战，导致甲申风云骤变，清廷问鼎中原。清光绪二十六年（1900 年），八国联军毁城建营，留下国耻屈辱见证。两次直奉大战，张作霖、吴佩孚争雄，影响中国政治格局。1933 年，中国军队正面抵御日本侵略军的入侵，榆关抗战打响长城抗战的第一枪。1945 年，中苏军队首次合作光复山海关城，夺取进入东北的大门。共产党部队抵御国民党军队的进攻，浴血奋战 22 天的山海关保卫战，实现中共中央“向北发展，向南防御”的战略，为辽沈战役的胜利、东北全境的解放打下基础。1948 年 11 月，山海关解放，百万东北野战军入关，投入平津战役和全国解放战争。第一关镇域多次成为中国历史进程的节点，其军事战略地位昭然可见。

二

第一关镇地理条件优越，地貌呈阶梯状分布，北高南低。北部为低山丘陵，南部为剥蚀平原和冲积平原。山丘地带宜林宜牧，平原地带农、林、牧皆宜。海岸线长 2 千米，海域沙软潮平，水质洁净，年平均水温 12℃。有 2 条河流自镇域流过，其中石河上建有库容 6800 万立方米的水库——石河水库（燕塞湖）。

第一关镇气候属暖温带半湿润大陆性季风气候，四季分明，冬无严寒，夏无酷暑，气候宜人，适合旅游度假；雨热同季，适合动植物生长。1979—2014 年，年平均气温 10℃、降水量 674.5 毫米、日照 2715 小时、无霜期 177 天。

第一关镇地貌多样，物产独特。北部丘陵地区盛产桃、李、核桃、大樱桃等鲜果品，尤以大樱桃遐迩闻名，且镇城所在的山海关区素有“中国樱桃之乡”的美称。中部蔬菜种植久负盛名，韭菜、香菜、生菜畅销关内外，以北园村“五色韭菜”最为有名。南部海域适合捕捞和养殖，以渤海对虾和红夹子螃蟹闻名。

第一关镇旅游资源丰富。明万里长城在老龙头与大海交汇，碧海金沙，天开海岳，气势磅礴。驰名中外的“天下第一关”箭楼高耸，素有“京师屏翰、辽左咽喉”之称。角山长城蜿蜒而上，烽台险峻，“榆关八景”中的“山寺雨晴”“瑞莲捧日”及奇妙的“栖贤佛光”，吸引众多游客。第一关镇域的山海关景区是国家 AAAAA 级旅游景区，旅游收入多年位居河北省前列。特别是山海关古城保护开发工程实施后，一大批历史文物与建筑得到修缮，景区内涵更加丰富。山海关长城博物馆扩建改陈后，成为全国最大的长城主题博物馆。王家大院（山海关民俗博物馆），馆藏各种民间文物 1.3 万多件。此外，还有总兵府、清真寺、三清观、孔庙等古迹遗存 150 多处。

第一关镇域历史文化厚重，遗存众多。域内有秦皇求仙、拜荆的遗迹和传说，有忠贞孟姜女的传说，有隋唐大军出征的遗迹和诗文，有明代大将徐达、戚继光筑城建关的故事和传说，有明朝重臣孙承宗、袁崇焕和清代康熙、雍正、乾隆、嘉庆、道光皇帝吟咏山海关的诗词，有闯关东的传说和故事……长城文化、孟姜女文化、燕赵文化、闯关东文化、戍边文化在这里交相辉映，沿袭传承。曾作为冀东、辽西地区文化中心的第一关镇，形成丰富多样的民俗和民间文艺。评剧、皮影戏、秧歌、唢呐、剪纸、砖刻等历史悠久，传承发展。长城文化、孟姜女文化研究成果显著，孟姜女传说被列入国家级非物质文化遗产名录，山海关被命名为“中国长城文化之乡”“中国孟姜女文化之乡”。

2001 年 8 月，山海关被国务院命名为“国家历史文化名城”。

三

独特的区位和优越的自然环境，为中华人民共和国成立后，特别是改革开放以来第一关镇经济、社会的发展奠定了坚实的基础。

第一关镇农业早期以粮食种植为主、蔬菜种植为辅，后逐步向城郊型农业发展，蔬菜种植、果品种植二分天下。在转型过程中，发展“公司 + 农户”“公司 + 基地 + 农户”“基地 + 农户”等多种产加销、贸工农一体化经营模式，无公害、标准化、专业化生产和标准化经营开始起步。全镇已形成肉鸡、蔬菜、果品农业产业化商品基地，成功注册“天宫”牌大樱桃图形商标，“贡仙”牌大樱桃、“久宝”牌鲜桃、“秦皇”牌肉鸡等品牌商标。大樱桃采摘、蔬菜专业批发成为农民收入的重要来源。

随着农业的发展和生产力水平的提高，一部分农民从土地中解放出来，从事非农产业。乡镇企业的发展是中国农民的创举和改革开放的时代标志。20世纪80年代初，秦皇岛港口建设和城市发展，使得第一关镇以交通运输、建筑业等为主的乡镇企业迅速兴起。大街村敢冒“挖国有企业墙角”的风险，带头打破所有制界限，先后聘请国有企业人才40多名，创办啤酒厂、轧钢厂等企业20多家，后组建为河北斌扬集团，一度占据全区乡镇企业的半壁江山。

第一关镇的工业早期以酿酒、生产调味品的手工业作坊为主。清末，中国近代钢桥和铁路道岔制造工业在这里起步，钢桥、铁路配件及其附属工业在中国享有盛名。中华人民共和国成立后，中央部属和市属企业占重要地位，特色产品行销国内外。中铁山桥集团是中国最早、生产规模最大的桥梁生产厂家之一，先后承揽九江、芜湖、润扬长江大桥等大桥钢梁的制造安装，在国家铁路提速工程中发挥技术先导作用，带动第一关镇铁路配件等相关产业的发展。秦皇岛正大有限公司是农业产业化国家重点龙头企业，“秦皇”牌肉鸡系列产品享誉国内外，带动第一关镇及其周边地区肉鸡养殖业的发展。河北斌扬集团山海关公牛啤酒厂是河北省最大的啤酒生产厂家之一，“公牛”牌啤酒先后获“全国亿万民众最喜爱的家用产品最佳品牌奖”和“蒙古国乌兰巴托国际商工贸产品博览会金奖”。“春雪”牌啤酒曾被轻工业部评为优质产品，获银杯奖。秦皇岛冀东正茂金属制品有限公司产品曾获“全国星火计划成果博览会银奖”。

第一关镇优越的自然环境、独特的区位优势、良好的海岸线资源及丰厚的历史文化遗存为旅游业的发展提供条件。第一关镇的旅游业经历了从无到有、从点到线到面、从单纯门票收入到吃、住、行、游、购、娱全方位服务并产生综合经济效益的过程。20世纪80年代中期，以邓小平“爱我中华修我长城”号召为契机，提出大力发展以长城为主题的旅游业，“打长城牌，吃长城饭”。经过30年努力，形成以老龙头、天下第一关、角山为主体的国有景区。实施项目带动战略，引进外部资金，新增海洋水族馆、长城奇观园、王家大院等民营景点。2003年后，启动实施国家文物局重点项目、河北省一号文化工程——山海关古城保护开发工程，投资近20亿元复建20多处文物古迹，修复关城城墙6000多延长米，按照明清建筑风格改造古城四条大街临街建筑。第一关镇的旅游景区建设得到中央、省、市各级领导的重视和支持。党和国家领导人先后到山海关区各景区视察、调研。时任国家主席李先念为山海关长城博物馆题名。中共中央政治局常委李长春、刘云山先后到山海关古城调研，对山海关古城长城修复工作给予大力支持，对古城保护开发取得的成果和经验给予充分肯定。第一关镇旅游景区的建设还得到全国人民的支持。1985年，上海市各界群众率先捐款资助老龙头景区开发建设。2014年，秦皇岛市发起感恩30年活动。

第一关镇的旅游业先后荣获多项荣誉。1991年，山海关暨老龙头长城被国家旅游局评选为“中国旅游胜地四十佳”之一。至1998年，山海关景区先后被评为“中国山水风光游”重点游览延伸点、“国家旅游线路”、“中国民俗风情游——长城风情游”旅游线路和“1997中国国际旅游年16条专线35个王牌景点之一”。2000年，老龙头景区被中央文明办、建设部、国家旅游局评为“全国文明风景旅游区示范点”。其后，山海关景区被国家旅游局批准为“国家AAAAA级旅游景区”。

四

独特的地理位置，使第一关镇不仅成为京东屏障、军事重镇，还是京东、辽西的教育中心、商贸中心。

近百年来，第一关镇域的教育，尤其是中小学教育发展较快，成为京东地区的教育中心之一。明正统元年（1436年）始有官学，先后设卫学、社学、县学，建有东溟书院、榆关书院。私塾教育发展已久，门馆（学馆）、专馆、义塾（义学）等塾馆遍及镇村。清末民国初，传统私塾教育逐渐被新学代替，建立新式学堂，发展师范教育，兴办武备教育、商科、铁路职业教育。其中，山海关北洋铁路官学堂为现西南交通大学前身，是中国现代高等教育的摇篮。民国时期前20年，是第一关镇域教育事业大发展的时期。先后有公办、私办（包括商会办、教会办、企业办）的初级中学、师范学校、职业学校、女师传习所、完全小学25所，其中有女子学校，也有民族学校。

中华人民共和国成立后，第一关镇域中小学教育稳定发展。1979年，第一关镇属学校有8所小学、1所幼儿园。1984年后，随着秦皇岛市郊区政府的撤销和学校管理体制的调整，镇属学校明显增加。1992年后，民办教育从无到有，多元办学体制逐步形成。1997年10月，通过普及九年义务教育达标验收，被省政府评为“普及九年义务教育先进单位”。2003 年，被省政府评为“普及九年义务教育复检先进单位”。2014 年，镇域共有各类学校 10 所。

第一关镇域明清时期商贸发达，商号、银号众多，商贸管理服务机构和商贸活动辐射关内外。由于商贸活动的繁荣，第一关镇域的电力照明、邮政、电信业务在清末民国初已相当发达，在一定程度上吸引客流，促进商贸活动。中华人民共和国成立后，商业网点和集贸市场繁荣，吸引抚宁县、绥中县一带群众。

五

经济实力的增强，为城镇基础设施建设奠定坚实的基础。多年来，第一关镇围绕建设滨海、生态、历史名镇，大力加强城市基础设施建设。2014 年，城区人均住宅使用面积 16.4 平方米。城区绿化覆盖率达到 41.6%，人均公共绿地面积 20.7 平方米，为秦皇岛市跨入“国家园林城市”行列作出贡献。山海关古城保护开发工程和“城中村”改造的实施，改变了城区面貌，改善了居民的居住环境。城市的发展也带动了农村的全面繁荣，2014 年全镇农民人均纯收入 12373 元。

第一关镇大力发展文化事业，不断提升城镇品位。借助中国长城文化研究中心、中国孟姜女文化研究中心，通过举办中国 · 山海关国际长城节等活动挖掘中国长城文化和孟姜女文化的深厚底蕴，扩大第一关镇的对外影响力。一批戏剧、美术、摄影、舞蹈作品分别获得“曹禺文学奖”“文华奖”等国家级奖励和省“五个一”工程奖，数十件作品获省级以上奖励。独具特色的民俗得到传承和创新，搜集整理剪纸、砖刻画等 8 大类 59 项非物质文化遗产。

卫生基础设施逐步完善，医疗技术水平不断提高，体育事业蓬勃发展。女子举重、竞走和中国象棋等项目在省内居领先水平。魏铁汉、曹磊、王树元等一批第一关镇籍运动员在全国及世界比赛中取得优异成绩。

社会主义精神文明建设得到明显加强。第一关镇所在的山海关区先后获得“中国优秀旅游城市”“国家卫生城市”“全国双拥模范城”“河北省创建文明城市先进单位”称号，老龙头景区被命名为“全国文明风景旅游区示范点”。

第一关镇山川秀美，人杰地灵。明代以来有进士 48 名、举人 275 名。萧显不畏权势，刚直不阿，勤于职守，廉洁奉公；兵部右侍郎詹荣缮边破敌；郑己巡视陕西，赈济灾民，加强边备，整顿吏治；义和团大师兄段曰礼举起“扶清灭洋”的旗帜。中华人民共和国成立后，各行各业先进模范人物也层出不穷。中铁山桥集团技师刘之义、中铁山桥集团工人杨连生、河北斌扬集团农民杨斌、老龙头景区严正萍等一大批工人、农民、教师、医生获得“全国劳动模范”称号和全国“五一劳动奖章”。“优秀人民公仆”刘金国、“农民出身的长城考古学家”李亚忠等人的先进事迹，在全国多家媒体以及影视作品中广为传播。

山海关600多年前建关，600多年后复关。秉燕山风骨，承渤海襟怀。第一关镇人民站在历史的潮头，一定会团结一致、开拓创新、拼搏进取，将自己的家园建设成充满实力、活力、魅力，宜居、宜业、宜游的园林式、生态型、现代化滨海旅游名镇。

生态文明古镇[1]

湖北省荆门市京山县三阳镇，位于鄂中大洪山东南麓，京山县东北部，镇域面积233.8平方千米，2014年人口3.6万人。

三阳是历史悠久的文明古镇。战国时设新市邑。王莽新朝末年，新市人王匡、王凤在镇域发动绿林起义，成语“绿林好汉”即源出于此。三阳是环境保护部授予的“国家级生态乡镇”，是中国野生动物保护协会授予的“中国观鸟之乡”核心观鸟基地，被誉为“观鸟天堂”。悠久丰厚的人文历史，持之以恒的生态文明建设，彰显生态文明古镇鲜明特色。

文明古镇，历久弥新

三阳镇域南境与宋河镇交界处雷家岗遗址出土文物表明，旧石器时代，这里就有人类繁衍生息。镇域新石器时代屈家岭文化遗址群出土文物表明，距今约5000年前，先民即开启稻作农业文明。后经2000余年的发展，镇域纳入商、周版图。最迟在战国时期，境内出现一个重要城镇——新市，在今三阳镇三王城村水磨畈一带。新市地处今随（州）枣（阳）走廊，是进入楚国腹地（今江汉平原）的捷径要道。《史记·秦本纪》载，战国秦楚交战，秦昭襄王“八年，使将军芈戎攻楚，取新市”[2]。镇域新市为京山县最早见诸文字记载的地名，是春秋战国时期华中地区为数不多的重要城邑之一。

① 选自湖北省京山县三阳镇志编纂委员会编：《中国名镇志丛书·三阳镇志》，2016年出版。

② 司马迁：《史记》，第2册，中华书局，1982，201页。

新莽天凤四年（17 年），新市人王匡、王凤在此发动绿林起义，推翻王莽新朝。东汉初，刘秀在王匡、王凤家乡新市设南新市侯国，辖今京山县北部，新市为侯国都邑。三国时改设南新市县，南北朝改为新市县。隋代镇域并入富水县，新市仍为重要城镇。北宋乾德二年（964年）裁富水县入京山县。至此，三阳今域属京山县管辖。元明之际，新市渐废，三阳店形成集镇，取代新市成为镇域中心集镇。

三阳是历史上的军事重镇。战国秦楚之战，秦昭襄王遣将攻楚取新市。两汉之交更是绿林起义爆发地。南北朝时期，中原统治者在这里反复征剿大阳蛮。三国鼎立，魏吴在这一带犬牙交错相持。南宋与金兵交战，这里成为岳飞抗金前沿。抗日战争时期，中国军队在三阳及整个大洪山区集结两个集团军重兵，与日军对垒，浴血奋战。解放战争时期，三阳店—宋河战役作为解放军粉碎国民党中原防御体系重要战役，受到刘伯承、邓小平通令嘉奖，并载入《毛泽东选集》。1948 年 4 月 15 日，此役解放军获得胜利，三阳全境解放。

中华人民共和国成立后，成立中共三阳区委和区人民政府，先后开展清匪反霸、土地改革、农业合作化、人民公社化等运动。1979—2014 年，三阳夯实基层党建和政权基础，先后召开八届党代会和九届人民代表大会，换届选举九届村委会。发挥政协委员参政议政作用，为经济社会发展出谋划策。2006—2014 年，按照标准新建、改建村支部和村委会，成为村级社会服务中心、文化活动中心和党组织活动的阵地和场所。中共三阳镇委员会充分发挥核心领导作用，基层党组织发挥战斗堡垒作用，镇人大、镇政府和村委会、社区居委会依法行政，统筹服务，为改革开放奔小康，提供坚强有力的组织保障。

中共十一届三中全会，开启改革开放新时代，推进三阳现代化进程，三阳古镇实现历史性飞跃，展现新的时代风貌。

改革首先从农村开始。1982 年，三阳普遍实行家庭联产承包责任制，调动农民生产积极性。当年，粮食产量 1.6 万吨，比 1975 年的 1.1 万吨增长 45%。调整种植结构，油料种植面积大幅增加，当年油料产量 416 吨，比 1975 年的 93 吨净增 323 吨，增加 3.47 倍。随后，三阳镇稳定农业生产责任制，延包土地，推广高产优质品种，推广农机作业。调整农业产业结构，发展规模化畜禽、水产养殖。先后实施治滩、改田、“五岭”开发等一大批国土整治和农业综合开发项目。落实惠民政策，发放种粮、良种、农机补贴。2005年，三阳镇取消农业税及附加征收。至此，存在几千年的农业税退出历史舞台。

古老文明孕育新的发展战略。2010 年，湖北省提出实施“中国农谷”战略，建设现代农业示范区。这一植根于屈家岭农耕文明厚土的新战略，在屈家岭文化遗址集中分布区荆门市各县市区广泛实施。三阳镇依靠科技进步，融入生态理念，建设高标准农田，发展现代农产品加工业。2013—2014 年，三阳完成高标准基本农田土地整理工程。2014 年，全镇粮食总产 2.3 万吨，比 1982 年净增 0.7 万吨；油料总产 2081 吨，比 1982 年净增 1665 吨；生猪出栏 5 万头，比 1949 年的 2625 头增加 4.7 万头；家禽笼养 75.5 万只（其中鸡 72 万只、鸭 3 万只、孔雀 5000 只），比 1949 年的 4.5 万只增加 71 万只。三阳镇实现农田耕整、稻麦收割机械化，水稻机插率达 80%。农业机械化在发展历程中取得历史性进步，提高了农业劳动生产率，三阳农民从繁重的体力劳动中解放出来。农耕文明结出新的时代硕果。

改革开放前，三阳只有小手工业作坊，无现代工业企业。1979 年起，开始兴办乡镇企业，至 1990 年，先后兴办鞭炮厂、引纸厂、花炮厂、造纸厂、砖厂、预制件厂等一批集体企业，被誉为湖北省“山村企业之花”。同时，还进行企业改革，先后实行厂长负责制、厂长承包制、股份制和股份合作制。1998—1999 年，实行产权制度改革，三阳集体所有制企业全部转制为私营企业。2000 年后，立足产业实际，招商引资抓项目建设，先后引进和发展湖北永兴食品公司、湖北汇澄油茶公司、精工铸造公司、三阳齿轮公司、湖北石鑫玄武岩开发公司、湖北生源科技公司等。三阳工业从无到有，发展壮大。至 2014 年，全镇有规模工业企业 10 家，规模工业总产值 8.44 亿元，完成增加值 1.56 亿元，从业人员 1527 人。

改革开放促进第三产业繁荣发展。三阳镇是大洪山东南麓山货与农副产品集散地，自古商贾云集，交易频繁。中华人民共和国成立前，因长期战乱，商贸萧条，全镇仅 29 人做点小本生意。中华人民共和国成立后，市场开始恢复，以供销社为主体的经营机构和行政机构延伸驻各小乡（小公社、管理区），镇域三阳、小阜、屈山、岔河、团林等成为集镇，但拘于计划经济严格控制，流通缺乏活力。1979 年起，农村政策放活，市场贸易放开，三阳集镇商贸活跃起来。1984 年，有商贸网点 408 个，遍布集镇村落。20 世纪 90 年代，个体私营商贸快速发展，供销社经营萎缩。2014 年，全镇有个体工商户 985 户，从业人员 2225 人，全镇社会商品零售额达 1.8 亿元，板栗、香菇等农产品外贸出口总额 3828 万美元，镇域农行、邮政储蓄银行、京山县农村商业银行等 3 家金融分支机构年末存款余额共 6.95 亿元。

1979年后，三阳基础设施尤其是电力、通信、交通突破瓶颈制约，快速发展。二十世纪六七十年代，三阳人民艰苦奋斗，与兄弟县、区（社）人民一道，在境内及相邻地界修建郑家河与高关两座大型水库、刘畈中型水库和两座小（一）型、六座小（二）型水库。随后，整险加固水库大坝，疏浚硬化渠道，自流灌溉境内农田1647公顷。1983年，三阳35千伏变电站建成运行。国家不断投入资金，改造农村电网，改善供电条件。电话通信升级为程控、数字化装备，农户可直拨国内、国际长途。2014年，电信、移动、联通3家三阳营销部业务收入共389万元；建移动通信基站34个，全镇网络覆盖率达100%；全镇固定电话用户3640户，互联网宽带用户4672户，移动手机用户13980户。交通建设打开山门。1979—2006年，先后升级改造三阳至六房公路、坪（坝）客（店）路三阳段、省道小（林）应（城）三阳段。2007年，许（昌）广（州）高速公路湖北段（随岳高速）建成通车，从南至北穿境而过，在三阳设出入口，从根本上改善出行条件。2014年，三阳村村通公路。

社会事业全面发展。2014年，全镇有农村福利院1所、卫生院1所；职工医保、城镇居民医保、职工养老保险、居民养老保险、新型农村合作医疗、农民养老保险实现全覆盖，社会保障水平不断提高。发展农村基础教育。1998年通过“普九”验收。调整中小学布局，村级小学向片区集镇和三阳店集中。2014年，三阳镇有初级中学1所，小学3所，幼儿园4所。发展乡村文化事业。1983—2014年，搜集整理民间文艺作品共400余件，《善歌锣鼓》被列入省级非物质文化遗产保护名录；举办农民文化节，三阳成为大洪山区杂技之乡。2014年，全镇有文化体育类协会12个，会员356人；建成文化信息资源共享中心、村级活动中心、农家书屋各30个，极大地丰富了农村文化生活。

2014年，全镇地区生产总值13.98亿元；一、二、三产业结构比，由改革开放前第一产业（农业）独大，调整为21 ∶ 65 ∶ 14；财政总收入902万元；城镇居民年人均可支配收入2.4万元，农民年人均纯收入1.22万元。

生态建设，敢为人先

三阳镇以良好的自然生态条件为基础，在全国率先开展生态建设。1983年起，探索生态农业，建起“猪—沼—鱼—果”“稻—沼—鱼—果”等多种生态种植、养殖模式。

1985年，国家将京山县作为生态农业建设试点县，三阳镇开始大规模植树造林，营造马尾松、湿地松、杉树等生态公益林与用材林，板栗、菇耳（栎树）、油桐、油茶、山楂等经济林。1990年，三阳鸦雀岭板栗基地成为全县生态农业样板基地。1993年，京山县被农业部、国家环保局等7部委局列为全国50个生态农业试点县之一。1997年起，三阳大力发展代料香菇。京山及三阳在全国率先探索生态建设的成就得到国家高度认可与推介。1999年6月，全国生态农业领导小组验收并授予京山县“全国生态农业示范县”称号，提出“北学迁安，南学京山”。当年，三阳被评为“全县生态农业建设先进镇”。

20世纪90年代开始，三阳实施各项环境保护措施。颁布禁令，封山育林；开展生物多样性保护，禁止捕猎大灵猫、小灵猫、穿山甲、水獭、白鹤、苍鹰等国家保护动物；保护京山特色树种——对节白蜡，建立镇域古树名木目录，挂牌“保护国家级古树”20棵。保护农业生态环境。合理施用化肥，测土配方，秸秆还田，增施农家肥培养地力；减少农药使用量，禁用残毒农药；推行生物防治，治理农业污染。2004年，三阳镇人民政府发文，禁止在艾河、祁河、刘畈水库等集中式饮用水水源投肥养鱼，划定集中式饮用水水源保护区。常年监测大气、水体，治理集镇废水排放。境内空气质量，河流、水库水质，明显优于平原地区和大中城市。三阳镇域满目绿色，空气清新，水流澄碧，鸟鸣婉转，被誉为天然氧吧，吸引众多游人前来观光、度假、消暑。

此后，京山县更以前瞻眼光，实施“生态京山”战略，推行“生态农业、生态工业、生态城居、生态旅游、生态人文”五位一体的全方位生态建设格局。三阳结合山区实际，开展以林果花木为特色的生态产业建设，重点发展板栗、香菇、油茶、花卉苗木，继续加强生态公益林建设。至2014年，全镇有板栗林7800公顷，菇耳林（栎树为段木香菇、黑木耳原料）3333.34公顷，油茶林2466.67公顷，花卉苗木基地2000公顷，马尾松林1313.34公顷，湿地松林121.27公顷，退耕还林809.96公顷，营造生态公益林1106公顷。2014年，全镇森林覆盖率达70.66%，除农田、水域、道路外，几乎全为森林覆盖。三阳与毗邻的京山县绿林镇、坪坝镇、杨集镇在大洪山南麓江汉平原北边，构筑一条宽50千米、长100千米的绿色屏障，成为湖北省生态功能区重要组成部分。

生态经济林建设获得丰厚回报。三阳板栗个大色鲜，甘甜清香，比国内其他板栗品种提前约15天上市，深受海内外市场欢迎。1998年，三阳被国家统计局授予“全国板栗第一镇”称号。2001年5月，以三阳为板栗主产区的京山县被国家林业局授予“中国板栗之乡”称号。2014年，全镇板栗产量5500吨，收入3800万元。三阳段木香菇肉质肥厚，花纹美丽，香味醇浓，远销海外。1996—2006年，因以栎树为原料的段木香菇资源有限，三阳开始大规模发展以落叶阔叶乔木为原料的代料香菇，同时大面积培育菇耳林（栎树）。2006年，三阳香菇获第十五届中国食品博览会金奖。2014年，菇耳林（栎树）面积3333.34公顷，香菇保有量580万袋（筒）、干品产量1840吨，收入1.1亿元。全镇农业人口年人均香菇、板栗收入5049元，占农村年人均纯收入的41.4%。

2008年开始，三阳镇提出“打造油茶产业大镇，花卉苗木重镇”，大面积发展油茶林和花卉苗木基地。至2014年，油茶林面积2466.67公顷，引进的湖北汇澄茶油股份有限公司创产值9915.3万元；花卉苗木2000公顷，存量3800万株，销售1800万株，收入1.56亿元，671个专业种植户户均增收8万元。“公司＋基地＋农户”的生态产业化模式，吸引80%的农户从事生态林果花木业。成立京山县太阳山香栗有限公司、湖北永兴食品股份有限公司、湖北汇澄茶油股份有限公司，以及京山县森园与京山绿缘两个花卉苗木合作社，从事农林产品的加工、购销。三阳店建立集中大市场，成为鄂中地区板栗、香菇、花木、油茶的集散地。三阳镇先后被评为湖北省食用菌生产先进单位（1999年）、荆门市农业产业化建设先进乡镇（2000年）、京山县油茶生产示范镇（2012年），“汇澄山茶油”获第二届中国国际林业产业博览会暨第四届中国义乌国际森林产品博览会金奖、首届中国森林食品交易博览会暨第三届中国（铁岭）榛子节金奖。太阳山香栗、段木花菇、汇澄山茶油等有机绿色食品，市场供不应求。

2011年，京山县提出“争创全省生态文明第一县，创建国家生态县”，三阳镇提出“创建国家级生态镇”，全面开展生态镇村创建工作。制订三阳镇生态建设总体规划、生态镇村创建规划。加强三阳店、小阜等集镇环保基础设施，修建街道，实施旧城改造，建设居住商贸小区，整治街面，绿化美化环境，严禁引进污染项目，建设生态集镇。治理村庄生活污染，改变农户乱扔垃圾的不良习惯，实行生活垃圾“户集、村收、镇运输”统一处理。推广使用沼气等清洁能源，开展四旁植树，推行秸秆综合利用，禁止焚烧秸秆，保护饮用水水源，建设生态村庄。截至2014年年底，三阳镇建设新农村居民点23处，建筑面积10.21万平方米，入住360户，累计建房投资5985万元，水、电、路、气（沼气）、花卉苗木和互联网等配套投资1910万元，改善了农民居住环境。黄家村沼气与环保、循环农业配套技术示范工程，在京山全县发挥了示范带动作用。开展生态资源环境保护，划定基本农田，严格执法，保护森林资源，杜绝乱砍滥伐。结合观鸟之乡建设，开展爱鸟、护鸟、观鸟活动，向中小学生和广大农民进行生态道德教育。

三阳生态建设将环境保护与经济发展有机融合，实现环保与发展、社会效益与经济效益共进双赢。2012 年，三阳镇被评为“湖北省生态镇”。2014 年 5 月，京山县成为湖北省第一个通过国家生态县技术评估的县。同年 9 月，三阳镇被环境保护部授予“国家级生态乡镇”称号，湖北省环境保护厅予以授牌。

观鸟之乡，人鸟和乐

三阳为鸟类提供了理想的栖息环境，成为鸟类迁徙重要的栖息地和繁殖地。中国观鸟中心在三阳发现鸟种 194 种。其中：国家一级保护动物 1 种，即中华秋沙鸭；国家二级保护动物 20 种，有鸳鸯、仙八色鸫、白琵鹭、燕隼、游隼、东方角鸮、斑头鸺鹠等。此外，寿带、白顶溪鸲、白眉姬鹟、蓝喉蜂虎等三阳特色鸟类最为珍贵，成为吸引国内外观鸟者的亮丽“明星”。

随着生态建设实践深入，生态环保理念逐渐深入人心。人们认识到国家经济在高速发展的同时，粗放式发展给生态环境造成严重损害，植被破坏，水土流失，空气和水污染严重。在农村，农药、化肥过量使用，造成土地污染和耕地地力下降，乡间存在乱捕乱杀野生鸟现象。对此，三阳人民率先行动起来，开展乡村环保与生态道德教育活动，其选择的突破口与切入点就是从娃娃抓起，在中小学生中开展爱鸟、观鸟活动，逐步向家庭、社会推开。

2005 年，三阳籍企业家、环保志愿者詹从旭与母校三阳镇小学携手，组织学生开展爱鸟、护鸟、观鸟活动。同年，三阳镇小学建起全国小学第一个鸟类科普馆，成立第一支小学生观鸟队。同学们兴致勃勃，携带望远镜和鸟类图谱，穿行于山水田园之间，聆听鸟鸣，观察鸟种，身心完全融入大自然，“爱鸟爱自然”的生态环保意识在孩子们心中萌生。三阳镇组织学生观鸟队成员先后赴广东深圳、河南董寨、湖北武汉涨渡湖、四川雅安、陕西华阳等地，参加环保夏令营活动和观鸟大赛，多次夺冠。

2006 年，以中小学生为主体的观鸟、护鸟、爱鸟活动在全镇中小学校蓬勃展开，经媒体宣传，吸引全国各地观鸟爱好者前来三阳观鸟。每年 6 月 5 日，三阳镇组织中小学师生与来自全国各地观鸟会的志愿者一起，到三阳各观鸟点观鸟，并走上街头宣传环保理念。

2007 年开始，三阳镇及周边地区先后建成白鹭坡、响塘塆、鸳鸯湖、张关、镇小周边、八字门水库、吴岭水库 7 个观鸟基地，镇域开辟 9 条观鸟路线。

2009 年，三阳镇第一支农民护鸟队成立。农民护鸟队由村干部任护鸟队长，村民为护鸟成员。他们经常挨家挨户发放“爱鸟护鸟”宣传册，现身说法，以生动事例劝导动员大家保护生态环境。至 2012 年，三阳镇公安派出所、林业站、农民护鸟队、中小学学生同心协力，构建起“四位一体”的爱鸟护鸟机制与网络。三阳人已养成“不打鸟、不吃鸟、不掏鸟窝”的良好习惯。

2011 年，三阳环保人士发起成立“寸草心乡村环境保护促进会”，并在京山县民政局正式登记注册。该环保公益组织，由三阳和京山籍在粤企业家、环保志愿者共同组成，对三阳镇及京山县观鸟活动自始至终提供全方位的资助与指导。该会建有网站，定期出版会刊《乡村观鸟》。

2011 年 6 月，京山县三阳镇首届观鸟节暨湖北省第四届野生鸟类观鸟摄鸟大赛在三阳镇举行。来自全国各地 26 支代表队 400 余名观鸟、摄鸟爱好者参赛，三阳 60 名小学生担任观鸟摄鸟向导。摄影爱好者们现场观察到 90 种野生鸟类，包括斑头鸺鹠、寿带、鹗等多种珍稀鸟类。大赛组委会收到参赛摄影作品 127 幅，小学生观鸟作文 95 篇。其中，9 支代表队获观鸟少年组、成年组和新纪录奖，28 人次获摄鸟类大奖，6 篇作文获观鸟作文奖。三阳镇 200 多名中小学师生参与活动并接受相关知识培训。

2011 年，京山县以三阳镇小学、京山小学为示范点，观鸟爱鸟活动在全县中小学普遍展开。各校成立观鸟队和观鸟兴趣小组，全县配备观鸟望远镜（包括单筒望远镜和双筒望远镜）1000 余副，发放鸟类图鉴和观鸟教材 1.8 万册、观鸟笔记簿 4 万本、户外观鸟衣帽 1 万余套（件）。同年，受湖北省教育厅委托，京山县教育局完成湖北省第一本中小学地方乡土观鸟教材——《观鸟》的编纂。次年春，面向全省中小学公开发行。

2012 年，京山县将三阳观鸟节拓展提升为京山观鸟节，每年举办一次。以三阳观鸟为核心的京山观鸟节，举行观鸟摄鸟比赛、环保论坛、生态旅游、观鸟成果展等丰富多彩的活动，产生更为广泛的影响。观鸟活动与生态道德教育有机融合，“爱鸟爱自然，做个环保人”理念深入人心，成为生态道德教育品牌，在全省乃至全国教育系统产生良好的示范效应。

2013 年 3 月，京山县被中国野生动物保护协会授予“中国观鸟之乡”称号，寸草心乡村环境保护促进会被湖北省野生动物保护协会授予“未成年人生态道德教育特别贡献奖”。2014 年 5 月，中国野生动物保护协会授予京山县教育局“全国未成年人生态道德教育模范单位”称号，三阳镇小学、三阳镇中学、京山小学获得“全国未成年人生态道德教育示范学校”称号。

2014 年 10 月，寸草心乡村环境保护促进会会长詹从旭率该会成员参加“2014 年台北国际赏鸟博览会”，向与会人员介绍三阳开展观鸟、爱鸟的活动情况。亚洲赏鸟博览会诚恳邀请寸草心乡村环境保护促进会参加赏鸟赛事，由此，三阳镇及京山县观鸟爱鸟活动与亚洲赏鸟博览会接轨。2014 年 12 月，湖北省政协副主席郑心穗、王振有率省教育厅、林业厅负责人一行 30 多人，到三阳调研京山县以观鸟为载体的“未成年人生态道德教育建设”情况，认为：三阳镇及京山全县中小学通过观鸟活动激发了学生对大自然的热爱，彰显了生态道德教育品牌特色，生态道德教育的许多经验和做法在全省值得推广。

至 2014 年，三阳镇和京山县观鸟学校发展到 58 所，组建观鸟队 87 个，近 4 万名师生、5 万个家庭积极参与到此项环保事业中来，并吸引全国 10 多个省市的 300 余支学生观鸟队、观鸟协会，以及 5000 多名爱鸟人士到三阳观鸟、摄鸟。

中央电视台、凤凰卫视、湖北电视台、《湖北日报》、《中国国家地理》杂志等众多媒体竞相报道观鸟之乡——湖北省京山县三阳镇。2012 年、2013 年，中央电视台摄制组两次深入三阳，寻觅拍摄寿带等鸟种，制作专题片《观鸟胜地》《寿带迷踪》，在央视中文国际频道面向全球多次播放。

截至 2014 年，湖北省政府办公厅先后发文，在三阳及周边建立起 3 个省级鸟类自然保护小区：绿林寨自然保护小区，保护苍鹰、游隼；许家寨自然保护小区，保护苍鹭、大白鹭、中白鹭、白鹭及天然次生林；吴岭鹭鸟自然保护小区，保护苍鹭、大白鹭、中白鹭、白鹭。京山县设立三泉水库鸳鸯栖息地自然保护小区，聘请 3 户农民担任巡护员，为 400 多只鸳鸯提供栖息地保护。国家级生态镇三阳，成为鸟类天堂。

良禽择木而栖，鸟类对这片土地的眷念，就是三阳生态环境优质的最好证明，是对生态建设的最好回报。

三阳这片生态之域，人们爱鸟、护鸟、观鸟、摄鸟、写鸟，推出系列鸟类摄影作品和观鸟文学作品。在三阳，人们把爱鸟、观鸟、摄鸟的人称为“鸟友”。春夏秋冬，百鸟如期而至，与鸟友相会。有城里的退休夫妻，干脆在三阳住下来，每天在小河边、柳林旁，夫妻俩静静拍摄、欣赏寿带。武汉退休职工成群结队到三阳观鸟。每年 1 月，鸟友们到三泉水库就为一睹野生鸳鸯的优哉游哉、惊艳亮丽，或者拍摄难得一见的中华秋沙鸭。2014 年，到三阳及周边观光的游客达 100 万人次。观鸟之乡，人鸟和乐，构成一幅人与自然和谐相处的生动美好图景。

2015 年 3 月，中国野生动物保护协会、京山县人民政府和寸草心乡村环境保护促进会共同提交《关于举办 2016 年亚洲赏鸟博览会的意愿书》，获得亚洲赏鸟博览会执委会（ABF）考核通过，京山县获得 2016 年第七届亚洲赏鸟博览会的举办权。

绿林好汉，流芳百世

绿林起义，是三阳岁月长河中波澜壮阔、浓墨重彩的历史画卷。镇域古新市、三王城、绿林山绿林寨 3 处省级保护遗址，相距不过 5000 米，是绿林起义策源地。

西汉末年，地主豪强兼并土地，王莽改制失败加剧了社会矛盾的激化。新莽天凤四年（17 年），天下大旱，蝗灾肆虐，逃荒流民四起。老百姓聚集新市富水沼泽地区挖野荸荠充饥，发生争夺，新市人王匡、王凤调解纠纷，被推为首领。他们聚集这些饥民，不少流民蜂涌而至，队伍很快发展壮大到约 8000 人。新莽地皇二年（21 年），王莽遣荆州牧率兵两万来攻，义军主动出击，在云杜（今京山县）大败荆州牧，取得云杜之战胜利。遂攻击云杜、安陆等县，藏入绿林山（以今绿林山为中心的大洪山区）。绿林军厉兵秣马、屯兵种地。因屯兵排列成“品”字形，被后世称为“三王城”，即王匡、王凤、王常屯兵处（新市、三王城同在今三阳镇三王城村）。其后，队伍发展到 5 万余人，州郡不能制。新莽地皇三年（22 年），绿林山发生瘟疫，将士病亡过半，遂兵分两路出山。一路由王常带领，号“下江兵”，西出汉水沿岸；一路由王匡、王凤带领，号“新市兵”，北上南阳郡（今随州、枣阳、南阳一带）。两路绿林军在南阳会师。陈牧、廖湛等人在平林（今随州）起兵，、刘秀兄弟在舂陵（今枣阳南）起兵，加入绿林军（亦称汉军）。新莽地皇四年（23 年）一月，王匡率绿林军取得沘水之战胜利，全歼莽军 10 万余人。二月，绿林军立汉宗室刘玄为帝，建号更始。五月，围降南阳首府宛城。六月，王凤、刘秀以少胜多，取得昆阳大战胜利，全歼莽军战斗主力 42 万余人。九月，王匡率绿林军围攻占领洛阳。同月，绿林军攻占京都长安，杀王莽于未央宫渐台，推翻王莽新朝。更始二年（24 年）二月，更始帝迁都长安，大封功臣，封王匡为比阳王、王凤为宜城王，更始朝廷成为全国性政权。更始派绿林军将领刘秀北伐，刘秀消灭黄河以北地方武装，据燕赵之地，遂与更始分庭抗礼。更始帝刘玄入主长安后，很快腐化堕落，整日耽于酒色，重用贵戚，排挤绿林将领，且纵兵抢掠，内外离心。一度归顺更始的赤眉军趁机反戈，向长安进攻。更始不同意绿林军将领撤回南阳的建议，遂设计杀害申屠建、陈牧等，王匡率部反攻，在长安混战月余，双方元气大伤，王匡投奔赤眉军。更始三年（25 年）九月，赤眉军攻占长安，更始帝投降被杀。后绿林军将领刘秀平定天下，确立东汉，实现国家重新统一。王匡转投刘秀尚书宗广，一同东归。东汉建武二年（26 年）三月，行至安邑（今山西省运城市夏县西北），宗广以“道欲亡”罪名将王匡杀害。王凤下落不明。“光武创基，兆于绿林”，[①]光武帝刘秀感念王匡、王凤绿林起事于东汉创建之功，东汉初，在王匡、王凤家乡新市，设立南新侯国，封外甥李雄（刘秀妹刘伯姬与李通之子）为南新市侯，侯国辖今京山县北部三阳镇、宋河镇一带。

绿林山，成为西汉向东汉转变的一个重要历史坐标。三阳，实为英雄故里，好汉之乡。

绿林起义是中国历史上第二次大规模农民起义，推翻王莽政权，在中国农民革命史上，第一次建立经营 5 年之久的农民革命根据地，第一次建立全国性政权。绿林起义将领刘秀建立东汉，东汉续西汉，形成近 400 年大汉历史，对中华多民族国家的巩固，汉民族和汉文化的凝聚发展起到重要的历史作用。

成语“绿林好汉”即源出于此。这一家喻户晓的成语，泛指反抗压迫、劫富济贫的英雄好汉。绿林好汉正是中国英雄文化、侠客文化的重要源头与原型，所谓“天下好汉出绿林”，绿林山乃天下好汉第一山。

绿林英雄，反莽复汉，怀着重振大汉雄风的梦想。王匡、王凤身为起义领袖，大军在握，不称帝，不念权，一心拥护汉室，是为“大忠”；绿林英雄在灾荒动荡年月，带领饥民四处觅食，劫富济贫，反抗压迫，救民于水火，是为“大爱”；绿林英雄勇于与莽军决战，在昆阳之战中，以 2 万兵力歼灭 42 万莽军主力，创造了中国古代战争史上以少胜多的战争奇观，是为“大智大勇”。这种“大忠大爱、大智大勇”的绿林英雄精神，传承后代，流芳百世。

三阳儿女，世代生活在这片人文厚土，成长于绿林山怀抱，坚毅、勇敢、聪慧，血

---

① 范晔:《后汉书》臧洪传，第 7 册，中华书局，1982，1890 页。

液里流淌着绿林英雄的基因，并在各个历史时期将“大忠大爱、大智大勇”的英雄精神发扬光大。三阳古今人物事迹，即为最好诠释。

三阳韩仕龙一生不畏强权贪官，好为百姓洗不白之冤。清嘉庆九年（1804年），京山县地方官吏相互勾结，征收苛税。韩仕龙为民请命，状告贪官。他先叫儿子、侄子赴省控告，儿子不堪严刑跳黄鹤楼自尽。韩仕龙以老迈之身亲赴武昌，誓死控告。抚台无奈，只得出示禁令除积弊，将贪吏革职查办。

大革命时期，中共党员谢德超在家乡三阳建立第一个中共党支部，发动农民运动。土地革命战争时期，三阳青年刘德洪等参加贺龙领导的红三军，他们从三阳出发开始漫漫西征，翻雪山，过草地，到达陕北，有的血洒异乡，成为无名英雄。

抗日战争时期，张自忠指挥的部队在三阳与日军浴血作战。新四军第五师在三阳建立敌后抗日根据地，三阳人民踊跃参军参战支前，地处大洪山前沿阵地的三阳太阜乡成为抗战堡垒，未让日军前进一步，陈炳舟等三阳籍新四军战士牺牲疆场。早年前往菲律宾的谢德超，在菲岛组织华侨义勇军民族忠魂社，后改称华侨战时血干团，与菲律宾军民一起，抗击日军，直至菲岛光复。

解放战争时期，一批三阳籍战士参加中原突围，又随刘邓大军南下，江汉军区司令员张才千率部发起“三阳店—宋河战役”，此战役胜利，三阳全境解放。董俊安等一批三阳籍指战员为中华人民共和国诞生献出年轻生命。

抗美援朝，保家卫国。三阳儿女积极参加志愿军赴朝作战，祝永耀等5人为国捐躯。中越边境自卫还击作战，三阳籍战士刘百发牺牲在云南老山。三阳籍战士马祥安等3人为国防建设献出生命。农民肖国洪挺身而出，与车匪窃者搏斗，英勇牺牲，被县政府授予“见义勇为英雄”称号。工行屈山代办点农民周宗保，为保卫国家财产，与入室歹徒搏斗，英勇献身，被省政府追认为烈士。三阳不愧为英雄好汉之乡。

改革开放新时期，三阳儿女将绿林先辈“大智大勇，大忠大爱”的英雄精神，化为求知进取、勇攀高峰，敢闯敢干、商海弄潮、回报桑梓的具体行动。

中华人民共和国成立后尤其是改革开放时期，三阳共有1879人通过高考走出家乡，接受高等教育。三阳有一个30多人的教授（博导）群体，曾留学美国、法国、日本等国家。三阳青年刘四海，身残志坚，先后参加全国第三、四、五、六、七、八届残疾人运动会，在举重、标枪项目竞赛中，共获一块银牌、三块铜牌，被湖北省政府授予“优秀运动员”称号。

三阳人敢为人先，在全国率先开展生态文明建设，独辟蹊径，开展观鸟爱鸟活动。在市场经济竞争中，勇闯市场，商海弄潮。三阳镇党委、镇政府带领农民勇闯市场，率先掌握段木香菇、代料香菇整套培育技术，将香菇栽培技术传授到6个省、18个县市。一批大学生成功创业，取得骄人业绩。三阳张氏三兄弟（张扬武、张军、张义）将汽车驾校、汽车4S店开遍南粤及鄂中。“高德地图”提供的专业在线导航服务，也是三阳儒商成从武所创办的高德公司的杰作，他带领团队不辞辛劳“踩地球”，采集地理信息，创建专业的手机导航——高德地图。2010年，“高德地图”股票在美国纳斯达克成功上市，成为中国地图软件商海外上市第一股。这位从绿林山走出的高德公司董事长兼CEO成从武，大智大勇，敢为人先，预见和抓住信息时代发展先机，开拓出中国车载导航和移动互联网新兴产业。企业家、环保志愿者詹从旭创建深圳天亚建筑环境科技有限公司，自驾车六赴可可西里、三江源头，艰辛巡守，参与保护藏羚羊。京山县原政协主席晏德明退休后任京山县慈善总会会长，致力于慈善事业，他多方筹措善款，资助京山一中“阳光班”与“京源饮水工程”等慈善项目。张氏三兄弟、詹从旭、成从武等三阳籍企业家，向家乡捐资1000万元成立“晨光教育基金会”，奖励三阳优秀教师和家庭困难学生，帮助家乡水、电、路的建设，全力资助、指导三阳及京山县观鸟活动。爱国爱乡善举，体现赤子情怀。

乡土文化，根深叶茂

三阳镇乡土文化丰富，地方特色浓郁。境内有贺畈遗址（新石器时代）、罗家坡遗址（新石器时代）、查山寺遗址（新石器时代）、窑岭遗址（商周时期）、三王城遗址（新石器时代至汉代）、古新市水磨畈遗址（商周至汉代）、绿林寨遗址（汉代至清代）、贾家冲遗址（汉代）、太阳寺遗址（唐代至清代）、邓家墓群（明代）10处考古文化遗址。1983年起，三阳开始搜集整理民间文艺，至2014年，已整理和出版三阳民间传说故事、民间歌谣、民间乐曲、民间楹联400余件。这些采自老百姓口口相传的作品，原汁原味，带着泥土芳香，富有想象力和感染力，是真正原生态的民间文学和民间艺术，成为三阳生态文化的重要组成部分。

1983—1988年，发现、整理的创世纪古仪式歌《善歌锣鼓》，受到国内民间文学研究界高度重视。《善歌锣鼓》其歌唱内容包罗万象，有远古神话、历史朝纲、佛教故事、古典诗词、民间歌谣等，以锣鼓伴唱形式，多出现于乡间红白喜事请神祈福场合。已收集到的唱词达2.3万行，是湖北省非物质文化遗产的“大块头”。《善歌锣鼓》唱表的诸神，在开天辟地的盘古之前，还有29位远古之神，其演唱流传范围为京山、随州、钟祥、安陆等地处大洪山区的乡镇。据老艺人回忆，清代流传鼎盛，有翰林文人参与，场面极大，盛况空前。后规模渐渐萎缩，经历“文化大革命”后，仅为三五人的锣鼓班子演唱。《善歌锣鼓》表演无固定歌词，发令歌师随机发令定韵，中途也可随机变韵。歌师即兴编词，脱口而出，韵换词变，百变百唱，能用十三韵即兴唱同一个故事，且语出有典有据，唱词古雅，极见歌师才艺功力，这也是吸引文人参与、乐此不疲的魅力所在。《善歌锣鼓》被发掘后，学术界评价为“开拓了汉民族上古神话的新史源”，是“楚巫的活化石”。1987—1988年，《人民日报》《光明日报》《湖北日报》相继推出发掘《善歌锣鼓》的报道。湖北电视台将其制作成电视片《荆楚神韵》，在中央电视台，省、市电视台播放。1997年，美国斯拉科电视台多次播放该片，收藏此片的英文版。2011年5月，《善歌锣鼓》被列入湖北省非物质文化遗产保护名录。三阳镇制订保护规划，选定传承人，发放老艺人津贴，鼓励年轻人参与传承演唱。

三阳镇搜集整理民间故事近百个。2008年，三阳镇萧俊深获县文化局颁发的“京山县民间故事讲述者”证书，编纂《太阳山民间故事集》20万字，其中太阳寺系列故事、天生堰等地名故事、韩仕龙等人物故事颇为生动传神。

三阳镇文化站原站长萧春华搜集整理民间歌谣近百首，被《中国民间歌谣集·湖北卷·京山分卷》收入24首，被《中国民间歌曲集·湖北卷·京山分卷》收入25首，其中《王匡回到绿林山》《轿夫歌》《原生态田歌组合》等作品深受老百姓欢迎。

三阳是鄂中杂技之乡。1982年成立三王城杂技团，1992年成立绿林山杂技团。农忙务农，农闲演出，巡演于江汉地区各县。从1990年开始，三阳镇连续多年举办“金秋农民文化节”“板栗文化节”，开展文艺表演、书画展览、体育竞赛、商品展销等活动，丰富农民文化生活。《板栗飘香》《接新郎》《原生态水草歌》等节目在市、县“农家乐杯”文艺比赛中获奖。

三阳古镇民风淳朴，搜集整理了一套礼仪习俗、节庆习俗、生产习俗、生活习俗，这些传统民俗与时俱进，融入现代时尚。其中，“三阳婚礼”是鄂中地区最为完备、周详的婚礼习俗。

古今诗人、作家、画家吟咏描摹三阳，留下一批艺文佳作。古代诗人许浑、王格、易本烺，当代作家陈立德和一批三阳文人，吟诗作赋，歌咏三阳风物。现代著名作家、诗人聂绀弩的纪实性小说《姐姐》，读来情真意切，感人肺腑。三阳积淀、创造、弘扬乡土文化，通过网络征文，创作、评选《京山三阳，寿带天堂》等一批观鸟文学作品。打造绿林文化品牌，形成绿林文化系列作品：有三阳作者创作的长篇历史小说《绿林英雄传》、长篇侠客小说《仗剑走绿林》；绘制的国画长卷《绿林风云图》，描绘了从绿林起兵至东汉建立的历史画卷；散文名家任蒙的《绿林之光》，展现绿林好汉英雄壮举；论文《天下好汉出绿林》总结绿林起义的历史意义，探讨绿林文化和中国英雄好汉文化的源流与精神内涵。这些作品，再现三阳古今风貌，展现乡土文化特色。

冶源镇志概述①

冶源，一座北方小镇，位于山东半岛中部，临朐城南12千米处。总面积156平方千米，辖79个建制村，3.5万户，10.5万人。多为汉族，另有回、藏、满、布朗、彝、侗、壮、苗、蒙古、土家10个少数民族共165人。

冶源因熏冶泉得名，北魏时已成名迹。境内山清水秀，人文氤氲，老龙湾秀甲天下，红丝砚名扬海外，冯氏世家享誉齐鲁。是全国重点镇、全国特色景观旅游名镇、国家小城镇建设试点镇、山东省中心镇、山东省历史文化名镇、山东省旅游强镇。

汉以前，冶源属齐地。西汉置县后，为临朐县所辖。明、清两季归临朐县孝慈乡。1912年起属临朐县第四区，1945年后属纸坊区，1952年划为第二区，1956年改称冶源区，1957年改为冶源乡，1958年成立冶源人民公社，1984年置冶源镇。1993年乡镇机构改革，原米山乡划归冶源镇。2007年9月，冶源、杨善两镇合并为冶源镇。

冶源镇地处泰沂山脉北麓，地势起伏较大，西高东低、南高北低。北部平原如砥，阡陌纵横，村落密布；南部群峰竞秀，山环水绕，有大小山峰100余座，弥河、五井石河、略水、凤趾河交流如织，老龙湾、冶源水库、白塔水库清若明镜。冶源镇生态环境优美，素有“鲁中水乡，北国江南”之美誉。

全镇农耕条件优越，宜耕宜养，物产丰饶。北部为临朐县粮食主产区，以种植小麦、玉米为主。20世纪90年代以来，大力发展大棚西瓜。2014年，大棚西瓜种植面积达1.34万亩，所产“杨善”牌西瓜被农业部绿色食品发展中心评定为AA级绿色食品。南部为山区，是英国乐富门国际有限公司和美国环球烟叶公司建立的优质黄烟生产基

① 选自山东省临朐县冶源镇志编纂委员会编:《中国名镇志丛书·冶源镇志》，2016年出版。

地，黄烟收入一度成为农民的主要经济来源。20 世纪 90 年代以来，沿弥河一带大力发展葡萄生产，因栽培环境优越，葡萄品质好，畅销不衰。20 世纪 80 年代，开始用泉水发展淡水养殖，先后引进虹鳟、金鳟、鲟鱼、哲罗鲑等名贵鱼种。2014 年，商品鱼产量达 350 万吨，成为江北最大的冷水鱼养殖基地。畜牧业发展迅速，以樱桃谷鸭养殖为主的养殖业，渐次形成养殖、加工、销售“一条龙”的生产模式，年出栏肉鸭 1100 万羽，总收入近 3 亿元。奶牛养殖也成为冶源镇的支柱产业，2014 年，全镇奶牛存栏量达到 5000 多头。

镇内观赏石资源丰富。产于老崖崮村壮山及其周围的红丝石，色泽鲜艳，质地细腻，纹理俊逸，以其制作的红丝砚，唐宋时即为“诸砚之首”，备受苏东坡、唐询、蔡襄等大家赞赏。产于米山村附近的冰纹石亦为制砚良材。产于燕子崖村一带的三叶虫化石，图案栩栩如生、妙趣天成，用这种材料制作的砚台、镇尺等文房用品温润典雅。

冶源镇是临朐县重要的工商业基地。清末民国初期，以缫丝为主的手工业即有较大规模。至 1924 年，境内丝厂达 60 余家。其中，设于冶源村的“天增义”“泉祥栈”“永记”“同祥太”“恒丰太”，平安峪村的“南裕”“恒裕太”，李家营村的“恒顺德”“恒丰”，南杨善村的“万顺泰”，均系县内较大丝厂。20 世纪 70 年代至 90 年代，山东临朐制丝厂以及县属水泥厂、磷肥厂、炼铁厂、发电厂、矿山工具厂、硬质合金厂、织绸厂、啤酒厂等一批企业先后在镇区落户。中共十一届三中全会以来，冶源镇以民营企业为主体的工业经济强势崛起，截至 2014 年年底，共建成 4 个工业园区，园内规模以上企业达到 29 家，初步形成汽车配件、机电磁电、瓶盖加工等产业。

小城镇建设起步早，基础好。境内已形成“一轴线（潍九路）、三片区（冶源、洼子、李召）、三组团（镇址北部老镇区、南部新镇区、东部旅游度假区）”的总体框架布局，并建成傅家李召、潘家埠、南杨善、龙湾、宝山、浮山 6 个社区。境内交通、通信、电力设施齐全，功能完备。青（州）临（朐）货运铁路直达洼子村。潍（坊）九（山）路、仲（宫）临（朐）路、冶（源）伦（家埠坡）路与乡村道路形成完整路网。全镇道路硬化率、自来水通村率均达 100%。镇村环卫实现一体化管理。

冶源镇风景优美，旅游业发达。国家 AAA 级旅游景区老龙湾，古称熏冶泉，处海浮山阴，水面 7 万余平方米，系地下泉水涌出地表汇积而成的天然湖。湖内水深盈丈，清澈见底，四季恒温。盛夏酷暑，清凉甘洌；数九寒冬，雾气蒸腾。民国《临朐续志》谓之“冶源烟霭三冬暖”，为临朐古八景之一。地处老龙湾南岸的海浮山，海拔 215.9

米，上有浮山庙、文昌阁、碧霞祠、魁星楼、慈寿塔等古建筑群，农历三月初三有庙会，香火极盛，数日不绝。

镇内巨洋湖是临朐县最大的水库，兼具防洪、灌溉、养殖、发电、旅游综合功能，秀丽的湖光山色，吸引了众多国内外游客前来观光旅游，加蓬、多哥、德国以及联合国水利考察团先后到此参观考察。日本和瑞典的电影、电视公司也分别至此拍摄自然风光纪录片。

冶源镇文化底蕴深厚，自然景观和人文景观交相辉映，历史文化和民俗风情相互融合，具有浓郁的地方特色。冯氏世家名垂青史，影响颇大。据清康熙《临朐县志》、光绪《临朐县志》等史料记载，明清冯氏一门，自冯裕始，六代考中九名进士、三名举人，均为官清廉，政绩卓著，家学绵延，被称为“北海世家”。尤其是冯裕第三子冯惟敏，被称为“明代散曲第一高手”，在中国文学史上具有举足轻重的地位。

受历史和人文传统影响，冶源镇教育、文化事业繁荣。早在明嘉靖年间（1522—1566 年），冶源即建有社学，民国时期，设区立冶源小学。建于 1956 年的临朐第二中学，坐落于老龙湾畔，1959 年被确定为省级重点中学，为高等院校输送大批优秀学子，在国内曾有较高的知名度。1990 年，镇文化站被文化部命名为全国先进文化站。冶源现有 20 多支文化艺术表演队伍，常年活跃在村镇、社区，并培育出音乐、戏曲、书画和文学创作人才 200 余人，是有名的书画之乡、小戏之乡。

冶源镇医疗卫生事业基础好，服务体系健全。1950 年 3 月，临朐县卫生院（临朐县人民医院前身）即设于冶源。1966 年，昌潍地区干部疗养院由胶县（今胶州市，属青岛市）迁至海浮山北麓建院。1987 年，划归临朐县管理。2009 年，与冶源镇中心卫生院合并建立海浮山医院，系县内重要医疗机构。截至 2014 年，全镇 61 个村卫生室全部达到规范化标准。新型农村合作医疗全面施行，全镇农民参合率达到 100%。

冶源镇扼沂蒙山区北部咽喉，沿弥河北去，直通鲁北平原，战略地位十分重要。早在第二次国内革命战争后期，这里就有中共党组织活动。1936 年 7 月，赵家楼村、孙家小崔村均建立党支部，是县内最早的农村基层党组织，为中国共产党培养了一批重要干部和优秀党员，高启云、高奋、孙清兰等为杰出代表。1938 年 1 月下旬，日军占领临朐县城不久，便占据冶源。此后，直至 1945 年上半年，八路军三次攻打冶源日伪据点，最终取得胜利。抗日战争时期，冶源西、南部山区和北部地区，多属中共抗日武装开辟的根据地和游击区，八路军山东纵队一支队、沂山支队（后改编为鲁中军区十二团）、益临武工队、鲁中军区二团，相继在冶源地区进行过艰苦卓绝的斗争。先后取得两次冶源战斗及石河伏击战、国家峪战斗、黄家宅战斗的胜利，沉重打击了日伪军和国民党顽固派，在临朐抗日斗争史上写下光辉篇章。解放战争时期，中共临朐县委、县政府先后驻扎在镇内王家营、李家营、宋庄等村，领导全县人民开展对敌斗争，组织支援前线，恢复和发展生产。在长期的革命斗争中，冶源人民紧跟中国共产党，积极参军参战，英勇奋斗，不惜流血牺牲，有339名优秀儿女献出宝贵生命，其中不乏父子英烈、兄弟英烈、巾帼英雄和满门忠勇。

冶源镇地灵人杰，将星璀璨。先后涌现出一批高级领导干部，其中包括中共山东省委原书记高启云，中国人民解放军海军原司令员石云生上将，中国人民解放军空军原副政委兼纪委书记许乐夫中将，中国人民解放军总后勤部原副部长谭悦新中将等，他们为中国人民的解放事业和中华人民共和国建设做出了突出贡献。

优美的环境，丰饶的物产，深厚的文化积淀，光荣的革命传统，滋养着勤劳智慧的冶源人民。冶源人民在中国共产党领导下，创造了社会主义革命和建设的辉煌历史。新时期的冶源镇，正朝着全面建成社会主义小康社会的宏伟目标，在改革发展的道路上，继往开来，阔步前进，谱写着更加绚丽的篇章。

天穆镇志概述①

津门名镇

地理位置优越 天穆镇地处天津市中心城区北部，属于城区镇，至今仍有 5 个村在河北区、红桥区界内，俗称“市区队”，成为都市里的村庄。镇域南与河北区、红桥区相接，北与北仓镇、果园新村街相连，东与宜兴埠镇、小淀镇、普东街相界，西与青光镇、瑞景街、佳荣里街相邻，辖区面积 26.17 平方千米。域内地势平坦，略显西高东低；属暖温带半湿润大陆季风性气候，四季分明。土壤为适宜种植蔬菜的普通潮土。

京杭大运河之北运河穿镇而过，被誉为天穆人民的母亲河。京山铁路、京九铁路（津霸联络线）贯穿域内。20 世纪 50 年代始建的南仓铁路编组站，是天津铁路运输的重要枢纽，亦成为镇内货物吞吐的重要设施。京津、铁东快速路纵贯南北，天津中环线、西北半环快速路横跨东西。天穆镇交通四通八达，是通往京畿的咽喉要道。镇政府坐落于天穆村京津路东侧，距首都北京 110 千米，距天津滨海国际机场 15 千米，距天津港 45 千米。

民族特色突出 天穆镇是多民族聚集地区，尤以回族聚居为特色，其中天穆村是闻名全国的少数民族村，也是天津市最大的回族聚集村落。明永乐初年，回族与汉族同时定居境内，回族不仅在此地区逐步发展壮大，而且辐射天津市区、武清区及周边地区，形成天津地区回族中心区域之一。最先到天穆村落户的是明永乐二年（1404 年）来自浙江钱塘县的穆重和，穆姓创回族落居之先。境内回族在明代处于发展阶段。民国年

① 选自天津市北辰区天穆镇志编纂委员会编：《中国名镇志丛书·天穆镇志》，2016 年出版。

间，孙中山提出“五族共和”，回族得以兴盛。中华人民共和国成立后，党和国家的民族政策使境内回族发展壮大，社会地位显著提高。据2010年第六次全国人口普查资料显示，镇内有回族人口1.77万人，占全镇总人口的15.24%。

境内回族早期生产方式多以漕运、捕鱼为业；清末民国初，逐渐向经商发展，其中屠宰、贩卖牛羊肉成为主要职业。天穆牛羊肉业兴旺发达，远近闻名，多向天津市内及周边辐射；回族餐饮业、糕点业久盛不衰，民族文化、民族教育、民族体育发展迅速。著名的天穆清真北寺、清真南寺成为境内具有象征性的独特景观。1986年10月，天穆村建成回民食品街。

名贤英杰辈出 境内人杰地灵，志士名贤、商贾大亨、体育健将、戏剧名流，人才辈出。天穆村穆兴永开创的正兴德茶叶店被称为天津“八大家”之一。1934年，南仓村人孟少臣牵头筹资兴建的中国大戏院，时为全国第一座高档戏院，被誉为戏曲艺术的圣殿。天穆村是中国泳坛“穆家军”的发祥地，闻名遐迩的“游泳之乡”。1935年8月，穆成宽参加西人俱乐部在天津举办的万国游泳赛，获两项冠军，从此威名大震。20世纪40年代，在中国共产党的领导下，革命志士以境域为根据地，开展抗日斗争，域内人民为抗击日本侵略者和国民党军事武装，浴血奋战，做出重大牺牲和重要贡献。仅在1947—1951年就有刘继明、张双庆等10名英贤志士为国捐躯，先后被授予“革命烈士”。1987年，天穆村被批准为抗日根据地村。南仓村董海江1956年被评为模范民兵连长，出席全国民兵代表大会，并先后三次受到毛泽东主席的接见，毛主席还亲手赠给他一支半自动步枪，配有刺刀和200发子弹。

此外，为人和善、仗义疏财的穆成泰，弃官办学、广收学子的王德兴，清末、民国年间津门著名画师周让，回族魔术表演艺术家穆文庆，起义将领王学颜，学识渊博、德高望重的佛教界人士龚望等数十名志士名贤的事迹在镇内外广为传颂。

发展连创佳绩 历史上的天穆镇，“士勤于学，农精于耕，工长于技，商善于贾”，人民不但勤劳睿智，而且有着强烈的爱国主义精神。清代有义和团志士抗击八国联军入侵，在通京大道浴血奋战；近代有天穆村抗日根据地抗击日本侵略者，在艰难险境中英勇斗争。中华人民共和国成立后，天穆镇翻开了大发展、大繁荣的崭新一页。尤其是改革开放以后的三十几年间，天穆镇在中国共产党的领导下，深化改革，扩大开放，锐意进取，敢为人先，各项工作都走在全区前列。1986—2014年，镇村单位获得国家级各种荣誉46项。其中：1990年，天穆镇获民政部授予中国乡镇百颗星“全国最佳乡镇”

称号，首捧“大地杯”；1995 年，又被民政部评为“全国最佳乡镇”；1996 年，获“中国乡镇管理先进单位”称号，再捧“大地杯”；1997 年，获中宣部授予“全国文明乡镇示范点”称号；2009 年，获中央文明委授予“第二届全国文明村镇”称号。

1982—2014 年，天穆镇及所属单位共获市局级及以上奖项 273 项，其中获省部级及以上荣誉 111 项。天穆镇党委连续 4 次被天津市委命名为“先进党组织”，1997 年中宣部授予天穆镇“党委示范点”称号。

经济强镇

境内经济经历了封建、半封建时代的小农经济，中华人民共和国成立后 20 世纪 50 年代初期的互助合作经济，后来的人民公社经济，再到改革开放后的城郊型、外向型经济的发展历程。

产业转型升级 明清以来，域内产业结构以农业（含牧、副、渔）为主，兼有私营个体手工业和商业。随着村落发展，农耕渐兴，并借近城之便，商贸并举。清代，农业与商业为百姓主要谋生手段。民国年间，境内蔬菜种植和阎街花卉生产已具规模，培育出白庙芹菜、吴嘴小核桃纹白菜，至今盛誉不衰。20 世纪 30 年代，南仓村村民率先种植番茄，继而推广成为大众菜品。同期，境内挑担、推车经商者日众，冬闲时期更成为百姓主要营生。稍有资财者开设粮栈、米面铺，尤以经营牛羊肉业为盛。“天穆牛羊肉”成为天津市牛羊肉业金字招牌，至今仍雄踞市场。闫记酱制品颇有名气，其制作技艺已被列为区级非物质文化遗产名录。农业、商业的发展带动了手工业和早期工业的兴起，境内糕点业、砖瓦窑业及民间屠宰业、造胰业、制革业都曾兴盛一时。中华人民共和国成立后，20 世纪 60 年代始有社队加工企业。时重点发展蔬菜和副食品，成为天津市主要副食品生产基地，为城市服务。20 世纪 80 年代，乡镇工业异军突起。20 世纪 90 年代，镇内第一产业趋弱，现代化、科技含量高、多种经济类型并存的新型工业及规模商贸运输业繁荣兴盛。天穆镇由以农业为主逐步发展成为工商业重镇。1997 年 2 月，天穆镇被农业部评为“全国乡镇企业示范区”。

工商两业兴旺 工业企业由弱到强。因地处城乡接合部，镇内经济发展具有得天独厚的便利条件。20 世纪 80 年代始，镇办、村办、队办、户联办、个体办 5 级企业共谋发展。进入新世纪，高科技含量的工业企业形成规模，民营企业、三资企业如雨后春笋，蓬勃发展。铁东路产业园区成为镇内工业的主要载体，至2009年，建厂房85万平方米，引进各类企业399家，其中外资企业42家，从业人员1.5万人。“金锚”牌非金属台阶（梯子）已跻身中国驰名商标行列。2014年，全镇工业完成增加值31.6亿元，占地区生产总值的30.4%。镇内商贸业与工业发展同步，逐步形成一带四区：京津路黄金商贸带、铁东路专业市场（汽车贸易等）园区、顺义道朝阳路钢铁物流园区、奥园现代商贸区、大桂路学府商贸区，初显大商业格局。2014年，服务业增加值占地区生产总值的69.5%。

经济总量增加 20世纪50—60年代，域内的生产力低下，经济落后，固定资产仅限于社队仓库及役用畜、农机具等。改革开放后，逐步增加工业固定资产投入；90年代始，在大幅度增加工业固定资产投入的同时，加大商贸服务设施建设投资力度。2004年，全镇共有法人单位1402家，拥有固定资产原值48.17亿元；2014年，全镇共有法人单位3729家。

1977年，域内工业产值为1480万元；1987年，全镇工业产值达1.22亿元，成为北辰区第一个工业产值亿元镇。1994年，全镇完成工业产值11.49亿元，突破10亿元大关。

2004年，镇域工业增加值突破10亿元，达11.24亿元。2011年，全镇实现地区生产总值50.95亿元；2014年，全镇实现地区生产总值104.7亿元，三年翻了一番多。

2006年，全镇四级（国家、市、区、镇）财政收入1.8亿元，2010年突破10亿元。2014年，完成镇级预算收入4.4亿元。农村居民人均可支配收入1979年为335元，1988年超过1000元，1997年突破5000元，2006年实现1万元，2014年达到2.16万元。

古镇新颜

据史料载，距今5000年前境地成陆，再历2000年形成冲积平原地貌。境内村庄多形成于明永乐年间，先民多来自山东、河南、河北等地。从金至清，境内为漕运必经之地，作为元朝储积之地的南仓曾闻名一时。清代，康熙帝曾为境内白马庙题写“孤云寺”匾额，至今保存尚好。中华人民共和国成立后，特别是改革开放三十几年来，全镇人民艰苦奋斗，开拓创新，绘制美好蓝图，改变家乡面貌，使600年古镇展露新姿。

居住条件改善 早年，境内村民多居茅草屋、土坯房，砖瓦房极少，居住条件简陋。民国初年，德国人贝沙德在穆家庄建有一幢别墅。1979 年前，境内人均住房面积只有 3 平方米左右。1980 年后，村民普遍盖起砖瓦房。1983 年，马庄村在全区率先盖起二层村民住宅楼。进入 90 年代，随着经济快速发展和社会全面进步，新农村建设步伐加快。1993—1994 年，全镇共建村民住宅楼 7.98 万平方米；1998 年，有 12 个村新建农民住宅楼。跨入 21 世纪，为全面建设小康社会，推进城镇一体化发展，带动镇域城中村改造，结合城市重点工程，镇内掀起商品房、还迁房、经济适用房建设高潮，京津路旁、北运河畔高楼林立，旧貌换新颜。2007 年，天穆村整体改造工程启动，分期新建村民住宅楼 65 万平方米，总投资 22.5 亿元。至 2014 年，仅沿北运河和京津路即建天穆东苑、天穆西苑、蓝岸森林、南仓新苑等较大社区，其中天穆东苑 23 万平方米，南仓新苑 9.3 万平方米。全镇农民人均住房面积达到 33 平方米。至 2014 年，修建村级道路 73.8 千米，自来水入户率达到 100%，全镇实现给排水、供电、供气、供热与城市接轨，村民居住条件得到根本性改善。

生态环境向好 天穆镇持续实施“美丽天穆”工程，深入推进“四清一绿”（清新空气、清水河道、清洁村庄、清洁社区，绿化美化）行动，加强组织领导，制定工作措施，落实责任，相互协作，形成合力，竭力打造宜居宜业、舒心舒适的生态环境。丰产河畔、京津路旁、铁东路沿线绿荫成带，村头、巷尾、社区内“四季树绿，三季花香”，村民从原来“脏、乱、差”的简陋村舍迁入花园式的楼房社区。北运河畔风景秀丽，滦水园、御河园、娱乐园景致幽雅，著名书法家刘炳森欣然命笔题写“御河园”，时任中共天津市委书记张立昌题名“滦水园”。2005 年后，天穆镇又投入巨资对主要干道、重点社区实施净化、美化、亮化，增设城市家具，升级改造垃圾转运站，购置机扫、洒水、铲车等各类车辆，垃圾密闭运输和无害化处理率达 100%；超额完成节能减排任务，万元地区增加值综合能耗下降 20%，二氧化硫排放量锐减 40%，化学需氧量提前控制在国家标准以内，镇区环境面貌持续提升。2009 年天穆镇获“第二届全国文明村镇”称号，2011 年被评为“全国环境优美乡镇”。

百姓生活无忧 自天津解放以来，域内村民即享受社会救济、劳动保障等多层面的社会保障。1949 年 1 月 15 日，天津解放。市民政局即于当日在张兴庄、丁字沽等处设立粥厂，以每人日供小米 1 市斤标准救济难民。1972 年，刘房子村、郭辛庄村即实行村民退休养老金制度。刘房子村每人每月退休金为 7~10 元，每年递增 20%；郭辛庄村两次调整退休金标准，并为老年村民办理了社会统筹养老保险。改革开放以后，镇内各村均制定养老、医疗、奖学金方面的相关规定，体现社会主义制度优越性，努力实现改革成果共享；统筹解决务农人员养老，保障退休金按时足额发放。自 1993 年 1 月始，柳滩、霍嘴、东于庄、阎街等村相继为村民缴纳社会保险，男 60 岁以上、女 50 岁以上村民每月可领取 670 元保险金，最高达到 900 元。2007 年开始，全镇农村居民全部办理社会统筹养老保险。2008 年，对 60 岁以上老年人进行体检、建档和常见病筛查跟踪服务，做到了老有所养，病有所医。

天穆镇作为城区镇，有常住居民 11 万余人，历史遗留下岗失业、无业人员存量较大。2004 年，在全区春季大型招聘会上，800 余名求职者找到就业岗位。2008 年，镇政府成立重点企业调查组，完成 50 家规模企业调查工作，为急需用工企业提供人力资源，实现了稳定就业和企业生产双赢。2014 年新增就业人口 2007 人。

事业兴镇

境内自古民风淳朴，重教兴学，文化积淀深厚，医药卫生特色明显，享有“游泳之乡”“摔跤之乡”“花毽之乡”“小品之乡”的美誉；天穆村办骨科医院、非营利性民营医院——北门医院，不仅惠及乡里，而且走向市内，蜚声国内外。

文化底蕴深厚 清代乾隆年间（1736—1795 年），民间花会盛行，至光绪年间（1875—1908 年），活动不断。民国时期，战乱频繁，境内仍有花会 7 道，出现了周啸天、“大天一”（穆文庆）等戏剧、杂技艺人。中华人民共和国成立后，王庄顺和高跷会代表天穆镇花会几次赴京表演，并参加电影《大决战》的拍摄。1989 年，镇政府举办首届“天穆杯”话剧小品大赛，后被列入天津市田野文化艺术节系列活动之一。2008年，镇举办首届“天穆杯”全国小品展演，成为天津市两个全国群众文化品牌之一（另一个为“和平杯”中国京剧票友邀请赛），至 2014 年，已成功举办 4 届。

体育人才济济 体育活动在乡里素有广泛的群众基础。清末，民众普遍习武以健体防身，曾出现数名武林高手和“少练会”等团体。其后，摔跤、游泳、自行车、篮球等日渐兴盛，其中游泳业绩最为突出。中华人民共和国成立后，村际篮球比赛时有举行。20 世纪 90 年代，连续举办“天增杯”篮球邀请赛，促进篮球运动的普及。摔跤、游泳传统项目，培育了众多人才，不断向市和国家队输送运动员。1994 年，镇内广泛开展全民健身活动。1996 年，天穆镇被命名为“全国亿万农民健身活动先进乡镇”。进入 21 世纪，镇内竞技体育和民间体育活动更为规范，相继建立穆祥雄游泳俱乐部、天穆摔跤柔道搏击体育俱乐部、摔跤武馆、通广花毽毽球体育俱乐部等。体育普及，人才辈出。2000 年，时洪亮在“巴黎市长杯”中国式摔跤邀请赛中，获 73 公斤级冠军；垒球名将穆霞在悉尼、雅典奥运会获佳绩。2008 年，泳坛名将穆祥雄成为北京奥运会会旗执旗手，花毽女将穆丹在奥运会羽毛球赛场进行了精彩的花毽表演。

教育优先发展 清中叶，域内就有捐资办学义举，有塾馆 10 余处，以天穆“王记大书房”为最。天穆小学现已成为百年老校。中华人民共和国成立后，政府优先发展教育，增加教育投入，调整学校布局，改善办学条件，兴办幼儿园所，开展扫盲和成人教育。1987 年，镇内推行九年义务教育；1991 年，天穆镇被命名为天津市“普九”达标乡镇。1995 年，镇内创建天津市民族中等职业技术学校（简称民族中专），2005 年民族中专被批准为国家级重点中等职业学校。2002 年，南仓中学成为天津市示范高中校。

医疗惠及民生 中华人民共和国成立后，政府努力改变农村缺医少药的局面。1951 年，镇建联合诊所。20 世纪 60 年代末，各村建红医站。1975 年，东风卫生院扩建，1976 年更名为天穆公社卫生院，医疗条件大改观。1990 年，全镇建设初级卫生保健网络，其中王庄等村建成甲级卫生所。2003 年，天穆骨科医院大楼投入使用，成为全市规模最大的村办医院。

回首过去，成就不凡；展望未来，任重道远。全镇人民将在中国特色社会主义的旗帜下，持续奋斗，继往开来，齐心合力创业，建设美好幸福家园，为早日建成天津北部经济中心而开拓创新，积极奉献。天穆镇这颗京津（路）黄金走廊上的璀璨明珠，必将在天津这座现代化大都市的美丽画卷中，更加夺目。

天上瑶池人间汤池（庐江县）①

汤池镇地处大别山东部余脉，位于安徽省合肥、安庆、六安三市交界，属合肥市庐江县管辖。距合肥市73千米，庐江县城23千米。总面积98平方千米，辖12个行政村、1个街道社区，15036户49396人。

汤池以温泉而得名。汤池温泉具有“水温高、水质好、涌量大”三大特点，被称为“华东第一泉”。自古以来有众多文人雅士、政要名流到汤池濯足沐浴，享受泡汤之乐，留下诸多足迹、诗文。

汤池环境优美，山清水秀。境内地势南高北低。南部重峦叠嶂，群峰竞秀；北部沃野平川，村庄密布。镇内第一高峰老和尚包海拔598米，登顶可南看万里长江，北观百里巢湖。金汤湖水碧波荡漾，清澈见底，舒庐干渠蜿蜒曲折如一条银色缎带，飘逸在汤池山水之间。以此分成的南山北畈，湖光山色，交相辉映，田园风光，山环水绕。

“千年儒释道，万古山水茶”。汤池古有9寺8庙13庵，现存的千年道教仓神庙、玉虚观遗存左慈真人的仙风道骨；名刹白云禅寺、泗州庵，为舒、庐、桐三县佛教圣地；学儒尊孔，在汤池源远流长。汤池出土的春秋吴王光剑是安徽省博物馆镇馆之宝，二姑尖四言诗墓碑见证张良曾到此隐居，果树宋代古窑场大量陶器残片至今仍堆存。

汤池生态资源丰富，盛产茶叶和特优山珍，素称“名茶之乡”。兰花茶自古香飘千里，“白云春毫”为安徽省十大品牌名茶。千年银杏全身是宝，六百年山茶花花红叶茂。阴阳山川生长着名贵中草药杜仲、红参、灵芝、天麻。珍禽异兽在优越的自然环境中繁衍生息：如画眉、百灵鸟、杜鹃、野鸡、香獐、菜瓜蟒、穿山甲等。汤池一绝“百花

① 选自安徽省庐江县汤池镇志编纂委员会编：《中国名镇志丛书·汤池镇志》，2017年出版。

菜”为席中珍品，“神韭菜”乃稀世佳肴。汤池四季有花，终年常绿，人们可随时品尝新鲜瓜果和野味山珍。

汤池人杰地灵，英才辈出。卷帘将军芮巽公助宋神宗，保大宋江山；大都督夏尚忠统率全军，受明皇光宗嘉奖；常胜将军蔡邦清，受慈禧诰封；辛亥革命孙中山任命严陵为长江中下游革命军司令；少将师长江惟仁与日军血战蒙城，为国捐躯；毕业于黄埔军校的陆军中将严鸿基、兰州防空司令严武扬，率军抵抗日本侵略者，久战沙场；北洋政府代国务总理江朝宗的秘书江奇武，代表中国政府两次处决日本战犯。中华人民共和国成立后，汤池籍的省部级干部、将军等知名人物不乏其人，旅外有识之士和文化界、科学界名人层出不穷。

美好的山水孕育着汤池灿烂的文化。《咏汤坑泉》是王安石到汤池濯足沐浴的千古绝唱；《温泉序》乃清朝桐城派文人戴名世佳作，载入《南山集》；抗战岁月，叶挺在百花寨立马作诗“云中美人雾里山”，传为佳话。中华人民共和国成立后，汤池夏云扬创作的民歌唱出国门，传到东欧和南亚，“是谁绣出花世界，劳动人民手一双”镌刻在人民大会堂安徽厅的门联上。以汤池的山水、人文、习俗为题材和场景拍摄的电影有《野妈妈》《老少爷们》《返乡》，电视连续剧有《孔雀东南飞》《墨痕》，无不反映着汤池的人文故事和山水情怀。汤池的山水风光一次又一次地被搬上银幕、荧屏和文艺舞台；黄梅戏、庐剧、曲艺展现境内的人文传统、山乡韵味和民俗风情；集诗歌、散文、楹联的“夏家文章”远近闻名；根雕工艺被称为“立体的画，无声的诗”，更得名家欣赏。

汤池人民具有光荣的革命斗争传统。唐朝黄巢起义席卷全国，柏文秀揭竿而起，举义旗、纳众军、驻扎百花寨。抗金名将岳飞派遣牛皋进驻牛王寨，严家窑场专为牛家军烧置钵壶陶器，供其装干粮盛饮水与金兵作战。太平军英王陈玉成之妹陈银花进军百花寨，山民引路相扶，活捉清军首领柏生采。辛亥革命中“严家军”攻克庐江县城，宣告清廷在庐江的灭亡。熊先野发展地下党组织，最早在果树成立党支部，带领汤池人民打游击、闹革命，威震山乡。荷包山中日之战，汤池父老支前送饭，支援川军抗战。战后百姓掩埋阵亡将士尸骨，堆兵坟、立墓碑，至今仍每年扫墓，告慰忠魂。1939 年 5 月，叶挺、张云逸率部到汤池严家松园，成立新四军江北抗日指挥部，鄂豫皖区党委、中共舒无地委、庐江县委相继迁至汤池严家松园。汤池一时成为江北抗日指挥中心、华中地区党的领导核心所在地、皖中抗日根据地。在那难忘的年代，中国共产党的领导人和新四军高级将领云集汤池小镇。美国记者、进步作家史沫特莱专程从延安赶到汤池，采访江北指挥部。汤池的父老乡亲与新四军官兵鱼水相依，血肉与共，团结一致，共同抗日，涌现出送子参军、送郎参军的动人场面。汤池有500多名英勇儿女参加新四军，北上抗日，转战南北。解放战争期间，刘邓大军挺进大别山，三纵八旅二十四团两次行军歇宿汤池，父老乡亲腾屋让房，送柴送米，踊跃支前。1949年，老百姓夜以继日修公路，抬担架，送水送饭，支援解放军过江。战火纷飞的年代，54名英烈抛头颅、洒热血，千古流芳。汤池人民为解放全中国贡献出巨大的力量。

中华人民共和国成立后，人民翻身做主人。汤池人民在中国共产党的领导下，为建设社会主义做贡献。经过土地革命、农业合作社、人民公社，依靠集体的智慧和力量汤池人民再造山河，修路筑堤，开挖舒庐干渠，引水灌溉，造福后代。中共十一届三中全会以后，农村面貌焕然一新，人民生活明显改善。

进入21世纪以后，经济发展突飞猛进，人民收入显著提高。2014年，汤池城乡人均年纯收入达10730元。手机用户普及率100%，城乡居民医保和社保率100%，电脑使用率43%。高档电器进入平常百姓家，全镇拥有私有汽车1907辆，风格各异的居民商住楼林立。2013—2014年政府投资4亿多元，新建7446套居民安置房，汤池人民全面实现奔小康。

汤池的城镇建设步伐加快，城镇面貌日新月异。2014年，城镇设施投资较上年同期增长28.7%，创历史新高。一批基础设施工程快速推进，标志性建筑雄伟屹立。城镇服务保障能力显著提高，基础设施建设力度进一步加大，中心城镇地位明显加强，城镇化建设品位得到大幅度提升。围绕美好乡村建设，汤池培育中心村，整治自然村，提升特色村，畈区更具田园风光，山区更具山村特色，街道更具现代风韵。

汤池丰富的地下温泉资源，优美的自然生态环境和独特的区位优势，吸引着众多商贾、游客投资旅游。20世纪80年代，先后有13家省、地、县的疗养所、招待所、宾馆到汤池落户。21世纪后，汤池拉开了旅游大开发的序幕。全镇加快旅游发展步伐，抢抓机遇，乘势而上，加大开发力度，全面提升旅游发展水平，使汤池旅游开发有了实质性的进展。2011年安徽省行政区划部分调整，汤池随同庐江县整体划入合肥市，纳入“大湖名城、创新高地”范围之内。合肥市委、市政府高度重视汤池旅游开发，面向国际招标，制订了汤池国际旅游度假区规划。汤池迎来了良好的发展机遇，为打造“国际知名、国内一流”温泉旅游度假区奠定了基础。到2014年，众多旅游开发单位应运而生。

“天上瑶池，人间汤池。”众多国内要员、商贾、名流和外国元首、政要到汤池观光、旅游、考察、度假，汤池的名片传到海内外，汤池的美誉度不断提升。

1996年以来，汤池镇先后被列为安徽省重点小城镇建设试点镇、安徽省江淮十大名镇、安徽省最佳旅游乡镇、全国生态镇、国家AAAA级旅游风景区。2007年百花村被评为“全国绿色小康村”。2013年全国50多家媒体参与举办的“发现·2013中国最美村镇”评选中，汤池名列第一。2014年果树村又获“牵手·2014中国最美村镇”循环发展奖。2014年汤池镇同时荣获安徽省特色景观旅游名镇、安徽省“十大自驾游目的地”称号。

史册载沧桑，数典展宏图。抚今追昔，无比自豪。展望未来，任重道远。汤池人民决心以史为鉴，以史资政，站在历史与未来的交汇点，上下一心，攻坚克难，积极谋划，锐意进取，建设美好家园，奔赴伟大征程，用勤劳和智慧谱写出更加绚丽夺目的新篇章！

小榄镇志概述[1]

据史料记载：南宋绍兴二十二年（1152年）小榄建村[2]，一直隶属于香山县（今中山市）[3]，至今已有863年历史，小榄人杰地灵、物阜民丰，是一座具有浓厚岭南特色的古老城镇。经过历代小榄人的努力，创造了深厚的文化底蕴和优越的人文环境，推动了小榄经济发展和社会文明进步。

改革开放以来，依靠党的富民政策和全镇人民的共同努力，小榄镇经济社会各项事业取得了令人瞩目的成就，尤以特色经济和传统文化为著，先后获得“中国乡镇之星”“国家卫生镇”“全国文明村镇”“全国村镇建设示范镇”等170多项国家和省级荣誉称号，并被联合国开发计划署确定为“中国可持续发展小城镇试点”，在全国综合实力百强镇中居于前列。2006年7月，中共中央政治局委员、广东省委书记张德江到小榄镇实地考察后，认为小榄镇是广东省建设社会主义新农村的“排头兵”，也是全面建设小康社会的榜样。2012年12月，小榄镇参加了中共中央总书记习近平在广州召开的经济工作座谈会。

菊城，乃宜业之城、文化之城、宜居之城、和谐之城。

① 选自广东省中山市小榄镇志编纂委员会编：《中国名镇志丛书·小榄镇志》，2016年出版。

② 参见〔明〕嘉靖《香山县志》卷一，《坊都》，宁安乡。

③ 香山县，1925年4月改名为中山县；1983年12月，中山县撤县设市，改名中山市（县级市）；1988年1月，中山市升格为地级市。

一

南宋绍兴十三年（1143 年），古海湾西北岸已冲积成陆。绍兴二十二年（1152 年），香山立县小榄建村后，村民围海造田，在这块肥沃的土地上安居乐业，开创了小榄的小农经济，成为香山县第三个农业地带。明末，奠定了小榄的桑基鱼塘生产布局，鱼米之乡一直延续到中华人民共和国成立后改革开放前。改革开放后，农业生产发生了根本变化，花木成为主导产业，小榄也获“中国花木之乡”称号。

宋末的南下移民潮，不但给小榄带来中原先进的农业耕作技术，还传入农业生产工具和生活日用品及其制造技术。元朝中叶，随着小榄农业的发展，家庭中的铁、木、竹制农具和生活日用品，以及丝、麻织品等手工业生产相继兴起。明洪武年间的“屯田”促进了农业的大发展，与其配套的农业生产工具和人民生活日用品需求日益增多，供求关系的出现，逐步促使自然经济解体，部分屯兵从农业分离，从事手工业生产，铁、木、竹制生产及生活用品的生产作坊应运而生，小榄出现手工业的雏形。清康熙元年（1662 年）小榄乡的手工业已经成行成市。

1925 年开始，小榄的小型企业相继兴起。1941 年，开始使用蒸汽机，小榄生产的土丝产品经香港出口。

中华人民共和国成立后，经过对私营工商业、手工业、农业的生产资料所有制的社会主义改造，小榄经济走上了集体化道路，乡镇企业开始形成并逐步发展。

1978 年改革开放后，小榄获得了难得的发展机遇。小榄镇大力发展来料加工，补偿贸易，扩大商品出口，除直接向港澳提供鲜活产品外，还出口名牌特产菊花肉、脱水蔬菜、水果、花木等 20 多种。小榄公社埒西二大队出现了当地农村第一个农民“万元户”——黄新文。1980 年，永宁大队集体资产和农副业总收入均超过 1000 万元，成为“千万富翁”。小榄公社（区）成为工农业总收入超亿元公社（区）。小榄五金机械、电子音响、制锁、制衣制鞋、食品饮料、印刷、工艺木器制品等行业发展迅猛，1985 年，成为广东省首批重点工业卫星镇。1986 年，小榄镇被誉为“南方锁城”。

1999 年，小榄镇加快经济体制改革，以适应市场经济发展的需要，全面铺开了企业体制改革，通过“关、停、并、转”，把一批集体所有制企业转让给经营者，鼓励、支持民营企业发展。企业改制，改善了全镇集体资产质量，调动了企业所有者、经营者的积极性，促进了生产力的发展。同时，积极引进和兴办外向型的高新技术企业，大力发展非公有制经济，鼓励和支持私人资本参与各种生产领域，特别是高新技术产业和新兴服务业的投资开发。通过引导、扶持、服务，促进个体私营企业上规模、上档次、上水平。

2000 年，在小榄镇南部规划开发了占地 2 万亩的小榄镇工业基地。2014 年，已有 200 多家国内企业，以及 26 家来自美国、日本、意大利、法国、韩国、澳大利亚等国及中国港澳台地区的独资或合资企业进入小榄镇工业基地，其中规模以上企业 100 多家，成为全镇经济的主要增长点。

小榄的商业与贸易源于明清。明洪武年间，军队屯田，大榄村一带已成为人烟稠密之地，夜市兴旺。随着小榄农业结构中经济作物比重增加，手工业兴起，商品生产开始形成；土地兼并，地主富商产生，科甲日盛，名门望族增多，供求关系增大；人文环境优越，水陆交通便利，毗邻港澳贸易开始出现，为小榄提供了良好的营商环境。

明朝中叶，经济中心由大榄转向小榄，小榄已成为商业繁华的圩市，“三圩六市集于乡中”①。

清末，“榄都茧市，岁入百余万两”，② 占香山县蚕丝出口的 2/3。

1912 年，外国商业资本开始渗入小榄市场，外国三大煤油公司在小榄设代理商。大庙前、南门直街至新市一带，已成为地方金融、百货和饮食的商业区。1923 年，小榄工商业占经济的重要比重使其成为消费城镇。1940 年，日寇攻入县城小榄沦陷，经济、社会处于畸形状态，洋货与奢侈品进进出出，小榄成为沦陷区与内地之间的物资交流转运交汇地。

中华人民共和国成立后，小榄的主要经济成分为单一的集体经济。

改革开放后，小榄商贸、旅游、饮食等传统服务业迅速向规模、专业、集约发展。同时，实施“强中、优南、拓北”现代服务业发展战略，打造“一轴三圈”（民安路中轴线和中部、南部、北部商圈）的格局，构建金融、电子商贸、物流、商住、文化旅游、休闲娱乐等现代服务业。

2014 年年底，小榄镇有 3 个国家级产业集群（中国五金制品产业基地、中国电子音响行业产业基地、中国内衣名镇），有 114 个国家和省级名牌名标。形成了五金制品、

① 〔明〕李孙宸：《两榄风景地势图说》。
② 〔民国〕《香山县乡土志》。

电子电器音响、食品饮料、化工胶粘、服装制鞋、印刷包装、LED 新光源等支柱产业。2015 年 6 月底，有 6 家上市企业、7 家中山市市级总部经济企业、5 家小榄镇镇级总部经济企业。①

2014 年，全镇地方生产总值 271.3 亿元；税收总额 52.43 亿元；固定资产投资 44.63 亿元；社会消费品零售总额 100.5 亿元；外贸进出口总额 28.85 亿美元；社区集体经济收入 12.4 亿元，股民人均分红 6130 元（含福利）；年末工商注册登记户 37128 户，其中工业企业 11893 户；三次产业比例为 0.3∶58.6∶41.1。

二

小榄有 863 年的历史，积淀了深厚的传统文化，尤以菊花文化为盛。明清时期的“菊试”“菊社”，六十年一届的甲戌菊花大会，菊花文化艺术节、菊花欣赏会、菊花品种展评会，“第九届中国菊花展览会”，2008 年后每年一次的“小榄菊花会”……岁岁黄花，菊韵流长。小榄菊花栽培、菊艺扎作、造景等技艺精湛，推陈出新，代表了岭南艺菊流派。小榄被命名为“中国民间艺术（菊花文化）之乡”和“中国菊艺之乡”。“小榄菊花会”列入首批国家级非物质文化遗产名录，“小榄菊花传统饮食习俗”列入市级非物质文化遗产名录。菊花被定为中山市市花，小榄镇有一批道路、经济联合社、企业、学校以“菊城”命名，菊花文化融入小榄社会经济生活的方方面面。

小榄镇特色文化百花齐放，聚集了一批广府文化精华，先后被命名为“中国民间艺术（书画）之乡”“中国民间文化艺术之乡”，还是“中国书法家创作培训基地”。“小榄赛龙艇”“小榄民间刺绣（传统美术）”列入省级非物质文化遗产名录，“小榄花灯制作技艺”列入市级非物质文化遗产名录。

小榄镇“一社区一品牌”文化工作特色明显。至 2013 年，全镇各社区均设有图书馆、文化室和文化广场，并常年免费开放。美术、书法、文学、摄影、曲艺、武术、广场舞等 60 个文化体育团体经常开展丰富多彩的群众文化活动，并定期举办新年音乐会、青少年书画比赛、五人龙舟赛和送戏、送影、送展、送书、送教“五下乡”活动，打造

① 总部经济企业为市级和镇级两类，分别见中山市人民政府《关于鼓励发展总部经济的若干意见》（中府〔2011〕1 号）和中山市小榄镇人民政府《关于印发小榄镇鼓励总部经济发展暂行办法的通知》（榄府〔2012〕21 号）。

全镇“10 分钟文体生活圈”，实现城乡文体服务一体化发展。2010 年，小榄镇获得“广东省《南粤锦绣工程》文化先进县”称号。2014 年，小榄镇被定为“广府文化（中山小榄）生态保护实验区”。

小榄镇体育设施不断完善，群众体育运动蓬勃发展。20 多次成功承办国际级、国家级的乒乓球、篮球、毽球、拔河、五人龙舟、沙滩排球等项目的赛事。2013 年，小榄镇被授予“全国毽球之乡”称号。小榄镇两次被评为“全国群众体育先进集体”。

小榄有尊师重教的优良传统，始终把教育摆在优先发展的战略地位，实施“科教兴镇”战略和现代化教育理念，确保教育适度超前发展。1996 年，全镇已初步构成学校教育系统、计算机网络教育系统、行业（企业）教育系统、社会教育系统的教育体系。2003 年，小榄镇被评为“广东省教育强镇”，省评估专家认为小榄镇是“珠三角发达地区农村镇积极推进教育现代化、城市化的一个典型”。2005 年，小榄全面高标准实现 12 年基础教育，12 月，建斌中学被评定为“国家级重点中等职业学校”。从 2006 年起，采用积分制招收异地务工人员子女入读小榄公办学校。2007 年，小榄镇实现从幼儿园到高中的 15 年教育。全镇已形成学校、社区和政府互动良性发展的大教育局面，并向均衡优质和现代化教育发展。

三

小榄地处珠江水系西江下游，东海水道、小榄水道、横琴河和拱北河环抱，镇内河涌纵横、小桥流水、绿树成荫，村落遍布。历史上为中山北部著名水乡。

中华人民共和国成立后，特别是改革开放后，随着经济发展和乡村城镇化，小榄高起点规划，高标准建设，高效能管理，着力完善民生基础设施配套，打造四通八达的交通网络，打造区域生活商圈，打造住宅小区和休闲娱乐服务区，营造宜居之城。

2002 年 10 月，小榄镇政府委托清华大学建筑学院与小榄镇规划勘测设计室共同编制《中山市小榄镇总体规划纲要》，按生态城镇和可持续发展的标准，把全镇分为三大区域，北部和中北部规划为商住、生态区，中部的花卉苗木生态农业经济区为绿化隔离带，南部为工业经济区，妥善处理功能分区、环境保护、生态平衡、交通管理、人文景观等问题。

1991 年 3 月开始，经过三年的大规模建设，于 1994 年年底，已基本形成 6.03 平方千米的新城区。1995 年，小榄镇被建设部评定为“全国小城镇建设试点镇”。1996 年和 1999 年两次被建设部评为“全国村镇建设先进镇”。

同时，小榄加快城镇基础设施的配套建设步伐，镇内拥有自来水厂、污水处理厂、发电厂等基础设施。

广珠（广州—珠海）城际轨道和中山（小榄）—江门支线交汇中心的小榄枢纽站的设立，使小榄成为广州、佛山、深圳、珠海、江门等大中城市的交通枢纽之一。以“群众出行方便、客人来榄便捷”为目标，构筑 105 国道、民安路、中开（中山—开平）高速小榄支线、广中江高速（原名江番高速）、新沙水公路（现沙水公路、环镇南路）、珠三角环线高速（中江高速）的“三纵三横、内畅外联”交通新网络，极大地完善了小榄及周边镇区对外交通网络。启动镇内民安路、环镇北路、环镇西路、新沙水公路、菊城大道“日”字型环镇道路改造规划。

按照协调发展战略，小榄镇开展了新城区建设工程，改造新城区道路，建设星级酒店、文化、体育场馆和展览中心，修建了集休闲、娱乐、购物于一体的大信新都汇、顺昌广场、118 向明广场等。

2007 年，镇政府和沿途社区投入巨资改造长达 6.8 千米的“水色匝”，处理污水，扩宽河道，修复岸墙，重建桥梁，植树绿化，恢复水乡秀色。

修建了美加花园、建华花园、维港湾、龙山华府、联祥花园等一批高级住宅小区，大大改善了小榄人的居住环境。

小榄镇被评定为“广东省生态示范镇”“全国环境优美乡镇”“全国造林绿化百佳乡（镇）”“国家园林城镇”。

2014 年，小榄镇被定为中山市城市副中心。

四

改革开放后，小榄镇全面展开农村土地承包责任制、集体经济管理和分配体制、城乡社会服务体制等改革，全面铺开了全民社会保障、全民素质教育、全民修身善行、全民创业就业、全民健康等民生工程，加快了城乡一体化进程，提升了群众幸福感，促进了社会和谐。

自 2001 年起，分阶段实施了城乡一体化三项改革。2001 年实施了农村股份制，建立起新型农村集体经济管理体制，使农民权益得到固化，让农民可以放心离开土地去从事自己擅长的职业，推动了农村富余劳动力向第二、三产业的转移，实现了农民离土不离乡。2003 年实施了村委会一级经济核算，科学合理配置和综合使用各种资源，促进经济发展，提高股民分红额。2004 年实施村委会改为社区居委会（简称村改居），实现了农村经济发展与社会事务管理分开，推动城市管理体制向“村改居”后的社区延伸，使农民在就业方式、行为习惯、思想观念等方面向城市文明转变，为农民向市民转型奠定基础。2014 年，小榄城市化水平和城镇人口比例均达到 92% 以上，有效促进了农业社会向工商业社会的过渡转型。

自 2005 年始，全面推进“三个一”民生工程，确保“每一个有就业愿望的劳动力都有一份工作、每一个居民都有一份医疗保障、每一个适龄居民都有一份社会养老保险”。不断加大对低收入家庭的帮扶力度，成立小榄镇慈善会，开展重大疾病医疗救助、建造解困房、推进砖瓦房改造工程等一系列社会救助活动。制定残疾人生活就业保障工作意见，让弱势群体在生活、医疗、住房、子女就读等方面有所保障。

开展全民基础素质教育，为全镇 17 岁以上未达到高中文化程度的居民和异地务工人员提供学习提升的机会。小榄镇与中山市职业技术学院合作创办小榄学院，设全日制大专班，开展高水平的职业技能培训，为区域产业发展培育高素质的技能型人才。

通过设立修身公园、修身学堂、社区学院，全面开展全民修身行动，“崇德向善”蔚然成风。开展“创益菊城”行动，推广传播公益文化理念，激发全民公益热情。成立小榄镇公益事业发展中心，搭建资源推广募集和项目孵化培育两大公益服务平台，推动公益事业创新，实现社会管理创新与社会公益事业融合发展，使人民群众能够享受到更优质、更专业、更便捷的社会服务。

加强公共就业创业服务体系建设，成立社区教育创业就业办公室和菊城人才市场，通过营造创业氛围、开展创业技能培训、提供创业资金、搭建创业平台等措施，帮助高校毕业生等重点群体就业创业，实现全民创业就业。

小榄人民医院（全国首家镇办“三甲医院”）和陈星海医院（二甲医院）两家镇属医院，是中山北部重点医院，为小榄及附近镇区群众提供优质医疗服务。

小榄镇按照“政府主导、社区主办、医院管理、便民利民”模式建设的 20 家社区卫生服务站覆盖全镇各社区，承担公共卫生和家庭病床、签约家庭医生等服务，构建起“小病在社区，大病到医院，康复回社区”的卫生服务格局。

小榄镇建有食品加工基地、农业检测服务中心和40多个食品快速检测点，构筑“从农田到餐桌”的全程监测网络。小榄镇被遴选为首批国家食品安全示范县（区、市）。

综上所述，小榄镇得风气之先、得地利之便、得人文之优，传承和发扬“团结、求实、拼搏、向上”的小榄人精神，勇于改革创新，勇于先行先试，走出一条符合自身实际的科学发展道路，进入了经济发展、民生改善、文化繁荣、安定有序、充满活力、社会和谐的良性发展时期，并朝着小康社会迈进。

侗乡之都　曙光之城①

从明洪武十八年（1385年）至2015年，德凤镇所在地黎平古城，已经走过了漫长的630年。600多年前的古城风貌，如今虽然痕迹已稀，翘街却容颜不改。翘街街区古色古香的封火墙、四合院、古巷、古井、老字号商铺和会馆等明清建筑群，多数都保留到了今天。

还是卫城的时候，这座军屯堡里的居民都是旗军、屯军及其家眷，人们有事出征、无事屯田。明宣德九年（1434年），黎平府署从官团寨迁到这里，从此这座军屯堡进入"府卫同城"时期，曾经的五埳寨之地，变成五开卫署、黎平府署同城并治的繁华之城，集政治、军事、经济、文化于一身，成为"上卫三楚，下控百蛮"的战略要地。明洪武时期楚王朱桢，明末农民起义军领袖李自成，明末忠臣何腾蛟等，都曾经辗转于黎平府卫之城；清朝石达开、吴三桂、胡林翼、张广泗等，也都到过这里或在黎平府中任职；中国土地革命战争时期毛泽东、周恩来、朱德等中国工农红军领导人，更是在古城翘街扭转乾坤，指挥中国工农红军由失利走向胜利。所以德凤古城被誉为"屯军拖来的城堡""中国革命胜利伟大转折之地""见证中国革命的曙光之城"。如今的翘街街区，浓缩着军屯文化、府卫文化、商贸文化、侗族文化、红色文化等文化元素与记忆，呈现出兼容并蓄的文化魅力。翘街被评为"中国历史文化名街"，位于翘街的黎平会议会址获"全国青少年爱国主义教育基地""全国100个红色旅游经典景区"等殊荣。

唐代诗人孟郊有这样的诗句："旧闻天下山，半在黔中青。"旧时的黔中郡，包括今天的德凤境域。地处低纬度、高海拔区的德凤镇，属中亚热带温暖湿润季风气候带，冬

① 选自贵州省黎平县德凤镇志编纂委员会编：《中国名镇志丛书·德凤镇志》，2017年出版。

无严寒，夏无酷暑，四季分明，最高海拔983.3米，最低海拔480米，森林资源丰富。木材成为历史上富郡的重要财源，有“林兴则百业兴，林衰则百业衰”之说。清道光《黎平府志》记载：“天之所以利黎平者在此，黎民之所以为生计者亦在此。”德凤及周边地区各族人民，祖祖辈辈“靠山吃山”，通过封山育林、人工造林、严格护林，保持了林业的可持续利用，所产木材远销两湖、两广。1999年，黎平县德凤镇等乡镇，被列为国家长江中上游天然林资源保护工程试点，实施了天然林资源保护工程、退耕还林工程、防护林工程、自然保护区建设工程等，林地面积逐年扩大，活立木蓄积量逐年增加。2015年，全镇森林面积达18106.6公顷，森林覆盖率高达77%。境内树木种类多达700余种，有秃杉、香果树、红豆杉、深山含笑等国家珍稀树种，有花坡、石井山等大型国有林场和村社林场，有南泉山、五里江库区等生态保护区。青山绿水，环境秀丽。

德凤地处侗乡腹地，侗族和汉族人口占绝大多数，民族风情浓郁，民族文化丰富多彩，设卫、建府以来，长期是这片地域政治、经济、文化的中心。悠久的历史，深厚的文化积淀，德凤人才辈出。明清两代，黎平府属先后出进士30人，其中文进士22人、武进士8人，出举人236人，其中文举184人、武举52人，文官武将足迹遍布京城上下、大江南北，名满神州。如，明大理寺少卿龙起雷、翰林院大学士兼兵部尚书何腾蛟、吏部尚书梅友月、东莱太守朱万年等安邦济世人物，还有明工部尚书陆沧浪、翰林院典簿胡长新等贤达，都谱写了德凤人骄人的事迹，推动了德凤的历史文化发展。中华人民共和国成立后，各类学校相继在德凤创办，教育事业蓬勃发展，形成了包括幼儿教育、小学、中学、中专和成人教育等教育体系，各中学每年考取各类大、中专院校学生都在千人以上。2009年10月30日，以黎平县人民政府为申报主体的侗族大歌，成功入选“人类非物质文化遗产代表作名录”，德凤因此成为人类非物质文化遗产侗族大歌遗产地之一。

中华人民共和国成立后，德凤各项事业发生了翻天覆地的变化，尤其是中共十一届三中全会以来，随着改革开放的不断深入和西部大开发政策的实施，德凤镇社会、经济、文化全面发展，城乡面貌日新月异，人民生活大大改善。从1999年开始，按照“规划先行、路网带动、开发新区、盘活土地、运营城市”的城市经营理念，先后实施了平街扩建开泰路、清泉路、正阳路、黎阳大道、五开大道等城市路网建设工程，城内基础设施建设取得突破性进展，形成了“两横四纵”的城市道路格局。房地产、商贸、旅游、服务、运输、电子商务等一大批企业兴起，成为支撑经济发展的重要力量。黎平机场、黎洛和三黎高速公路、机场大道等一批重大工程项目的实施，使以德凤为中心的交通网络形成辐射，开通了直达宁波、温州、石家庄、北京、上海、重庆、长沙、桂林、广州、贵阳、深圳、东莞等地的长途客车运输线路，黎平机场开通了黎平—贵阳、黎平—广州、黎平—上海、黎平—长沙、黎平—重庆等航班，交通运输实现跨越式发展。2010 年，德凤所在地启动了城北新区 250 公顷控制性详细规划、城南小区 200 公顷修建性详细规划及县城行政事业单位办公区规划等，城市规划区覆盖面积 14.5 平方千米。至 2015 年，城区面积已扩大到 10.2 平方千米，城市人口接近 10 万人，“撤县建市”和“黎锦同城化”格局基本形成。

1986 年 10 月 22—26 日，时任贵州省委书记胡锦涛考察德凤等地。胡锦涛考察德凤期间，参观了中共中央政治局黎平会议会址，考察了黎平县皮鞋厂、民族工艺厂、美术装潢厂、桂花台茶场、东风林场、东风林场子弟学校等，并在 10 月 24 日召开的“黎平会议”学术讨论会开幕式上做了重要讲话，指出:“五十二年前召开的中共中央政治局黎平会议，在党的历史上具有重要的地位。当时红军冲出了国民党的重围，正处在生死存亡的紧急关头，党中央及时召开了中共中央政治局黎平会议。这次会议彻底否定了‘左’倾冒险主义的错误主张，肯定并采纳了毛泽东同志西进贵州的正确意见，确立了红军北上黔北、建立新的根据地的战略行动方针。这就使中央红军开始从被动转向主动，为以后胜利，为遵义会议的召开奠定了基础。因此，黎平会议在党和军队的历史上写下了光辉的一页。回顾黎平会议这段历史，既是为了纪念先辈，更是为了总结经验，教育后人。它给予我们深刻的启示——就是要坚持从实际出发，采取符合实际情况的行动方针，这是克敌制胜的一个法宝。革命战争年代是这样，在今天建设四化的历史时期也同样是这样。党的十一届三中全会以来所取得的一系列成绩，都充分说明了这一点……”正值黎平跨越发展、奋力后发赶超之际，2015 年 2 月 13 日，中共中央政治局常委、国务院总理李克强到德凤考察，先后参观黎平会议会址、黎平会议纪念馆，考察翘街市场、商铺，走进德凤镇大山深处的蒲洞侗寨看望贫困农户，慰问黎洛高速公路中潮服务区返乡农民工服务站中的农民工，同时考察了肇兴侗寨民族绣娘坊传统手工艺展示及带动产业扶贫情况等，给村民送去了年货，送去了党中央、国务院的新春祝福。

沧桑巨变六百年，德凤腾飞逢佳期，被誉为“侗乡之都，曙光之城”的德凤，今天正朝着“侗族园林城市”的方向迈进。

古镇·新城·水乡[①]

一

保安历史悠久，源远流长。据考古发现，保安镇郊的龟山、蝴蝶山、螺丝山等处有新石器时代至西周、东周时期人类村落遗址。

保安镇之名，根据目前所发现的史料，最早见于唐代文学家符载于唐贞元元年（785 年）撰写的《保安镇阵图记》，此文载于清同治《大冶县志》。

保安镇解放前俗称“保安街”，是鄂东南地区重要的水运码头和保安湖流域重要的货物集散地。清代至民国时期，保安街有正街、新街、河街三条街道，街上店铺林立，商贸繁华，仅保安正街两旁店铺就延绵 1000 余米。保安街街道路面由青石板铺成，两旁店铺外表为清一色灌斗封火墙，内部为木质框架结构。青砖黛瓦、小桥流水，勾勒出保安特有的水乡风韵。

清代至民国时期，保安街寺庙众多。清代被载入同治《大冶县志》的寺庙有 7 座；民国时期，街上有大小寺庙 17 座，居大冶诸乡镇之首。保安街有名的寺庙有荆王庙、准提阁、三元阁、一笠庵、洪山寺等。

保安街濒临保安湖，保安湖旧时直通长江的水运条件，营造了保安街的繁华，使之成为重要的水运码头和战略要地。汉高祖十一年（前 196 年），刘邦之从兄、荆王刘贾，为平息淮南王黥布叛乱，战死沙场，葬身于保安街南郊 1000 米处的毛家嘴，现坟墓尚存。唐建中四年（783 年），曹王李皋在保安巧设伏兵，击败叛乱的南平郡王李希烈。

① 选自湖北省大冶市保安镇志编纂委员会编：《中国名镇志丛书·保安镇志》，2017 年出版。

乾符五年（878 年），黄巢率领农民起义军从道士洑（今黄石市区）到保安，在镇南屯兵铸剑，以图建立“王霸”之业，并把开矿冶炼的那座山命名为“王霸山”，山名沿用至今。元至正十一年（1351 年），农民起义军首领徐寿辉进兵大冶。次年，其部将倪文俊攻克大冶，武昌县治移驻保安。清咸丰三年（1853 年），太平军将领彭大士、柯一贵、王安德等经樊口（今鄂州市区）进驻保安，安营扎寨，扩充队伍。清时，保安镇设置外委驻防，配外委 1 人，塘兵 12 人，并配有炮船。1938 年，日本侵略者侵占保安，在保安街四周挖战壕、修碉堡。1945 年，新四军第五师第四团攻打保安日军驻点，歼敌百余人。

二

保安文化底蕴深厚。北宋名臣冯京与其堂弟冯瑞曾在保安沼山筑斋读书，后在科举考试中，冯京乡试、会试、殿试皆为第一，连中“三元”（解元、会元、状元），大魁天下，冯瑞在殿试中高中探花，时“宰相庆于廷、百官庆于朝、万民庆于野”。北宋熙宁五年（1072 年），冯瑞在保安街铜堤上建起了三元阁，北宋储封中宪大夫张舄月亲题“三元阁”之名并撰写《铜堤三元阁记》。千百年来，三元阁成了保安一张耀眼的文化名片。清代“保安才女”金丽珍，聪敏过人，能诗会赋，兼通医学，著有《丽珍集》。清大冶“三凤”之一的吴凤辉，清宣统元年（1909 年）举孝廉，后任大冶县议员、大冶县立冶西学校校长。他从教多年，学识渊博，教育有方，享誉一方。光绪二十九年（1903 年）进士、保和殿复试一甲第一名朱国桢，曾留学日本早稻田大学，回国后历任光绪政要处纂修、国史馆总纂等职。辛亥革命后，任副总统黎元洪法律顾问，并担任湖北法律专科学校校长，后改任湖北省政府秘书长、全国禁烟局总督办、浙江省教育厅厅长等职。中华人民共和国成立后，保安刘煌庄刘锐曾任上海师范学院教授，《辞海》《汉语大辞典》编委……他们是保安文化人的杰出代表。

保安石雕以枫林村尹解元湾为代表，工艺精湛，闻名遐迩。从唐代开始，尹解元的祖辈们便在家乡凤凰山上开山取石、依石而雕，他们凭借一锤一錾，点石成金，演绎传奇。经过一代又一代人的艰辛努力，尹解元的石雕技艺日臻成熟。1996 年，保安镇被文化部授予“中国民间艺术（石雕）之乡”称号。1999 年，中央电视台《神州风采》栏目播出专题片《精美的石头会唱歌》，在全国推介保安石雕艺术。2007 年，保安石雕被纳入“湖北省首批非物质文化遗产保护名录”。2008年，保安石雕被国务院纳入“第二批国家级非物质文化遗产保护名录”。保安镇被文化部授予“中国民间文化艺术之乡”称号。

保安诗联，薪火相传，享誉一方。从宋代至民国时期，保安流传有许多脍炙人口的诗联佳作。保安解放后，诗联应用更加普遍，诗联与镇民生活息息相关。结婚有婚联，丧事有挽联，喜庆有贺联，春节有春联，吟诗作对在保安蔚然成风。自20世纪80年代至今，保安诗联爱好者已出版诗联作品30余部。2010年，保安镇成立了诗词楹联学会，时有会员100余人。学会成立后，大力开展诗词楹联“进学校、进社区、进村庄、进企业”活动，使诗联文化在保安得到进一步普及与传承。2011年，保安镇诗词楹联学会被中国楹联学会授予“全国联律普及工作先进单位”称号；保安镇被中国楹联学会授予“中国楹联文化之乡”称号。2012年，保安镇被中华诗词学会授予“中华诗词之乡”称号。

保安民间传统文娱活动丰富多彩。常见的有唱劝堂、玩花灯、采莲船、戏蚌壳、踩高跷、耍狮子、玩龙灯、打牌子锣、敲插田锣鼓、打鼓说书等。

1949年以前，保安街最有名的节会是从农历五月十五至五月十八的龙舟盛会，此会规模宏大，热闹非凡。龙舟盛会期间，保安街人山人海，生意兴隆。

保安解放后，节庆活动更加多样化。传统习俗在传承中不断变化，有的被淘汰，有的被赋予新的内涵。2014年以来，保安镇大力开展“月月有节庆、文化惠万民”活动，节庆活动不断。主要活动有楹联文化节、民间艺术节、桃花旅游节、采桃节、荷花节、采莲节、美食节等。其中，规模最大、影响力最强的是桃花旅游节。各类节庆活动的举办，丰富了群众的文化生活，带动了保安农副产品的销售，促进了保安乡村旅游业的发展。

三

保安是商贸重镇。保安湖便利的水运交通优势，使保安成为名震一方的货物聚散地和商贾云集的风水宝地。“日有千人拱手（指驾船人），夜有万盏明灯”是昔日保安街繁华的写照。

1926年前，樊口堤未筑，保安湖湖面开阔，保安街紧依保安湖。大小船只可从长江过长港、抵达保安街，从四川、湖南下来的大木排也可直抵保安码头。民国时期，保安湖有固定的航线 12 条；保安街设有民船管理站，管理船只 200 余艘。各类船只把外埠的食盐、陶瓷器、靛料以及日常用品源源不断运到保安，又把保安的棉花、棉线、棉布、石灰、鱼类及其他农副产品运往外地。

清末至民国时期，保安最具特色、最大宗的商贸活动是土布贸易。那时，保安街有布行、染行 50 多家，还有与之配套的线庄、靛行等。因保安盛产棉花，妇女又有纺纱、织布的传统，每天早上，各家各户将自家纺制的线和布，送往保安街卖给线庄、布行，并顺便买回各自所需的生产、生活用品。旺季，每天上街卖线、卖布的人数多达千人。清代至民国时期，保安街商人在汉口、黄石港、武穴、九江、安庆等地码头设有保安庄商行。保安庄商行势力大、生意活、信誉好，红极一时。

古老的保安街，集市贸易十分兴隆。街上集中有粮行、油行、鱼行、箩行、布行等几十个门类的铺面。

1926 年樊口闸的兴建，隔断了保安湖与长江的水道，保安水上运输业逐渐萧条。然而，随着公路建设的不断发展，保安商贸重镇的地位没有改变。20 世纪 80 年代后，国家推行“对外开放、对内搞活”政策，保安街的商品贸易又进入全新的发展阶段。由国营商业、集体商业、联合体商业和个体商业组成的商业网点，遍布大街小巷。保安老街、樊湖大道、保安大道，以及与它们相连的洪山路、盛家巷、金汉路、银安路、三元路、大桥头路等街道商店林立，生意兴隆，且业态不断更新。2005年，保安形成了粮油、水产品、水果、蔬菜四大批发市场，享誉鄂东南。2016 年，保安镇有商业网点 1489 家，社会消费品零售总额达 21297 万元。

四

保安是经济强镇。唐宋时期，磨山村“绣花墩”一带就开始大量烧制陶器，明代黄土坡的石灰生产已形成规模，清代沙田煤矿即已大肆开采。

1978 年，中共十一届三中全会以后，保安镇积极发展村镇企业。1978 年，保安镇有工业企业 18 家，实现年产值 1020 万元，成为黄石地区第一个工业总产值过千万元的乡镇。20 世纪 80 年代后期，保安镇开展大规模的经济结构调整，将纺织、服装、轻工、机械、水产品加工业作为村镇发展的重点行业，使镇域经济快速发展。一批科技含量较高的加工型企业逐步替代资源型企业，成为镇域经济发展的支柱产业。尹解元石雕工艺品走俏全国；刺绣、机绣、抽纱等制品出口海外；“门神”牌门锁、“牛头”牌门锁、“睡仙”牌蚊香、棉织白衬布荣获省优、部优产品称号。1985年，保安镇村镇工业企业突破100家，实现产值5000万元。

20世纪90年代，保安镇实施“三转变”（即在经营体制上，推动企业由集体经营型向个体民营型转变；在发展方向上，推动企业由依赖资源型向可持续发展型转变；在生产经营上，推动企业由粗放型向集约型转变）战略，并把招商引资、项目建设作为全镇经济工作的总抓手，把技术创新作为企业的发展重点。1990年，全镇工业总产值突破亿元大关，保安镇企业办公室被农业部授予“全国乡镇企业管理年先进单位”称号。1994年，保安镇被国家统计局授予“中国亿元乡镇”称号，并被湖北省科委命名为“湖北省星火技术密集区”。

进入21世纪后，保安镇引进了一批机械制造、电子加工及农业产业化项目，使保安经济实现了新的跨越。2002年，全镇工业总产值达到15亿元。2006年，保安镇工业园建设全面启动。通过招商引资，保安先后引进了大冶尖峰水泥责任有限公司、大冶金誉制衣有限公司、大冶成德船舶配件公司、黄石市驰润换热器厂、大冶卓成机械厂、大冶新铜都换热器有限公司、大冶鑫发鞋业有限公司、湖北信旺制衣有限公司、大冶鹏泽水产品有限公司、湖北博奕电气有限公司、湖北弘博高科电子有限公司等20多家企业。2010年，保安跻身“湖北省百强乡镇”，名列第77位。2011年，保安镇税收首次突破亿元大关，综合实力居湖北省乡镇第58位。2012年，保安镇综合实力跃居湖北省乡镇第29位。2014年，全镇实现生产总值147亿元，财政总收入2.4亿元，综合考核位居大冶市乡镇（街办）第一名。2015年，全镇规模以上工业实现产值69.59亿元，财政总收入2.14亿元，农民人均纯收入达16863元，综合考核再次位居大冶市乡镇（街办）第一名。同年，黄石市首届镇域经济现场会、首届“互联网＋农业现场会”及黄石市基层党建现场会在保安成功召开。2016年，全镇实现生产总值150亿元，财政总收入2.29亿元，农村居民人均纯收入达1.92万元。

农业生产方面，保安镇在实行农村联产承包责任制和土地承包责任制后，在尊重农民意愿的基础上，积极引导农民调整产业结构，开展多种经营，实施土地流转和集约化经营，促进了传统农业向现代农业的转变。从2000年至2014年年末，保安镇已引进秀水湾生态园、金粮农业生态发展有限公司、桐沙生态园、赤马湾休闲农庄、中润粮油果蔬专业合作社、湖北天景生态花卉苗木苗圃基地等 18 个农业项目。2016 年年末，保安镇拥有种植、种养专业合作社 75 个，休闲农庄 7 个，农业家庭农场 36 个。全镇形成了“万亩湘莲”“万亩狗血桃”“万亩粮油”“万亩水产品”“万亩杂果”“万亩蔬菜”六大基地。

五

保安自然风光秀美。镇域有山有水，山环水抱，湖光山色相映，古镇新城同辉。

保安湖是湖北省第九大湖泊，面积 48 平方千米。保安湖湖底平坦，湖水清澈，水位稳定，水草丰富，湿地广阔，风光旖旎。保安湖水产品种类繁多，主要名、优、特水产品有螃蟹、青虾、银鱼、鳜鱼、红尾鱼、武昌鱼、黄颡、青鲩、翘嘴白、青背鲫鱼等。

2011 年 3 月，国家林业局批准成立了湖北保安湖国家湿地公园。2012 年 8 月，中央电视台《北纬 30°· 中国行》剧组在《半城山色半城湖》中介绍了保安湖烟波浩渺、渔歌唱晚、万鸟归巢的美景。

保安水秀，山亦美。沼山是保安最高山峰，“沼山叠翠”是大冶八景之一。沼山，主峰突兀，群山簇拥，怪石嶙峋，崖壑清幽，是闻名遐迩的避暑观光胜地。

金竹谷是保安另一处美丽的自然景观。它以山奇、石怪、溪曲、谷幽而著称。景区内群山起伏、崖陡壁峭、树木葱茏、溪流纵横，被人们称为保安的“九寨沟”。其主要景点有金竹谷、鹰嘴崖、茶王谷、桃花谷、金竹水库、大小天池等，金竹谷还有许多美丽动人的传说。

保安还有刘通湾、九号山庄、圣水湾、秀水湾、红星半岛等诸多景点，它们像一颗颗璀璨的明珠，把保安打扮得分外妖娆。

凭借美丽的湖光山色和良好的自然生态，保安镇成功举办了桃花旅游节、荷花旅游节、采桃节、采莲节、美食节等节庆活动，保安乡村旅游呈现勃勃生机。

2014 年以来，保安镇坚持“生态立镇、产业强镇、文化兴镇”的发展思路，坚持政府搭台、生态唱戏，大力实现“森林进镇、公园下村、退田还湖、引湖入城”计划，变“非遗”文化为实体经济，着力构建“古镇、新城、水乡”，积极打造“乡村旅游之都”“石雕特色小镇”，使保安经济、社会进一步全面发展。

两千年水墨话土家[1]

在世界自然遗产张家界东南边陲，在神秘湘西北腹地，有一个土家族民俗风情镇——王家坪，这里生活着19个土家族村落、16188名土家居民，距今已有2000多年历史。早在清初时期就有“九都文化之乡”的美誉。中华人民共和国成立后特别是改革开放以来，王家坪镇已获得“中国民间文化艺术之乡”“全国文明村镇”“全国民族团结进步模范集体”等国家级荣誉称号。

这里是土家先民繁衍生息的土地，它悬于一隅，自然风景秀美，田园风光迷人，民俗风情浓厚，人民生活淳朴，至今保存着大量土家文化遗存和原始农耕器具。土家人的衣、食、住、行和生育、婚葬、信仰禁忌等习俗得以传承，原汁原味的农耕文化、民间艺术和民俗风情在此得以展示。生活在这里的土家人，家家写楹联，人人作诗赋，个个能歌善舞，生活气息里处处透着泥土的芬芳。早在两千年前，屈原放逐楚西，溯沅水到达土家腹地，对“沅有芷兮澧有兰”大发感叹。也许正因为屈楚遗风，给这方山水留下了一份受用不尽的精神财富。

王家坪境内自然风貌秀美，峰峦连绵，山川俊丽，风光旖旎，让人流连忘返。茂密的森林植被，高含量的负氧离子，如同一个巨大的天然氧吧。欧古洞十里百道梯级瀑布，关水坪村水杉林荫大道，上伏溪古柳风光带，马头溪孪生石拱桥，龙凤洞、丹寺洞、将军洞、无锁洞等地下溶洞群落，马头溪百里万亩油菜花生态长廊，罗峰山万亩映山红自然遗产，铁炉湾、香炉山、桃子界、大岗岭万亩古树群落等自然景致，无不构成

① 选自湖南省张家界市永定区王家坪镇志编纂委员会编:《中国名镇志丛书·王家坪镇志》，2017年出版。

一幅浓墨重彩的山水画卷，徜徉在这远离尘嚣的古村落之间，让人顿生一种世外桃源的感觉。

大片土家吊脚楼依山傍水而建，两里一碾坊，三里一油坊，五里置风雨桥，沿溪有筒车。紫燕在田野上翩翩起舞，山花在阳光里竞艳绽放，溪流绕山哗哗淙淙，人们在田野上吆喝耕耘。清代本土诗人全翼之曾经不由自主吟咏了“两岸青山碧玉屏，门前水绕一条清。远树含烟朝滴翠，小桥流水夜垂星。人耕绿野披蓑笠，客傍清溪下钓垂。就中恰好农人住，无限风光满户庭”的田园诗篇。

王家坪耕读文化绵久，是享誉湖湘大地的土家文化人才摇篮。清康熙榜眼、三朝拟旨郎，参与编纂《康熙字典》的郑国祥为勉励族人亲题“耕读为本，益国益家”的族训。光绪进士，湖南五大才子之一，昆明知府李尧在泰山庙创办“天香书院”，汇集湘西北文人墨客，揽风邀云，吟诗作对，传经授道。在他的倡导推动下，民间私塾学校遍及马头山下，山村土寨习诵之声不绝于耳，耕读育人蔚然成风。一时人才辈出，科场夺魁者如雨后春笋，在湘西北大地边陲一隅的弹丸之地王家坪得进士、举人、生员、秀才等功名者达 28 人。清末德修溪举人“南相公”攻读进士屡试不第，以为是自己德行不够，隐居德修溪畔潜心修德，寄情诗书，捐出家产修建德修溪风雨桥，以行善事。年近花甲，赴京应试，得以如愿。为先辈学风，乡贤楷模，被后人树立为模范。中华人民共和国成立以来，崇文重教蔚然成风，涌现出盘古岭“状元组”，清华、北大等多个“状元郎”。多年来，全镇有清华大学、北京大学及其他全国重点大学学生共计 890 多人，成为闻名湘西北的“榜眼故里，学子之乡”。

大山里的人们，以诗助兴，以歌为乐，千百年来的习俗，酿就一场场醉人的四季牧歌。春播兴“糊仓”，夏唱“薅草歌”，秋收“扬叉舞”，冬藏腊肉家家香。客人来了唱迎客歌，敬茶唱请茶歌，敬酒唱祝酒歌，送客再唱分别歌，恋爱唱情歌，姑娘出嫁唱哭嫁歌，生日唱寿歌，建房上梁唱上梁歌，结婚唱喜歌，有人过世唱夜歌，下溪捕鱼唱渔歌，丰收要唱太平歌，上山采茶唱采茶歌，下河放排唱放排歌，历有“白天唱歌润歌喉，晚上唱歌当枕头。一年四季歌当饭，烦闷全靠歌解愁”的歌风旧俗。这里的土家人招待客人是大碗茶、大碗酒、大块肉、大碗饭。旧时常言道：“婚庆喜事打蹄花，建房上梁抛粑粑，姑娘出嫁哭帮嫁，生了孩子还傩愿，死人要跳穿花舞，做道场兴抢丧粑粑，抓贼追赃照水碗，驱邪捉鬼就梯玛”。多姿多彩的民俗风情成为一方土家民族无可替代的精神家园，历久弥新，世代相传。

王家坪虽地处僻壤，却并不闭塞狭隘，历朝历代不乏仁人志士心怀天下，捍卫国家，向往和平。明朝时期蔡家坪张氏兄弟随郑成功收复台湾，为国捐躯。黄埔军校学员，国民党独立团团长全美玉与其弟全宝玉赴上海抗日前线，寄回的家书今天读来仍然感人至深：“大敌当前，民族危亡，儿乃军人，决心与日寇决一死战，言来凶多吉少，尔后若无消息，儿必为国捐躯。”后来兄弟俩浴血战场，英勇牺牲。贺龙元帅的联络员、地下工作者全德主为革命从事地下情报工作，建下卓著功勋。自古以来，这些土家儿女在中华民族伟大复兴的道路上，铁骨铮铮，浴血奋战，用血肉之躯筑就了一座座彪炳青史的丰碑。

由于生活环境的相对封闭，土家先民对其栖息环境的高度依赖，很早就有了十分先进的生态观。他们热爱自然，顺应自然，注重人与自然和谐相处，崇尚天人合一，物我相亲，讲究因地制宜，随遇而安，从而形成了王家坪镇土家族人民勤劳互助的民族美德、诚实守信的族群秉性、粗放实用的生活方式和平等秩序的伦理取向。在土家人的生活中，俯首即拾的山食野菜，依山而建的土家转角楼，色彩艳丽的西兰卡普，结草为服的茅古斯舞，粗犷豪放的薅草锣鼓——从生活到艺术，从一粥一饭到画舞歌吟，无不就地取材，随性顺势而为，呈现天地造化的法则和万物生灭的规律。

千年的历史文化积淀，为王家坪留下了众多的人文景观，大自然的鬼斧神工创造了丰富的自然遗产。当人们在外拼搏苦了、累了，厌倦了都市繁华生活的时候，邀几个朋友到王家坪，倚坐在土家吊脚楼里，喝一碗土家阿妹传的大碗茶，吃一块土家阿妈炒的土家腊肉，听一首土家阿哥哼的小曲，喝一碗土家阿伯煮的米酒，欣赏着满园的农耕风光，享受着阳光的沐浴和轻风的吹拂，是一种最惬意的选择。

近年来，王家坪 16000 多名土家儿女在镇党委、政府正确领导下，制定了“土家文化搭台，旅游经济唱戏”的发展战略，全力建设“文化古镇，生态美镇，旅游名镇”。结合王家坪镇资源优势，重点发展以土家吊脚楼为主题的写生绘画、影视拍摄、文化体验等文化产业；以土家歌舞、民间体育竞技、土家婚俗等为主要内容的文化娱乐产业；以马头溪、葫芦溪、德修溪等五溪垂钓，马头溪万亩百里油菜花生态长廊，罗峰山万亩映山红为主要景观的农业休闲度假产业。乡村旅游从零起步，后发赶超，2016 年，共接待游客 40 万人次，旅游综合收入突破亿元大关。2017 年 6 月，三岔—王家坪国家级双向四车道二级公路动工，标志着王家坪的旅游业迎来新的春天。

昆曲源头　蟹乡巴城[1]

这个镇拥有文化的两个极致——世界非物质文化遗产、中国百戏之祖昆曲的源乡，雅，雅到极致；勾起世界华人舌尖至美味蕾的阳澄湖大闸蟹之乡，俗，俗到人人向往。

虽说她只是一个乡镇，却拥有 5 座湖泊，处于太湖流域东部的阳澄湖生态区，优质的阳澄湖水系滋养了这里的水乡，区位环境极其优越。

她不是城关镇，却又紧靠华夏第一市的昆山城区，京沪线、京沪高速铁路、沪宁城际高速铁路三条铁路线经过镇域并建有火车站，苏州绕城北线和绕城东线呈大十字在境内交会，交通环境极其优越。

她不是工业区，却又是苏南国家自主创新示范区的核心区，是与昆山国家高新技术产业开发区联动的乡镇，昆山杜克大学、解放军外国语学院昆山分院等 5 所高校坐落在境内，充分享受着现代科技文化的滋润，人文环境极其优越。

她被印上了众多的文化名片：巴王治水之古城、八卦体现之水城、信义古郡之县治、绰墩古村之载体、玉山佳处之所在、鱼米之乡、阳澄湖大闸蟹之乡、昆曲源乡、航天英雄家乡、民间特色艺术之乡。

在这里，传统与现代、生态与科技、产业与文化交相辉映，演绎着美好江南的精彩华章。在中国的乡镇中，像这样将诸多元素完美融合，散发活力、展现魅力的，她无疑是佼佼者。

她，就是苏州阳澄湖畔的昆山市巴城镇。

① 选自江苏省昆山市巴城镇志编纂委员会编:《中国名镇志丛书·巴城镇志》，2017 年出版。

一

在江南的版图上，巴城镇处于娄江之北、阳澄湖之东。

公元 8 世纪以前，太湖下泄，东流入海有三条水道，自西而东分别为娄江、东江、淞江。在遥远的古史中，禹继承父亲鲧的事业，在治水中变壅塞为疏导，太湖流域始“三江既入，震泽砥定”（《尚书·禹贡》）。唐宋以前，阳澄湖地区尚是一片低洼之地。据宋《吴郡志》记载：“昆山虽近江海，自古无潮汐。绍兴中，始有潮至县郭。至是，潮忽大至，遂过夷亭。”于是造成入海的娄江河道淤塞，河水宣泄不畅，水灾频繁，低洼地区大面积积水而成湖沼。沈括《梦溪笔谈》载：“至和塘，自昆山县达于娄门，凡七十里，自古皆积水，无陆途。”宋人郏亶说得更是具体：“每春夏之交，天未盈尺，湖水未涨二三尺，而苏州低田，一抹尽为白水”“民田既客水，故水与江平，江与海平，而海潮直至苏州一二十里之地，反与江、湖、民田之水相接，故水不能湍流，而三江不浚，今二江已塞，而一江又浅”。随着年代的变迁，原阳澄湖洼地的河、沼逐渐扩大演变成湖泊，最后在宋代连为一体而形成了阳澄湖。

娄江入海水道的淤塞造就了阳澄湖水网地区和巴城镇的地域景观地貌。巴城湖泊环连，阳澄湖、傀儡湖、东阳湖（鳗鲡湖）、巴城湖、雉城湖形成“五湖联珠”，东部河流密布。这一水网地区的形成还隐藏了唐宋以前太湖东部地区的文明历史。

巴城，有着 6000 多年的文明史。1998—2004 年，考古人员在阳澄湖与傀儡湖之间的狭长陆域地带——绰墩村，对绰墩遗址进行了六次考古发掘。绰墩遗址中心区面积 29 万平方米，遗址内挖掘出大量的文化遗存，不同时期的史前文化像一本厚书叠压在一起，其文化内涵从下至上依次为马家浜文化（距今 6000 年左右）、崧泽文化（距今 5500 年左右）、良渚文化（距今 4500 年左右）、马桥文化（距今 3000 年左右）及以后各期的文化遗存。在绰墩遗址的良渚文化层中，共发掘出水稻田 24 块。其中发现的河道、房址、祭台及墓葬等共同构成良渚文化较完整的聚落形态，代表了整个江南地区的原始文化。这些水田利用自然形成的低洼地或依地势开垦的小块农田，配有用于灌溉的排水沟、蓄水坑等，形成了原始的农田灌溉系统。在田块土样中还淘洗出大量的炭化米粒，有长粒形、椭圆形等多种形态，每克土样的水稻植物蛋白石密度超过 5000 个。水稻植物蛋白石定性分析证明，炭化的米粒是粳稻，表明巴城所在的太湖流域东部地区在 6000 多年前已有人工栽培的水稻生长。绰墩遗址原始水稻田，作为科技部、农业部的“金钉子”工程，为世界水稻发展史提供了极其重要的资料，也引起了联合国教科文组织官员的高度重视。正是水稻的人工种植，加快了江南水乡史前文明的萌发过程。绰墩遗址不仅面积大，而且内涵丰富、保存较完整，作为太湖地区发现的文化序列最为完整、文化遗存极为丰富的一处重要史前文化遗址，被国家文物局评为中国 2000 年重要考古发现，2006 年被确定为全国文物重点保护单位。

巴城，有着 2500 多年的建城史。吴王阖闾元年（前 514 年），吴王阖闾命伍子胥建苏州都城。其时，江北的淮夷经常越江入侵，从苏州城东北直逼吴国，吴王阖闾以今阳澄湖地区为屏障，在湖东、南、北三面筑起巴城、武城、东林城、尉城等 12 个城池，派兵驻守，拱卫国都。其中，巴城、武城、雉城均在今天的巴城镇域。位于今武神潭村的武城遗址，经考证为吴国军事家孙武所构建。遗址中心位置有武城潭，为一个方形湖泊，东西两侧为土埂。埂外为河道，成垂直方阵，似为第二道护城河。河道往南流入阳澄湖，为船只出入口。设计者利用四周湖泊和江流，运用八卦原理，结合地形地貌，筑八卦形水寨，呈出字形，设 12 个水道出口，寨内河道纵横曲折，神秘莫测，成为一座易守难攻的防御城。2007 年，江苏省文物部门对遗址进行调查，确认武城遗址是中国唯一已发掘的一座春秋吴国军防水寨遗址，这座城址与常州的春秋淹城一样具有较高的历史、科学和旅游开发价值。而雉城和巴城则在唐宋时期阳澄湖湖区形成过程中沉入水底，那些春秋时期的故事至今仍被封存在水底。

二

巴城，是昆曲的发源地。

位于阳澄湖、傀儡湖之间的绰墩（山），可谓是江南乃至中国的文化地标。中国历史上有东晋和两宋之际两次大规模的人口南迁，唐末的安史之乱亦有同效。北方人口的南迁带来了中原文化，并在南方落地生根，播衍传承。安史之乱带来的人口及文化南迁效应可以一个人为典型代表，这个人就是流落在巴城民间的宫廷表演艺术家黄幡绰。唐玄宗时代，是整个大唐文化最为繁盛的时代，贵为天子的唐玄宗李隆基亲自带着乐工们在禁苑梨园歌舞升平、霓裳风流，在玄宗身边的黄幡绰以其幽默诙谐，能言善辩，精通歌舞、音乐，才艺卓越，时被称为“滑稽之雄”。在宫廷 30 多年的表演生涯中，黄幡绰经常和另一位宫廷名角张野狐联袂表演参军戏，二人配合默契，妙趣横生，在京城风靡一时。安史之乱发生后，黄幡绰流落到江南的傀儡湖畔设馆传艺，把宫廷音乐表演艺术带到了昆山，其歌调时被尊为“正声”。在与绰墩山相连的傀儡湖，数百年来村民们都会演傀儡戏，甚至会在水中或船上演出“水傀儡”。傀儡戏也叫“弄参军”，不仅是黄幡绰的嫡传，也是盛唐元音的余绪，颇负唐代宫廷戏曲的神韵。黄幡绰在昆山传教参军戏，为后世昆曲的形成奠定了坚实的群众基础，更使绰墩成为戏曲表演艺术家心目中的圣地。黄幡绰带来的唐代宫廷音乐成为后来昆山腔的源头，他也被奉为昆曲的远祖。“绰墩”的得名正是出于唐末纪念黄幡绰葬于此地的历史事件。

元代时的昆山大诗人顾阿瑛，中年以后“于界溪（今绰墩村西南）垒石为小山，筑草堂于其址，左右设亭馆若干所，傍植杂花木，以梧竹相映带”，名之为“玉山佳处”。时为东南名士雅集之地，“园池亭榭之盛，图史之富，暨饩馆声伎，并冠绝一时”。在中国历史上，顾阿瑛的“玉山雅集”与东晋时期浙江绍兴的“兰亭雅集”和北宋年间河南洛阳的“西园雅集”，并称三大文人雅集。其时，玉山佳处聚集了赵孟頫、萨都剌、张翥、杨维桢、倪瓒、张雨、柯九思、高明、熊梦祥、陈维允、赵元、顾坚等一大批戏曲家、词曲家和杂剧、南戏作家及演奏家、歌唱家，他们潜心研究南曲声腔及演奏乐器，对昆曲的形成、发展产生了巨大的推动作用。明代著名戏曲家梁辰鱼（巴城人），精心创作历史剧《浣纱记》，是最早用改革后的昆山腔演唱的传奇剧本，也成为昆曲形成和推广史上的主要人物与文化事件。

作为昆曲的发源地，发殇于巴城的昆腔，经过其后数百年的发展，如同它的艺名“水磨腔”一样，其极致的风雅意韵在中国的艺术史上萦回数百年，成为中国的百戏之祖、全人类的文化艺术瑰宝。

三

2003 年 12 月，经江苏省人民政府批准，撤销巴城镇、石牌镇、正仪镇建制，以原巴城、石牌两镇行政区域和原正仪镇娄江以北地区合并，设立新巴城镇，面积 157 平方千米，常住人口近 10 万人（含暂住人口）。以行政区划调整为契机，新的巴城镇充分整合和利用原巴城、正仪、石牌三镇的资源优势，全力实施特色经济发展战略，突出生态环境建设，经济社会实现了跨越式发展，基本形成了以现代制造业为支撑、以特色农业为基础、以现代服务业为主导、以生态环境为品牌的特色经济发展格局。2008 年，巴城镇被列为全国千强镇之一，综合排名第186位。2015年，巴城镇实现地区生产总值145.6亿元，公共财政预算收入15.15亿元，在全国中小城市综合实力百强镇排行榜名列第60位。

改革开放后，巴城镇诸多特色产业逐渐在江苏及全国各地崭露头角，并产生影响。

阳澄湖大闸蟹产业享誉海内外。巴城是闻名遐迩的阳澄湖大闸蟹产地，早在1920年就已扬名上海。到2013年，全镇渔业水域面积5万多亩，水产养殖面积4万多亩，年产阳澄湖大闸蟹2500多吨。巴城镇依托阳澄湖打造大闸蟹经济，致富群众，全镇有3万多名农民直接从事或间接参与和大闸蟹相关的餐饮服务、养殖及经销产业，形成300多人的持证经纪人队伍，大闸蟹年产值30多亿元，其所产生的经济效益占全镇农民人均收入的近一半。巴城通过在国家工商总局注册“巴城阳澄湖大闸蟹”活体水产品集体商标，保护其原产地品牌。并成功举办20届蟹文化节，年吸引上百万名客商前来观光旅游、投资兴业。“阳澄湖美，巴城蟹肥”已成为华东地区节令经济的“金字招牌”。在发展大闸蟹产业的同时，巴城还大力发展以葡萄和休闲农庄为主的现代都市高效农业，建成万亩葡萄园，先后形成巴城湖村、新开河村、茅沙塘村、马料江村、方港村、龙潭湖村、绰墩山村等葡萄专业生产基地，被省农业厅认定为“无公害果品生产基地”，先后举办多届阳澄湖葡萄节和首届全国观光型葡萄产业高峰论坛，葡萄产业已成规模，阳澄湖葡萄品牌已经打响。2015年，葡萄销售总量达250万公斤。星期九生态农庄成为国家级农业旅游示范点，春秋水城休闲农庄、大钓农庄、华东生态园、渔家灯火生态园、星期九生态农庄、绰墩山生态果园等农业载体项目成为现代休闲观光农业发展新亮点。

阳澄湖旅游度假区已成为省级生态旅游示范区。巴城风景秀丽，环境优美。1991年，利用得天独厚的阳澄湖自然资源，创办阳澄湖娱乐场，吸引上海和周边城市的游客到巴城度假、游泳、避暑。1992年，昆山市阳澄湖巴城风景旅游开发区批准设立。2008年，被评为国家AAA级旅游景区。接待人数从1991年的12万人次上升到2015年的305万人次，旅游收入从1991年的106万元上升到2015年的19.3亿元。省级阳澄湖旅游度假区配套设施日臻完善，巴解公园（阳澄湖水上公园）、昆山欢乐水魔方、水之梦昆山乐园、玉麒麟卡通主题城堡等旅游项目日益增多。巴城老街上的玉峰古文物展览馆、昆石馆、巴城蟹文化博物馆的展品，供游人细细品味浓郁的江南文化；初秋时节，万亩葡萄园里的巨峰葡萄让游客享受亲自采摘尝鲜的乐趣；巴城阳澄湖蟹舫苑成为中国特色商业街。金秋十月，5 个大型蟹市场和包括 1500 多家餐馆的巴城美食餐饮业吸引着成千上万的游客购蟹、品蟹；生态农庄的生态农业观光游已成为阳澄湖休闲旅游产业发展的新亮点。巴城已形成了以蟹舫苑、美食街为主的美食休闲游，以巴解公园为核心的生态休闲游，以巴城昆曲老街、崇宁古寺等为代表的历史文化游，以星期九生态农庄、万亩葡萄园为基础的农业观光游，以鳗鲡湖自行车专用车道、昆山文化垂钓园为载体的运动康体游，以阳澄湖费尔蒙酒店为载体的度假休闲游等旅游产品体系。在获得“国家园林小城镇”“全国环境优美乡镇”“全国重点镇”称号之外，巴城还获得了“中国十佳村镇慢游地”的佳誉。

软件产业成为江苏重要的现代服务业产业集群基地。2001 年，昆山软件园在巴城创立，入驻的主要有中创软件园、浦东软件园、天大精益数控科技园、美居客电商产业园、索夫特研发培训基地、昆山人力资源市场软件园 IT 分市场、托普学院等一批涉及软件研发、信息服务、动漫文化、教育培训方面的企业和院校。2008 年，昆山软件园被江苏省科技厅确认为“省级软件科技园”，被省信息产业厅确认为首批“江苏省软件与信息服务产业园”，被省文化厅确认为首个“省级动漫数字产业园”，被省外经贸厅确认为首个软件类“省级特色产业园”。2009 年，成为江苏省国际服务外包示范区。2011 年，成功举办 2011 中国动画年会等重大活动，荣获“中国国际动画产业联盟交易中心”“国家影视网络动漫实验园”称号。2014 年，昆山软件园成为国家级科技企业孵化器，《山猫和吉米之全家乐》入围中国文化艺术政府奖第二届动漫奖最佳动漫国际市场开拓奖。2015 年，昆山软件园被评为昆山唯一一家 A 类国家级科技企业孵化器。

特色文化形成“一枝花”“一支笔”以及昆北民歌等品牌。作为昆曲的发源地，巴城十分重视昆曲人才的培养传承。2000 年，石牌中心小学率先建立“小梅花艺术团”，培养昆曲新蕾，继而正仪、巴城纷纷效仿。2008 年，中国戏剧家协会昆山小梅花培训基地在石牌中心小学揭牌，石牌中心小学成为中国剧协在全国设立的首家小梅花培训基地。近十年来，不少人已走上全国舞台，成为当家生旦、昆曲新秀、影视新星，“小梅花”也被誉为闻名遐迩的巴城“一枝花”。书法被称为巴城“一支笔”。清初有“吴中四大家”之一的徐昂发，近代有执教沪上的李肖白，书法家厉国香、篆刻家单孝天皆出其门。2000 年，巴城镇被文化部授予“中国民间特色艺术之乡（书法）”称号。2008 年，获批中国书法家创作培训基地。至 2015 年，巴城有各级书法会员 139 人，其中，国家级会员 2 人、省级会员 16 人，中国台湾地区及日本荣誉会员 21 人。有的书法作品被选为国礼，经由国家领导人出访时赠送给外国元首。巴城承办过数次全国性大型书法活动。在推出的传统品牌文化活动中，除阳澄湖民间文化艺术节、阳澄湖蟹文化节外，巴城还举办了“巴城杯”长三角民歌交流展演赛、中国民间特色艺术之乡书画展暨民间特色艺术之乡建设论坛、中国书法进万家——走进并蒂莲社区活动、首届中国农民文艺会演巴城分会场演出、中国书法家创作培训基地书法联展，“巴城杯”中国龙舟公开赛和“巴城杯”中国大力士赛、中国竹笛音乐节等大型活动。巴城先后获得“省群众文化先进镇”“江苏省体育先进镇”“江苏省公共文化服务体系示范区（镇）”等殊荣。

作为区域发展城镇体系的一部分，改革开放以来，巴城镇的探索实践向全国奉献了一份值得借鉴的生态特色经济强镇的样本，随着区划的调整，城镇发展被赋予了新的内涵。巴城镇实施“新城市、特色化、衡发展”战略，强化转型引领，致力创新驱动，努力建设科学发展的特色城镇，城乡一体、美丽乡村的品牌城镇，生态休闲的文化城镇，文明和谐的幸福城镇。

大运河的玉珮——湾头①

扬州的历史有多久，湾头的历史就有多久。

春秋周敬王三十四年（前486年），吴王夫差在蜀冈上筑邗城，在城下的长江边开邗沟，一股锐气直指北方，中原争霸的舞台上出现了江南吴人的身影。此时的湾头正处于承江达淮的河口地区。湾头作为邗沟上的首座港湾，在中国历史舞台上崭露头角，而邗沟则改变了中国地理版图，第一次将长江和淮河两大水系连通。

邗沟拉开了大运河历史的序幕。这个世界上最早的人工运河的源头被定格在扬州。湾头依托邗沟成为大运河的门户，并成为与扬州城同生共长的首镇。

300余年后，又一位吴王刘濞从湾头向东开出了第二条邗沟，通往东部海边的盐场。这条以运盐为功能的运河开启了古代中国东部与扬州城的财富之路。那些白花花的盐源源不断地汇集扬州，再发往全国。沿着这条运盐河，掌握天下财富的盐商们会聚扬州，扬州成为盐商的大本营。

隋大业初年，经略扬州多年、登上大位的隋炀帝杨广，再次让中国历史从运河的发源地扬州出发，在中国的历史版图上向南、向北拉出了一条纵贯1500多千米的人工地理标志线——京杭大运河，这条通往帝都的大动脉，贯通了中国海河、黄河、淮河、长江、钱塘江五大水系，将南方的粮食源源不断地运往北方，支撑和维系着帝国的存在。

在不经意间，扬州成为古代中国的水路交通枢纽。贯通南北千里的京杭大运河用于漕运，横贯东部的运盐河（今通扬运河）用于盐运，这两条国家的经济命脉汇聚在湾

① 选自江苏省扬州市广陵区湾头镇志编纂委员会编:《中国名镇志丛书·湾头镇志》，2017年出版。

头。借着漕盐之利，扬州富甲江南，成为中国最繁荣的地区之一。

杨广，一位对扬州有着特别情结的帝王，向往着、热爱着、留恋着扬州，他动用整个帝国的力量，营造了一个通往扬州的美梦。美人、美景都跟随皇帝的视线而来。数十里的船队在运河上浩浩荡荡地驶往扬州，两岸的垂柳像美人一样轻摇曼舞，高兴起来的杨广赐予它一个妩媚的名字——杨柳，运河之都扬州因此妩媚起来，茱萸湾因此耀眼起来。沿着蜀冈的边缘，为皇帝营造的江都宫层层叠叠，逶迤而下，直到运河边的茱萸湾。一座被称作“北宫”的宫殿后来被唤作“山光寺”。

“禅智山光好墓田。”这位有着伟大抱负的激进君王，把性命丢在了扬州，也把运河当作了自己的纪念碑。天下的人、历朝历代的人对他褒贬不一，但是扬州人纪念着他。晚唐皮日休所作《汴河怀古》这样写道：“万艘龙舸绿丝间，载到扬州尽不还。应是天教开汴水，一千余里地无山。尽道隋亡为此河，至今千里赖通波。若无水殿龙舟事，共禹论功不较多。”

“上扬州，拢湾头。”湾头就是这样一座扬州城外的运河门户。

千百年间，在历史的长河里，那些从运河北上或南下的人出入扬州城，都从湾头经过。“落花逐流水，共到茱萸湾。”茱萸湾到了，也就看见了扬州。

这条黄金水路，宋徽宗、宋高宗南下避难时来过，康熙、乾隆亲临指挥治理水患时也曾来过。

这是一条文明交流互鉴的海上丝绸之路。大明寺高僧鉴真赴洛阳、长安游学，来回都从茱萸湾上船、登岸；西域禅山法师和意大利著名的旅行家马可·波罗也从这登岸进入扬州城。日本遣唐使走南路从这里登岸赴京城，日本高僧圆仁经运盐河在茱萸湾登岸进城。日本在拍摄《世界之最》影片时，摄入中国古运河，即取景于茱萸湾。

这是一条文化之路、诗歌之路。无数的文人从茱萸湾经过，看到了隋朝行宫“山光寺”的门额，按捺不住的情怀便涌上心头。茱萸湾，让他们总想着那个闪电般灿烂的繁华时光。

在这条流淌的文化长河上，湾头就这样被烙上千年抹不去的历史印记。湾头流过的水里都有国家大历史的味道。南宋时期，宋金争战，北方的黄河被用作战争的工具，黄河在山东阳武决口，夺淮夺泗，从此江淮失去了安宁，运河也成为洪水走廊。

明万历年间（1573—1620 年），淮河水冲决高家堰（今洪泽湖大堤），里下河地区遭受灭顶之灾，连明祖陵也未能幸免。在万历皇帝的雷霆震怒之下，为了保护明祖陵，朝廷实施了前所未有的“分黄导淮”“导淮入江”的国家水利工程。

明万历二十四年（1596年），从邵伯湖南的金家湾开辟了第一条淮河入江水道——金家湾河。清康熙、乾隆以至道光年间，为了保住漕运和治理水患，又相继开辟凤凰河、壁虎河、太平河等淮河归江水道，湾头周边形成“七河八岛、归江十坝”的水势格局。大规模的淮河入江水利工程一直延续到中华人民共和国成立后，湾头因此成为“扼江控淮”的江淮锁钥之一。

1959年，国家拓宽京杭大运河的航道，为了避开文化遗存丰厚的扬州古城区，在扬州段开辟了从瓦窑铺往南到六圩长江边的大运河新航道。古运河走进了历史，漕运、盐运的功能在这里被终结，大运河的航运功能被新航道所取代。

由此，湾头成为中国大运河的一处活态博物馆。在这里，古运河的源头——古邗沟的遗存还在，运盐河的遗迹也在，新的京杭大运河航道也在湾头的西边。古老的大运河、年轻的大运河都在这里了。

京杭大运河新航道在湾头与扬州城区之间划出了一道鸿沟，这个旧日的扬州运河门户隔着新航道，与扬州城既相近又分离。北边是邵伯湖的尾闾，东边是像江面一样宽阔的廖家沟，一个相对独立的地理空间，让湾头沉寂下来，原生态在这里生长发育，湾头的北部渐渐成为扬州城所能看得到的在水一方的自然风景区。

除了自然生态，一些新的生机也在这片土地上生长。在京杭大运河和古运河西段交汇的地方，江扬船厂诞生了，这里成为扬州现代造船工业的摇篮；邗江的很多县属企业进驻了湾头，扬州玉器厂、邗江玉雕厂均诞生在湾头，这里成为扬州现代玉器加工业的摇篮；江苏农学院的试验示范基地设在这里；中国第一个与外国民间结好的村镇从湾头开始。

1983年和2002年，湾头先后被划属扬州市郊区和广陵区，伴随着扬州的城市化，湾头开启了与扬州相伴而生的城镇化进程。随着扬州“一体两翼”“西进南下东联”城市战略的实施，湾头成为扬州江广融合地带的重镇。

2006年，在湾头开始建设的广陵新城中央商务区，使湾头成为“一个生态自然与城市生活相共生的现代都市水城”，“一个都市型工业与现代服务业相结合的产业集聚中心”，“一个链接扬州城与江都城的中心枢纽”。世界运河名城博览会永久会址——“京杭之心”、京杭水镇、扬州现代服务业集聚区（Y-MSD）、中国声谷——江苏信息产业基地（扬州）、环球金融城、交通银行金融服务中心、李宁体育园、扬州市民中心、扬州广陵公共文化中心、新东方扬州外国语学校等现代城市载体纷纷建成。新的大桥在湾头的入江水道上架设起来，从扬州古城区横穿湾头向东连接的几条通衢大道，正见证着扬州城的历史变迁。延续文昌路“唐宋元明清，从古看到今”的佳话，在文昌东路这条城市新主轴线上，既有古城风韵、新城气派，又有湖光山色、田园风光，向世人展示着古今辉映的新扬州。扬州的新地标——万福大桥，横跨在淮河入江主水道廖家沟上，融现代美与古典美为一体。从塔楼俯瞰，南面的长江和夹江，北面的邵伯湖和高邮湖，壮阔的江淮生态大走廊一览无余；江都老城和扬州古城，广陵新城和生态科技新城也都尽收眼底。廖家沟的两岸，规划成扬州“绿肺”的廖家沟中央公园已初见端倪，成为江淮生态大走廊的起点。

与现代化的广陵新城形成功能错位互补，北部的千年古镇——湾头也正在改造复兴，并正在打造为中国的玉器特色小镇。2016 年 5 月，中共扬州市委书记谢正义踏访湾头，说了这样一番话：“历史上湾头是大运河从北向南进入扬州第一镇。现瓜洲大部分已没入江中，运河这边的汜水、邵伯等条件也没有湾头好。湾头是目前扬州最有可能改造复兴的运河古镇。”

复兴湾头古镇的信心被提振起来。大运河申遗工程“避风塘整治”项目成效初现，湾头的邗沟故道将重新打通，形成扬州完整的古运河文化风光带。恢复重建山光寺，修复陈氏老宅，保护性改造千年古街，修缮过街券门，保护壁虎坝、避风塘、古闸口、两淮盐运司缉私码头和盐义仓等历史遗迹，逐步完善配套服务设施，增添新兴服务项目等，都被提上政府的规划和建设日程。不久的将来，人们又可以在湾头的千年画境里穿越历史。

“把扬州建设成为古代文化与现代文明交相辉映的名城”，这幅图景在湾头正变为现实。

运启湾头。2500 年前，扬州幸运地成为邗沟开凿的河口，湾头随之进入中国大历史的视野。2500 年后，历史又给了湾头一次新的发展机遇，湾头搭上了江苏特色小镇建设的头班车。

玉器特色小镇已不再是停留在规划纸面上的概念。湾头的琢玉工艺是扬州乃至中国玉器发展史上的一颗明珠，历史上湾头的琢玉艺人辈出，业界早已留下“和田玉，扬州工；扬州工，在湾头”的美誉。如今，湾头正在成为全国最重要的玉器加工基地、销售基地和培训基地，是全国在华东地区具有代表性的玉器市场。刘月朗、汪德海等一大批鉴玉大师、治玉大师会聚在这里；中国玉器珠宝的龙头企业金鹰玉器珠宝有限公司在这里，在全国玉器研发销售市场居有领导地位的翠佛堂在这里；史上最大的和田玉料——“关山万里”，专程运达这里，等待大师构思设计；在这里，各类玉器生产企业、作坊和商户已有近千家，从业人员达数千人。今日，“天下玉，扬州工；扬州工，源湾头”已经成为湾头享誉四方的宣传品牌。

湾头是中国大运河的瑰宝，是世界运河名城扬州的瑰宝。

在中国文化里，玉是天地间的精魂，玉是温润亲切的，玉是高贵纯洁的，很多美好的词语用玉加以装点。

湾头，就如同一块宝玉，佩挂在中国的千年大运河上，佩挂在运河第一城扬州的项间。

浏河——郑和七下西洋起锚地①

浏河镇，地处娄江口，古称"娄河""刘家河""刘家港""刘河"，民国时改称"浏河"，沿用至今。自有文字记载以来，它的历史已有1800年之久。文史底蕴浑厚，华章璀璨，人杰地灵。

滨江临海的战略地位，铸就了浏河独特的历史

浏河镇最早作为三国吴帝孙权的通江重地、军事要塞而成兵家必争之地，为孙吴政权借助浏河口岸为军事屏障巩固政权发挥了作用，由此奠定了浏河镇在历史上的战略地位。世人认知浏河，最早源于东晋文学家庾仲初的《扬都赋》："太湖东注松江，东北入海为娄江，东西入海为东江。""娄江"所指，恰为姑苏通江入海要津的浏河口。

一条娄江（浏河），是浏河镇古文明的摇篮。娄江穿苏州娄门而东，一路迤逦百余里，从娄江口（浏河口）汇入长江。北宋景祐年间（1034—1038年），南、北漕漕河的开凿，又使松江（吴淞江）水系部分经嘉定流入漕漕河汇入江海，有力地缓解了松江的水位压力，实现了数代人梦寐以求的"制松入浏"的宏伟规划。同时，极大地促进了环太湖水系的治理。而漕漕河口恰与娄江口交汇于浏河镇。浏河镇凭借其显要的战略地位为世所重，犹如一颗镶嵌在长江之滨、东海之畔的宝石，熠熠生辉。

愈接近入海口，长江江面愈宽广，浏河河口段恰处在长江江面最宽阔的水域，最深处达12米，成为名副其实的黄金水道，而"不浚自深"的显著特点又使浏河口成为天

① 选自江苏省太仓市浏河镇志编纂委员会编：《中国名镇志丛书·浏河镇志》，2017年出版。

然良港，这正是浏河得天独厚之所在。元代的漕运、明代的七下西洋、现代的海洋渔业基地，均基于这天然良港的优势。苏州富庶宝地多，濒江临海独一镇，这是对浏河镇一语中的的评价。

浏河在中国社会发展进程中曾发挥过独特的作用，元、明、清三朝，浏河见证了漕运、海上贸易、郑和下西洋与治理环太湖水患等历史大事件。

海上漕运初始于宋代，盛于元代，延续至明、清，古老的浏河以它江海般宽广的胸怀责无旁贷地为漕运船队迎来送往，不辞辛劳。直到清道光年间（1821—1850 年）出现了机械海轮，浏河才彻底告别了漕运。海上贸易，在元、明、清三代也达到鼎盛，使浏河成为闻名中外的“六国码头”。

世界闻名的郑和下西洋史实与遗址，是浏河镇一张亮丽的名片。明永乐皇帝将刘家港（浏河）确定为郑和下西洋启航之地、锚泊之所时，上海还未开埠。历史的机缘把浏河独特的战略地位推向了极致。郑和七下西洋成为浏河历史上最辉煌的一页，奠定了浏河古镇在众多江南古镇中的独特地位。

漕运和海上贸易，七次下西洋，已经成为浏河在人们心目中的历史文化概念。

悠久深厚的文化底蕴，造就了浏河的济济人才

魏晋遗风，唐宋印迹，元明帆影，清之翰墨，更有今世群英。这已成为对浏河人文历史的概括。

浏河士族林立，文风昌盛，义学、私塾盛于市井乡间。明、清两代有进士 26 人（含武进士 3 人），其中榜眼 2 人，举人 63 人（含武举人 7 人），诸生（秀才）227 人。

浏河曾在一个家族内出了四位一品高官——王锡爵、王衡、王时敏和王掞，传为美谈；还有以王时敏、王原祁祖孙等为代表的娄东画派，领一时之风骚，在中国画史上占据重要地位。

浏河当代的文化名人中，资格最老的是百岁画家朱屺瞻，名声最响的是核物理学家吴健雄。朱屺瞻和吴健雄，两颗亮丽的明星，誉隆中华大地，影响通达海内外。

古今与浏河直接或间接有关的政要贤达、民族英豪、革命先烈、画坛领袖、文化名人、科技精英、学林骄子、艺苑名流、工商巨擘、教育先驱、传奇人物，为数甚众，构成了绚丽多彩、洋洋大观的文化篇章。

得天独厚的江海优势，形成了浏河特色鲜明的景观

浏河的特色景观首推长江之景，次推河漕之景，三推遗址之景。

漫步长江江堤，徜徉湿地公园，水天交接，长桥卧波。立“锚泊瀛涯”前看巨轮出入，坐望江亭上观潮涨潮落。

新、老浏河景致有别。新浏河河面开阔，节制闸壮观，闸旁景观带是散步休憩的好去处。环绕老浏河，联结起古街区与新街区，老浏河与漕漕河交汇处的老浮桥、水带桥构成的双桥望月景观是老街区最佳景点。沿老浏河与漕漕河，行走在保护性修复的明清老街，长廊、拱桥、亭台水榭、幽静的民居、寂寥的巷子，没有半点喧嚣与张扬，倒有点世外桃源式的悠闲与随性。

历代历年的战火，给浏河的古迹带去了毁灭性的破坏，古迹存留不多，弥足珍贵。

浏河天妃行宫，为中国明代航海家郑和下西洋的重要历史遗迹，为全国重点文物保护单位。明代郑和从刘家港起锚，七下西洋，必先进香祈求海神娘娘保佑航海平安，并在此亲立通番事迹之记碑。

阅兵台在新浏河口南侧长江堤旁，面江而建。阅兵台始建于宋抗金时期，流传有韩世忠抗金故事，在明代抗倭斗争中也起了重要作用。

吴健雄墓园坐落于浏河明德初中校园内，是世界著名的核物理学家吴健雄和其夫袁家骝的合葬墓。其墓造型独特，前有刻着吴健雄生平经历之照壁，旁有百年紫薇老树及紫薇阁。校门口有吴健雄铜像，校园内还有陈列吴健雄事迹的明德楼。

梅花草堂原是著名百岁画家朱屺瞻的书斋。今梅花草堂位于浏河公园内。“梅花草堂”四字为国画大师齐白石所题，镌刻于巨型文化石上，立于公园正门。园内有朱屺瞻少年时手植之梅树及紫藤。

杨将军庙位于浏河镇新塘管理区，原庙已毁，2014 年，由民间捐资重建。因明代文徵明有《重修杨将军庙记》碑文而著称，并成为类似于关帝庙的宗教文化场所。

矗立在长江大堤之上的是修筑海塘纪念碑，真实记录了浏河人民可歌可泣、感天动地的治水史。如今，浏河人民不仅彻底征服了水患，且在修筑海塘纪念碑正下方围堰蓄水，建成了人工水库，把长江水源源不断地输送到千家万户。

除通番事迹之记碑外，浏河还有一批史料价值很高的历史碑刻，有李俊刻的周闻墓志铭碑，有归子顾撰写的王衡墓志铭碑，有陈世倌撰写的王奢墓志铭碑，有唐文治撰写

的甲戌修筑海塘纪绩碑，还有乾隆年间重修阅兵台记碑，等等。

河江海俱全的自然条件，成就了浏河的三鲜美食文化

浏河镇河（浏河）、江（长江）、海（东海）俱临，江海河地理优势明显，境内外鱼类资源丰富。由此产生发达的渔业经济。渔业经济的发展打破了单一的农本经济模式，形成具有地区性或流域性特征的男渔女耕的经济方式。现代浏河得江海河渔业资源之利，水产资源丰富，渔业生产发达，船舶汇聚，樯桅交集，商贸兴隆，成为华东地区渔业资源的重要集散地，同时催生了江海河三鲜美食的兴旺，带动了观光旅游休闲度假业的发展。

这些得天独厚的综合优势，造就了吃在浏河的基本物质条件，造就了吃在浏河的美食声誉。

名特土产、特色餐饮、海鲜、江鲜、河鲜，应有尽有。其中最有名的是“长江四鲜”——刀鱼、河豚、鲥鱼、白鲒，食之若饴，余味绕舌。还有江鲈、凤鲚、长江银鱼、长江大闸蟹、长江白虾等，亦相当有名且风味独特。

海鲜也大有讲究，到浏河来，吃带鱼，吃黄鱼，吃鲳鱼，要懂吃哪里产的、吃什么品种，要吃到正宗的海鲜，需要亲临浏河海鲜市场，请行家帮忙挑选，或者到品牌响亮的饭店，请美食家点菜。

每年 3—5 月，桃红柳绿、牡丹花开的时候，浏河镇都要举办江海河三鲜美食节，招天下食客，引八方游人。

沿江邻沪的区位优势，引领了浏河现代发展的潮流

浏河是江苏省东部濒江临海的重镇，也是唯一一个既沿江又邻沪的全国重点镇，东枕长江，南与国际化大都市上海的宝山、嘉定两区接壤，西望苏州，北靠太仓港。区域交通四通八达，便利快捷。

2012 年，省级“太仓长江口旅游度假区”项目在这里拉开了帷幕。通过整合区域内浏河古镇等历史文化旅游资源和以长江滨江岸线为代表的生态环境旅游资源，以及华东水产品市场、园花园度假山庄等旅游资源，以“古港老镇、江海特色、休闲度假”为

主题，建设和完善滨江新城、渔人码头、浏河古镇、温泉社区 4 个主要旅游发展集聚区，从而打造以高端休闲娱乐、特色餐饮、文化体验、旅游地产、国际交流等为主要功能，区域一流、国内知名的旅游度假区。至 2015 年，长江口旅游度假区规模初具，浏河已成为名副其实的“上海后花园”、江尾海头的休闲胜地与宜居福地。

现代工业体系的发展与壮大是浏河经济向前推进的动力所在，招商引资的丰硕成果，使浏河日新月异。浏河镇的产业布局，依靠闸南工业区、北部工业区两大主要工业区域，依托上海大背景，建成以机电产业为主体，以汽配产业、加工制造等为主要功能，以新材料、新能源、现代物流业为提升的综合性工业产业。

休闲体验农业、科技观光农业和生态高效农业三大农业产业化的发展片区，集中布置在老镇区、镇政府周边以及滨江地区。现代农业技术的广泛推广和现代农业园区的规模化，正逐步走向采用现代管理理念和方法经营、生产效率达先进水平的现代农业。

长江口度假区的建立，使第三产业尤其是房地产业与餐饮娱乐业成为浏河镇可持续发展的新动力，第三产业的占比超过第一产业、第二产业的总和，便是有力的证明。

经济的强势发展支撑了整个环境生态的优化与美丽乡村的建设，两翼齐飞，良性循环的发展势头如江潮海涛，不可阻遏。

渔耕并举的传统生活，打造了富有特性的乡土文化

浏河渔耕文化可分为两大板块，一是江河湖海的，二是田间村野的。它们均有自己的文化类型和特色。江河湖海的文化类型以“号子”为主，代表作是《渔民号子》。回荡在江河湖海嘹亮的《渔民号子》以粗狂、豪爽和奔放为特色。田间村野的文化类型以山歌为主，代表作有《莳秧山歌》等。《莳秧山歌》因吴侬软语显柔美灵秀而成为特色，亦歌亦舞，倍增艺术感染力。

群众性文学、书画、摄影、音乐、舞蹈、武术、灯谜等文化活动蓬勃开展。打造“书画之乡”“民乐之乡”“武术之乡”等文化品牌正付诸实施。在新的历史时期，江南丝竹、妈祖祭祀、摇大橹、荡湖船、打莲湘等各种非物质文化遗产正以浏河人民喜闻乐见的艺术形式，极大地丰富人们的精神文化生活。著名作曲家张晓峰基于浏河日新月异的变化，创作和改编了以反映浏河丰厚人文底蕴和多彩生活风貌的音乐系列专辑《沸腾的浏河》。浏河的新声已奏响。

浏河镇于 2004 年步入全国首批重点镇之列，以综合优势成为当地县域经济的要枢，承担着加快城镇化进程和带动周围农村地区发展的任务。浏河镇以社会文明度、经济富裕度、环境优美度、资源承载度、生活便利度、公共安全度等综合优势，越来越成为居家与投资者心目之中的福泽之地。

2007 年，浏河镇被全国爱国卫生运动委员会和国家环保总局分别授予“国家卫生镇”和“全国环境优美镇”称号。2015 年，荣获中国人居环境范例奖。

浏河镇又是“中国经济五百强镇”、“江苏经济百强镇”、国家一级渔港、“中国江海河三鲜美食之乡”、江苏省省级旅游度假区、苏州市历史文化名镇、“长三角最美乡村”。

继往开来，江尾海头第一镇浏河正走向新的辉煌！

两京古驿——中心店[1]

中心店镇位于“孔孟之乡，桑梓之邦”文化发祥之地的邹城市北部。南临孔子“登东山而小鲁”的峄山，北倚“登泰山而小天下”的泰山。总面积90.23平方千米，辖37个自然村，46个行政村。2015年年底，全镇总人口78802人。其中：回族1377人，另有满、蒙古、布依、佤、白、苗、锡伯、黎、彝、土家、侗11个少数民族39人。

中心店镇属东夷少昊氏族部落。殷商时期属奄国，周及春秋时期属邾国，后属邹县管辖。

自古以来，中心店镇就是南来北往的交通要道。素有“南北通衢，两京圣地”之美誉。据明万历三十九年（1611年）刻本胡继先修《邹志》载，中心店镇境内有古道4条。第一条是从邹县至曲阜，即从邹县城出北关，逾岗山至官庄，越仙人坟，渡仙桥（跨白马河），经大元、小元入曲阜界；第二条是邹县至滋阳县，即从邹县城出西关经东滩店至双桥（跨白马河）入滋阳县界；第三条也是邹县至滋阳县，即从邹县城北关，绕铁山西麓，过孟家庄，经岗山铺至南宫村，经白马厂村跨白马河，入滋阳县；第四条是邹县至济宁县（现济宁市），即从邹县城向西北，经大东章至二十里铺，过平阳桥横跨平阳寺境内，越泗河入济宁县。清光绪三十四年（1908年）修筑津浦铁路时，测得东滩店村恰为南京到北京的中点，因此，东滩店便改称为中心店，中心店镇因此而得名。中心店镇不仅是南京到北京（距南京、北京各600千米）的中点、徐州与济南（距两市各300千米）的中点，而且是孟府与孔府的中点。一个地方处于三个中心点，这在全

① 选自山东省邹城市中心店镇志编纂委员会编：《中国名镇志丛书·中心店镇志》，2017年出版。

国是独一无二的。中华人民共和国成立后，中心店镇境内公路、铁路纵横交织，四通八达。铁路：除兖矿集团的东滩、鲍店、南屯等煤炭运输专用线外，有贯穿南北的京沪铁路、横跨东西的兖石铁路；公路：除户户通的镇村公路外，有国道、省道 3 条，市级公路 9 条，形成了六纵六横公路网。

中心店镇地处新华夏构造体系第二隆起带与第二沉降带的交界线附近，昌平山系和峄山系末端。地质复杂，地形起伏较大。东部群山竞秀，有大小山头 18 座；西部是湖山前倾斜平原，村庄叠翠，星罗棋布。白马河如一条玉带，自东至西，流经全镇，24 条支流，形成白马河水系，将 37 个自然村交织在一起，构成山川和平原共有之美。“溪湖夜月”“晚照寺”是邹县古八景。2000 年后，生于斯、长于斯的中心店人，根据独有的地理特点，以建设生态乡镇为主题，全面治理，着力保护环境，维护生态平衡，打造人居环境，发展乡村旅游，营造了国家 AAA 级旅游景区——中心草莓生态观光园、A 级景区——皇家国际香草园及玉皇山百果采摘游、九龙山自然风光骑行游等旅游景区景点。中心店镇有 33 个行政村成为生态村。2006 年被授予“最适宜人居名镇”。2010 年，荣获“山东省旅游强乡镇”称号。2010—2013 年，连续四年被授予“国家级生态镇”。

中心店镇历史悠久，文化底蕴丰厚。境内有古遗址 11 处，古墓群 5 处。既有距今四五千年的龙山文化遗址，也有汉代遗址；既有春秋战国时期古墓葬，亦有明清时期古墓。孔子弟子，儒门七十二贤之一，以“尚德”著称的南宫适，葬在南宫村；以“乐贫”而闻名的原宪葬在大元村；明朝开国皇帝朱元璋第十个儿子鲁荒王朱檀葬在风景秀丽的九龙山。2006 年鲁荒王陵被公布为全国重点文物保护单位，为国家 AAAA 级旅游景区。境内还有古建筑三处，近现代重要史迹及代表性建筑两处以及古民居等。

在中心店这块物华天宝、人杰地灵的风水宝地上，养育了无数优秀儿女。抗日战争时期，涌现出了刘化存、孔庆升、丁平等一大批革命志士。解放战争中，中共东滩区委、区中队领导全区人民，一手拿枪，一手种田，打土豪分田地，积极支援前线。抗美援朝战争中，广大青年响应中国共产党“抗美援朝、保家卫国”的号召，全镇有 223 名青年奔赴朝鲜战场，31 名青年战士壮烈牺牲。20 世纪 80 年代，又有一批热血男儿投身于南疆保卫战中，先后涌现出段来强、韩善生等英雄人物。

勤劳的中心店镇人在这片俊秀肥沃、宜耕宜养的土地上，不断地耕耘与创造。镇境西部是粮食主产区，以种植小麦、玉米为主；中部为工业区；东部是生态特色区。1990 年始，畜牧业迅猛发展，到 1995 年全镇生猪存养量 1.9 万头，养猪专业户发展到 274

户。鸡存养量达131万只，养鸡专业户683户，万只以上的专业大户25户，大型养鸡场8个，孵化场2个。肉类总产量362万千克，禽蛋产量1717万千克，被评为山东省“畜牧业强镇”。2000年后，大力发展草莓种植，到2015年，全镇草莓种植面积666.67公顷，建成冬暖式反季节大棚2000个，年产量3万吨，产值4.5亿元。注册的“富东草莓”获得农业部无公害农产品质量认证，农业部绿色食品认证，入选全国名特优新农产品选编。中心店镇先后获“中国绿色生态草莓之乡”“山东省特色产业镇”“山东省一村一品示范镇”“山东省绿色草莓第一镇”称号。

20世纪90年代，镇村企业异军突起。到1995年，有镇办企业19家，村办企业132家。2000年创建机电产业园，2010年建设鲁南汽车城。2015年中心机电产业园成为省级装备制造专业园区。园区有生产经营单位274家，2000万元规模工业企业29家。入驻机电装备制造企业100余家，其中规模以上工业企业38家，国家级高新技术企业13家，拥有各种专利近300项，创建省级矿用机械检测中心。入选第三批省级高端装备制造产业园区。实现销售收入60亿元，利税5亿元，先后被授予“国家级特色产业园区”“山东省高端机电装备制造产业基地”“山东省高端装备制造园区”“山东省创业示范园区”“山东省信用园区”“国家火炬邹城智能装备制造产业基地”“国家级科技企业孵化器”“山东省首批众创空间”等称号。汽车城有4S店31家、直营店12家，拥有大众、别克、福特等40个知名品牌300多个车型，市场辐射济宁、兖州、曲阜、微山、滕州等周边县市，是鲁西南地区品牌最多、功能最全、服务最便捷的汽车销售服务综合体。2015年，共销售新车1.3万辆，维修车辆11.5万台次，主营业务收入达20亿元，企业缴纳各种税费1700万元。中心店镇成为“山东省农村经济综合实力前200强乡镇”“中国乡镇投资环境300佳”“山东省机电产业第一镇”。

中心店镇地处中国古代思想家、教育家至圣孔子和亚圣孟子故乡的腹地，孔子游学的传说在当地影响广泛。当地居民有着尊师重教的优良传统。据统计，1949年前，中心店镇境内有私塾42处、小学20余处。2015年，全镇有中学1所，成人学校1所，完全小学8所，中心幼儿园1所，民办学校4所，孟子学堂5所。省级规范化小学1所，省级示范幼儿园2所，济宁市规范化学校6所，济宁市实验室建设规范化学校4所；山东省教育工作先进个人2人，济宁市优秀教师4人，受到邹城市政府表彰的优秀教师90人。

纯朴善良的中心店人，在这块交通便利、位置优越的沃土之上，形成了自己淳厚的风俗人情和浓厚的乡土文化。精美的绘画，洒脱的书法，飘逸的舞蹈，巧夺天工的雕刻，美妙的剪纸，无不展现居民的精神风貌。胡伯柱的雕刻出售到日本；韩如汇的书法在新加坡展出；南宫小学的剪纸登上中央电视台演播厅。全镇文化广场 41 个，广场舞队伍 33 支。民间舞蹈“尚寨竹马”被列入山东省非物质文化遗产。

中心店镇的医疗卫生与社会保障事业不断发展。自 20 世纪 70 年代开展群众爱国卫生运动，中心境内连续 12 年基本无蚊蝇。1979 年 3 月 9 日，联合国卫生组织代表团到中心卫生院及南宫村考察。10 月，世界卫生组织媒介生物学及控制专家访华小组到南宫村进行灭蚊现场考察，均深受好评。1994 年 10 月，中心店镇卫生院被山东省卫生厅授予中华人民共和国卫生部部级标准一级甲等医院，成为一所集综合治疗脑血管、老年性疾病、预防保健于一体的具有专科特色的卫生院。2015 年，全镇有执业许可证的定点卫生室 38 家，全部达到规范化标准，112 名有专业技术资格证的乡村医生全部合格。新型农村合作医疗参合率 100%。

富裕起来的中心店镇，2010 年做出整体规划，围绕“一村一主题、一村一文化、一村一特色”总体思路，建设美丽新农村，承接曲阜、邹城两大儒家文化历史名城，打造“儒风大元、杏福小元、民俗尚寨、夜月溪湖、甜莓龙山、生态于庄”美丽乡村示范片。2012 年，中心店镇被列为全国社会主义新农村建设示范镇。

中心店镇，一个环境优美、物产富饶、文化积淀深厚、集休闲娱乐于一体的新型城镇，正朝着美好的未来阔步前进。

北庭镇志概述①

一

北庭镇位于新疆天山北坡绿洲平原区，地势由南向北略有倾斜，坡降3%~0.3%，地形平坦开阔，海拔高度为500～800米。北庭镇地处欧亚大陆腹地，属中温带气候，冬季寒冷，夏季炎热，气候干燥，昼夜温差大。历年平均气温5℃～8℃，日极端最高气温40.9℃，日极端最低气温-36.6℃，全年平均无霜期为180天。四季多风，主导风向为偏西风和西北风。北庭镇光照充足，年日照时数平均在2800～3100小时，光照分配比较合理。4—9月各月日照时数均多于200小时，最多在300小时以上。北庭镇年平均降水量168.2毫米，夏季降水量居多，占全年降水量的38%，降水量的变率比较大。北庭镇湿地面积735.12公顷，已纳入国家湿地保护规划。

二

北庭历史悠久。北庭故城始建于东汉，时称金满城，为车师后国王庭所在地。唐贞观十四年（640年），唐政府设立庭州，州治金满城，在今北庭镇境内。永徽二年（651年），阿史那贺鲁攻陷庭州，庭州废置。显庆三年（658年），唐朝复置庭州。长安二年（702年），唐在庭州设立北庭都护府。神龙三年（707年），唐朝改置北庭都护府为

① 选自新疆维吾尔自治区吉木萨尔县北庭镇志编纂委员会编：《中国名镇志丛书·北庭镇志》，2016年出版。

北庭大都护府。宋代北庭为高昌回鹘之后王庭所在地。蒙哥汗元年（1251 年），蒙古国在北庭设别失八里行尚书省，管理天山南北的军政事务。明初，北庭城郭毁于战火，明永乐年间（1403—1424 年），北庭故城已经荒废。清乾隆四十一年（1776 年），济木萨县丞辖二十四庄，后堡子（今北庭）为其中之一。道光九年（1829 年），清政府在后堡子设卡伦，查征蒙古运往迪化的茶税。光绪二十八年（1902 年）设孚远县，划分四乡二十五渠。后堡子为北乡，分五渠，设渠总。1945 年，改为后堡子乡，设乡公所。1950 年 5 月 1 日，改后堡子乡为二区，辖 3 个乡。1956 年，撤销二区，成立乡人民委员会。1958 年 9 月，后堡子乡改名为东风人民公社。1960 年 3 月，改名为国庆人民公社。1981 年 6 月 13 日，更名为北庭公社。1984 年，更名为北庭乡。2001 年，撤乡建北庭镇。

北庭交通便捷。自古以来，北庭大地就是各族人民繁衍生息和中原王朝管辖西域的战略要冲，是历代王朝经营西域时重要的镇戍根据地，著名的丝绸之路新北道从这里穿过，东接中原，西连波斯、地中海各国。自汉朝起，北庭就成为西域政治、经济、文化、军事中心，唐代丝绸之路在北庭交会，为西域交通要道。中华人民共和国成立前，北庭道路均为土路，人们出行多步行或骑马、骑驴。中华人民共和国成立后，政府逐步修建简易县乡、乡村公路，道路建设经历了从土路到砂石路再到柏油路的变化，人们出行从主要依靠畜力车和自行车变为主要依靠四轮拖拉机、摩托车和公交车。2010 年后，随着全县公路网的修建，吉北大道南接大奇高速公路和省道 303 线；吉红公路向北直通五彩湾；吉彩路穿越全镇，北连国道 216 线，与阿勒泰地区相通，在北庭镇境内约为 18 千米。至 2014 年，境内公路总里程 26 千米。镇内部的主要道路为昆凌路、金山路，以及东、南、西、北 4 条环路，乡村道路覆盖全部村组，城镇交通相对便利。

三

北庭镇水资源较为丰富。北庭镇属于富水区，境内河流纵贯南北，沿河上下有自动控制闸 3 处，主要渠道有东二畦干渠、后堡子干渠、西上湖干渠 3 条。干渠、支渠、斗渠长 100 余千米，可灌溉面积 5574 公顷，占耕地面积的 98%。水的补给来源主要有自然降水、河流渗透、灌溉回归等。境内东二畦、西上湖两大河系将北庭镇分隔成三大片区，即东二畦片区、西上湖片区、后堡子片区。北庭镇有小型水库 3 座，属注入式平原水库，分别为东二畦水库、黄水槽子水库、南坝水库，总库容 479.6 万立方米，可灌溉面积 5567 公顷。北庭镇地下水补给量 2079.6 万立方米 / 年，可开采量为 1559.8 万立方米 / 年，有机电井 129 眼，水土条件平衡。

旅游业是北庭镇的一项朝阳产业。北庭镇的自然景观和人文景观资源比较丰富。自然景观卡拉麦里有蹄类自然保护区是野生动物繁衍生息的“天堂”；五彩湾景观以怪异、壮观著称，一日中的景色随着阳光的变化而变化，充满诗情画意；沙洲生态园是领略浩瀚沙海的理想之地；通过亿万年形成的石树沟硅化木极具科考价值。镇域内的北庭故城遗址、建于高昌回鹘王朝时期的北庭西寺、千佛寺、普氏野马繁殖中心、古海温泉、车师山庄等人文景观得天独厚，北庭园、天地园更是人文景观和自然景观的有机结合。与此相伴而生的旅游服务业得到蓬勃发展，北庭故城遗址成功申遗，成为新疆旅游的新地标。为改善北庭镇生态环境，带动北庭各项产业发展，实现以品牌效应提升历史文化名镇整体品位和旅游强镇目标，县、镇政府积极挖掘、打造、开发旅游景点 30 余个。至 2010 年，全镇有 AAAA 级景区 1 个、AAA 级景区 2 个、AA 级景区 1 个。2014 年，打造镇域内旅游精品线路 6 条，联合打造县域及全疆黄金旅游线路 15 条，为北庭镇的经济发展注入了强劲动力。2014 年 8 月，北庭镇获得“国家特色景观旅游名镇”称号。

四

种植业是北庭镇的支柱产业。北庭有史以来，就是一个传统的农业种植区域。北庭自汉至中华人民共和国成立，历经多个朝代的统治，几经烽烟浩劫，但所住居民从未长期中断农业种植。北庭在西汉后期就开始屯田，东汉永平十七年（74 年）北庭驻屯兵数达数百人。唐龙朔三年（663 年），金山副都护兼庭州刺史裴行俭下令恢复并且扩大屯田事业。到 8 世纪中叶，庭州屯田总数已达 20 屯（1 屯等于 5000 亩，约 333.33 公顷）。元朝曾在北庭设别失八里行尚书省和宣慰司都元帅府，当时北庭周围有数千兵丁、3000 农户屯田。清乾隆三十七年（1772 年），清政府从甘肃招募户民 400 户，计 2400 人，安置在唐城周围（今北庭镇）开荒种田，种植粮禾。

中华人民共和国成立后，在党和政府的领导下，北庭大力发展种植业，开垦荒地，改善灌溉条件，推广优良农作物品种，实施机械化作业，种植业逐步发展起来。2014 年，全镇耕地面积 5661.5 公顷，人均耕地面积达到 0.38 公顷，北庭农民注重精耕细作，土地产出较高。种植的作物有小麦、玉米、水稻、高粱、番茄、蔬菜、西甜瓜、烟叶等，尤以无公害辣椒、大白菜最为出名。其中，种植粮食作物面积 4015 公顷，油料作物面积 385 公顷，蔬菜面积 891.1 公顷。

北庭镇农业机械化水平较高。中华人民共和国成立前，耕地沿用二牛抬杠，手撒播种。中华人民共和国成立后，逐步开始使用机械，大型耕地机械、播种机械、收获机械应用广泛，至 2014 年，农业种植、收获基本实现机械化。2013 年，北庭镇开始推广 GPS 导航耕作技术。2014 年，全镇各类农业机械达 1987 台（架），机械整地面积 5427 公顷。北庭镇林地总面积 379 公顷，主要树种有杨树、榆树、柳树、枸杞、沙棘、柽柳等，造林以防护林为主。2014 年，全镇完成人工造林 1219.6 公顷。北庭镇畜牧养殖以牛、羊、生猪、家禽为主，突出鱼、虾养殖，鸡蛋产量占全县市场份额一半以上。20 世纪 80 年代中期，开始畜种改良。90 年代初，开始引进牛、羊新品种。2000 年后，逐步开始变革养殖方式，大力建设养殖小区，推行舍饲圈养，养殖业有了新的突破。

2014 年，北庭镇实现农村经济总收入 30462 万元，比 2013 年增加 3256 万元，同比增长 11%；农牧民人均纯收入达到 16686 元，人均增收 2120 元，同比增长 14.4%（其中，种植业人均增收 5175 元，畜牧业人均增收 4288 元，渔业人均增收 271 元，林果业人均增收 253 元，二、三产业人均增收 3357 元，劳务输出人均增收 3342 元）。北庭镇人均增收居全县乡镇首位。

五

北庭镇基础设施日臻完善。北庭镇建设规划始于 2008 年。2008 年，县财政投入资金 220 万元，完成 3 千米供水、2 千米排水管网建设。2009 年，完成外围亮化工作，安装了路灯、街灯；完成镇区的供热主、支管网敷设。2011 年开始，新建了昆凌小区和余家宫村住宅小区，修建住宅 400 多套，全面改善村民生活条件。2014 年，北庭镇吸纳社会资金 3750 万元，对镇区东街、南街和北街进行重点改造。拆除老旧房屋，修建了小广场、曲艺演出台、停车场、篮球场、名人雕像、文化墙，实施了近万平方米的绿化、硬化工程，敷设绿化灌溉给水管网。投入 408.8 万元，新建供气转换站、水冲式厕所，进行农贸市场改造，购置垃圾清运车、环卫洒水车、清雪车、垃圾桶等。镇容村貌焕然一新，群众幸福指数明显上升。

北庭镇商贸较繁荣。北庭自古就是商贸重镇，客商云集，中原的农耕文明逐步传入西域，与西方的贸易往来日益频繁，曾出现过“街市繁华酒肆喧”的情景。中华人民共和国成立前，北庭有多家固定杂货铺，并伴有流动挑贩。20 世纪 50 年代中期，对个体经营商户进行“公私合营”改造。80 年代初，个体私营商户重新得到发展，至 2014 年，全镇有商店 11 家、小饭馆 6 家，大型综合市场、大型超市正在建设中。每周集贸日，流动摊贩平均在 100 家以上，商品琳琅满目、种类繁多，市场热闹非凡。

北庭镇各项事业快速发展。民国时期，民间艺人以演唱秦腔、小曲子为主，每年庙会、春节，乡民还自发表演社火、高跷等。中华人民共和国成立后，乡民编排歌舞、秧歌、戏剧，在节日走街串巷演出。从 20 世纪 70 年代开始，随着乡文化站、村文化室、文艺队的普及，文艺表演丰富多彩，文体活动竞相开展，群众文化生活日渐丰富。清末民国初，后堡子开办了义学和官立小学，后又设私塾，主要教授《三字经》《百家姓》等。中华人民共和国成立后，二区形成以后堡子街学校为中心校，辐射各村分校和教学点的格局。1977 年后，开展学前教育和实施九年一贯制教育。2014 年，北庭镇教育教学实现“三通两平台”（三通，指网络空间人人通、优质资源班班通、宽带网络校校通；两平台，指国家平台和地方平台），教师办公实现电子化，学校开设校本课程“话说北庭”，让学生了解北庭历史发展，激发学生爱国情怀。民国时期，后堡子乡只有民间郎中。中华人民共和国成立后，后堡子乡成立中医联合诊所。1958 年，成立公社卫生院，后相继成立各大队卫生所。1985年，全镇卫生院（卫生所）等卫生机构基本实现全覆盖，医疗设备渐趋现代化。2007 年，北庭镇卫生院医护人员医疗技术水平大幅提高，开设妇幼保健、公共卫生、B 超、心电图等十多个科室，主要开展疾病预防、保健、日常就医等工作，群众看病基本实现“小病不出乡（村）”，全年全镇参加“新农合”人数达 7795 人，参合率达 100%。

北庭邮政通信能力有很大提高。历史上的北庭境内有多处烽燧、驿站，通过这些烽燧、驿站，在生活和军事上传递了大量的信息，为中央政府统治西域发挥了巨大的作用。中华人民共和国成立初期，北庭新建邮电营业所，开展乡邮业务，至 2014 年，可办理挂号、快件、特快、包件、普汇、电汇、报刊征订等业务，全年邮政代办业务收入 2 万余元。2014 年，北庭镇建有中国移动、中国电信营业厅各 1 家，开办移动、固话、宽带等业务，有固定电话 2104 部、移动电话 6616 部、宽带用户 1836 户。

六

北庭是一块富饶而古老的土地。北庭各族人民在这块土地上繁衍生息，勤勉耕耘，共同发展建设自己美好的家园，在艰难磨砺中不断超越自我，跨越奋进，续写着北庭发展的新篇章。但北庭镇镇域狭窄，土地面积小。在经济社会发展中，基础设施薄弱，传统农业产业比重大，城镇化水平低，经济增长方式比较单一，投入还不足，经济结构不够合理，特别是旅游开发不足，发展缓慢。这些因素制约了北庭镇的长远发展。

雄关漫道真如铁，而今迈步从头越。在国家西部大开发、大建设战略的指导下，丝路重镇北庭焕发出新的生机，迎来了更大的历史发展机遇。2000年以来，北庭镇在县委、县人民政府的坚强领导下，积极挖掘自身内涵，将北庭历史文化融入特色乡镇建设中，赋予镇区建设新魅力、新灵魂，将北庭建成新疆独具魅力的精品示范镇和历史文化旅游名镇，实现历史文化与丝路旅游载体的有机融合。2014年，北庭镇成功创建为“国家特色景观旅游名镇”“全国重点镇”“国家级标准化气象为农服务乡镇”和“全国一村一品示范镇”。北庭镇经济发展，社会稳定，历史文化源远流长，各项事业长足发展，特别是北庭故城遗址申遗成功，为北庭镇今后的发展插上了腾飞的翅膀。北庭镇将继续打牢基础，着力打造特色乡镇，全面依托北庭故城申报成为世界文化遗产的有利机遇，挖掘历史文化资源，把旅游项目建设作为推动旅游产业发展的引擎，大力实施特色乡镇建设，吸引社会资金，强化产业支撑，不断提升北庭的人气和商气，推动北庭经济发展。

随着党中央“一带一路”经济发展战略的实施，地处丝绸之路经济带核心区的北庭镇，各族人民团结一心、众志成城，在国家营造的大开发、大建设的有利环境中，努力实现经济的持续发展，更好地挖掘、传承丝绸之路历史文化，有效保护世界文化遗产——北庭故城遗址，为维护祖国西部边疆领土完整、社会稳定、民族团结，实现中华民族伟大复兴中国梦奉献边陲人民的赤子之心。

回顾历史，北庭人无比骄傲与自豪。展望未来，北庭人期待无限辉煌。承袭汉唐雄风，领略华夏彩章。西域北庭，佛教西寺，历史悠久，源远流长；玉带环绕，策马黄沙，无限风光在北庭，大美北庭聚故城。北庭正迈开步伐在新型城镇化建设的道路上稳步前进，在中国特色社会主义道路上越走越好。属风流人物还看今朝，继往开来，北庭的明天将更加美好！

河图镇志概述①

河图，是一部雄壮的史诗。

河图，是一幅秀美画卷。

河图，不断演绎生态旅游强镇传奇。

一

河图镇地处皖鄂交界，地缘优势得天独厚。

河图位于安徽省西南部，是安庆市面积较大的山区乡镇。早在新石器时代就有人类在此繁衍生息。商代属《禹贡》中的扬州之域。春秋归楚，秦汉入吴，隋唐后直隶太湖县。1936年建岳西县，河图隶属岳西县第二区，为区政府所在地。1992年，凉亭、河图、南山三乡合并成立河图镇，总面积172平方千米。至2017年，辖7个行政村、167个村民组、3398户，总人口11552人。镇域群峰绵延，峡谷纵横，险隘棋布。大别山高峰驮尖，鸡鸣皖鄂，马饮江淮。汉武帝封禅古南岳（今天柱山）设“明堂”，祭拜之地明堂山，位处楚头吴尾，誉之为“王者之堂”。省际红色旅游公路直通南北，岳武高速、318国道横贯东西。气候温和，四季分明，雨热同期。生物资源丰富，动植物种类繁多。水能蕴藏量大，开发前景广阔。土特产品量丰质优，闻名遐迩。

河图历来为兵家必争之地，饱经历史沧桑。清顺治二年（1645年），蕲水王朱衔铠次子朱常，兵驻东河冲，反清复明，铸金印，封百官，建府立县造皇殿，自称荆王。传

① 选自安徽省岳西县河图镇志编纂委员会编:《中国名镇志丛书·河图镇志》，2018年出版。

有“河图府，虎场县，东河冲金銮殿，屯兵养马踞岚川”之说。

1930年秋，中国工农红军中央独立第二师师长王效亭，在金龟畈发动武装暴动，农民革命运动造势一方，为日后红军建立革命根据地打下坚实群众基础。1934年9月，中国工农红军第二十五军进驻上坊田，领导群众开展武装斗争，实行土地革命，建立苏维埃政权。之后，红二十五军从这里转移，开始长征。1935年2月，中共鄂豫皖省委常委、皖西北道委书记高敬亭，在凉亭坳重建红二十八军，领导开展鄂豫皖边区三年艰苦卓绝的游击战争。建医院，开商店，办小学，创被服厂，动员群众，扩充部队，建立起稳固的根据地。这片热土，历经多次军事活动，战略地缘优势明显。

二

河图镇历史悠久，文化底蕴深厚。

这里，诗意与佛光辉映。相传唐至德元年（756年），大诗人李白避祸出九江，到司空山结庐而居，常进明堂山览胜。从此明堂山由诗仙而闻名，因秀美而文盛。清末，有文人结明堂诗社，遗诗作近万首。1993年，再次成立明堂诗社，中华诗词学会会长梁东为社刊《明堂诗刊》题名。《中华诗词》等海内外诗刊、诗报刊发诗社会员作品800余首，中国古诗词文化得到传承和弘扬，明堂诗社声名远播。

晚唐佛教南宗临济祖师义玄卓锡妙道山，开临济道场。北宋天圣元年至至和三年（1023—1056年），仁宗皇帝敕赐建金璧寺，并赐“金璧禅林”匾额，从此禅宗日渐发展，金璧寺僧尼数百，脚庵24座，带来数百年宗教文化的繁荣昌盛。

这里，旧俗与新韵相得益彰。河图悠久的人文历史、优美的自然环境和厚重的文化积淀，孕育出当地独特的群众文化、饮食文化和民俗文化。民间歌舞、戏灯、舞狮、渔鼓、高腔等群众传统文化活动经久不衰。既多层面、多角度、多领域倡导积极向上的生活方式，又传承具有浓郁地方特色的非物质文化遗产。现代摄影作品曾登上联合国教科文组织书刊封面，收入中国艺术摄影展图册，挂入安徽省政府办公厅办公室。

河图名特小吃荟萃。神仙豆腐制作神奇，锅巴汤味道鲜美，十碗头风味独特，豆粑清爽可口，茅香粑香甜，熏腊肉肥而不腻，在人们生活方式发生变化的今天，依然特色鲜明，受人青睐。具有浓郁地方特色的起居、交际、婚丧操办、节庆活动和方言土语等民俗风情，在传承中保护，在保护中弘扬，是河图人难以释怀的乡音乡愁。

这里，古雅与今奇交融。河图历史文化遗存甚多，年代久远的古墓葬、别具风格的古建筑、依稀可见的古寨墙、历久弥珍的古石刻、杀声犹现的古战场遍布全镇。其中，宋代三棺连体合葬石墓，规模宏大，结构精巧，表明当年这里曾经十分繁华，佐证河图历史文化厚重；古民居汪家新屋，体量庞大，布局精美，是江西围屋和徽州古建筑风格融合的代表作；清明寨粮仓的米炭、东河冲的皇殿旧址、明堂村的花斑石石刻，见证河图历史风云变幻。

红二十五军军部旧址张家老屋、红二十八军重建会议旧址汪胡氏宗祠、金龟畈农民暴动旧址和"红军之家"石刻等遗址群，以及1953年修建的金龟烈士墓、1985年建立的红二十八军重建纪念亭等是河图红色文化的承载者。诸多承载岁月与时代风云的古迹文化与闪耀革命历史亮点的红色文化相互交融，震古烁今。

三

河图镇钟灵毓秀，生态建设成就日渐昭彰。

河图优越的自然环境，独特的区位优势，丰富的生物资源及厚重的文化遗存，为社会发展提供得天独厚的条件。

生态林业是主体。河图镇山场面积近1.25万公顷，森林覆盖率达83.7%。高山植被原生态，蕴藏万丈藤萝、千年古木、百品珍稀。有国家重点保护植物银缕梅和国家重点保护动物金钱豹、大鲵、白冠长尾雉。海拔1080米的妙道山沼泽地，3万平方米园区的千年紫柳，被国内旅游界誉为"中华一绝"（千米湿地上生长着千余株千年紫柳），极富科研价值。

"九五"期间，全镇人民大力植树造林，严格控制森林采伐量，林区建设大幅度实现向生态建设为主转变的历史性变革。采取以封为主、封造结合、退耕还林、保护天然林和发展生态经济等措施，不断改善生态环境。1998年，岳西县被列为全国生态示范区建设试点地区，妙道山首建岳西县内国家级森林公园。2014年，明堂山景区被评为安徽省森林旅游示范景区，南河、明堂等7个村被评为省、市级生态建设示范村。生态建设以林业为主体的大手笔，在河图铺开蓝天绿地、青山碧水的美丽画卷，万顷林海是河图人民休养的"绿色氧吧"、生息的"绿色银行"。

生态农业是中心。河图镇有1011公顷耕地。早期以种植粮食为主，后逐渐向特色农业发展。1981年，土地联产承包到户，经营方式发生转变。政府以大农业为出发点，按“整体、协调、循环、再生”的原则，全面规划，分步实施，继承传统农业的精华，规避现代农业单一连作和农药、化肥污染等弊端，调整和优化农业结构，因地制宜发展特色农业。经过多年努力，茶叶、药材、高山蔬菜种植和畜牧业稳定发展，第二、三产业逐步成为农业生态建设的主要支撑。

连绵起伏的生态茶园，是河图农业结构调整的第一主线，也是河图生态旅游的一道亮丽风景线。高山蔬菜广泛种植，处处碧田绿地，生机盎然。房前屋后、地脚田头，散种中药材，四季常青，增加了收入，美化了环境。初具规模的茶叶、蔬菜、药材等休闲观光农业基地，像一颗颗翡翠，点缀在群山之间。河图有10个无公害农产品、8个绿色食品进入大中城市市场，山区传统农业向生态农业转型，实现经济、生态、社会三大效益相统一。

生态旅游是亮点。河图地理环境优越，自然风光秀美，为发展生态旅游业提供了良好条件。河图旅游业从无到有，从弱到强，由单纯收取门票的观光赏景、过路服务到提供吃、住、行、购、娱一条龙全方位服务，水平不断提升，效益日臻明显。

走进河图，妙道山、明堂山、天峡、驮尖四大风景区向游客徐徐展开一幅幅生态旅游“上河图”——雄峰劈地摩天、峡谷幽邃曲回、瀑布溅玉飞雪、怪石鬼斧神工，尚有历史遗存、红色遗址，足可让人陶醉野性山水、唏嘘王朝历史，饱览沧桑画卷、品读古今文章。

河图的春天，是花的海洋。最媚驮尖杜鹃花，彩虹铺地，云霞接天，徜徉其间，“人我两从容”。河图的冬日，雾凇初寒下顾，素衣倾国，天地一白。踏雪观景，亦有“人迹板桥霜”的意境。天峡激浪漂流戏水别具情趣，明堂山缆车和玻璃栈道观光览胜惊心悦目。2007年，河图镇被评为安徽省首批优秀旅游乡镇。2011—2014年，明堂山景区、岳西天峡景区、岳西妙道山旅游景区先后被评为国家AAAA级旅游景区。2014年，河图镇被评为安徽省特色景观旅游名镇，“千年闺秀”向世人揭开神秘面纱。

四

河图镇与时俱进，经济发展，民生改善。

1992年建镇后，河图人民艰苦创业，各项事业获长足发展。经济繁荣，民生改善，生活水平显著提高。2017 年，河图镇财政收入 1472.7 万元，固定资产投资总额 4.29 亿元。居民储蓄余额 2.1 亿元。全镇绝对贫困人口，由 1992 年的 6215 人下降到 2017 年的 36 人。农民年人均收入，由 1992 年的 332 元上升到 2017 年的 10816 元，增长 31.6 倍。

基础设施不断改善。大力加强社会主义新农村基础设施建设，切实解决边远山区行路难、饮水难、就医难、上学难问题。近十年，修筑通村达组水泥路 68.5 千米，硬化、拓宽、改造旅游公路 28 千米，318 国道、211 省道过境水泥路共 20.5 千米，基本形成以高速公路、国道、省道为骨架和以村道组路为支脉的公路交通网络。新建供水厂，实施 21 处安全饮水工程，有效解决农村人畜饮水难问题，改善农业发展基础和农田灌溉条件。2017 年，全镇 7 个村农网改造工程全面升级，完成 16 个农网台区改造工程，户通电率 100%。1992 年后，逐步开通程控自动电话、数字移动电话。建 16 个通信信号发射塔，移动通信用户 1.02 万户，通信信号实现全覆盖。2008 年后，相继建成居民集中点 24 处，建成景观绿化工程、文化广场等公益设施 12 处。

农业产业结构趋向合理。大力调整和优化产业结构，实行粮食生产与多种经济作物生产兼顾，大田种植与林、牧、副、渔业并举，大农业与二、三产业结合的模式，药材、高山蔬菜、茶叶和养殖业逐步成为农业主导产业。多品种、无公害、标准化、专业化生产和规模化经营开始起步。中药材野生培植和人工种植面积不断扩大，茯苓、天麻、灵芝等大宗药材产销成为农民收入的重要来源。茶叶和务工成为农民增收主导渠道。养殖业和第三产业相继发展，相互支持，相得益彰，农业综合效率显著提高。2017 年，河图镇茶叶种植面积 312 公顷，药材种植面积 218 公顷，蔬菜种植面积 133 公顷。养牛养羊渐成规模。风景区带兴农家乐 212 户、土特产经销店 81 家，外设无公害农产品、绿色食品、中药材推介销售窗口 5 处。

工业经济稳步发展。1992 年后，河图镇塑管加工、茶叶加工、茯苓加工、服装加工行业蓬勃发展，注册民营企业 88 家。年产塑管 1000 吨、茯苓 320 吨、茶叶 91 吨。规模企业 2 家，1200 人就业。天翔集团，总资产 1.8 亿元，2017 年销售收入 3.08 亿元。257 个品牌的卷烟接装纸销往国内 13 家中烟工业公司和欧美十多个国家。水电资源得到合理开发利用。建水力发电站 15 座，装机 9870 千瓦，在安徽省乡镇小水电建设中位列前茅。

社会事业全面发展。教育体制改革不断推进，九年义务教育通过国家达标验收。

1992 年后，改造学校危房 1.05 万平方米，危房改造资金投入 400 万元。办学条件全面改善，学校布局、师资配备逐步优化，教学设施、教育质量逐步提升，镇域各类学校 14 所，实现远程教育全覆盖。卫生事业长足发展，卫生基础设施齐全，农村社会保障制度逐步完善，服务水平和医疗技术不断提高，幼有所教、老有所养、病有所医得以实现。广播电视事业发展迅速，2012 年，电视网络全面改造升级，有线电视全镇覆盖。2017 年，数字电视、卫星直播接收设备进入千家万户。

招商引资成绩斐然。河图镇 1992 年开始招商引资促发展，先后有上海浦东发展银行、香港务实基金会、安徽三联集团等 8 个单位和个人捐款建校，共引进资金 137 万元。2005 年，开发商韩华投资 1.3 亿元开发明堂山风景区。2007 年，开发商郑纯雄注资 1.1 亿元开发天峡风景区。2008 年，妙道山风景区改制为股份制企业，董事会筹资 3300 万元进行二期开发。

千年沧桑！河图人民筚路蓝缕，艰苦奋斗，从历史的艰辛走向岁月的辉煌。和风丽日与青山绿水之间，一个生态型、现代化、观光、休闲、游览、度假一体化的旅游名镇正在崛起。河图有着辉煌的过去，也必定会有更加灿烂的未来。

汤家汇镇志概述[①]

汤家汇镇位于安徽省西部，地处豫皖两省交界的大别山腹地，是金寨县的西北门户，地理坐标北纬 31° 32′ ~31° 43′、东经 115° 28′ ~115° 39′。东邻铁冲乡、双河镇，南接南溪镇，西连关庙乡，北以金刚台为界与河南省商城县相邻。2015 年，总面积 269.3 平方千米，辖 11 个行政村、1 个街道居委会，194 个村（居）民组，11984 户 50952 人。汤家汇街道是全镇政治、经济、文化中心，省际丁商公路由南向西穿境而过，南距合武高速公路和沪汉蓉快速铁路 20 千米，西距 312 国道 30 千米，距安徽省会合肥、湖北省会武汉均为 210 千米。汤家汇镇先后获得安徽省生态示范镇、安徽省第一批十佳红色小镇、安徽省优秀旅游乡镇、安徽省第三批特色旅游景观名镇等称号。

1924 年，中国共产党在汤家汇镇笔架山农校成立中共党小组，后发展为党支部，这是以金家寨为中心的鄂豫皖边区建立的第一个党组织，后来成为领导皖西地区革命斗争的核心。笔架山农校也成为大别山的革命熔炉、革命骨干的摇篮。

汤家汇是一片红色的土地。土地革命时期，革命烽火在汤家汇境内熊熊燃烧。中国共产党领导下的豫东南（特）道委、道区苏维埃，皖西北道委、道区苏维埃就建立在汤家汇。商城县委、赤南县委、商南县委、苏维埃政府及共青团、妇联、游击队、童子团、学校、医院、邮政局、红日报社、银行、枪械局、印刷厂、剧团等组织和单位先后建立，县、区、乡、村各级组织健全，汤家汇是鄂豫皖革命根据地的心脏和指挥中心。

土地革命时期，金寨县诞生的 11 支红军队伍中在汤家汇诞生或重建的有 3 支：中国工农红军第一军独立旅、重建的红二十八军八十二师、红二十八军与红二十五军整编后新

① 选自安徽省金寨县汤家汇镇志编纂委员会编：《中国名镇志丛书 · 汤家汇镇志》，2018 年出版。

的红二十五军。在现在的中国人民解放军中，依然能找到这 3 支红军部队的传承。徐向前、邓小平、徐海东、吴焕先曾在这里指挥过战斗；高敬亭、郭述申、何耀榜、王平章曾在这里担任过道区主要领导；洪学智、林维先、李耀、张行忠、于侠、陈伯禄、邓忠仁、石裕田等人在这里从事过革命斗争。中华人民共和国成立后，汤家汇籍有 4 人被授予少将、超过 26 人担任过省部级领导，上千人被追认为革命烈士，这里是红军的故乡、革命的摇篮。

汤家汇镇红色遗址遗迹众多，现存革命遗址 60 处，其中全国重点文物保护单位 4 处、省级文物保护单位 11 处、县级文物保护单位 2 处。这些革命遗址、遗迹虽经战乱，但在群众保护下，很多还保存完好，成为今天人们接受革命传统、弘扬红军精神、传承红色基因的教育基地。国家级文保单位列宁小学的校匾和当年根据地编印的课本《列宁小学校歌》《读书歌》《童子团歌》等油印件，童子团佩戴的红袖章，使用过的校铃都保存完好。经赤城县邮政局收寄的红军战士卢炳银的苏家埠战役报捷家书，至今收藏于皖西革命烈士纪念馆，赤城县邮政局成为全国仅存的两处苏维埃政府设立的邮政局旧址之一。鄂豫皖省委会议旧址胡氏祠（红二十八军和红二十五军合编地）外墙上用石灰书写的“打倒匪首刘镇华”“反对国民党出卖皖西北”和省级文保单位中共豫东南道委旧址易氏祠正面墙壁上用黑色墨汁书写的“全体工农兵武装起来，保护皖西北第一次工农兵代表大会”“配合中央苏区红军暴动，争取一省或数省获得首先胜利”标语依稀可辨。

汤家汇镇古称梅溪镇，是一个有着深厚文化底蕴的古镇，留存有众多的文物古迹，易氏祠、钟氏祠、廖氏祠、徐氏祠、姚氏祠分布于街道之中，保存完好；头灵寺、接善寺、华严寺、笔架山大庙藏于深山，声名远播、香火绵远。每处古道、古祠、古庙、古村落、古树、古战场遗址都讲述了一段古老的历史。

汤家汇是皖西地区传统村落最集中的地方之一，现有 2 处入选第三批中国传统村落名录，6 处入选第一批安徽省传统村落名录。这里的传统村落大多建于明清时期，依山傍水、融入自然，既有皖北建筑庄重宏伟、色彩鲜艳的特征，也有皖南建筑小巧玲珑、雕刻细腻的建筑风格，其选址、布局和建筑形态体现了天人合一的中国哲学思想和对大自然的向往和尊重，每一处传统村落创造出一个既合乎科学、又富有情趣的生活居住环境，延续着“忠厚传家”“耕读绵延”的家声和民风，是中国传统民居的精髓。

汤家汇镇人杰地灵，英才辈出。元明清及近代，举人、进士等文人显贵不胜枚举。大革命时期，大批青壮年参加红军，老人、妇女、儿童投身革命。中华人民共和国成立后更是人文蔚起，将军、官员、专家、教授、学者层出不穷。

汤家汇镇传统民间文艺丰富多彩，特别是在春节、元宵节期间，有玩灯唱戏的风俗，各村各姓准备一种或几种节目，然后聚集在一起，有舞龙、舞狮、旱船、花挑、尾灯等，并配有花灯数盏，多以人口聚居地为赏灯场所，集镇上沿街在各户门前都耍一遍，锣鼓队跟随，边走边敲边舞边唱，曲调花样繁多，除固定歌调外，多数唱词都是触景生情，随编随唱，多以祝福、幽默为内容，烘托出祥和热闹的节日气氛。

汤家汇因古老而民间传说众多，铁瓦寺、笔架山、金刚台、赶山填海、三步拱、余少保等传说在民间口口相传，彰显着正义，蕴含着当地人民的坚贞不屈和对美好生活的向往。

汤家汇镇属典型的山地地形，平均海拔 450 米，有海拔千米以上的高峰 17 座，山地面积 19333.3 公顷，占全镇总面积的 80.4%，森林覆盖率达 78%，是皖西山区植被保护最完好的地区之一，是一个天然的绿色氧吧。

汤家汇镇的河流属淮河水系，为淮河支流史河的主要发源地。境内银山畈大河经关庙流入梅山水库，汤汇大河、笔山大河经麻河流入梅山水库，焦元河经铁冲流入梅山水库，河道水流急，落差大，水资源丰富。

汤家汇镇地处北亚热带季风气候区，四季分明，春多寒潮，夏多暴雨，全年无霜期220 天，适宜各种动植物生产。境内野生动植物资源 1700 多种，有金钱豹、原麝、穿山甲、水獭、大灵猫、小灵猫、赤腹鹰、白腹鹰等国家重点保护野生动物 14 种，有大杜鹃、八哥等安徽省重点保护野生动物 11 种，有银杏、榉树、厚朴、香果等 5 种国家重点保护野生植物，有三尖杉、天目木兰、巨紫荆等 6 种省级重点保护植物，有大叶杉、湘南、竹叶清、马甲子、中国旌节花等省稀有树种 15 种，被誉为生物宝库。境内地质结构较为复杂，已探明的矿产资源有 10 余种，铅、锌、钼矿蓄量较大，非金属矿花岗石储量丰富，达 2 亿立方米。

汤家汇镇自然生态旅游资源十分丰富。国家地质公园金刚台耸立于镇域豫皖两省交界处，总面积 138 平方千米，主峰海拔 1584 米，是豫东平原进入大别山区第一高峰，堪称“中原第一山”，其景点主要在汤家汇境内。金刚台的美随季节变换而生动变化。金刚台峰峦叠秀，风景清雅，苍松、怪石、奇峰、云海、飞瀑、深潭、峡谷、幽洞不计其数，集自然景观、名胜古迹、红色遗址、生物资源于一体，无限风光争奇称雄，是健身养老、休闲观光、科学考察的理想之地。银佛山位于境内西部，海拔 1093 米，面积万余亩，属于原始森林型风貌，境内松柏参天、怪石林立，洞佛交织、古寨龙显、桑田生辉。

汤家汇是革命老区，红军精神代代承传；汤家汇是资源富区，绿色生态优势明显；汤家汇是希望之镇，汤家汇的明天更美好！

安徽畲乡①

云梯畲族乡位于安徽省东南部，属于宁国市，与浙江省临安市、湖州市安吉县毗邻。云梯曾经是南宋都城临安的边关重镇，坐落在千秋关下。宋代云梯设有仙都巡检司，中华民国时期设云梯镇，1949 年始设云梯乡，1961 年设云梯人民公社，1983 年改设云梯乡，1992 年经安徽省人民政府批准成立云梯畲族乡。云梯畲族乡是安徽省唯一的畲族乡，区划面积为 51.0 平方千米。2015 年，有人口 6141 人，其中畲族人口 1800 多人，辖云梯村、白鹿村、毛坦村、千秋畲族村 4 个村委会。

云梯畲族乡多山，全乡山地和丘陵地貌占 95.3%。东部省界上的龙王山，海拔 1587 米，是西天目山主峰，也是宁国市最高峰。全乡属北亚热带季风气候，气候温凉，四季分明，雨量丰沛。受山区地形影响小区域气候复杂多样，气候垂直差异显著。

云梯畲族乡地处天目山腹地，是三条江河的源头。毛坦村的沙湾河是西苕溪的上源河流，也是黄浦江的源头；毛坦村的毛坦河是钱塘江上源之一天目溪的源头；千秋畲族村的铜岭关是水阳江上源东津河的发源地。乡域地带性植被是亚热带常绿阔叶林，自然植被多为常绿落叶阔叶混交林，人工植被多为笋干竹林、山核桃林、毛竹林。

云梯畲族乡野生动植物资源丰富，种类繁多。国家一级保护动物有黑麂、白颈长尾雉、穿山甲；国家二级保护动物有小灵猫、鬣羚。国家一级保护植物有银杏；国家二级保护植物有杜仲、鹅掌楸、金钱松及红椿等。野生药类和果类植物有贝母、牡丹、山楂、酸梨、野苹果等。

---

① 选自安徽省宁国市云梯畲族乡志编纂委员会编:《中国名镇志丛书·云梯畲族乡志》，2018 年出版。

云梯畲族乡的畲族居民是清朝光绪年间（1875—1908 年），从浙江省淳安、景宁、兰溪及福建省浦城等地迁居宁国的。他们居住在天目山的千秋关一带，以山地农耕为主，保留着自己的语言和民歌。1958 年，经过民族识别，安徽省认定宁国境内的雷、蓝、钟三个姓为少数民族畲族。畲族有自己的民族语言，没有自己的民族文字，历来通用汉字。“三月三”是畲族最隆重的节日，畲族群众擅长唱歌，歌曲世代口口相传。云梯畲族民歌题材广泛，体裁多样，旋律、语言和发声方法独特，节奏变化和演唱形式多样。云梯畲族婚俗内涵丰富，包含畲族的历史渊源、民歌、舞蹈和民间信仰等。2010 年，云梯畲族民歌和婚嫁习俗被列入安徽省第三批非物质文化遗产项目名录。云梯畲族中心小学相继开设了“说畲语”“唱畲歌”民族文化课程。2014 年，学校被教育部、人力资源和社会保障部联合授予“全国教育系统先进集体”称号。

云梯畲族乡自古位于皖浙交通要道上，古镇街巷风貌依稀可辨。解放后，重视交通、水利建设。20 世纪 50 年代，河千公路（河沥溪—千秋关）建成通车。二十世纪六七十年代，红旗水库、太子坑水库相继建成，并随后开发小水电，结束了云梯无电历史。进入 21 世纪，农村电网改造工程、村村通水泥路工程、农村饮用水工程、村村通有线电视工程、农村环境卫生综合整治工程相继开展，云梯畲族乡基础设施不断完善。随着 2009 年千秋关隧道、2015 年宁千高速公路（宁国—千秋关）的建成通车，云梯畲族乡对外交通更加便捷。

2011 年，云梯畲族乡千秋畲族村成功创建为安徽“美丽和谐乡村建设示范村”。2012 年，在该村召开安徽省少数民族特色村寨保护与发展项目试点现场会。2013 年，千秋畲族村被列入安徽省美好乡村中心村建设，村庄基础设施建设成绩显著。2014 年，千秋畲族村被国家民族事务委员会正式命名为首批“中国少数民族特色村寨”；同年，千秋畲族村被列入“十二五”时期全国少数民族特色村寨保护与发展名录。2015 年，该村被列入住房和城乡建设部、国家旅游局联合公布的第三批“全国特色景观旅游名村”。

云梯畲族乡属花岗岩地带，土壤砂质成分多。历史上，由于森林过度砍伐、开荒种山，造成了云梯畲族乡严重的水土流失。1985 年，全乡水土流失面积占 37.8%，全乡森林覆盖率只有 49.7%。是年，云梯建立农业综合开发云梯实验区，是全国农业区划系统首创的实验区之一。通过多年的农业综合开发，旱笋生产突飞猛进，林业建设蓬勃发展，小流域治理进展迅速，种植业结构调整取得成效，农民人均纯收入快速增长，生态环境显著改善。由于实验成效显著，1990 年，云梯农业综合治理开发被全国农业区划委员会、农业部授予优秀科技成果三等奖。1994 年，云梯畲族乡成为宁国县率先实现小康达标的乡。1999 年，云梯小流域水土流失综合治理工程被水利部、财政部评为全国生态环境建设示范小流域工程。2013 年，森林资源清查，全乡森林覆盖率达 93.0%。

云梯畲族乡在农业综合开发中形成了特色农业。宁国市是"中国元竹之乡""中国山核桃之乡""中国前胡之乡"。云梯畲族乡是宁国笋干、早笋、宁国山核桃、毛竹、中药材的重点产区，全乡笋干竹、雷竹、山核桃、毛竹、中药材栽培广泛。随着云梯畲族乡生态环境和道路、电力、卫生等基础设施的改善，乡村农家乐蓬勃发展，2015 年，被评为"安徽省优秀旅游乡镇"。

云梯畲族乡历史悠久，人文荟萃。该乡有众多历史文化古迹可供人们寻访：千秋关、云梯老街、"望仙岩"摩崖石刻、望仙庵岩画及中岭洞等。该乡有可歌可泣的历史人物可供人们追忆和缅怀：状元、丞相吴潜，云梯吴氏"三贤"（吴柔胜、吴渊、吴潜），白鹿朱氏云岳先生（朱一松），以及汤山先生（朱一柏）等。该乡有历史悠久、艺术造诣颇高的古诗词、书法作品可供人们欣赏。如宋代吴晦之的诗、吴潜的词，以及明代朱大有的草书作品等。1981 年，千秋关被列入《中国名胜词典》。2015 年，千秋畲族文化园被评定为国家 AAA 级旅游景区。

自从被设立为少数民族乡以来，云梯畲族乡在各级党委、政府的关心支持下，通过各族人民的共同努力、团结奋斗，全乡经济社会取得了长足发展，民族团结进步呈现可喜局面。1994 年，云梯畲族乡人民政府被国务院授予"全国民族团结进步先进单位"称号；2005 年、2009 年、2013 年，被国务院授予"全国民族团结进步模范集体"称号。

穆水白云映畲乡[1]

在福安市西部、坐落于穆水流域与白云山麓的穆云畲族乡，是福建省十八个畲族乡之一。这里独特的民族风情、秀丽山水、丰富物产，吸引着慕名而来的八方游客。穆阳溪与白云山，这一水一山孕育了穆云畲族乡，“穆云”之名亦来源于此。

早在商周时期，穆云就已经有古人类活动。福安在南宋淳祐年间（1241—1252 年）始立县，据明嘉靖《福宁州志》记载，明洪武二十四年（1391 年），福安县总人口为 25663 人。穆云地域内人口的大量迁入与乡野聚落的大规模构成始于明清时期。明代福安设置的镇市，是县域经济命脉之所在，明嘉靖年间（1522—1566 年），掌控福安商贸经济的是“一镇三市”，即黄崎镇、穆洋市、石矶津市以及苏洋市。“穆洋市，在十八都。盐货从富溪津过者，居积于此。盖廉溪之上游，亦泰顺、寿宁、政和、浦城之喉舌也。”[2]位于廉溪上游的穆洋市既是叩开闽北、闽东北腹地商贸大门的起点，又是接纳三江口、白马门海洋文化的终点。经济繁荣，必然是人才汇集，诚如明嘉靖《福宁州志》所云：穆洋市“在十八都，人才颇盛，鬻盐者发迹于此”。[3]明清时期，西部商贸经济圈在福安有举足轻重的历史地位，是以穆洋市为中心，辐射到钦德里 5 都，即十五都至十九都，其中包括穆云畲族乡区域的乡村聚落群。这个聚落群中有大量的汉族村落，还有几乎同等数量的畲民村落以及安邑特例的丁氏回族村落。穆云畲族乡 33 个建制村的聚落格局在清代已初步形成。其中，有 16 个畲族村，16 个汉族村，1 个回族村。八百

① 选自福建省福安市穆云畲族乡志编纂委员会编：《中国名镇志丛书·穆云畲族乡志》，2018 年出版。

② 明万历《福安县志》卷之一《舆地志》。

③ 明嘉靖《福宁州志》卷之一《镇市》。

多年间，汉族、畲族、回族等世居民族文化互动、交融，他们鼎建祠堂，修撰族谱，披荆斩棘，耕山耘水。

清代畲族迁入穆云，其开基祖均为农户，或搭建茅寮，刀耕火种，开垦荒地，或向当地汉族购买土地山场。穆云的畲族村很少由畲族单独一姓居住，大多是蓝、雷、钟、吴等畲族诸姓聚居，也有少部分村落是畲、汉杂居。畲族人民与当地汉族和睦相处，在穆云大地上繁衍生息，如今人数占穆云畲族乡总人口的三分之一。畲族的特色文化大放异彩，畲族村的民间故事和谚语机智幽默，字里行间透露着畲族人对生活的热情与达观。畲歌与畲舞是畲族人日常生活中不可缺少的一部分。他们以歌代言，无所不歌，抒怀抒情，教化育人，交流交际。最具畲族特色的是其服饰文化，黑色衣裤，绣着简单的马牙花纹，未婚少女用红绒缠着辫子盘在头上，留着刘海，被称作“布妮头”，已婚妇女则将长发盘成高帽状，环束几根深红色绒线，插上银簪。

白云山是宁德世界地质公园三个核心园区之一，位于穆云畲族乡和晓阳镇境内。以火山岩、晶洞碱长花岗岩地貌和峡谷深切曲流地貌、河床侵蚀地貌为主，集壶穴、水体景观等地质遗迹于一体，是国家 AAAA 级旅游景区。其中九龙洞景区在穆云畲族乡区域内，所谓“石臼垂天下，龙洞藏古今”，长达 5 千米的河谷里有令人叹为观止的壶穴石臼群，这些石臼的臼口或呈圆形、椭圆形，或呈蝌蚪形状，甚至爱心形状，有的石臼一眼见底，有的石臼盛着清水成为深不可测的碧水潭，数千个大小不一、深浅有别、形态各异、绚丽多彩的石臼遍布河谷，姿态万千。景区的核心景点九龙洞大洞套小洞，小洞连大洞，清泉汩汩，飞瀑连连。九龙洞内的飞天井是全国最大的单体石臼，洞顶穹窿“天眼”处天然嵌着一块圆石，在这一线天下“坐井观天”，让人不得不叹服大自然的鬼斧神工。九龙洞石臼群的发现属机缘巧合，以前这些石臼群长期湮没在水底，不为世人所知晓，上游建起水电站蓄水后，这一奇观才得以浮出水面，曾引发地质学界、冰臼学界专家关于白云山石臼的争论和探讨。

地处白云山景区核心区位的溪塔葡萄沟和虎头桃源是闽东北亲水游线路的重要组成部分，共同构成穆云畲族乡的生态旅游景区。“全国三大葡萄沟之一”的溪塔葡萄沟系当地畲民们利用秀溪、詹溪两条溪流，在溪旁种植野生刺葡萄，溪面搭架，形成绵延近 5 千米的葡萄沟，沟上绿荫蔽日，沟下流水潺潺，形成一道南国独有、美不胜收的风景线。沿溪而下是依山傍水的虎头桃源，虎头村畲民以种植穆阳水蜜桃为主，种植面积达 1000 多亩，是穆阳水蜜桃最大的生产基地之一，形成虎头桃花“沃野千里，竞相绽放”

的盛况。每逢桃熟季节，枝头挂满水灵灵的水蜜桃，吸引商贩云集溪坂竞相争购。依托溪塔葡萄沟、虎头桃源，每年一度的刺葡萄采摘节、桃花节热闹非凡，成为汇集八方来客的盛会。

穆云畲族乡区域宗教与民间信仰兼容并蓄。白云山主峰“缪仙峰”是闽东第一峰，云遮雾罩，山重水复，形成以民间道教俗神缪仙为代表的民间宗教神秘文化。唐宋时期，较之福安的东部山区、南部沿海，西部的佛教文化不算发达，以三仙师为代表的民间道教闾山法门占有不可忽视的一席之地。明清时期，畲民信巫、好巫，巫风弥漫，畲汉村民共同推动临水夫人、马氏真仙、五显舍头、林公大王等信仰文化的兴盛。明末清初，西班牙传教士的足迹踏进白云山麓，天主教浸染了福安西部大留洋三十六村。清乾隆年间（1736—1795 年），福宁知府李拔在《福宁府志》中记载了福安愈演愈烈的从教之风“……近复崇奉天主，容留洋人，念经从教，男女倾心，子衿不免。乾隆十年（1745 年）以来，屡犯大辟，顽顿如故”。[①] 包括穆云山区在内的天主教穆阳教区是闽东天主教文化根据地之一。由多元信仰而起的信俗节礼，如迎神、游神、礼佛等活动，颇具地方特色。

1984 年，穆云畲族乡从穆阳公社独立出来。建乡的三十余年间，正是中国经济、社会发展最为迅速、最值得书写的时代，穆云畲族乡经济、政治、文化、社会、生态五大文明建设取得长足的进步。穆云畲族乡地理交通便利，区位优势明显，宁武高速公路、省道下浦线、县道福穆线贯穿全境，白云山互通口设于桂林村，是福建省第一批特色景观旅游名镇、福安市“一市三区六组团”发展布局之生态旅游经济区的重要组成部分。溪塔葡萄沟、虎头桃源、白云山，加之生活于此的畲民，青春洋溢的穆云畲族乡魅力十足。

习近平在其记录闽东工作的《摆脱贫困》中收录《闽东之光——闽东文化建设随想》一文中提到：“闽东的锦绣河山就是一种光彩……畲族文化是一个闪光点”，要“把闽东之光传播开去，使更多的人——外地区、外省市的朋友，海外的朋友，也对闽东之光有所了解，大家就会向往闽东，热爱闽东，把心血汗水浇灌在闽东”。[②] 穆云畲族乡的亲水乡土、神秘自然和热情人文，是对闽东之光的淋漓展现，吸引着四海友朋前来寻访探踪。在穆阳溪与白云山一水一山间，穆云畲族乡正将闽东之光传扬开去。

---

① 清乾隆二十七年版《福宁府志》卷十四,《学校志·风俗》。

② 习近平：《闽东之光——闽东文化建设随想》，第 21、23、25 页，福建人民出版社，1992 年版。

千年古镇　瓷都明珠[①]

浔中镇位于德化县城关北部，环境美，瓷更美。1000 多年来，在这里繁衍生息的华夏儿女，以瓷为伴，在土与火的交融中，创造了别具一格的东方艺术。在中国三大古瓷都之一，及后来荣获“中国瓷都”“世界陶瓷之都”的德化，浔中像一颗璀璨的明珠，熠熠生辉。

一

浔中镇地处福建省戴云山南麓丘陵地带，北纬 25°26′～25°34′，东经 118°11′～118°18′，土地总面积 67.73 平方千米，海拔 460～850 米，地势从西北向东南倾斜。浐溪自西北向东南环绕而过，与彩溪、龙翰溪、缨溪等小溪流共同守护着一方青山绿水、宜居宜业的宝地。

唐宋至明清时期，德化县城区内设上市、下市，面积仅 0.5 平方千米。民国时期设东关市、西关市和南关市，即后来的富东街、西门街和三角街，面积约 1 平方千米。浔中既是德化县城区的重要组成部分，又使城郊的农村与城区相连，区位得天独厚，历来是德化县物流集散地之一。

中华人民共和国成立后，德化县城区范围逐渐扩大，行政区划屡有变更，浔中村民和街道居民穿插居住，和谐相处，共同发展。

1992 年，浔中镇发挥“近水楼台”的区位优势，实施县委、县政府“大城关”发

① 选自福建省德化县浔中镇志编纂委员会编：《中国名镇志丛书・浔中镇志》，2018 年出版。

展战略，加快推进统筹城乡一体化建设进程，建设东至乐陶、后所，北至凤凰山，西至土坂，南至龙浔镇交界处，涉及凤池、富东两个社区和浔中、乐陶、后所、世科、蒲坂等村。至2014年，浔中镇区建成东埔一期片区，百德·畔山1号、群盛·翰林府邸、举贤大厦等高档住宅小区及瓷国明珠酒店等一批标志性高楼拔地而起，鳞次栉比；修建唐寨山、驾云亭、凤池等一批公园，是民众休闲娱乐、登高览胜的好去处。错落有致的高楼大厦、纵横交错的交通设施、风景如画的休闲场所，将“中国瓷都”——德化点缀得更加绚丽多彩。

二

德化有“中国瓷都”之誉，浔中有“瓷乡”之荣。从唐宋至明清，浔中都是德化陶瓷的主要产地，在全县已发现的238处古窑址中，有36处在浔中，德化及浔中生产的瓷器质坚胎薄，釉色莹润，透明度强，产品大量销往东南亚、中东和欧洲地区。白瓷的烧制和艺术瓷雕曾创造了一个辉煌的历史，尤其是以“瓷圣”何朝宗为代表制作的瓷雕，更是闻名海内外的艺术珍品。民国时期，浔中镇陶瓷业进入低谷，但浔中瓷艺大师创作的瓷梅花，仍在国际博览会上一展风采，夺得金奖。中华人民共和国成立后，浔中镇陶瓷业逐渐恢复，并迈开新的步伐，但发展缓慢。20世纪80年代后，国家实行改革开放政策，陶瓷业迎来新的发展机遇。浔中镇党委、政府抓住机遇，加快工业化进程，先后建成城后、诗墩、城东、世科、蒲坂等陶瓷工业园区，推进陶瓷企业上规模、上档次，向高效益、高品质发展，创造了新的辉煌。1996年，全镇工农业产值8.06亿元，占全县总产值的35.34%。

1997年，德化县城关两镇行政区域调整，宝美、丁墘、丁溪、英山、高阳、大坂等6个村及其陶瓷生产大户划归龙浔镇辖区后，浔中镇陶瓷产业面临新的调整。镇党委、政府按照“提升工业化、推进城镇化、加速基地化”经济发展战略，采取调整产业结构，扩大生产规模，打造名牌产品，提升产品竞争力和市场占有率等措施，不断把陶瓷产业推上新的发展水平。2004年，全镇工农业总产值17.63亿元，其中陶瓷产值14.72亿元、占83.5%。有规模出口创汇陶瓷企业52家，总产值10.5亿元。同年，国家统计局向社会发布综合信息，德化县浔中镇入选“2004年全国千强镇”，位居第721位。

2006年12月，冠福现代家用股份有限公司“冠福”股票在深圳交易所上市，其股票为全国日用瓷第一股，该公司成为泉州市第一家陶瓷业上市企业。2007年，全镇工农业总产值22.25亿元，财政收入7285万元，人均纯收入6570元；企业总产值27.70亿元，其中陶瓷产值21.2亿元、占全县陶瓷总产值的36.05%，出口交货值4981万美元、占全县出口交货总值的33%。其中“冠福”公司纳税4064万元，居全县首位，成为德化县日用陶瓷的龙头企业，“冠福”先后荣获“中国名牌产品”“中国驰名商标”称号；龙鹏集团公司的“龙鹏”荣获“福建省著名商标”“福建省名牌产品”称号；德化第五瓷厂研制的“德化玉瓷”“自生釉骨瓷”等新瓷种，填补德化陶瓷行业产品空白，为陶瓷业的发展注入新的活力。在陶瓷业的带动下，商贸、物流等行业也迅速发展，全镇经济呈现又好又快、可持续发展的态势。同年，浔中镇再次入选“2007年全国千强镇”，位置上升至第474位。

三

浔中镇钟灵毓秀，人杰地灵。据已查到的史料记载，宋至明清时期，有进士13人、举人58人，八品及以上职官307人，其中有清雍正丁未科殿试一甲榜眼邓启元；有为维护国家统一立下功劳，升任江西南康、云南开化知府的李道泰；有任湖北郧西县知县，还应邀编修《德化县志》《台湾县志》的王必昌；有“敕授文林郎钦点五品衔”，归隐后关心教育，闭门著书，编纂《德化县志》《大田县志》的举人王光张；有淡泊名利、颇有文才的进士曾西元；有精医术、善正骨的医生陈祖德等。瓷坛艺术人才，闻名遐迩，驰名中外，除了“瓷圣”何朝宗的瓷雕作品享誉世界外，其胞弟何朝春的作品也被欧美的许多收藏家珍藏；曾茂笃、曾达衢制作的陶瓷产品大量销往海外，获利丰厚，被称“曾百万”。苏学金、许有义瓷艺大师们的《慈航普渡》《一苇渡江》等艺术精品，沿着“海上丝绸之路”，给世界各国人民送去东方的美丽和吉祥。

中华人民共和国成立后，著名历史学家蔡尚思，古陶瓷研究专家徐本章等无数人物在不同岗位为祖国建设做出贡献，特别是在陶瓷业，更是人才济济。中国工艺美术大师许兴泰，其瓷塑作品注重传神，把外观的形象和内在的气质融为一体，以形传神，极为生动，与胞弟许兴泽合作，大胆探索，攻克大型瓷塑造型、原料配方、烧成工艺三道难关，研制成功大型瓷塑，其中《立龙观音》（175厘米）被中国工艺美术馆珍藏，代表作品有《坐莲十八手观音》《鲤鱼朝观音》《大弥勒佛》《仙女散花》等。中国陶瓷艺术大师苏清河，其创作的开片釉芭蕉花瓶、天目釉寄艳花瓶获全国陶瓷行业评比一等奖；于1986年创办福建省首家民营科技研究所，潜心于陶瓷原料配方、造型设计、烧成技术、加工生产与新材料开发、新产品试制等制瓷技术的研究，科研项目“莹玉红”新瓷种、高瓷质节能稀土陶瓷系列获省科技进步奖，其作品《坐岩戏珠弥勒》《善财》《龙女拜观音》获中国工艺美术大师精品金奖；被文化部评为国家级非物质文化遗产传承人。中国陶瓷艺术大师邱双炯，对弥勒造像情有独钟，创作了数量众多的弥勒造型，其代表作为“十态弥勒”，被誉为中国瓷塑“弥勒王”；在继承传统工艺的基础上，首创“陶瓷薄胎彩塑”新工艺，如《贵妃醉酒》《贵妃出浴》等作品，独具魅力、栩栩如生；“水溶性陶瓷彩饰颜料”应用在传统陶瓷雕塑上，使作品更显典雅和古朴，代表作有《十八罗汉》等；对烧制陶瓷的能源改革具有远见卓识和果敢坚毅的精神意志，推广以电代柴烧制陶瓷，被文化部评为国家级非物质文化遗产传承人。福建省工艺美术大师、中国陶瓷艺术大师柯宏荣，作品多次参加国内外展览并获奖，作品《三月三》《九歌·山鬼》被中国工艺美术馆收藏，《长相依》《苏武牧羊》被中国历史博物馆收藏，享受国务院政府特殊津贴。

立足现实，浔中镇经济社会各项事业硕果累累，先后获“福建省卫生镇”“全国重点镇”称号；着眼未来，浔中镇人民不忘初心、勇于担当，为实现更加美好的明天砥砺前行。

岭南名街[1]

千年都会支点

广东省广州市越秀区北京街道（简称北京街）位于广州市中心，越秀区的中南部，于 1985 年 7 月正式命名为北京街道办事处。行政区划东以德政路、府学西街为界，与大塘街道相接；南起高第街，与人民街道接壤；西到解放中路、广州起义路，与六榕街道、光塔街道为邻；北至应元路、东风中路，与洪桥街道相连。面积 1.27 平方千米。

北京街因北京路而得名。唐代时，岭南节度使刘隐在今北京路建清海军楼，作为广州城南门。宋代时大规模扩建，清海军楼上为楼，下为两个并列的大门，俗称双门，北京路最早的名称——双门底由此而来。双门底处于古广州城的中轴线上，市井繁华，商贾云集。1920 年，双门底改称永汉路。1936 年 5 月，在粤主政的陈济棠为纪念国民党元老胡汉民，将永汉路改名为汉民路。1945 年，汉民路又复名为永汉路。1966 年，改名为北京路，沿用至 2016 年。

北京街是三朝古都所在地。秦始皇三十三年（前 214 年），秦平定岭南，设南海郡，郡治番禺（今广州）。任嚣为南海郡尉，在今北京街筑城，史称“任嚣城”。此为中央政府第一次在岭南地区建行政区，实行郡县制，是广州历史之源。西汉高祖三年（前 204 年），赵佗在任嚣城的原址上扩展城郭，建立南越国，俗称赵佗城。南越国在汉时已跻身中国九大经济都会之一。五代十国时期，刘称帝于番禺，史称“南汉国”，共 55 年。

① 选自广东省广州市越秀区北京街道志编纂委员会编：《中国名镇志丛书 · 北京街道志》，2018 年出版。

明末清初，朱元璋第二十三子唐王朱桱的八世孙朱聿鐭，在今广州称帝，年号“绍武”，为南明若干政权之一。以北京街为中心的主城是南越国、南汉国、南明绍武政权共 3 朝的都城所在地，也是历代各朝郡、县、省、路、州、府的治所，如唐代广州都督府飨军堂、宋代经略司西园、元代广州路总管府、明代广东行中书省、明代广东承宣布政使司署和清代广东巡抚衙门、两广总督署等。

千年羊城，根就在北京街。广州建城已有 2230 多年，有着悠久的历史和文化。广东省财政厅—北京路一线的古代传统中轴线，北连“岭南第一胜览”镇海楼，南临珠江，贯通广州古今文化的脉络，并且始终保持完整，是广州这座千年古城最重要的地标。在这里可以体会广州厚重的历史，也可以品味古城的市井生活。这里既有大马站、小马站、流水井、龙藏街、盐运西街等历史街区，也有人民公园广州原点、青年文化宫等公共文化场地。除此之外，北京街还聚集着千年古道、古药州、南越国宫署等广州最为精华的历史遗迹。

今天的北京街仍驻有广州市人民政府、广州市人大常委会、中共越秀区委员会、越秀区人民政府以及省、市一些行政、司法机关，成为广州市乃至广东省的政要机关所在地。广州作为岭南地区政治、经济、文化中心的地位日益巩固。

近代民主革命摇篮

北京街以其独特的地理环境，成为近代中国民族资本主义的摇篮和资产阶级维新思想的启蒙之地，成为资产阶级民主革命尤其是第一次国内革命战争的策源地和根据地。

清光绪二十一年（1895 年），孙中山在双门底王氏书舍（今青年文化宫）设立革命组织兴中会广州分会，策划发动反清起义，史称“乙未广州起义”。这是孙中山从事革命活动后组织的第一次起义，虽然起义胎死腹中，但揭开了推翻专制王朝、建立共和国家的伟大历史序幕。宣统三年（1911 年），震惊全国的辛亥“三·二九”起义就是在北京街的越华路小东营发起的。在“三·二九”起义中，死难者不计其数。之后，同盟会会员潘达微将殓收的 72 具烈士遗骸葬于黄花岗。如今的“三·二九”起义指挥部旧址纪念馆是广东省重点文物保护单位。1921 年 4 月，国会非常会议在广州召开，成立中华民国政府。5 月，孙中山就任非常大总统，总统府设在今中山纪念堂。孙中山在这里部署了第一次北伐。1921 年，陈独秀与谭平山、谭植棠等人，在北京街的高第街素波巷成立广州共产主义小组，其后中共广东支部也成立于此。同年，《新青年》杂志迁址昌兴街。1923 年，中共中央机关刊物《向导》也由上海迁至昌兴街。这两份杂志发表大量时事政治评论文章，宣传中共纲领、路线、方针、政策，指导群众斗争，在中国革命史上具有重要意义。1927 年 4 月，中共广州市委成立，市委机关设在北京街广大路广大二巷 4 号。1949 年 10 月 1 日，中华人民共和国成立。10 月 2 日，解放军发起解放广州的战役。10 月 14 日，解放广州的战斗胜利结束。11 月 11 日，广州 20 万名市民开展盛况空前的庆祝大游行，途经汉民路（今北京路）。人民解放军在广州市政府门前举行入城式，接受叶剑英等党、政、军领导检阅。

千年文化传承

北京街虽然历尽 2230 多年的沧桑变幻，却始终没有改变其在广州城的中心地位，也因此造就了北京街无比丰厚的文化积淀。

崇文重教，书院集聚。广州之有书院，始于南宋，盛于清代。崇文重教的氛围吸引众多书院、学堂汇集。南宋嘉定十七年（1224 年），梁百揆创办广州第一家有文字记载的书院——禺山书院。以廉洁奉公而青史留名的海瑞，就曾在禺山书院就读。清代，集中在北京街的官办书院粤秀书院、越华书院、羊城书院并称为“广东三大书院”，同时，民间兴起的以姓氏命名、具有宗族祠堂性质的书院、书室、家塾达数百家之多，形成一个由官学堂、私学堂和书院构成的多层次学堂体系，为近代广东学术与文化的崛起奠定了坚实基础。一些书院的遗迹至今仍可触及。

文化立街，传承薪火。北京街自明清始就是广州的教育行政管理中心。明、清两代主管全省教育的广东提督学政署均设在北京街西湖路。因秀才、举人在书院落脚，以及文人雅士的聚集和需求，北京街一带渐渐形成一个以售卖文房四宝、古董字画和新旧书籍为主的文化市场，也造就了当时的文化产业——书坊业。今书坊街就是清代书院群带动书坊业兴盛的印记，有案可考的书坊达百余家，为学子提供大量书籍，广东因此成为清代后期全国的刻书中心之一。民国以后成立的广州市教育局也定址在西湖路。二十世纪三四十年代，北京路聚集了 33 家书局、书店。中华人民共和国成立后，北京街的文化基因继承与传播并重，北京路仍然是全市书店最集中的区域，新华书店、教材书店、工具书店、外文书店、儿童书店、科技书店、古籍书店、联合书店，各从其类，各具特色。这种“书店一条街”的盛况在全国也属少有。

人文彪炳，惠及后人。北京街最美的风景是人文环境，承载这一环境的是名门名人和一批杰出的文化人才。十八世书香门第黄氏家族代表人物黄佐，是岭南思想家、教育家、文学家，编纂《广东通志》《广西通志》《广州志》《香山县志》等多部地方志书和《泰泉集》等著述共 600 多卷，刊行于世。黄氏家族杰出后人还有黄培芳、黄佛颐等。有“广州第一家族”之称的许氏家族，在中国近代史留下赫赫声名。杰出名人还有清代广州唯一的状元庄有恭、近代岭南伤寒名家黎庇留、广东首个图书馆创办者梁鼎芬、伤寒派一代宗师陈伯坛、近代百货业奠基人蔡兴和蔡昌兄弟、近代著名资产阶级民主革命家古应芬和胡汉民、近代广东资深教育家金曾澄、存心济世的岭南名医郭梅峰、爱国说书名家陈干臣、誉满羊城的衬衫制作者邱炳南、书画篆刻大师吴子复、驰名粤港沪的丝绸名商梁志生、“美华百货”创立者朱英南、广东音乐家刘天一、改革开放后第一家私营企业创办者陈兴昌等。与北京街相关的名人有明代心学开山祖陈献章、岭南传播西学先驱梁廷枏、伟大的革命先行者孙中山、梁苏记洋伞创始人梁智华、被毛泽东誉为“五四运动总司令”的陈独秀、近代著名资产阶级民主革命家朱执信、马克思主义传播者杨匏安、现代美术教育启蒙者胡根天等。一大批名人的存在，彰显出北京街源远流长的人文传统，为北京街深厚的历史文化注入鲜活的生命力。

保护古街，焕发生机。北京街拥有全国重点文物保护单位 4 处，即秦代造船遗址、南越国宫署遗址、南越国木构水闸遗址、广州中山纪念堂；省级文物保护单位 4 处，即药洲遗址、大佛寺大殿、“三 · 二九”起义指挥部旧址、广东财政厅旧址；市级文物保护单位 9 处，即千年古道遗址、拱北楼遗址、拜庭许大夫家庙、都城隍庙、庐江书院、叶剑英商议讨逆旧址、濂溪书院、市政府合署楼旧址、解放军进城式检阅台旧址。历代政府重视古城建设，使北京街沿袭 2230 多年而形成独特的地域环境、人文环境、历史传统、经济基础，在社会与文化的发展中互相推动、互相影响，形成今天充满活力与生机的现代街区格局。1982 年，广州入选第一批国家历史文化名城。从 2011 年开始，越秀区以北京街为核心，在每年元宵节举办广府庙会，开展综合性民俗文化节庆活动，展示非物质文化遗产项目、广府民间工艺、广府民俗文化、广府美食等，多元化诠释民俗文化品牌。至 2017 年，已成功举办七届，广府庙会辐射力不断加强，是越秀区打造民俗文化品牌的全新探索。2011—2013 年，广州市人民政府先后制定《广州市旧城保护与更新规划纲要》《北京路骑楼街保护规划》《广州市历史文化名城保护规划》，对北京街予以保护。2014 年 1 月，广州市批准成立广州北京路文化核心区，高标准规划建设北京路文化核心区，确定将北京路文化核心区纳入广州战略性重大发展新平台，是全市唯一一个以文化保护与发展为主要内容和特色的产业发展功能区，促进都会区优化提升和国家历史文化名城建设。并于 2014 年 7 月，制定《北京路文化核心区总体规划》，指导区域建设。2016 年 8 月，以北京街为核心的北京路文化旅游区成功挂牌成为广东省首个全开放、全免费的国家 AAAA 级旅游景区。

千年商贸繁华

朝代的更迭，历史的变迁，始终没有改变北京街在广州的商贸中心地位。广州在历史上是著名的商埠，也是中国通向海外世界的门户，有历代相沿的与外国商人做生意的传统。位于北京街的秦代造船遗址的发现，证明秦汉以来，海上贸易促进了古城经济的发展。海上丝绸之路从广州（或泉州）启航，形成于秦汉时期，发展于三国至隋代时期，繁荣于唐宋时期，转变于明清时期。由于海外贸易频繁，唐初，朝廷在广州设市舶使，负责征收关税等。这是中国历史上第一次设置的管理海外贸易的外事官员，说明广州当时对外贸易的繁荣，而广州也成为对外贸易第一大港。随着海外贸易的不断扩大，宋初在广州设市舶司，为对外贸易的管理机构，负责船舶进出港、关税征收、接待外国使者和商人等事宜。北京路、中山五路从明代起就已经成为全广州的一级商业区，在清代更是繁华的商业街区。

中华人民共和国成立后，北京街仍然保持着其在广州商业的中心地位。1958 年，广州市政府对广州商业网点进行大调整，确立三个全市性的一级商业中心，中山五路—北京路是其中之一。区内有新大新公司、广州百货大厦、友谊商店、大学鞋业公司、健民医药商店、南粤糖烟酒食品商店、致美斋等知名商店、商场。1980 年后，北京街相继诞生全国第一条个体户专业街——高第街，全国最早的灯光夜市之一——西湖路灯光夜市，广州第一家个体户企业——昌兴时装有限公司等，成为改革开放不可磨灭的印记。

20 世纪 90 年代以后，以中山五路百货商店升级改造为新大新公司和广州百货大厦的开业为标志，北京街的商业实现转型升级，进一步巩固其在广州商业的中心地位。北京路商业步行街获“全国文明商业街示范点”“全国精神文明创建活动示范点”等称号，人气指数和商业指数均位居全国十大步行街前列。

进入21世纪，北京街迈入经济、社会全面发展的新阶段。通过优化提升招商环境，推进广东省非物质文化遗产中心暨大小马站书院街项目立项和规划用地许可，进行庐江书院、药洲遗址和南方剧院“三位一体”改造；引进企业入驻老字号一条街，举办购物节；开展惠福美食花街环境改造，提升文化、商业、旅游（简称文商旅）品牌。创新发展具有百年历史的西湖路—教育路迎春花市，将“行花街”新春习俗与岭南传统文化紧密结合，让“广州过年，花城看花”“美丽花城，幸福广州”“花城花市花海洋，迎春迎福迎吉祥”等主题活动贯穿于迎春花市全过程，首创“网上花市”和“手机花市”，促进旅游消费。

2016年，北京路文化核心区实现地区生产总值1194.23亿元，同比增长7.6%；完成固定资产投资额165.76亿元；实现社会消费品零售总额558.24亿元；实现商品销售总额4523.66亿元，同比增长12.3%；引进注册资本1000万元以上的四大主导产业企业55家，其中文化创意17家，金融4家，商贸27家，健康医疗7家，注册资本总计56.81亿元。

北纬 18°的兴隆 ①

兴隆全称兴隆华侨旅游经济区（兴隆华侨农场），位于海南岛东南部，距海口 148 千米。这里自然资源丰富，热带风光旖旎。境内交通发达，是海南东部旅游线的中转站。截至 2017 年，区域内土地面积 16.5 万亩，常住人口约 3.6 万人。

1951 年，先后有 3 批归难侨到兴隆安家，成立归难侨互助组。兴隆始建于 1956 年，时称兴隆华侨农场，直属中央人民政府华侨事务委员会、广东省人民政府侨务办公室、广东省华侨农场管理局管理。1988 年 4 月，海南建省、办特区，兴隆华侨农场划归海南省侨务办公室（现海南省外事侨务办公室）管理。2005 年，归属海南省国资委管理。2007 年，实行体制改革，划归万宁市管理。2011 年，成立万宁市兴隆华侨旅游经济区，设立中共万宁市兴隆华侨旅游经济区工作委员会和管理委员会，隶属中共万宁市委、万宁市人民政府，副处级事业单位，同时加挂万宁市兴隆华侨农场的牌子，实行“两块牌子、一套人马”，内设 6 个正科级行政管理机构，下辖 17 个直属单位。

兴隆贯彻中共十八届五中全会、中共十九大精神以及海南省委第七届会议和万宁市委十二届五次全会精神，按照万宁市委、市政府“一带两区三组团”（“一带”即 109 千米的海岸带；“两区”即万城片区、兴隆片区；“三组团”分别是以兴隆、日月湾、石梅湾、南燕湾、神州半岛旅游区为主的南部组团，以万城行政新区为中心的中部环小海组团，以山钦湾、山根湾旅游开发区为主的北部组团）的战略发展格局，以强化项目服务，促进区域经济发展，开展园区建设为重点，加快旅游产业转型升级，按照“稳增长、优结构、惠民生、保稳定”的总要求，突出园区建设、民生优先、生态保护，促使

---

① 选自海南省万宁市兴隆华侨旅游经济区志编纂委员会编：《中国名镇志丛书 · 兴隆华侨旅游经济区志》，2018 年出版。

“园区变美，文化变特，旅游变强，百姓变富”，努力建设花园兴隆，打造旅游度假胜地，朝着“开放兴隆、绿色兴隆、幸福兴隆”目标奋进。

兴隆创建至今 60 多年来，先后得到近百位党和国家领导人的深切关怀。此外，还有越南民主共和国主席胡志明，柬埔寨王国诺罗敦 · 西哈努克亲王，密克罗尼西亚联邦总统约瑟夫 · 乌鲁塞马尔及前民主德国、波兰、匈牙利、前捷克斯洛伐克、保加利亚、澳大利亚等外国领导和贵宾到兴隆参观访问。

中国华侨农场的一面旗帜

兴隆是全国各华侨农场中接收人员分布的国家最为广泛、安置侨胞人数最多的地方。归难侨有来自马来西亚、新加坡、印度尼西亚、越南、文莱、印度、朝鲜、澳大利亚、柬埔寨、缅甸、老挝、美国、加拿大、法国、瑞典、英国、西班牙、荷兰、泰国等 21 个国家和中国香港、澳门、台湾等地区的同胞。在兴隆华侨农场选址之初，设计者们就已充分考虑，规划 16 万余亩土地作为兴隆发展的空间，在全国各大华侨农场中，兴隆的土地面积位居前列。来到兴隆的归侨们，满怀报效祖国的热情，开荒垦殖、重建家园，在 60 多年的艰苦创业中，取得巨大成就。第一棵可可树在兴隆培植成功，中国第一家咖啡加工厂在兴隆创办，香茅油的出口为国家换回大量外汇，橡胶的大面积种植使其成为中国战略储备物资的原料供应基地之一……兴隆已成为全国各大华侨农场中经济最为发达的农场，成为“全国华侨农场的一面旗帜”。

2004 年，国家邮政局首次发行一套反映侨乡风貌的《侨乡新貌》系列邮票，这套邮票仅 4 枚，其中一枚选择的就是兴隆，兴隆从全国 84 个华侨农场中脱颖而出，幸运地成为一张“国家名片”。

独特多样的侨乡文化

兴隆有来自世界 21 个国家的 13000 多名归难侨，形成了独具特色的侨乡文化。建筑风格多样，有马来西亚高脚屋、缅甸古寨、印度尼西亚船型屋、越南民居等。特色服装有峇蒂和纱笼。饮食极具东南亚特色，有千孔糕、七层糕、糯米糕、情人糕、火红饼、椰香脆饼、咖喱鸡、咖喱蟹、巴东牛肉、沙爹肉片、咖哆咖哆等美味佳肴。归侨们能歌善舞，有印度尼西亚的盘舞、椰壳舞，马来西亚的鹿舞，泰国的南蓬舞，印度的蛇舞，越南的竹竿舞等舞蹈。侨乡文化吸引社会各界人士，作家、诗人、导演、歌星、舞蹈家、演员纷至沓来。电影《红色娘子军》《南海明珠》《海外赤子》和电视剧《郑和下西洋》《中国维和警察》等都将兴隆作为取景表演之地。著名书画家蔡若虹、吴冠中、关山月、黎雄才、林墉、陈衍宁、汤小铭、伍启中、陈洞庭、关则驹、陈金章、王维宝、方楚雄、汤集祥、林丰俗、麦国雄、关伟、来楚生、吴齐、罗平安、曾祥熙等更是在侨乡兴隆留下数十幅书画瑰宝。

百赏不厌的热带植物王国

兴隆地处神奇的北纬 18°，汇集了山、海、河、湖、崖、石、岛、林八大自然景观，由植被覆盖率达 68.2% 的自然山体、湿地、农田、人工滨水绿地、道路绿地、防护绿地、公园等构成的生态化绿地系统，以及保存完好的低地热带雨林原始林，让游客们流连忘返。兴隆侨乡国家森林公园的建设，为系统保护和开发森林旅游资源，打造热带生物物种基地做出巨大贡献。

兴隆为热带作物宜种区，橡胶、胡椒、椰子、槟榔、益智、咖啡、可可、香草兰等热带作物的种植规模大、品质高。兴隆热带植物园是集科研、科普、生产、加工、观光和生物资源保护于一体的综合性热带植物园，是海南省十大重点旅游风景区之一，收集保存了 2300 多种独具特色的热带、亚热带植物，有 1200 多种珍贵或稀有的热带植物，是中国重要的“物种基因库”。兴隆热带花园是一个巨大的热带珍稀植物活体博览园，有超过 4000 种热带植物在这里保存、繁育，其中珍稀濒危植物有 65 种。

香飘世界的兴隆咖啡

兴隆地处热带、亚热带区域，雨水充沛，种植的咖啡醇香中带有水果味，很多品牌的咖啡原料都取自兴隆咖啡豆。周恩来总理称赞“兴隆咖啡是世界一流的，我喝过许多外国咖啡，还是我们自己种的咖啡好喝”，这一声评价，使得兴隆咖啡蜚声四海、香飘世界。在太阳河畔，前来兴隆的八方游客喝着现磨的兴隆咖啡，尝着椰香薄饼或东南亚美食小点，成为兴隆一道亮丽的风景线。

兴隆华侨农场咖啡厂是“中华人民共和国第一家咖啡厂”，生产的“太阳河”牌兴隆咖啡是海南省名优产品，兴隆咖啡已成为兴隆人日常生活的必需品。兴隆咖啡选用的咖啡豆品种优良，炒制采用东南亚华侨传统工艺，特别重视掌握火候，先精心焙炒，再用小石磨耐心现磨，最后文火慢煮，既保留咖啡的原香原味，又香浓滑口、风味独特。香港资深美食家梁玳宁曾在香港报刊上发表文章《上帝赐给中国人的财富》，其在文中指出世界最好的咖啡不在世界咖啡王国巴西，也不在非洲的埃塞俄比亚，而是在海南的兴隆。

清新宜居的旅游康养胜地

兴隆华侨旅游度假区是海南省第一批旅游发展建设项目，自 20 世纪 90 年代初创办以来，以拥有丰富的旅游资源，如温泉文化、咖啡文化、美食文化和东南亚歌舞文化等优势，获得中国华侨之乡、中国旅游名镇、中国东南亚风情小镇、海南美食天堂、中国咖啡第一镇、植物王国、温泉之乡、咖啡之乡、水果之乡、花卉之乡等美誉，蜚声海内外，被誉为“东方夏威夷的一颗明珠”。

兴隆华侨旅游度假区多年来致力打造以自然旅游资源为基础，以植物资源、华侨文化为依托的国家 AAAAA 级旅游景区，全面启动“百花园”乡村旅游和“十佳百点”花园式生态旅游工程建设，加速推进兴隆旅游风情小镇升级改造，发展养生康体产业，进一步丰富和完善兴隆“吃、住、行、游、购、娱”旅游六要素的服务功能，成为集温泉疗养、华侨文化体验、旅游观光、休闲度假、娱乐购物于一体的综合性旅游度假胜地。

兴隆于 2004 年被中华全国归国华侨联合会评为“中国侨联工作先进集体”，2006 年被国务院侨务办公室评为“全国社区侨务工作先进单位”，2008 年被海南省文联、海南日报报业集团、海南广播电视台授予“海南十大文化名镇”荣誉称号，2010 年 3 月入选“全国特色景观旅游名镇”，同年年底被确定为“2010 年度海南省生态文明乡镇”，2014 年被评选为“海南十大最美乡镇”。截至 2017 年，已建成美食购物街、咖啡一条街、地热温泉、智慧旅游特区、奥特莱斯世界品牌折扣店等旅游景区景点，建有 3 个高尔夫球场、4 个演艺场及一批高端的旅游度假地产，拥有长达 68 千米的绿道和多个风格迥异的驿站、不同特色的园区及侨家乐等。

徜徉在整洁、优美的兴隆侨乡风情小镇的街道上，随处都能看到归侨们穿着具有浓郁东南亚风情的花格衫，听到来自不同国度和地区的语言，仿佛置身异域他乡；漫步在兴隆的青山绿水间，幢幢不同风格的东南亚建筑物映入眼帘，更是增添了神奇的色彩。

荆楚古镇　金马雄风[1]

千年美谈——文化古镇

据《乾隆汉川县志·光绪汉川图记征实》载:“系马口旧唐汛巨镇，在治南十七里三分，水程二十一里，鸟道十六里。”[2] 境内有官家山、凤凰山、仙狮山（一名仙子山）、马城山、龙霓山。仙狮山“山北有古皂荚树一株（乔木），俗谓狮子尾。马城山（一名小观山），在治巳方，距城鸟道二十三里，山西南临白石湖，东汊有石桥，相传汉寿亭侯驻马处”。龙霓山“在治巳方，距城鸟道二十五里，每龙霓起云，是山随之以起，起则雨”，相传是关羽牧马赏梅的地方，山下不远处有饮马槽遗址（今枣树村境内）。

马口因东汉末年关羽在此系马小憩而得名。据清康熙《汉阳府志》载:“汉建安十三年（208年），蜀先主刘备败于长坂坡，斜趋汉津，与关羽会船，得济沔于夏口。”途中，关羽于治南马城山系马小憩。

宋末明初，古镇马口属江夏郡，清朝晚期由汉阳府管辖。湖北驿道以江夏（今武昌）为中心，通向全省十府八县，自江夏过蔡甸到马口全程约80千米，古称“官马小路”，同时在马口石刭路（用石条在沟渠上搭建而成，今名为“石头路”）设驿站，属湖北三等驿站，是当时汉阳府汉川梅城乡唯一的驿站。

马口南沿龙霓山脉，北挽滔滔汉水，内嵌白石湖、桐木湖。湖光山色相映成趣，风光旖旎，景色宜人。关公系马留下千年美谈，白居易臼口阻风十日留下著名诗篇，人文

---

① 选自湖北省汉川市马口镇志编纂委员会编:《中国名镇志丛书·马口镇志》，2018年出版。

② 汉川市地方志编纂委员会办公室编:《乾隆汉川县志·光绪汉川图记征实》(校注影印合刊本)，武汉出版社2016年版。

古迹随处可见，神话传说优美动人。诸如梅城夕照、渔歌唱晚、金河春晓、亭楼柳烟、玛瑙洲渚、鲤鱼沉浮、秋江古渡、仙师古乔、高湖莲藕、油工号子等让人逸兴遄飞。

马口人杰地灵，底蕴丰厚。关公勒美髯夜读《春秋》，提青龙偃月刀跨赤兔追风马的英雄形象，以及忠勇仁信的儒将精神，激励一代代马口人在不同时期、不同地域，他乡插柳、故里栽花，厚德载物、立志报国。近现代有“梁氏三杰”率先打响武昌起义汉川响应第一枪，魏人镜烈士为革命抛头颅洒热血，王海元首创艺术曲种“汉川善书”经久流传，著名戏剧家胡沙创作的优秀评剧剧目《刘巧儿》《小二黑结婚》等脍炙人口，音乐家宋扬创作的《读书郎》唱响中华大地。儒风雅韵的千年古镇系马口，成为江汉平原上的文化发祥地之一。

百年传承——非遗重镇

马口为非遗重镇。关圣遗产、马口窑陶、汉川善书、双弦小镇、乒乓摇篮、古迹遗存、著名商号，文化特色明显。

马口严山西晋文物保护群，高山古墓葬文化古色古香。据《乾隆汉川县志 · 光绪汉川图记征实》记载，周令尹子文墓、明御史尹良任墓、明主事岳从义墓等留址系马口。仙狮山曾有祖师殿（建于唐时，历遭兵焚），山北有古皂荚树。鹰子山（现名英山）曾有万古楼。姚家山（一名木语山、木鱼山）曾有坳有庙，曰庙兴寺。工匠鼻祖鲁班曾到马口传艺赛技，留下“鲁班赛”湖名。敖家村清河堂张氏一世祖张时叙农，曾授汉川县训导，参与修订《光绪汉川图记征实》。

关羽曾在马城桥系马屯兵，马城桥旧时建有寺庙，曰马城寺。逸事家喻户晓。元末明初，关羽后裔荆义将军一支，曰关王氏，其后昆文佐家邦、武安国事，代代相传，成为马口名门望族。

“汉川善书”源自马口，2006 年被列为国家级非物质文化遗产。

马口被誉为“湖北陶都”，马口窑陶于 2010 年被列为湖北省非物质文化遗产。

楚天明星——工业强镇

马口镇是汉川市襄南重镇。工业以轻纺制线、光纤光缆为支柱产业链，并有染纱织布、缝纫印花、铝箔钢构、纸箱包装等配套产业。

马口镇以“纺织牵动世界、制线驰名中国；光纤通向四海、电缆畅销九州”而闻名，享有湖北省“双弦”特色小镇之美称。

2005 年，马口纺织产业集群被湖北省人民政府列为全省 16 个特色工业园区之一。

马口镇积极探索新型投融资创新模式，引入多元化与大规模社会资本，发展成以纺织制线为特色、产业聚集度高的“两区一园”（纺织工业区、马庙工业区，光纤光缆园）集群。

2006—2015 年，马口先后荣获“融入武汉城市圈明星乡镇”“湖北纺织第一镇”“中国最具投资发展规模以上优势城镇”“中国轻纺名镇”“中国制线名镇”等荣誉称号。

2016 年，马（口）庙（头）工业园区，是全球最大的缝纫线坯纱生产基地之一。光电产业位于工业开发区，是武汉光谷配套产品生产基地。工业集群有规模以上企业 198 家，实现总产值逾 400 亿元，主营业务收入 385 亿元，利润总额达 22.8 亿元，资产总计过百亿元，上缴利税 16.2 亿元。

2017 年，际华集团三五零九纺织有限公司、名仁科技纺织、蜀峰纺织等龙头企业，形成纺纱、制线、织布、印染、服装、纺织机械等一条龙的产业链，有纺锭规模百万锭，继续保持湖北全省纺锭规模的 1/7，产品行销全国各地，转口东南亚各国及欧美地区。形成“世界制线在中国，中国制线在马口”的发展格局。

水乡园林——旅游名镇

据《乾隆汉川县志·光绪汉川图记征实》记载，汉水自嶓冢发源，流至天门县牛蹄口后南北分流，大河入汉川顺流东六十里至庙头，又东三十里至系马口，留下臼水（一名臼子河）向南经沌口入长江。后河道逐渐淤塞，臼水成陵间平地，以至马口成为地形独特、风光绮丽的水乡园林。小丘、山冈林立，湖泊星罗棋布，有山有水、有江有湖、有岛有汊。龙霓山间看彩虹，太子峰上飞凤凰，汉水江滩沐浴乐，梅子洞前游天池、金河岛上览珍珠，旖旎风光美不胜收。

白石湖“湖中长石横亘数十丈，起伏旋转，鳞甲森然，其形如龙蟠之状，名蟠龙石”，“春秋漫万亩，冬夏逾八千；水中走白云，湖底藏玉龙”。湖心岛“白石卧涟漪，野鹤朝天歌；游鱼呕细语，玛瑙修禊乐”。国际休闲社区集运动公园、水上游唱、山风林趣、饮食娱乐、度假养生、商业会展于一体，成为大武汉的后花园。

白石湖滨仙狮山，古乔遗址藤蔓氤氲、绿树参天，白鹭与云雾齐飞。十里山路走獾兔，万亩良田鸟除虫。山如仙境、水如明镜、天如蓝海、地如锦绣的仙狮山生态公园，成为马口与白石湖连片打造的旅游观光胜地。

清邑人笔下“渺渺群山一水围，孤舟尽目泛春晖”“清风水美脉不走，青龙白虎戏马口。低潭肥鱼高湖藕，荷月团圆白粱酒”的诗篇，成为马口旅游文化的写照。

宜居宜业——文明新镇

马口镇距武汉中心城区 48 千米，距汉川主城区 15 千米，形成了便捷的“水（汉江）、陆（公路）、空（航空）、高（高铁）”立体交通网络。水运北临汉江货运码头，常年通航，货物通过汉江、长江黄金水道通江达海；湖北 105 省道和 244 省道贯通镇域，并与城区 4 条高速主干公路相连，东距京珠高速公路 22 千米，东南与汉蔡高速连接线仅 4 千米，南距汉宜高速公路 16 千米，北距武荆高速 18 千米；航空距离武汉天河机场 45 千米；沪汉蓉高速铁路穿过马口城区，在白石湖以西设汉川（客货）站。

马口实行城镇建设二轮驱动，园区、城区和社区三区联动，促进人口、企业、项目、资源向园区集中，推进以人为核心的城镇化建设。

2001 年，马口镇与丁集乡合并，全镇 37 个行政村、2 个街道办事处，全面推行新农村建设。高庙、旧港、柴林等边远农村实施电网、通村公路改造，解决了村民出门行路难。

2008 年，马口建立新正街、敖家、石头路等 7 个社区，科学统筹，实行城乡一体化建设。利用荒坡闲地，改造低矮平房建设，相继建设了白石湖、高湖东菀等 8 个居民小区。

2012—2014 年，马口实施东改西扩、南伸北展战略，迁村腾地，改造旧城区、旧街道、旧村庄、旧厂房。相继建设天朗花园、宇济金城、金马名都、惠丰新城等小高层电梯楼盘。

2016 年，马口镇启动安居工程和棚户区改造工程建设，新增江南明珠和江南春两个江边景点式居民小区。城区面积达 26 平方千米，全镇人口逾 10 万人，城区就业人口

4万多人。全镇城乡水、电、路、气、网络户户通。文化教育、医疗卫生、体育娱乐、福利养老、乡村清洁卫生工程配套发展。敖家社区被评为“湖北省宜居社区”。马口成为汉川市副中心城镇。

2017年，马口镇牢牢把握武汉城市圈全国两型社会综合配套改革试验区、汉江生态经济带开发建设的重大机遇，深入推进新型城镇化，建设特色历史文化、山水园林秀美的国家级重点镇。分别荣获“湖北省乡镇企业示范工业小区”、“湖北省社会经济综合实力五十强乡镇”、“全国乡镇东西合作示范区”和“全国小城镇建设试点镇”等称号。

灵泉星火话汤池[①]

汤池镇位于湖北省应城市西部，镇中心点为北纬30° 54′，东经113° 20′。4800年前，先民即在此耕作、制陶，并形成大型城址。战国末期即有记载温泉的史料。20世纪50年代，考古发现新石器时代大型古城遗址——陶家湖古城遗址。镇内有鄂中革命烈士纪念馆，有非物质文化遗产——汤池传说、汤池皮影。汤池甲鱼为国家地理标志证明商标。

汤池，本为温泉名，初名玉女温泉。据雍正《应城县志》记载：昔有玉女乘车入泉，故名玉女温泉。因有高温泉水，故为汤；兼有沐池，故为池——故名汤池。春秋时期，境域因汤池得名。唐开元十八年（730年），李白游览汤池美景，写下《安州应城玉女汤作》，其诗句“神女殁幽境，汤池流大川”广为流传。故“汤池”地名，早在1300多年前，便闻名于世。

汤池镇因汤池温泉而得名，因汤池训练班而扬名，因旅游养生而著名。灵泉水韵与革命星火在这里交织，绘制出一幅康养特色小镇的美好蓝图。

2016年，全镇土地面积50.03平方千米，辖2个街道（社区）、16个村，1.67万人。

灵泉水韵，净化心灵的休憩地

汤池镇地处大洪山余脉，因地质构造特殊，地下高温泉水喷涌而出，云蒸霞蔚，若人间仙境。

4000多年前，汤池先民便在此休养生息，留下陶家湖古城遗址这处新石器时代的

① 选自湖北省应城市汤池镇志编纂委员会编：《中国名镇志丛书 · 汤池镇志》，2018年出版。

屈家岭早期文化遗存，拉开汤池灵泉文化发展的序幕。3000 多年前，因汤池温泉泉水四季高温，泡浴过后可疗疾去病，不知科学缘由的先民们便世世代代口耳相传着玉女投泉、灵芝仙子、荷花湖、火龙传说等神话故事，展现出良知、美好、正义等灵泉文化精髓。

战国时期，楚惠王欲往曾国未果，停歇此地；宋玉筑渠以引泉水，灌溉自家田畴。唐朝诗人李白在此流连忘返、吟诵作诗。历朝历代，游人如织，络绎不绝。明清官衙，在此建立侯馆，接待四方来宾。当代中国著名数学家陈景润在汤池留下佳话。

汤池美丽的传说，沉淀着深厚的文化底蕴，成为灵泉文化的基石。而文人骚客，咏吟汤池的大量诗词歌赋，更让灵泉文化迸发出勃勃生机。

汤池温泉旅游度假村，以玉女温泉为核心，建设洗浴、游玩、饮食、休闲、养生场所，彰显温泉本性，释放人文情怀。

如今，汤池人沐浴在灵泉文化里，传承着灵泉文化的精髓，积极开展群众性文体活动，让灵泉文化大放异彩。汤池，成为心灵憩息的港湾。

燎原星火，传播火种的热土地

30 年代，在董必武的安排下，在李范一、石瑛的支持下，陶铸、杨显东、许子威、孙耀华等一批中共党员，在此办起了汤池训练班，培养了 600 多名中共干部，在农村发展并建立了一系列中共党组织。培训班的学员和教员，为开展鄂中敌后抗日斗争做准备，为新四军第五师输入大量的人才，建立了鄂中抗日根据地，许多教员学员为革命事业付出了宝贵的生命。

为牢记历史、缅怀先烈的丰功伟绩，在汤池训练班旧址，建立了鄂中革命烈士纪念馆。原国家主席李先念、新四军第五师代理政委任质斌专门为纪念馆题词。电视剧《陶铸在鄂中》在全国上映后，更是吸引各界人士前去瞻仰。革命的火种在这块热土上一代一代地传承。

康养一体，旅游养生的理想地

1984 年，汤池成为建制镇，人口不到万人，没有供电线路，没有特色产业，没有名牌产品。2004 年，为充分利用温泉资源，汤池镇开始建设温泉度假景区，将 128 口泉池通过泡、冲、浸、蒸、压等方式，形成玉女汤养生的独特品牌。经过多年的建设，汤池镇逐步建成为湖北省旅游名镇、先进旅游景区，全国首家旅游开发利用示范区、国家 AAAA 级旅游景区、中国温泉之乡、国家特色景观旅游名镇、全国首批旅游标准示范单位。

在建设汤池温泉度假村的基础上，汤池镇着力打造康养小镇，建成陶家湖田园综合体、户外拓展基地、野外露营基地、儿童游乐园、果蔬赏摘区、农耕年华等设施，力推生态农业，建设最美乡村，将生态农业、生态旅游与养生相融合，形成独具特色的生态养生模式。

汤池人用温泉水繁殖热带鱼种罗非鱼，并大规模饲养、繁殖中华鳖。到 2014 年，中华鳖养殖面积达到 5400 亩，产量达 600 万千克，产值近 2 亿元。中华鳖养殖总量占湖北省的 60% 以上，汤池成为名副其实的“楚天甲鱼第一镇”。“汤池甲鱼”获评国家地理标志证明商标。汤池镇获全国“一村一品”先进乡镇。“泡玉女汤，喝甲鱼汤”，两汤养生成为时尚。

经过多年的发展，如今汤池镇区面积已扩大至原来的 4 倍，成为湖北省重点中心镇。2016 年，汤池镇辖 2 个街道（社区）、16 个村，土地面积 50.03 平方千米，人口 1.67 万人，交通便利，经济发达。古老的汤池镇，正沐浴着温泉的灵气，传承着革命的薪火，迈开脚步，走康养兴镇之路。

一山一水一诗仙①

烟店镇位于安陆城西北12千米，处于古随枣走廊通道东南端，西北距随州66千米，再行160千米至襄阳；东南60余千米抵孝感，再行66千米达武汉，地理位置优越。境内汉十（汉口—十堰）高速公路、烟应（烟店—应城）省级公路、省道大天（大悟—天门）公路纵横交错，还有在建的汉十高速铁路，交通便捷。

烟店，因山而挺拔。境内白兆山，又名碧山，海拔379.1米。“山不在高，有仙则名”。李白在白兆山居住十年，写下《山中问答》《安陆白兆山桃花岩寄刘侍御绾》等诗文，留有李白读书台、绀珠泉、写经岭、洗笔池、桃花洞等遗址遗迹。白兆山峰峦叠翠，植被丰富，松柏葱茏，青山如黛，为国家森林公园。上有千年银杏，下有绀珠美泉，左有读书台，右有笔架山，桃花岩位居其中，众星拱月，相映成趣。

白兆山人文资源富集。早在北周时期，即建有祈雨神庙。唐初，高僧神楷曾作《维摩经疏》于白兆山。竺乾院也建于唐初。宋代，扩建白兆寺，兴修太白堂。元代，设立长庚书院。宋代至清代，增刻斗笠崖摩崖题刻等。白兆山还是道教圣地，每逢农历三月初三，善男信女摩肩接踵到白兆山敬香还愿，祈福求寿。自唐代起，历代文人墨客，如韩愈、杜牧、刘长卿、欧阳修、曾巩、秦观、贯云石、何迁……纷至沓来，其前赴后继之势，堪称波澜壮阔的人文景观。他们循着李白的足迹，精神轨道一脉相承，又各有创造，纷繁多姿。

白兆山也是一座红色的山。龙泉观培训班、抗日十人团、周叔屏起义、五师建军……这里曾是豫鄂皖抗日民主根据地的组成部分；李先念、陈少敏、任质斌、周志坚……无数仁人志士、革命先烈曾在这里浴血奋战，血染碧山。

烟店，缘水而灵动。贯穿境内的涢水是安陆境内最长的一条河流，烟波浩渺，与碧

① 选自湖北省安陆市烟店镇志编纂委员会编：《中国名镇志丛书·烟店镇志》，2018年出版。

山遥相呼应。18 座小（1）型、小（2）型水库，400 多口塘堰，犹如一颗颗名珠，星罗棋布，镶嵌在 110.8 平方千米的烟店大地上。

“桃花流水窅然去，别有天地非人间”，正是这烟笼雾绕的碧山涢水，才让天之骄子、一代诗仙抬头之际望峰息心，弃舟登岸，在白兆山桃花岩，与许氏青春做伴，诗书唱和，啸傲群山，一飞冲天。多少诗文，带着桃花岩的水印，带着青龙潭的神秘，带着涢水的斑斓色彩，飞花流泻，惊风雨，泣鬼神。

烟店镇，集名山、胜水、诗仙于一域，钟灵毓秀，千古一镇。

1982 年 5 月，时任中共中央总书记胡耀邦视察湖北，向孝感地委负责人询问白兆山李白遗址遗迹情况。自此，白兆山李白文化资源的开发与利用为烟店发展增添了深厚的文化底蕴。白兆山也因此吸引着来自全世界的专家学者、游客到烟店寻幽览胜，仰望诗魂。日本“中国古典诗歌访华团”，吉尔吉斯斯坦访问团，著名作家二月河，中国社会科学院文学研究所《文学遗产》原主编陶文鹏，中南民族大学教授、文学院院长罗漫，参加中国（安陆）国际李白文化旅游节的全国及世界各地李白研究专家接踵而来，以虔诚之心朝圣李白，追寻诗人足迹……

天地之逆旅，光阴之过客。白兆山，李白精神的地理家园，历经千载，化羽成蝶，不仅吸引海内外游客慕名前来朝圣经典，而且深得媒体关注和青睐。导演凌峰到白兆山取景，拍摄电视专题片《八千里路云和月》；湖北卫视到烟店采访、取景，制作纪录片《李白在安陆》并在美国加州电视台播出；中央电视台《走遍中国》栏目组来到白兆山采访，制作专题片《蹉跎十年》并在央视中文国际频道播出；美国《华盛顿邮报》记者慕名到白兆山探访李白遗迹，向美国读者推介；中央新闻纪录电影制片厂到白兆山摄制人文纪录片《李白在安陆》，在央视中文国际频道播出。这些影视作品将白兆山李白文化进一步推向全国，推向世界。

以“一山一水一诗仙”为依托，烟店镇自 20 世纪 80 年代起便致力于发展白兆山李白文化旅游业，修复、兴建与李白有关的景点 49 处，白兆山李白文化旅游区建设成为国家 AAAA 级旅游景区并入选湖北省 A 级旅游景区红榜，是武汉至武当山双日对接游的景点之一。进入 21 世纪后，烟店镇实施“整镇推进生态文化旅游名镇”战略，创建全省旅游名镇名村。已经兴起的烟店精品乡村游，更是把这个传奇小镇打造得花团锦簇，如梦如诗。特别是一线串 9 村的精品乡村游，在全长 12 千米的一日游线路上，新建 20 个农家乐、10 处生态农庄式景点，使朴泥蔬菜、草莓和葡萄采摘、银杏绿化带、药材种植、花卉苗圃五大生态产业连片发展。2015 年 8 月，央视 7 套、央视网、湖北电视台垄上频道、《湖北日报》等媒体记者走进烟店，对精品乡村游进行了全面系统的报道。央视网记者张晓凤感叹：“田成方，路成网，林成带，移步换景，一步一景，水陆一体，把效果图变成了实景。”湖北省森林城镇、湖北省旅游魅力名镇、湖北省农村产业融合发展试点示范乡镇、全国文明村镇、中国最美村镇（生态旅游类）、中国最具特色名镇、中国美丽乡村建设示范镇，烟店在创建生态文化旅游名镇的历程中，一个又一个荣誉和着诗仙的脚步，踏歌而来。

古镇烟店得碧山之靠，贯涢水之气，沐李白仙风，人杰地灵。烟店，有省级非物质文化遗产——麒狮舞、李白在安陆的传说代代传承；烟店，有获全国农村业余戏剧创作评奖一等奖的黄华科、40 多幅作品获国家级奖项的书画家敖永才等优秀文化人才；烟店，诗仙文脉相续不绝，2015 年被评为“湖北省诗乡创建先进单位”。

秉诗仙风骨，承涢水情怀，烟店从烽火岁月中一路走来，筚路蓝缕，砥砺前行，经济社会得到较快发展。2017 年，全镇实现农林牧渔业生产总值 54392 万元，农民年人均纯收入 13554 元，分别是 1999 年的 7.49 倍、6.35 倍；有科技型项目 32 个，全镇企业固定资产 45.3 亿元，就业人数超过 4000 人；实现财政收入 1855.2 万元。2017 年年底，全镇有幼儿园 4 所、小学 4 所、初级中学 1 所、成人文化技术学校 1 所。有中心卫生院 1 所、卫生所 2 所、村级卫生室 19 所，以卫生院为主体、卫生所为支撑、村医疗室为基础的分级防治、就近医治的医疗卫生服务体系健全完善。

2016 年，烟店镇制定了《烟店镇“美丽乡村”建设五年规划（2016—2020 年）》（以下简称《规划》）。2017年，又制定了《烟店镇创建湖北省旅游名镇工作实施方案（2017—2030 年）》（以下简称《方案》）。以《规划》《方案》为指引，以精准扶贫为抓手，全力攻坚精准脱贫，创新“农户 + 企业 + 村集体”“公司 + 农户 + 产品”“基地 + 合作社 + 农户”三大产业链扶贫模式；以环境污染治理为统揽，持续开展以秸秆焚烧治理为重点的“蓝天行动”，以饮水质量保护为重点的“碧水行动”，以企业排污治理为重点的“绿地行动”，以村民生活污水和垃圾治理为重点的“家园行动”，以居民文明习惯养成教育为重点的“文明行动”；以创建湖北省旅游名镇为目标，围绕“一山（白兆山），一河（府河），一廊（银杏长廊），一区（白兆山李白文化旅游区），一线（碧山、袁畈等 9 个村）”，发展以生态体验、生态观光、生态休闲为重点的生态游，探索农旅融合发展的新路径。

烟店，一座山水相依、风光秀丽，洋溢着李白遗风流韵气息的诗仙小镇在新时代里正一步一步走来。

石膏之都　生态小镇①

杨岭镇位于湖北省应城市西部。她既凝聚着深厚的文化底蕴，又兼具独特的人文景观，同时展现出绚丽多彩的生态特色。她像一位风情万种的佳人，背倚林木葱茏的有名店森林公园，腰环风光旖旎的八（角碑）汤（池）旅游公路，身缀渔子河、雷家冲、燕子山、黄四屋四颗璀璨明珠。她北临大富水，西接国家 AAAAA 级风景区汤池温泉，东望靓丽的应城国家矿山公园。

岁月轻盈，历史厚重。透过历史的长河，我们翻阅杨岭逶迤的画卷。从杨岭境内陶家湖出土的蛋壳彩陶杯、景墩出土的穿孔石铲，我们窥见 4000 多年前的先祖在杨岭境内已开启了农耕文明。从“蒲骚故地”的碑文中，我们一面赞叹楚军的威猛和霸气，一面从静默的团山和半边山感受“蒲骚之战”赋予他们的凝重和沧桑。杨岭境内的古轸国，距今已有 3000 余年的历史。悠久的历史铸就了杨岭独特的地理风貌和人文情怀。明嘉靖年间（1522—1566 年），富水山洪乘奔御风，团山北麓的一座山头坍塌半边，仅剩下另一半屹立河岸，被称为半边山，半边山如刀削斧斫的崩岩上显出一层层青白相间的石膏，应城石膏矿苗由此自杨岭境内惊现。从此商贸兴起，集镇勃兴，民生富足，矿区 10 平方千米，矿工 10 万人，邑域富甲一方约 300 年。太平天国军攻占武汉，长江阻塞淮盐难以入鄂，西山潘家集峒盐大兴，产销两旺，除营销本省，还远销湖南。一时熬棚林立，盐炉万户。自此，杨岭成为应城境内最大的膏盐生产基地。

膏业再兴，富民富村。1985 年 2 月 22 日，时任湖北省委副书记钱运录一行人到杨岭考察队办企业（村办企业）情况。钱运录对龙集石膏矿具体考察后，肯定了杨岭办矿发展经济、富民富镇的举措，鼓励杨岭充分发挥石膏资源优势，发展乡镇企业。此后杨岭境域

① 选自湖北省应城市杨岭镇志编纂委员会编：《中国名镇志丛书 · 杨岭镇志》，2018 年出版。

膏矿大兴，涌现石膏矿 11 座，是当时湖北乃至全国办石膏矿最多的乡镇。杨岭石膏品质优良，储量丰富，一级品纤维石膏储量居全国第一。杨岭人民凭借这得天独厚的资源，大兴石膏产业，石膏产量逐年增加。2017 年石膏产量 35 万吨，产值 20 多亿元。杨岭人开采石膏，更开发了丰富的石膏产品。膏雕、膏塑等各种工艺品，不仅畅销国内市场，还风靡欧美市场；用石膏开发出的隔热、防火、隔声产品及天花板、预制构件、墙体材料，大量用于建筑装饰。杨岭镇膏业蓬勃发展，石膏产业成为杨岭经济的支柱产业。

时光荏苒，光影无痕。杨岭历经千年风雨沧桑，留下许多凝重古朴的遗迹：龙王老街上的青石板光滑如玉；团山上关于灵芝草的传奇犹在耳畔；新四村南北朝古墓厚重依旧；彭家祠堂临时文化补习学校遗址尚存；团山庙里香客驻足，香火缭绕；幽冥店（现改名有名店）嘉木繁盛，膏脂溢流；四龙河水声潺潺，依稀听见腾龙飞跃的故事；乡村古码头林立，青草葳蕤；座座古桥，宛如彩虹静卧古镇的山水间，条条曲流默默滋养古镇的从前和现代。在她凝重古朴的旧影里我们又望见了她簇新独特的绰约风姿。夕阳西下，落霞铺彩，繁花微颤，舟楫轻摇，渔歌晚唱，把一座古镇同整个富水河的大背景映衬得异常和谐。放眼杨岭，广袤而肥沃的田野，一带带萦纡的清流，一抹抹起伏的山影，如一幅淡淡的山水画，带人走进心灵的驿站。占地 20 平方千米的国家级矿山公园，其主要景点团山天池、矿山博物馆、古码头等横卧杨岭境内。2011 年来，杨岭镇的生态农庄和苗木基地如雨后春笋，勃勃兴盛。“一枝才谢一枝殷，自是春工不与闲”，这些美丽的生态农庄一年四季花繁果盛，灵韵溢流。“长恨春归无觅处，不如转入杨岭来”，眺团山，衔富水，独立半边山头，沐浴渔子河畔，览座座生态农庄，在旖旎的田园风光中穿越时光隧道，和宋玉、李白吟诗作赋，纵论今古。

细品杨岭，味蕾犹新。那些味蕾上永不可磨灭的记忆从一代代人的心中铺陈开来。龙王集包面、潘家集徐氏油条等老字号滋养了西山矿区的子民；700 多年前产于龙王集的龙王玉米，温润了多少缭绕炊烟；如今通过技术改良培育的“龙王糯”有机大米，米质好，粒形美，晶莹亮白，软糯香润；渔子河生态鱼、稻鳖鱼扬名四海。“三三两两故友，三杯两盏淡酒”，来杨岭，你会品味到舌尖上从未有过的快乐：土灶熬制的锅巴粥缕缕飘香、农家风味豆皮根根脆爽、阴米炖猪肚润喉爽口、香椿炒蛋营养丰富、特制鳝鱼羹细嫩滑口。总之，杨岭的农家美味数不胜数，杨岭人在清新淡雅的曲调里享受美食和养生的快乐，反复咀嚼着乡音、乡情、乡味。

文化繁盛，民俗醇厚。一方水土造就一方文化，杨岭既有独具风韵的民间文化，又有书写现代社会的长篇巨著。杨岭的唢呐调音韵和婉，调曲繁多，为杨岭人的婚丧嫁娶揭序幕、掀高潮、延续曲。杨岭皮影戏和打莲湘被应城市确定为非物质文化遗产项目。杨岭镇组建了金振东皮影文化屋传承皮影艺术。杨岭人爱楚戏，爱花鼓戏。茶余饭后学戏、节庆假日搭台演戏，地方戏曲流动开花。杨岭境内流传着具有地方特色的民歌、民谣、情歌、民间小调、民间传说故事、儿歌、说词等，其内容丰富，充满浓郁的乡土气息，曲调优美动听。杨岭地区有节庆、寿辰、祭祀撰写楹联的传统，传承至今的楹联墨宝，成为宝贵的地方历史文化。杨岭这些耐人寻味的民间艺术文化，丰饶了一代代人。后浪推前浪，杨岭的文学艺术在不断向前发展。现代作家创作的长篇小说《南来北往》讴歌了杨岭人在改革的浪潮中体现出来的吃苦创业精神。在发展艺术的同时，杨岭人也不忘推崇民间体育活动。袁何武术四代传承，各类竞技活动和趣味游戏盛行依旧。杨岭的文化是繁盛的，杨岭的民俗是醇厚的。杨岭人在生活和生产的过程中，沿袭和创造了许多具有地方特色的民俗。婚嫁礼俗热闹不拘，生育礼俗庄重神圣，丧葬礼俗悲鸣烦琐，种植习俗花样繁多，各种赛曲小调解疲助兴。生活习俗就地取材，简朴美观。节庆习俗凝重庄严，寓意深远。请七姐，问年成；花朝节，纳闺名；过春节，敬灶神；中元节，祭亡灵；端午节，挂艾叶保安宁；重阳节，敬老爱老表孝心。一方文化孕育一方灵杰，正是这些独特的地域文化和民间习俗，给予了杨岭历史感和厚重感，也令杨岭的一代又一代人能根植于文化、传承于习俗、浸润在多姿多彩的艺术氛围里。

千年古镇，风情盈盈。杨岭重教崇善的文化传统更是恒久绵延。半边山畔，水路畅达，林田俱佳，是耕读传家的好去处。李幼滋从杨岭走出去，顶着“工部尚书”的官阶走进了庙堂，辅佐张居正推行“万历新政”。膏盐起，峒商办私学，近代乡贤彭仲民办平民识字学校。解放后，杨岭全镇力举教育，成为湖北省首批“普九”达标乡镇。一方山水一方景，悠悠山水孕才灵。清秀灵韵的山水培育出许多英才。投身抗战的蔡斯烈、驻外大使樊作楷、导弹司令杨业功、共和国少将汪德源、世界体育冠军周元香、国家农村星火计划创业带头人李汉林、国家劳模宋志荣、中国乡村旅游带头人朱剑、把摄影作为人生追求的郑毅，他们是杨岭的荣耀。团山半边山膏现之时，宋坡湾人义渡开启，历明清至民国而不绝，行善积德，几百年不衰，宋成美终身义渡被载入县志。1934 年，乡人吴维章医术精湛，办起应城第一家私人医院，救死扶伤，救治红军，受人尊敬。团山青年农民赵红生义务捐献造血干细胞，领孝感风骚。大爱精神深植杨岭人民心中，崇善如流、薪火相传。

红色沃土，景仰英烈。杨岭从不缺乏仁人志士。辛亥革命，乡人祝炳奎散尽家财，九死一生闹革命，力战而死；蔡斯烈毁家纾难，拉起“应城八条枪”抗日，树起应城第一面抗日大旗；红色峒商，抛家舍业投身革命；矿区人民为新四军五师源源不断地输送兵源、武器、物资和经费，为鄂豫边区抗日游击战争胜利，做出了重要贡献。杨岭从第一次国内革命战争至社会主义建设时期，共有 115 人献出了宝贵的生命。缅怀先烈，热血沸腾，展望未来，豪情万丈。

兴办工业，发展生态。杨岭人勤劳肯干。明末凿峒取膏，开启了工业之路。清末民国初，装机器，革新制盐技术，振兴民族工业。潘家集、团山的古膏峒、晒盐台等遗址和遗迹见证了当年的兴盛。潘家集老字号杂货店“白兴发”的分店遍及祝家墩、景家墩及京山县曹武街、石板河，有账房、伙计 30 多人，流动资金 60 余万银圆。潘家集还办起了“义和同”机房，专营矿山机械修理业务，西山矿区成为应城最具活力的地方。中华人民共和国成立后，乡镇工业加工厂、农机修造厂领应城之先。20 世纪 80 年代大办石膏矿引起省委重视。进入 21 世纪，杨岭实施“工业强镇，农业富镇，旅游活镇，文明兴镇”的路线，推进美丽乡村建设，发展生态农业，实现乡村振兴。

杨岭丰腴的石膏和峒盐富庶了杨岭人，杨岭的万亩森林和水域滋养了杨岭人，杨岭重教崇善的文化传统润泽了杨岭人，杨岭的红色沃土彰显了杨岭人，杨岭境内出土的众多文物古迹厚载了杨岭人。如今的杨岭，“渔子河”品牌叫响湖北，杨岭糯米冲向全国，“稻壳制薪棒”的环保科技创新产品走向世界！

青山依旧在，富水自东流。杨岭人从来就不甘落后。这片土地在流变中彰显出顽强的生命力。从膏盐兴起到市集繁盛，依傍在蒲骚故地的杨岭古镇似乎一切都有准备：准备了矿山公园，准备了道路交通，准备了天池码头，准备了地上、地下博物馆。这是一种顺应历史直面挑战的超越，一种不甘平庸的自强自立，一种直击武汉城市圈后花园的勃勃英姿，一种穿透历史的人文精神！如今的杨岭，依山傍水，码头横卧，驿道换新，展现出一派现代文明的家园。杨岭已拉开建设旅游重镇的序幕。沿着曾经的古驿道，饱览矿山公园，进香团山寺庙，赏楚珍园奇花异草，品龙池山庄奇珍异果，食新四村鲜虾肥鳖。沿途皆风景，处处有美味。

杨岭，她是饱含大富水深厚浓醇的山歌，从农耕时代传唱至今；她是一颗古朴的明珠，从古轸国璀璨至今；她是一座历史悠久的生态博物馆，抖落的是沧桑，留下的是光华。如今的杨岭，她载着农耕文明的古迹，噙着膏盐文化的神韵，循着生态农业发展的轨迹，深情款款地向我们走来！

人文璀璨　古泽重镇[①]

伍洛镇隶属于湖北省孝感市云梦县，地处云梦东大门，坐落在湖北省中部偏东，江汉平原北部。

伍洛镇始建于南宋时期，历来是县域东部重镇。古称兴安镇，明代设巡检司，清代设驿铺。民国时期，设云梦县第二区。抗日战争时期，建立云梦县第一区（武乐寺区）抗日民主政权。中华人民共和国成立初期，先后设云梦县第五区、新三区。之后，设东风人民公社、伍洛区。

伍洛镇蕴含着丰富多彩的历史文化。千百年来，广泛流传着春秋时期吴国大夫伍子胥大智大勇、报仇雪恨的传说，表达了伍洛人民的喜怒哀乐、爱恨情仇。由伍子胥落难奔吴的悲壮传奇历史，演绎出了很多优美动人的传说故事，衍生出了许许多多富有文化内涵的地名。如集镇名有伍洛寺镇，街道名有伍子胥街、伍姓街、大埠街、子胥大道，河渠名有女儿港，村落名有抹铃巷、上马石、鸡笼叫、车埠庙等，古寺庙有伍洛寺、心安寺，等等。这些地名，跨越了千年的历史时空，赋予了神秘的传奇色彩。《伍子胥传说故事》分别于2014年、2015年成功入选云梦县政府、孝感市政府非物质文化遗产名录。

2016年10月，“寻找全国最美地名故事”征集活动在全国展开，伍洛镇女儿港凭借深厚的历史底蕴、优美的民间传说成功入围。

伍洛镇是著名的民间艺术之乡。有流传于当地的、独具特色的三节龙·跳鼓舞，有传承几百年的传统艺术云梦皮影戏，这两项民间艺术均被列入国家级“非遗”名录。

---

① 选自湖北省云梦县伍洛镇志编纂委员会编：《中国名镇志丛书·伍洛镇志》，2018年出版。

三节龙·跳鼓舞是伍洛镇独特的民间文化艺术，具有1000多年的历史，世代相传，久负盛名。它是多元艺术的精湛组合，集工艺、美术、音乐、舞蹈、竞技、阵列、文学于一体。它以鲜明的阵列给人们以社会分工，强调了集体的力量；舞龙中的默契配合，展现了和谐的智慧；大龙小龙的有序出入，突出了孝道的伦理。2005年，被列入湖北省首批非物质文化遗产名录；2011年5月，被列入国家级非物质文化遗产保护名录。

云梦皮影戏是一门古老的汉族民间艺术形式，一直在云梦伍洛等地流传。皮影戏又称“影子戏”或“灯影戏”，以兽皮或纸板做成人物剪影，以当地流行的曲调和方言唱述故事，二人一台戏，前台演唱操纵，后台击乐伴奏。用精湛的表演艺术、优美的唱腔，在灯影里演绎着中华民族数千年的历史。

2011年，云梦皮影戏被列入国家级非物质文化遗产。2015年，云梦皮影戏演出基地“老茶馆”被湖北省文化厅批准为湖北省“非遗”传承（皮影戏）示范基地。

伍洛镇是全国文明镇、全国重点镇。2003年，中央精神文明建设指导委员会下发《关于评选表彰全国文明城市、文明村镇、文明单位的暂行办法》的通知，伍洛镇积极行动，在全县率先开展全国文明村镇创建工作。先后制定《云梦县伍洛镇创建省级生态镇工作实施方案》《云梦县伍洛镇生态建设规划》《云梦县伍洛镇创建全国文明村镇实施方案》等文件，以镇村管理工作为重点，以改善农村环境面貌为突破口，积极落实各项措施，扎实推进文明村镇创建工作，让文明风尚蔚然成风，为经济社会发展提供了强大的精神动力。在全镇人民的共同努力下，各项工作均取得了跨跃发展，先后获得全国重点镇、湖北省卫生乡镇、湖北省生态乡镇等多项荣誉称号，在2005年、2008年、2011年、2014年、2017年，伍洛镇连续五届被中央文明委评为“全国文明村镇”。

伍洛镇发展潜力巨大。近年来，镇委、镇政府大力实施“西扩融入云梦，东进对接孝感”的发展战略，切实加快新镇区、新社区、新园区的建设步伐。工业发展上，确定了“一线穿珠”的发展格局，致力打造“316国道工业走廊”，有针对性地引进了一批高技术含量的生产企业和项目，形成了轻工、食品、机械制造等产业为支柱的工业体系，有效地推进了镇域经济迅猛发展。农业发展上，建设了高档瓜果、特色蔬菜、立体养殖三大特色农业板块，生态观光农业应运而生，奏响了一曲小康强镇之歌。

春暖桃花驿①

杨店镇位于江汉平原北部，隶属于湖北省孝感市孝南区。镇域面积 127 平方千米，辖 54 个村、3 个居委会。2017 年年末，全镇户籍人口共 73028 人。

杨店历史悠久，素有“桃花古驿”的美誉。

唐贞观年间（627—649 年），杨店即为交通要道上的驿站，因地形东、西、北三面高，南面低，像三个撮箕灌一把斗，而名“斗山铺”。又因阳春三月，境内桃花灼灼，十里灿然，亦称“桃花驿”。明代中期，杨店有一个富绅杨廷松，豪爽侠义、急人所急，修义仓、置义馆、办义学、建义桥、立义冢、凿义井，深受人民敬服。明嘉靖进士、翰林院庶吉士王廷栋为其著《六义述》；明嘉靖进士、四川道监察御史毛凤诏为其写《六义堂记》，宣传杨廷松的事迹；明嘉靖进士、广西兵备佥事茅坤为其作传，使杨廷松声名远播；再加上杨姓居民人口日渐增多，斗山铺在明代便改称杨家店，简称杨店。

杨店种桃赏花，始于唐宋。宋元丰三年（1080年），苏轼途经杨店，感于十里桃花，发出了“桃花香远驿，蔓草乱斜阳”的赞叹。清代邑人沈明陟亦作《咏桃驿》：“春暖桃花驿，人耕红杏村。戍楼当寺静，涧水过桥浑。雨歇莺迁树，烟销客断魂。承平经百载，闲却几烽墩。”

1992—1999 年，杨店镇连续三届被评为“楚天明星乡镇”，早熟水蜜桃（以下简称早蜜桃）基地跻身全国“四大名桃生产基地”行列。

2000 年，杨店镇早熟水蜜桃产品被湖北省农业厅命名为“湖北十大名果”，中国农

① 选自湖北省孝感市孝南区杨店镇志编纂委员会编：《中国名镇志丛书·杨店镇志》，2018 年出版。

业电影制片厂和中央电视台到杨店镇联合摄制了两部专题片——《今日桃花驿》和《孝感早蜜桃》。

2000—2003年，杨店镇成功举办四届桃花节暨招商联谊会。桃花搭台，经济唱戏，别具风情。

2006年，杨店镇早蜜桃基地通过国家农业标准化示范区验收，杨店镇获得“湖北省科技示范乡镇”称号。中国台湾地区农业代表团等地区组织，多哥共和国执政党——多哥人民联盟总书记埃索、日本林果专家鸠龟一郎等国际友人到杨店镇早蜜桃基地参观考察。

2009年，杨店镇被湖北省摄影家协会和孝感市摄影家协会授牌为“摄影创作基地”。

2013年，杨店镇桃花驿公园建成开园，歌唱家蒋大为莅临开园文艺演出活动现场，演唱《在那桃花盛开的地方》等经典歌曲。

2014年，杨店早蜜桃被国家质量监督检验检疫总局批准为“国家地理标志保护产品”，其注册商标“孝感早蜜桃”被国家工商行政管理总局批准为“国家地理标志证明商标”。

2012—2017年，杨店镇连续六届组织举办“中国孝感桃花文化旅游节”，每届吸引游客达30万人次，杨店桃花节成为华中地区大型赏花节庆活动之一。

截至2017年，镇域有桃园面积1041公顷，年产优质早熟水蜜桃达6960吨，年创总产值达4600多万元，带动6000多名农户走上致富路。

杨店文化底蕴深厚，民间艺术璀璨。

杨店镇域有古遗址、古建筑、古墓葬共44处，境内“三台八景”闻名遐迩，遗迹尚存。旧时，杨店是湖北应城、安陆、云梦、钟祥、京山等地香客朝拜木兰山的必经之地。善男信女到木兰山朝拜时在此敬香，祈祷旅途平安，回时在此谢香，感恩旅途顺利。无论早晚，香客都在杨店歇脚，形成“日有千人朝拜、夜有万盏明灯”的盛况，亦留下“早是杨店、晚是杨店”的谚语，为古桃花驿注入了久负生命力的文化内涵。

明代《六义述》讲述杨店富绅杨廷松的侠义故事，清代“三块碑”旌表杨店乔氏三杰，留下杨店“三乡五进士、十里两会元”的美誉。近代辛亥志士，现代法学家杨玉清，革命者程贞和、张义吾，全国“劳动模范”张宗华、冷双德，蓝盔铁汉江汉刚，国画艺术大师邱汉桥，湖北新经济领军人物张华都是杨店的骄傲。

杨店龙灯，身形高大，龙头高达2.6～3.09米，重达15～25千克，被人们称为

“高龙”。2011 年 7 月，入选“湖北省第二批非物质文化遗产项目拓展名录”。据 2017 年统计，杨店镇内有 116 条高龙，广泛分布在全镇集镇和村湾。

杨店高龙有着独特的扎制技法和完备的礼仪规矩。12 节、13 节、15 节、24 节、42 节，龙灯之多、之长令人震惊；蛟龙出洞、三点头、拜四方，下钻洞、上翻身、龙映水、龙戏珠、古树盘根、龙腾云、龙穿云、龙下海、龙滚潭、龙翻砂、金龙绕柱、龙脱皮、龙摆尾，舞龙招数之多、之奇让观众眼花缭乱、目不暇接。杨店高龙慢舞时，雍容大度、优美抒情；快舞时，激越奔放、动人心魂。伴随各具特色的锣鼓、纷繁美妙的音乐、震耳欲聋的鞭炮，绚烂多姿，撩人心魄，形成万人空巷的壮观景象。

杨店高跷与高龙相伴相生。武跷“静如水，动如风，耸肩屈膝略含胸，腰腿竭力向上蹦”，以功夫见长，技艺精湛，堪称绝活；文跷注重脸谱化妆和说唱表演，动作舒展文雅，以静衬动，诙谐幽默，引人入胜。2011 年 10 月，杨店镇被授予“2011—2013 年度湖北省民间文化艺术之乡”称号。2013 年 10 月，杨店高跷入选“湖北省第四批省级非物质文化遗产项目名录”。

杨店镇地处黄孝河畔，是楚剧发祥地之一，走出了“楚剧声腔改革巨匠”章炳炎和“楚剧之王”关啸彬。时至今日，杨店镇的人们依然痴迷楚剧，逢年过节均组织开展楚剧演出活动。

杨店经济社会全面发展，正阔步迈向新时代。

中共十一届三中全会以来，杨店经济发展步入“快车道”。建筑劳务和砖瓦建材产业闻名省内外，甲鱼、早熟水蜜桃和茶叶扬名楚天。

镇区由解放前顺着古驿道建成的一条东西走向、长不过 300 米的老街，发展为一座现代城镇。中小学校、幼儿园、医院、自来水厂、公园、污水处理厂、垃圾压缩中转站、城乡一体化公共交通等基础设施一应俱全。以桃花驿大道为中轴，镇区面积由改革开放前的不足 1 平方千米扩大至 3.19 平方千米，形成“四纵十横”的镇区发展格局，镇区常住人口达 1.8 万人。

杨店的“三农”工作受到各级领导的关注和肯定。1989 年 2 月，中共湖北省委书记关广富到杨店镇考察，对杨店镇农村基层组织双层双目标管理工作给予充分肯定，号召在全省推广。1992 年 12 月，中共中央总书记、国家主席江泽民考察杨店，与杨店农村干部座谈。

进入 21 世纪，杨店紧扣农业强、农村美、农民富的“三农”工作新定位，突出开展美丽乡村建设，实施乡村振兴战略，推动农旅融合发展，开创“三农”工作新天地。童庙村、柏树村、高峰村先后获评“湖北省新农村建设示范村”，泸川村、东方二村荣获“湖北省宜居村庄”称号，高新村、杨砦村、杨店村获评“湖北省生态村”。2014 年 10 月，境内万亩桃花景观上榜农业部发布的“中国美丽田园”。2016 年，杨店镇荣获“湖北省森林城镇”称号。2017 年，杨店镇获评“湖北省生态乡镇”。

工业生产悄然迎来园区经济新时代。1978 年以前，杨店镇工业以 20 世纪 50—70 年代组建的传统落后的小手工企业为主。20 世纪 80 年代，随着改革大潮涌起，杨店镇一改小而全的模式，对沿袭 30 多年的小厂进行关停并转。2011 年，杨店镇在王杨线以北规划建设占地 133.33 公顷的工业园，促进了杨店剩余劳动力就业，成为镇域经济新增长点。

社会事业日新月异。1995 年 5 月，杨店镇农村福利院被民政部授予“全国模范敬老院”称号。1999 年 12 月，杨店镇团委被共青团中央授予“全国五四红旗团委”称号。2001 年 10 月，杨店镇被中宣部、国家卫生和计划生育委员会联合表彰为“全国婚育新风进万家活动先进单位”。2017 年 1 月，杨店镇中心卫生院被国家卫生和计划生育委员会评为全国“2015—2016 年度群众满意的乡镇卫生院”。2017 年 7 月，杨店镇桃花驿小学入选“2017 年全国青少年校园足球特色学校”。

杨店，交通四通八达。镇区距离武汉天河国际机场 30 千米，县道杨三路、三八线、王杨路横穿南北，分别通往区内三汊镇、祝站镇和区外孝昌县，省道黄孝线纵贯镇区东西，直达武汉市黄陂区。京港澳高速公路、福银高速公路穿境而过，并留有出入口。镇区距离京广铁路线 10 千米，是孝感市的东大门。

随着卓尔桃花驿小镇、庭瑞斗山驿镇等农旅融合项目的快速推进，一个特色鲜明、宜居、宜业、宜游的生态文化旅游名镇正在荆楚大地强势崛起。

在这百舸争流、万物竞秀的新时代，杨店镇正以“飞马传书”的姿态，不断书写着桃花古镇新的历史、新的华章。

聚沙成塔　孝爱梅李①

梅李镇位于常熟市东北部，东靠上海，南濒苏州，西邻无锡，北依黄金水道长江，与南通市隔江相望，地理位置优越。梅李镇向以悠久的历史、淳朴的民风、多彩的人文、繁华的工商业而著称，近年来先后获世界级“健康社区”、中国人居环境范例奖、国家园林城镇、国家卫生镇、国家级生态镇、国家建设宜居小镇、全国特色景观旅游名镇、中国经编名镇、中国绒类面料生产基地、中国孝爱文化之乡和孝爱文化传承基地、江苏省文明镇、江苏省现代化新型示范小城镇、江苏省环境与经济协调发展示范镇等荣誉称号。2012 年，梅李镇还被列为江苏省经济发达镇行政管理体制改革试点镇、苏州市城乡一体化发展综合配套改革试点工作先导区、苏州市美丽城镇建设示范点，成为镶嵌在苏南大地上的一颗璀璨明珠。

千年风韵

梅李之地，形成于 6000 年前的江南高沙平原之中。20 世纪 70 年代考古资料表明，距今 4500 年的梅李塘桥村北罗墩古文化遗址，其出土的灰砂陶甑、肩刀石等，证明新石器时期已有人类在此生息繁衍，为环太湖流域一处良渚文化遗址。西汉吴王刘濞开凿的横贯梅李境域南北的盐铁塘，成为常熟最早的行政建置虞乡和南沙乡诞生的摇篮。

两晋时，梅李分属海虞、南沙两县。隋时，属常熟县。唐时，梅李境域分属常熟县太平、升平、端委、敦行、开元、思政等乡。五代十国时期的吴越国天宝元年（908 年），

① 选自江苏省常熟市梅李镇志编纂委员会编：《中国名镇志丛书 · 梅李镇志》，2018 年出版。

吴越王钱镠遣将梅世忠、李开山驻军于此，以防江北南唐兵。乡人随即在此聚居，不久居民依军成市，后取两将之姓，名其地曰“梅李”。北宋元丰年间（1078—1085年），梅李升格为镇，为当时常熟县仅有的三镇（福山、庆安、梅李）之一。至明代晚期，赵市、珍门形成集市。至清雍正四年（1726年），常熟县分设为常熟与昭文两县，梅李地区属昭文县。

1911年辛亥革命后，梅李地区复归常熟县。1934年，梅李地区置梅李镇及师德、赤乌、聚沙、竹丝、珍门、沈市、赵市、师桥等乡。中华人民共和国成立后，境内置梅李、聚沙、赤乌、赵市、何村、圩港、珍门、沈市等乡。1957年，合并为梅李、赵市、珍门三个乡。1958年10月，梅李、赵市、珍门都成立人民公社。1983年复为乡制。1986年梅李撤乡建镇。之后，赵市、珍门先后撤乡建镇。1999年6月，梅李、赵市、珍门三镇合并为新的梅李镇。梅李开始了新的发展征程。

孝爱淳风

梅李是享誉全国的孝爱之乡。据清代邑人庞鸿文《常昭合志》记载:“古俗所传二十四孝，吾邑竟居其三，又皆在梅李，奇矣！”这里所谓的“三孝”，是指在梅李广泛流传的古代“二十四孝”中的黄香扇枕温衾、丁兰刻木事亲、孟宗哭竹生笋孝爱故事。有史料记载的梅李孝爱人物还有清乾隆年间旌表，入海漂流、千里寻父、哭树生橘、治愈母疾的方焕先；咸丰年间旌表，母殁三年未见笑容，为救父命被盗匪所杀的钱亮灿；割股和药治愈母疾的温文毅；只身乞食抵陕寻父，因父亡故乃负遗骸束囊而返的管宝；父殁束草卧棺侧两载，母病割股煎药的张润；闻父病星夜归里，途中遇盗被砍伤左手，仍力疾侍亲的邓开洲；母病亲尝汤药，为其洗涤溺器的邓裕明；为母舐目三年，使之复明的周坤；为母温衾吮毒的吴长生等。

进入21世纪，梅李镇围绕传承、弘扬“孝爱文化”这一主题，开展一系列孝爱活动，在全镇形成“孝爱、感恩、正义、正气”浓厚氛围。悠远的孝爱文化，得到不断的发扬和光大。2010年9月获“江苏省孝爱文化传承基地”称号，2011年获“中国孝爱文化传承基地”称号，2012年6月获“中国孝爱文化之乡”称号。弘扬孝爱，传承家风，凝聚大爱，梅李的孝爱文化积淀涓滴成流。梅李把“孝爱文化”融进社会主义核心价值观之中，会入华夏文明的大交响乐中。

红色热土

新民主主义革命时期，梅李是中国共产党领导的地下革命斗争的重要根据地。早在土地革命时期，梅李就有了党的组织，并积极开展革命活动。抗日战争时期，中共常熟县委在梅李重建。在常熟地区，由中国共产党领导的第一支人民抗日武装——常熟人民抗日自卫队（以下简称“民抗”）于1938年8月在梅李塘桥周家宅基诞生。“民抗”创建人李建模、任天石、薛惠民，以及朱爱秾、徐政等梅李人民的优秀儿女，为了国家的独立、民族的解放，用热血和生命谱写了气吞山河的壮丽篇章。在中共江苏省委的直接领导下，“民抗”以梅李一带为基地，开辟了敌后抗日游击区。1939年5月，新四军六团以“江南抗日义勇军”（以下简称“江抗”）名义东进常熟，“民抗”和常熟地方抗日武装“新六梯团”密切配合，狠狠打击了敌伪顽匪武装，建立和巩固了抗日游击根据地，开展轰轰烈烈的斗顽抗日运动。1944年，苏常昆太武装工作队成立，梅李地区建立武工小组，恢复农村基层党组织。解放战争时期，在中国共产党的正确领导下，经过艰苦卓绝的斗争，粉碎国民党反动派的全面清剿，迎来梅李的新生。1949年4月27日，数百名武工队员分水陆两路，从梅李出发向常熟城区挺进。从此，这一天成为常熟解放的日子，永载史册。

人才辈出

梅李自开埠至今的1100多年中，涌现了众多名人名士。宋代名士王伯广，善诗文，骈文尤脍炙人口；明代“天才少年”徐祯卿，虽在世仅33年，但其诗歌作品及诗学理论却卓绝超然，被列入“吴中四才子”和“弘治十才子”；为官刚正清廉、诗书画俱佳的刘珏，与名宦况钟齐名；清代盛元珍被誉为“南方夫子”。近现代，梅李更是人才济济，带头抗捐农民首领金得顺；当代“孟尝君”景大鸿；“常熟绣王”王守明；爱国志士沈鹏；乌铜嵌银丝工艺大师陆志刚；中国科幻小说先驱徐念慈；进步新闻工作者王永德；著名公共卫生、学校卫生和健康教育专家徐苏恩；中国著名美术教育家和美术史论家温肇桐；中华人民共和国国家标准《城市道路交通规划设计规范》主要编纂成员、《城市道路交通》等文献的参编者徐循初；曾任中共中央秘书局副局长兼局机关党委书记、中共十六大秘书组副组长和会务组组长的徐永元等。特别值得一提的还有：在中国电工导电材料及其裸电线研究领域做出重要贡献的中国工程院院士黄崇琪；中国现代大气物理学杰出的学术带头人、中层大气物理和大气遥感的创建者之一、中国科学院院士吕达仁。据史料统计，自宋至今，梅李共出了进士 11 名、举人 14 名，名人墨客更是不计其数。他们或工诗文，或擅书画，或通音律，或精工艺，或从政，或从高科技，或从教育，他们或题咏祖国的壮丽山河，或赞美家乡的如画风光，或丹青妙手泼墨挥毫，于信手拈来之间留下的众多文化遗产，为国家科技事业和常熟文化宝库增光添彩。

经济强镇

自元代开始，随着棉花种植的引入，梅李因其便利的水陆交通，渐渐成为常熟东乡地区棉花生产和加工的集散地，知名的“土布”生产地。因棉花为银白色，随即有了“银梅李”的美誉。久而久之，梅李成为常熟东乡大镇，“东乡十八镇，梅李第一镇”，声名远播。

进入 21 世纪，梅李镇大力开发蔬菜生产，提升水稻产业。2014 年，建成 1.3 万亩标准化设施蔬菜示范基地，分别被列为苏州市蔬菜重要生产基地、江苏省菜篮子工程生产基地，年产各类蔬菜 12 万吨，总产值近 2 亿元。建成 1.8 万亩高标准水稻示范区，已成为中央财政旱涝保收高标准农田示范重点县项目。

在高度重视农业发展的同时，工业也蒸蒸日上。装备制造业是梅李经济的中流砥柱。大型成套设备及部件制造是核心，汽车零部件、特种设备、现代通信装备是配套。经编产业是梅李镇的特色产业。开创于 90 年代初的梅李经编，经过 20 多年的发展，已形成集原料、织造、印染、后整理和终端产品于一体，以装饰面料、家纺面料、服装面料为主要产品的较为成熟的产业集群，已成为名副其实的“中国经编名镇”“中国绒类产品生产基地”。

“虚实共生”的孵化体系，是梅李镇经济的新兴行业。梅李镇科技创业中心是国家级科技企业孵化器、江苏省中小企业星级服务平台、苏州市创业孵化示范基地。

“色香俱全”的服务业，是梅李镇经济的重要组成。梅李集镇已形成梅东路、梅西路、恒丰街、通江路四条商业街区，新天地广场、良基商城两个商圈。梅李镇是常熟“东乡蒸菜”之乡，“梅林酒家”2014 年获“中国蒸菜之乡研发基地”称号，其“一品锅”蒸菜因“汤清、气香、味鲜、形美”被誉为常熟“佛跳墙”。2017 年，梅李镇服务业开票收入 95.5 亿元。

2017 年，梅李镇实现地区生产总值 82.74 亿元，固定资产投资 19.17 亿元。工业销售收入 352.67 亿元。到账外资 1781 万美元。社会消费品零售总额 30.16 亿元。完成一般公共预算收入 8 亿元。

生态宜居

梅李，又是一个生态宜居的江南小镇。重视规划和编制规划是梅李小城镇建设的重要特点。早在 80 年代，梅李镇就开始编制《梅李镇建设总体规划》，指导集镇建设。跨入 21 世纪，梅李镇按照“北部工业区、南部居住区、西部古镇区、东部新镇区”的规划格局，通过走科学化、集约化、特色化发展道路，把美丽城镇建设与实际相结合，着力打造“人口集聚、产业集群、体制创新、环境友好、人民富裕、社会和谐”的现代化新型城镇。2013—2015 年，三年累计投入资金 9.3 亿元，完成项目 87 项。至 2017 年年末，已建成天和佳苑、师德华府、兆丰佳苑、珍南佳苑、聚沙佳苑等安置小区 7 个。总建筑面积超 57.98 万平方米，已安置入住 1061 户。镇区内商业金融、文化娱乐、体育、教育、医疗保健等设施齐备。“六纵六横”的主干道路框架已经形成，“一路一品”和“一路一景”的景观建设已经到位。建成区绿化覆盖率达 40%，城镇人均占有绿地面积超 18 平方米。供水、供电、供气、供热、污水处理配套设施合理、齐全。镇中心区已初步形成了以“古镇保护区”“核心商贸区”“生活住宅区”“疗养保健区”四大核心区为主要格局的生态、绿色、宜居环境。2015 年，获住房城乡建设部“宜居小镇”称号。

巍巍聚沙塔，悠悠盐铁塘。福地梅李，千年风韵。流金岁月里典藏着厚重的历史，风华绝代中洋溢着改革的气息。未来的梅李镇，必将更富魅力，更具特色，更加宜人！

棘洪滩街道志概述①

棘洪滩，位于波光潋滟的胶州湾北岸，地势由西南向东北渐次倾斜，属冲洪积地貌。

受海洋季风和海潮的影响，域内空气湿润，雨水丰沛，季节变化及季风进退较为明显，四季分明，具有春暖夏凉、秋温冬暖的温带大陆性季风气候特点。历年平均气温12.4℃，平均降水量为606毫米，相对湿度72%，平均日照2715.5小时。

墨水河、桃源河分流东疆西界，洪江河、羊毛沟河水缓缓南下。历史上河流河床狭窄，河堤低矮，低洼曲折，流水缓慢，夏秋汛期，暴雨倾盆，河水暴涨，下游受海潮顶托，容易发生涝淤之灾。经过不懈治理，如今河流碧水悠悠，两岸芳草萋萋。特别是羊毛沟经过治理，打造成为大型生态景观。

境域地处城阳、即墨、胶州交界处，是东进青岛、西去鲁中、南下鲁南、北入胶东腹地的咽喉之地。如今的棘洪滩，公路、铁路纵横，青岛流亭国际机场、环胶州湾高速公路、青岛海港码头、青银高速公路、308国道、烟青公路近在咫尺，交通便捷。

早在5000多年前的新石器时代，棘洪滩即有先民在此繁衍生息。明永乐年间（1403—1424年），从云南迁徙至此的移民在棘洪滩建立起12个村。以后随着更多移民的迁入，许多盐丁灶户、逃荒避难、投亲靠友之人也陆续到此。

迁徙者多种风俗民情交融，即墨西南风土人情的悄然熏陶，数百年改造自然、战胜自然艰苦卓绝的岁月，铸就了棘洪滩人勤劳耐苦的秉性和刚健不挠的品格。苇编、剪纸等传统技艺源远流长，秧歌、腰鼓等民间文艺百花齐放。清咸丰年间（1851—1861

① 选自山东省青岛市城阳区棘洪滩街道志编纂委员会编:《中国名镇志丛书·棘洪滩街道志》，2018年出版。

年），柳腔传入棘洪滩；清末民国初，棘洪滩村、东毛家庄村等村庄业余爱好者组班演出，棘洪滩成为柳腔发源地之一，被称为小戏之乡。柳腔以风趣诙谐的戏词、浓郁的乡土气息和独具风格的表演被誉为“胶东之花”。

棘洪滩自古兴师重教。清朝末期，魏家庄废除私塾兴办新学。20 世纪 30 年代中期，孙毓坦创立上下崖孙氏私立小学。中华人民共和国成立后，人民政府大力兴办教育事业，基础教育得以迅速发展。20 世纪 90 年代开始，棘洪滩积极推行实施九年义务教育制。2000 年，棘洪滩镇被评为青岛市九年制义务教育示范镇和青岛市农村中小学布局调整先进镇。至 2015 年，域内有 6 处中小学和 19 处幼儿园。

中华人民共和国成立后，域内体育事业蓬勃发展，棘洪滩健儿在国际体育比赛中多次摘金夺银。20 世纪 90 年代，棘洪滩跻身全国群众体育先进集体和全国全民健身集体行列。

这片土地，尽享渔盐之利。曾几何时，那延绵的滩涂上，盐田阡陌一望无际。作为渔盐重镇，近海养殖和远洋捕捞使棘洪滩成为青岛市重要的水产之乡、全国重要的海盐产地。20 世纪 80 年代，平阔坦荡的浅海滩涂，成为养殖对虾和贝类的聚宝盆。日月轮转，时至当代，鱼游虾跃的滩涂和蓄水晒盐的盐田被回填开发，托起青岛市高新技术产业开发区的梦想，棘洪滩成为现代工业的聚集地，创造着更大的财富。

20 世纪 80 年代中期，青岛四方机车车辆厂客车扩建系统落户棘洪滩，带动了轨道交通产业的发展，成为青岛市重点培养的 10 条千亿级产业链之一。棘洪滩是山东省优质产品基地、国家轨道交通装备产品出口基地、全国新型工业化产业示范基地、全国高速列车研发制造产业知名品牌创建示范区，是国内高速动车制造数量最多、品种最多、质量最优、技术最先进、安全运行里程最长的高速列车生产基地，在世界轨道交通装备制造领域跃居第一位。

20 世纪 90 年代，棘洪滩人开启青大、金岭两个工业园区的“窗口”，迎接世界八面来风。1992 年，亚洲最大的铸管企业——台资青岛北钢铸管有限公司在棘洪滩安家，随后，全国最大的轨道交通产业开发区青岛轨道交通产业开发区、青岛十大工业园中的纺织工业园和青岛橡胶工业园，以及国家“863”计划项目产业基地青岛新材料工业园、青岛城阳物流产业园等 10 多个科技含量和附加值高的园区组团式形成“园中园”。至 2015 年，有南北美、东南亚等 20 多个国家和中国港澳台地区的客商在棘洪滩投资兴业，引进 324 个外资项目和 427 个内资项目。全街道合同利用外资 25.8 亿美元、内资 423 亿元，完成外贸出口 23 亿美元，形成高速列车、新材料、橡胶三大特色产业，成为棘洪滩经济可持续发展的支柱。

棘洪滩早在2000年就位列山东省小康乡镇，于2006年登上全国乡镇综合实力千强榜。2015年，全街道完成国内生产总值252.24亿元，社会固定资产投资111亿元，实现税收47.8亿元，公共财政一般预算收入17.8亿元，居民人均纯收入18794元。

20世纪80年代末，一颗闪亮的明珠掷落在棘洪滩大地上，它便是亚洲最大的人造坝筑平原水库、方圆14平方千米的山东省引黄济青工程蓄水终端——棘洪滩水库。引黄济青工程是中华人民共和国成立后山东省最大的市政和水利工程，从博兴打渔张延绵近300千米，暗通生命泉源的黄河水，在棘洪滩找到驿站。登堤远眺，水天一色，浩渺无垠，库水清澈如碧，库面雪浪翻花，库心深处游鱼甜憩。堤岸林木蓊郁，草碧花艳，蝶飞蜂舞，犹似绿色长廊，使人赏心悦目，心胸豁朗，成为齐鲁大地的一大景观。棘洪滩水库的落成，使棘洪滩成为屈指可数的水源大镇。

据清代的即墨县地方志记载，棘洪滩大集早在万历年间（1573—1620年）就已设立，是即墨县13个乡集之一，每逢农历二、七为集。古老的棘洪滩山会四方云集、八方来汇、货积如山、人涌如潮。进入21世纪，棘洪滩一下子摊开8个遍布四方的集贸市场，商潮涌动，店铺林立。东西风味在这里融合，南北商机在这里交流……遗落在即墨县西南的商贸中心，被当代棘洪滩人寻回。

在棘洪滩的海鲜中，最有特色的要数海西末蠖。这种最初是农夫渔人下饭的细小海虾，因其味道鲜美，风味独特，成为深受青睐的美食佳肴，如今更是登上大雅之堂。以末蠖佐酒，自是一番风味。

除了海西末蠖，还有享誉岛城的韩洼豆腐。悠悠洪江河水质清冽甘甜，以洪江河水精研细磨豆浆，用胶州湾海卤点淀的豆腐细腻白嫩、爽滑可口、风味独特。即使如今丰衣足食，韩洼豆腐仍为人们所钟情乐道，畅销不衰。

棘洪滩水库所产的淡水鱼，味道鲜美、营养丰富，成为人们钟爱的绿色食品。

经纬交织的镶边，有着“抽纱瑰珍”的美誉，是棘洪滩的地方传统手工艺品，因其自然朴素、构图别致、精工细织、柔美大方而走出国门。

撸起袖子加油干。在这片古老而又年轻的土地上，棘洪滩正一步步实现着前所未有的光荣与梦想。

棘洪滩——一个蓬勃昂扬的现代化、世界级动车小镇，犹如镶嵌在环胶州湾经济聚集带上的一颗璀璨明珠，被浩瀚奔涌的胶州湾托起在旭日升起的地方……

《聊斋志异》诞生地[①]

王村镇地处山东省中部，淄博市最西端，济南、滨州、淄博三市交界处，隶属淄博市周村区，素有“淄博西大门”之称。2015 年，全镇总面积 57.49 平方千米，人口 44116 人，辖 41 个行政村，1 个居民委员会。改革开放以后，先后被列入全国小城镇建设试点镇、全国小城镇综合改革试点镇、全国综合实力千强镇、山东省历史文化名镇、省级文明镇。

王村古称王村峪，又称王村店。域内村庄沿峪而列，散落如舟。北望泰岱副岳山东长白山，层峦叠嶂，岚光照人；南瞻豹山、冲山诸峰，远近错落，闲云飞渡；东北隅凤凰山、葫芦山、卧虎山、簸箕山，依次横列，似屏如幛。青杨河一泓清流，从镇域西鄙北流而去；白泥河从白云山南麓清幛泉汩汩而出，东流与望京河、七河、毛家泉、葫芦山诸泉相汇，于猪头湾伏山汇流东去入范阳河。王村扼东西交通孔道。明朝中叶以后，济南府通往青州府的官道就纵贯镇域，清光绪三十年（1904 年）胶济铁路修通后，在王村设车站。民国以后，王村至周村、博山、淄川的公路先后贯通，王村成为鲁中地区的交通枢纽。改革开放后，交通更加畅达，309 国道、102 省道、胶王公路、泉王公路四条干线从域内穿过，胶济铁路、胶济电气化铁路从域内东西穿过。西达省会济南，东经周村到淄博中心城区，皆不足一小时车程。

早在龙山文化时期，这里便有先民聚居繁衍。西去 20 千米，便是著名的龙山文化发现地城子崖遗址。凤凰山船沟遗址、南河东东周文化遗址、大史村济南国汉墓遗址、

① 选自山东省淄博市周村区王村镇志编纂委员会编:《中国名镇志丛书·王村镇志》，2018 年出版。

李家疃文化遗址、唐家石屋等古人类遗址，都曾出土龙山文化至唐宋间的人类文化遗迹和文物。殷商时期的逄陵古城，西汉时期的土鼓城，都曾是街巷相接、烟火千家、车毂相击的山左重镇，领一时风骚。王村有民谚曰“唐朝建庙，元朝修道”。有碑碣可证，大兴教寺建于唐代，炳灵公庙则建于元朝。旺盛的香火相伴繁盛的交易，王村成为远近闻名的山左繁华市镇，明嘉靖《淄川县志》就把王村列为“王村镇”。历经明清两朝，王村经济、文化发展达到极盛。至清朝初年，被文人士子称为“西南一都会”。

岁月悠悠，沧海桑田。经元末战乱，山东地区炊烟不升，十室九空。明初，朝廷自山西、河北等地区向山东地区大批移民，王村一带是移民落籍重点地区。百余年后，有三个家族脱颖而出，成为一方望族，这便是苏李庄王氏、李家疃王氏和西铺庄毕氏。明朝洪武年间（1368—1398 年），苏李王氏定居豹山之阴苏李庄，世代耕读，至五世王教考中进士，任职于户部。王教一介郎官，却志向高远，操同冰清。课门门治，榷关关治，督赋赋治，所至有声，被民众视为古贤臣庚桑楚再世。任吏部考功司郎中后，选贤任能，激浊扬清，抑斥奔竞，深得朝野称赞，得“冰鉴”之誉。王教之后，科举连捷，廉吏数出。王教之侄王所须，官任知县、知州。他秉承王教精神，廉洁勤政，体恤民瘼，积劳成疾，殉职任上。明末清初，王所须三子连中进士，“兄弟三进士”的光环，耀眼一时。百年之内，其后裔入仕为官者次第相望，至清末有十余人之多，居官清廉，有乃祖之风。明天启元年（1621 年），朝廷下旨，在淄川县城为王教立专祠供祀，门额上“风清百世”四个擘窠大字，近四百年间引来无数路人仰慕的目光。至今苏李庄的古槐、铺道、王氏祠堂，似乎还在向人们诉说着王氏家族当年的荣耀和辉煌。继苏李王氏之后崛起的是淄西毕氏。百余年的家业积累，持续数代的耕读教子，到第七世时，毕氏家族终于完成了乡绅向官宦的“龙门之跳”，首功之人是明嘉靖年间（1522—1566 年）的布衣毕木。毕木胸次高旷，和易坦直，好善乐施，极重教子齐家，推行仁爱谦让。他立下家训：守前谟，不居间，不放债，不攻煤井；愿后世，学吃亏，学认错，学好读书。他与诸子朝夕相伴，督学课书，劝善责恶，如春风化雨。其四子毕自严赴任松江府推官时，他只以“清、慎、勤”三字相嘱。毕自严为官 42 年，履职 21 任，官至太子太保、户部尚书。其时兵事四起，国库亏空。毕自严殚精竭虑，矢忠矢勤，左撑右持，力挽狂澜。八子毕自肃，官至辽东巡抚，捐躯边关。毕木六子毕自寅，官至南京户部广东司主事。毕木八子中二进士，一举人，毕木被誉为“淄邑教子第一人”。毕氏自明嘉靖年间开枝散叶，人丁兴旺。“兄弟三士同升”之后，毕氏代有科名，至清朝晚期，流风余韵犹存，十七世毕道远，官至户部右侍郎、仓场总督、礼部尚书、兵部尚书，以廉直、平易、亲民闻名朝野，乡民誉之为“青袍尚书”。毕氏之家风家教远播齐鲁，毕道远撰联表其家族为“十七世诗礼门第，五百年孝友家风”。李家疃王氏崛起于明朝后期，王宣化为官清廉，秉公执法，坚却珠宝十坛，依律置罪官死刑。王氏后人经商致富，至清中期成为钟鸣鼎食、富甲一方的大家望族。亭台楼榭，豪宅高第相连成片，粉墙黛瓦，深巷古院，明清风韵今日犹存。

康熙初年，社会安定，人民休养生息，王村的人文历史迎来了繁荣气象。西铺万卷楼旁，石隐园里花木扶疏，簸箕山下，候仙园中蝉鸣泉响，文人荟萃，高珩、唐梦赉、袁藩、毕际竑、毕际有，皆为才情出众、高蹈脱俗之士，又同为仕途坎坷、命途多舛，相聚一起，谈古论今、诗酒唱和，登东西豹山，攀长白诸峰，探查牙幽洞，濯青杨、白泥诸水，颇得魏晋士人之意。不过，他们对市俗的态度又不同于古人，也曾应县令之请，纂修《淄川县志》。毕际有曾在王村大集代完市税，唐梦赉也曾在磁窑坞代完市税，二人匡时救弊、关心民瘼之志昭然乡里。康熙十八年（1679 年），有一位书生走进了石隐园，这位独具才情的书生，便是后来被称为“世界短篇小说之王”的蒲松龄。蒲松龄和其在王村坐馆期间完成的《聊斋志异》，让王村和毕氏名扬天下。蒲松龄坐馆毕府，东翁慧眼识才，对西席待之优渥，尽管诸孙科举无名，而竟从无半点责怨。毕府内万卷楼藏书甚富，蒲松龄如鱼得水。经史子集、百家艺文、科考制艺、桑农巫医、野史笔记、天文地理，蒲松龄拆箧翻椟，如渴骥饮泉，废寝忘食，终成饱学之士，自然成为“淄西文化圈”的后起之秀。他的交际圈逐渐扩大，诗词唱和，代人酬答，修路社事，惩恶扬善，乡里间无人不识蒲先生。蒲松龄愤世嫉俗，欲借小说浇胸中块垒，搜集奇闻异事，几近痴迷。酿酒作坊里，与酒大工、醋大工讲古；王村短工子市里，听庄稼汉倾诉愁怨；西铺村头古道旁，他设茶水招待路人，搜罗稀奇见闻。夜雨篷窗、豆棚瓜架下，都曾有蒲松龄的身影。据西铺村毕氏耆老回忆，“聊斋”就是万卷楼之旁的三间砖房，民国初年时，门额上尚有砖雕“聊斋”二字，乃是篆书，大如茶盘，蒲松龄在此下榻，篝灯夜读，呵冰濡毫，创作出一篇篇“志异”小说。“千秋学馆名中外，不赖东家赖塾师”，正是蒲松龄与毕府的邂逅，才熔铸出一座文学丰碑。

王村群山环绕，地故硗啬，却也是一方水土养一方人。独特的褐土性土地适宜种植谷子、高粱，而它们是酿酒拌醋的优质原料。经过匠人上千年的薪传演进，以当地高粱、红谷再辅之以甘洌泉水，酿造出的王村黄酒、王村醋，成为闻名遐迩的山东特产。明朝中期，毕氏家族就已经在王村街上建有酿造黄酒、食醋的作坊。明崇祯年间（1628—1644年），毕自严诸子分家，其中一支家产中就有“临街坊子三座”的记载，王村街上至今仍有“坊子崖”的地名。清朝前期，“水里淘金”的酿造业成为王村的主导产业，王村牛家、杨家等家族都开始经营酿造业。曾几何时，王村街店铺林立，交易繁盛，“红谷梅魁酒”送进京城进贡。1927年，王村红谷酒在胶济铁路沿线土特产品展览会上获得二等奖。20世纪30年代，王村街上酿造业字号达30余家。客商熙攘，车载马驮，产品畅销黄河两岸，泰山南北。中华人民共和国成立后，王村酿造业百溪汇流，成立国营企业王村酿造厂，数百年的酿造工艺得以传承、发扬光大。2009年，王村醋传统酿造技艺被列入山东省省级非物质文化遗产名录。除王村黄酒、王村醋之外，曾令王村蜚声在外的还有手工织造的“王村绸”。王村绸用槲蚕丝织造，其柔滑、舒适的质地，典雅的“宝光色”，又比桑蚕丝绸胜出一筹。从清道光年间（1821—1850年）到20世纪30年代，王村绸走俏江北百年，被记入《中国实业志》和《淄川乡土志》。

造化的力量慷慨赠予王村让人艳羡的资源禀赋，王村地下尽是宝藏。二十世纪三四十年代，铝矾土、黏土开采引来国内外业界的关注和侵略者的贪婪掠夺。七七事变之后，日本侵略者专门修筑从王村火车站至康山子的铁路支线，一车车耐火原料被辗转运到青岛港，装船运往日本。中华人民共和国成立后，国家在王村建设起山东王村耐火材料厂、山东王村铝土矿、山东生建八三厂。二十世纪五六十年代，王村焦宝石产业崭露头角，为中国的钢铁工业发展立下汗马功劳，并出口创汇，支援国家建设。改革开放的号角吹响以后，耐火材料产业进入全面发展的春天。1993年，王村铝土矿生产的硬质黏土熟料获得国际欧洲质量奖。2015年，王村有黏土矿开采企业5家，已探明储量2315.6万吨，开采量76万吨。耐材制品企业160余家，耐材行业年销售收入达到72亿元，王村成为闻名全国的耐火材料基地。

岁月的脚步匆匆而过，不经意间留下一些痕迹。走进王村镇，许多村庄依然保有明清风貌。古宅老院，青砖灰瓦，布局严整，有的高昂雄伟，有的精致典雅，窄巷古树，塘湾石桥，点缀其间，与白墙红瓦的现代民居揖让进退。民国以前的建筑群有20余处，其中以李家疃、西铺村、万家村、苏李村、沈古城村、东铺村、北河东村保存最为完好。李家疃以“九门一庄”为中心的古院落有30余座，古建筑占地面积4万平方米，多数建于清中期以前。清朝乾嘉年间（1736—1820年）的酒店胡同、盐店胡同、亚元府和“四大门”、“五大门”依然完整，“养在深闺人未识”。2010年，李家疃被住建部、国家文物局命名为“中国历史文化名村”。2013 年后，开始规划、实施修复保护工程。2015 年，建起李家疃村乡村记忆博物馆。万家村是毕氏家族聚居之地，现有明代建筑两处，一处是始建于明代嘉靖年间（1522—1566 年）的菩提庵，清朝咸丰五年（1855 年）重修时，户部右侍郎、仓场总督毕道远撰文作记的石碑仍存。另一处是建于明嘉靖年间的百业堂，为毕木祀先教子之处。毕道远于清光绪年间（1875—1908 年）为祭祀其先祖辽东巡抚毕自肃所修建的祠堂，今辟为毕道远纪念馆暨毕氏家族文化展馆。还遗存投豆亭、卜子城、万安溪、万安桥、毕氏谕葬墓等明清古迹多处。苏李村明清古建筑群，包括王氏宗祠（时思堂）、王氏家族私塾学校、王氏家宅等，占地 1200 余平方米，明万历十四年（1586 年）王教兄弟所建的“时思堂”，至今保存完好，被列为山东省文物保护单位。西铺村是毕氏祖先始迁之地，也是明崇祯年间（1628—1644 年）户部尚书毕自严尚书府第所在，同时是《聊斋志异》诞生之地。今存有毕氏家祠和尚书府、石隐园等明清古建筑。尚书府被列为山东省文物保护单位。20 世纪 80 年代，将石隐园一部分开辟为蒲松龄书馆，作为文化旅游景点对外开放，被列为青少年爱国主义教育基地。2015年，开始实施石隐园、尚书府的修复、保护工程。2015年起，万家村、西铺村、北河东村、东铺村也相继被列为山东省传统村落，加以保护。沈古城村等明清古建筑群被列为山东省文物保护单位。对于这方土地上的文化资源，王村镇一直视如拱璧，倍加呵护，制订了王村镇总体规划，实施文物古迹保护工程。

王村远离城邑，三面环山，民风淳朴，习俗袭古。民国以前，几乎村村有泰山社、观音阁、关帝庙、土地祠，因为地近泰山副岳，民众信仰“泰安奶奶”尤为普遍。传说农历三月十五为泰安奶奶生日，村村醵资派人赴泰山“接驾”，演戏庆贺，尤为隆重。又有龙王庙、石大夫爷爷、炳灵公诸神信仰。明朝时，祈雨、葫芦山会、青龙山庙会、春社、杂耍扮玩诸项民众活动已经十分兴盛。每当太平之岁，人情欢娱，箫鼓之声阗街溢巷，一乡男女童叟同此一乐。王村实为西路五音戏发源之地。清末民国初，五音戏（“肘鼓子”戏）在镇域兴起，李家疃村王焕奎演艺绝伦，艺名“自来喜”，唱念做打，有勾魂摄魄之功，时与“五音泰斗”邓洪山齐名。中华人民共和国成立以后，演戏、扮玩之俗风靡乡村，春节过后，元宵节前，村村搭戏台，街街锣鼓声。改革开放以来，芯子、高跷、旱船、龙灯、舞狮等杂耍活动又起新潮，彭阳威风锣鼓串乡进城，名震一时。

文明进步的车轮是靠人推动的，人最值得称道的品格是善良。从古至今，王村一地，代有古道热肠之士。他们担当道义、扶危济困，关心桑梓，兴利除弊，世代传颂。明清时期，毕恪捐资修桥；毕忠臣善行乡里，名列“旌善亭”；王教捐粮舍粥，全活灾民逾万；毕木焚卷豁债；毕自严父子设义仓赈灾，毕际有代完市税；杨学峻慷慨捐金，义救乡亲出囹圄，捐金解兄弟讼争，义举善行流传乡里。民国年间，崔馥堂勇斗日酋救乡亲，卖地办赈全活乡亲，解衣赠人解危难，“善人”之誉闻名遐迩。中华人民共和国成立以后，王村镇人急公好义、见义勇为之风发扬光大。1980 年，宁家庄村医宋广德，勇救落窖儿童，舍生取义，英名长存。1985 年，镇中学新建教学大楼，全镇上下踊跃捐款。1998 年修筑宝山路，1999 年中学教学楼改造，捐资额都在百万元以上。全镇扶贫、慈善捐助活动成为常例，各企业、各村慷慨解囊，鲁王建安公司 30 年中年年捐款，累计金额达 195 万元。扶危济困蔚然成风，从而难者得助，贫家学子得以就读，残障人士得到照顾，孤寡老人安度晚年。2008 年，胶济铁路“4 · 28”特别重大交通事故在镇域内发生，前坡庄、和家庄数百名村民见义勇为，主动抢救伤员，为救治危重患者赢得了时间，新华社发通稿表扬。

“数风流人物，还看今朝”。王村以深厚的人文积淀、丰富的物产矿藏、淳朴的乡村风情向世人展示着独特魅力。改革开放以后，王村人开放、务实、坚毅的品格，放眼四海的眼光，敢为天下先的勇气，使王村成为淄博市首富之区，屡屡被列入淄博市经济强镇，山东省重点镇。2003 年，被山东省政府命名为“山东省历史文化名镇”。2015 年，全镇完成税收 23574 万元，财政收入 10480 万元，农民人均纯收入 20882 元。着眼未来，全镇确立了创新、协调、绿色、开放、共享的发展理念，立足转型升级，着力建设焦宝石产业特色城镇；保护、整合传统文化资源，建设文化魅力城镇；推进环境整治，建设生态优美城镇；共享发展成果，建设幸福安居城镇。

繁荣、和谐、美丽、古风犹存的历史文化名镇——王村的未来一定会更加美好！

河海明珠　秀美胜坨[①]

胜坨镇隶属山东省东营市垦利区（2016 年 8 月，撤垦利县，设立垦利区），位于垦利区西部，东与垦利区垦利街道接壤，西、北两面与山东省利津县隔河相望，南与垦利区董集镇、东营区辛店街道毗邻，辖区面积约 181 平方千米。黄河依境东去，流经镇域长 25.5 千米，临黄大堤势如蛟龙，险工埽坝鳞次栉比，为扼黄河东奔入海之最后关隘。316 省道贯穿全境，六干渠、路东干渠、路南干渠横亘东西，胜利引黄闸、路庄引黄闸、章丘屋子泄洪闸、东张水库坐落镇内，广利河、溢洪河起源于境内直达渤海，区位交通优势明显，基础设施体系完备，自然与人文景观独特。胜坨镇历史悠久，经济发达、文化繁荣、社会稳定、生态良好，人民安居乐业，为黄河尾闾、渤海岸边之经济重镇、宜居名镇、旅游强镇。

西汉末年，境域尚淹没于渤海之中。新王莽始建国三年（11 年），黄河由青州郡千乘河口（时利津县东南境）入海，黄河泥沙不舍昼夜淤积，历经千余载，至北宋此地遂脱海成陆。宋金起，境内渐有村落形成。明洪武、永乐年间，官府自山西洪洞、北直隶枣强等县，分批移民至此定居垦荒，遂形成最早的 43 个村庄。宋代，境域属河北东路滨州渤海郡渤海县，金明昌三年十二月（1193 年 1 月）至 1956 年 3 月前属利津县。1956 年 3 月后划归广饶县，1961 年复归利津县，1964 年 11 月划归垦利县。

今之胜坨镇由原胜坨镇、宁海乡、胜利乡合并而成。1966 年 7 月，胜坨人民公社从董集区析出，宁海区拆分出宁海和辛庄两人民公社。1982 年 4 月，辛庄人民公社更

① 选自山东省东营市垦利区胜坨镇志编纂委员会编:《中国名镇志丛书·胜坨镇志》，2018 年出版。

名胜利人民公社。1984年，胜坨、宁海、胜利三公社改社建乡。1994年，胜坨撤乡设镇，宁海、胜利两乡建制未变。2001年2月，垦利县行政区划调整，将宁海乡、胜利乡并入胜坨镇。至2016年年底，胜坨镇辖59个行政村，镇域常住人口85036人。

胜坨镇为胜利油田发祥地，油区重镇。胜利油田的开发建设为胜坨镇的经济和社会发展提供了机遇与支持，形成共驻共建、共兴共荣的和谐“油地”关系。境域地下蕴藏着丰富的石油、天然气资源，建有胜坨、宁海两个油气田，为胜利油田的主产区之一。1964年5月，坨庄—胜利村构造勘探会战拉开序幕，仅9个月时间，探明山东境内第一个油田——胜坨油田。1965年1月25日，32120钻井队在境内钻探的坨11井试油，日产原油1134吨，为中国第一口日产量超千吨级油井，胜利油田因此得名。自开发起至2016年，胜坨向油田累计出让土地2660余万平方米，境内累计开采原油2亿多吨，天然气80多亿立方米。境内驻有胜利油田二、三级单位35个，暂住人口2万多人，建有油、气、水井5000余口。

胜坨镇为油田开发和油田职工生活提供了坚强支持和保障。自油田开发之始，胜坨镇及所属村庄服从服务于油田开发建设，牢固树立“地上服从地下，农田服从油田”的大局观念，坚持“油区治安重中之重”方针，探索形成乡包矿、村包队、人包井和定岗位、定人员、定职责、定奖惩“三包四定”油区生产治安防范典型经验做法。自1997年始，胜坨镇和油田经济发展合作更趋密切，镇内探索出工农联心、治安联防、设施联建、生产联营、资金联股和人才联用的工农共建“六联”路子，2006年，又形成观念上抓共识、组织上抓落实、队伍上抓网络、管理上抓规范、治理上抓联动和共建上抓实效的“六抓促六联”发展思路，形成稳固的油地共驻共建共荣之势，胜坨镇也因此成为创建全国安全文明油区先进乡镇，被誉为“全国企地共建的一面旗帜”。

胜坨镇是山东省工业重镇，也是山东省民营经济最为活跃的区域之一。因地处黄河三角洲高效生态经济区和山东半岛蓝色经济区两大国家战略叠加区核心部位，山东半岛经济区和京津冀经济区结合区重点部位，同时又处于环渤海湾经济圈与黄河流域经济带交会焦点上，发展工业具有得天独厚的资源优势和区位优势。20世纪80年代后，胜坨镇围绕服务油田上项目，一批管道铺设、建筑安装等乡镇企业应运而生，乡镇企业一跃成为经济支柱。至90年代末，镇内工业企业发展模式实现由劳动密集型向科技密集型转变，涌现出中国万达集团、胜通集团、东辰集团等一批大型企业集团。2000年，胜坨工业园设立，随后一大批高科技工业项目落户园区，工业产品形成化工、机电、建材、生物工程、新材料等多个门类。2008 年 12 月，该园区被商务部命名为中国精细化工出口基地。2010 年始，胜坨镇坚持实施“工业强镇”战略，率先走出“产学研”结合之路，工业实现管理由传统向现代化和科学化、市场由面向油田向面向国内国际、企业经营由独家经营向强强联营的转变，企业市场竞争力、经济综合实力明显增强。中国万达集团、胜通集团、东辰集团相继跨入中国制造业企业、中国企业、中国民营企业等行业 500 强行列。2006 年、2008 年，胜坨镇先后入选全国小城镇综合发展水平 1000 强和中国乡镇综合实力 500 强。2014 年，全镇拥有工业企业 180 家，规模以上企业 52 家，工业企业总产值突破 1000 亿元，实现跨入全省镇域经济综合实力第一方阵的奋斗目标。2014 年、2015 年，胜坨镇又分别获得了“中国生态强镇”和“中国最具潜力绿色经济发展城市”称号。2016 年年底，全镇工业企业 173 家，规模以上企业 48 家，工业企业总产值突破 1035.69 亿元。

胜坨镇是近代黄河三角洲的顶点所在地。清咸丰五年（1855 年），黄河于河南铜瓦厢（今河南省兰考县境）决口，北夺大清河河道入渤海，再次流经此地，继续冲积形成近代黄河三角洲，其范围是以境内宁海为顶点，北起套尔河口，南至支脉沟口的扇形淤积地区，陆地面积约 5400 平方千米。因此，胜坨镇土地、淡水等自然资源都相对比较丰富，环境生态系统独特，为产业兴起发展奠定了坚实基础。2016 年，全镇拥有耕地面积 56 平方千米，未开垦土地 22 平方千米。地表淡水资源除自然降水外，还有充沛的黄河水资源，地下水虽然矿化度较高，但具有良好的开发前景。境内黄河滩区小麦获国家地理标志商标认证，黄河口大米、黄河刀鱼、黄河鲤鱼享有盛名。

胜坨镇立足优越的生态自然条件，致力于发展高效生态农业、生态文化旅游业，打造生态文明典范镇。2012 年起，胜坨镇按照“优势产业区域化、特色产业优质化、基地建设标准化”的发展思路，全面实施黄河三角洲高效生态经济区国家战略，建设集特色种植、养殖、繁育、加工于一体的生态农业示范园区，打造形成“一库、两基地、三园、五区”的农业园区发展新格局。着重推进建设黄河滩区一千公顷粮棉高效生产区、宁海展区六百公顷无公害水稻区等高效生态农业种植示范区，逐年提升完善淡水养殖休闲度假长廊设施，规划建设万亩黑牛养殖基地、三十公顷名贵苗木基地、二十公顷畜牧养殖小区，大力发展高效、生态、特色农业。

胜坨镇抓住东营市中心城北扩的契机，着力打造黄河三角洲新型生态精品城镇。2004 年 6 月起，深化确立“对接县城、南融西城，突出工业主导，突出田园风光，服务、辐射社会主义新农村建设”的小城镇建设思路，定位“东营市西城后花园”和“黄河三角洲上的生态工业园”的建设目标，大力实施道路等城镇基础设施建设，全面推进建设城镇化战略。2005 年 3 月，胜坨镇被国家发改委确定为第一批全国发展改革试点小城镇。2008 年后，胜坨镇以“率先建成生态文明典范强镇、率先全面建成小康社会”统揽全局，抢抓“黄蓝”国家战略实施、山东省百镇建设示范行动和东营市试点强镇建设三大机遇，按照“西居、东工、北优、南展”四方发展战略，采取“农业立镇、工业强镇、旅游活镇、油地共建、统筹兴镇”五大举措，全面加快新型城镇化推进步伐。集中力量构筑“四横四纵”道路体系，推进西四路与丰收路北延、合益路南延、胜景路东延和胜兴路、永兴路、永莘路西延等道路改造工程，完成中心镇区“南扩一格”道路建设，继而实施西五路、西六路北延和德州路改造工程，全力拓展城镇发展空间。按照“以城带乡、区域联动、整体推进”的思路，推进胜坨镇城区村迁村并点工程建设步伐，构筑新型农村社区，先后实施胜利社区、坨东坨西“两坨”迁村并点和东辰佳苑、胜通丽景、公租房等集中居住片区建设。同时，实施垃圾中转站、污水收集管网、供电供暖线网、燃气管道改造等工程建设，一个环境优美、宜居宜业、富有现代化气息的新型城镇崛起在黄河岸边。2006 年，胜坨镇被建设部、文化部评为全国“最适宜人居名镇”，2013 年，获“山东省产业化驱动城镇化十强镇”称号，2014 年，被评为“中国生态强镇”。

胜坨镇依托黄河、石油、工业等历史文化、革命文化和现代文化、遗址遗迹资源，发展区域特色文化旅游业。建设天宁寺文化旅游区、特色庄园和集休闲、垂钓、观光、餐饮于一体的高效生态农业示范区，拉长接齐农旅结合的产业链条，已形成一批体现黄河风情和地域特色的田园综合体和旅游景点设施，实现了旅游业的突破发展，成为镇域经济新的增长点。2013 年，胜坨镇被评为“好客山东最美乡村”“中国最美村镇”。2015 年，胜坨镇获“中国美丽乡村建设示范镇”称号。

人间净土　雪域江南[①]

如果有一双天眼俯瞰，你能发现，在中国西藏的东南部，青藏高原松花状的雪山被来自南亚大陆的一片绿色无畏楔入，从拉萨往东沿着东西向的松花羽隙，高原切割的江河河谷以及人工开辟的国道公路并行。在大片绿色与河谷交汇的地方，就是中国景观大道318国道和雅鲁藏布江及其支流尼洋河自然大通道交汇的秘境——西藏自治区林芝市委、市政府所在地八一镇。

八一镇，隶属林芝市巴宜区，地处318国道尼洋河畔，东距雅鲁藏布江与尼洋河交汇处30余千米，沿318国道西距拉萨市406千米，东距成都市1734千米，是西藏第三大城市林芝市的首府所在地。2015年，全镇面积1488.13平方千米，下辖林芝城区及11个行政村，人口近4.4万人（不含驻军）。

八一镇是中国景观大道上的明珠。1950—1954年，沿着邻近北纬30度线，从上海向西途经江苏、安徽、湖北、重庆、四川，开辟了到达西藏、全长5000多千米的中国最长国道公路——318国道，这条国道成为内地进出西藏最主要的干道。因其横跨中国东中西部，从海平面的长江口到地球之巅的珠穆朗玛峰；从中国地势的第三阶梯到第一阶梯；囊括了平原、丘陵、盆地、山地、高原景观，包含了江浙水乡文化、天府盆地文化、西藏人文和自然景观，拥有从成都平原到青藏高原高山峡谷一路的惊、险、绝、美、雄、壮的景观，因而被《中国国家地理》杂志在2006年第10期评为“中国人的景观大道”，川藏线林芝段则被许多人称为是这条中国景观大道上最美、最精彩的一段。上苍把世间美好的景色给了林芝。这里是全世界不可多得的顶级旅游资源地，八一镇周

① 选自《八一镇志》编纂委员会编：《中国名镇志丛书·八一镇志》，2018年出版。

边富集了林芝、西藏乃至中国最美的景观：世界第一大峡谷——雅鲁藏布大峡谷、中国最美山峰——南迦巴瓦峰、中国最美瀑布——藏布巴东瀑布群、中国最美森林——岗乡云杉林、中国最美冰川——米堆冰川。2005年和2007年,《中国国家地理》先后将“中国最美的地方”“十大新天府之一”“寻找世外桃源第二名”冠予林芝。

有人说“畅游西藏，从‘林’开始”，而八一镇则是林芝旅游的集散地，寻林芝美景从八一出发。

八一镇被写入意境的都是“西藏的江南”。8000万年前，一场喜马拉雅造山运动，使青藏高原由一片海洋上升为世界屋脊。青藏高原被称为世界第三极，这里是与“天堂”最近的地方。喜马拉雅山脉和念青唐古拉山脉由西向东平行伸展，东部与横断山脉对接。从南面看，喜马拉雅山脉就像是一弯硕大的新月横亘在青藏高原南部边缘，110多座高达或超过海拔7350米的山峰扶摇直上，形成东亚大陆与南亚次大陆的天然界山。这条山脉也是北半球影响空气和水大循环系统的气候大分界线，冬季它阻挡了来自北方的大陆冷空气流入印度，同时迫使西南季风在穿越山脉向北移动之前捐弃自己的大部水分，从而造成印度一侧的巨大降水量（雨雪兼有）和西藏的干燥状况。因为这条屏障，形成了西藏雪原、高山冰川的雪域景观和高寒气候。然而，在喜马拉雅山脉北坡冰雪山岭，融化的雪水沿着深谷汇流形成了一条雅鲁藏布江，由西向东从高原奔腾而下，在林芝一带绕过喜马拉雅山脉最东端的南迦巴瓦峰，呈马蹄形回转南流，经巴昔卡出中国国境，流入了印度洋。这扇向世界打开的山水之门是地球上最壮丽的景观。这条峡谷缺口为印度洋的暖湿气流向北输送打开了一条水汽大通道。顺江而上的印度洋暖流与北方寒流在念青唐古拉山脉东段一带汇合驻留，给林芝带来了热带、亚热带、温带及寒带气候并存的多种气候带。

念青唐古拉山脉南麓的雪水流淌而下形成雅鲁藏布江北部最大的支流之一尼洋河。八一镇恰恰就在尼洋河与雅鲁藏布江江河并流的西部不远处，享受着印度洋暖湿气流的浸染。虽然与拉萨几乎在同一纬度上，八一镇却有着与拉萨不同的特质，它藏在尼洋河谷中，海拔平均只有3000米，是西藏海拔较低、几乎无高原反应的地方。这里属高原温带半湿润季风气候，雨量充沛、日照充足，夏无酷暑，冬无严寒，全年气候温和宜人。得天独厚的地理位置、地形和独特的气候，使林芝成为“西藏氧吧”和生物多样性最典型的地区，堪称“生物基因库”，生态环境极其优越。林芝的森林原始景观在这里保存完好，高原挺拔的西藏古柏、喜马拉雅冷杉、植物活化石“树蕨”以及百余种杜鹃等在这里应有尽有，有着“天然的自然博物馆”“自然的绿色基因库”之称。在八一镇境内，既有6000米以上的山脉，又有西藏原始苯教推崇的雪域神山——比日神山；既有天上人间的卡定天佛瀑布和措木及日圣湖，又有世界柏树王园林与千年核桃民俗文化村；既有风光旖旎的比日神山国家森林公园，还有以展示林芝自然资源为主要内容的林芝自然博物馆。

林芝是西藏春天的地标。每年的春天，风从印度洋而来，穿过雅鲁藏布大峡谷浩浩荡荡北上，拉开西藏春天的序幕。三四月间，尼洋河两岸，成千上万棵野桃树开花，近看是无数粉红色的美丽精灵，远看像一朵朵缥缈的云。满山满谷的桃花绽放，若红云粉雾，点亮整个尼洋河谷。桃花、雪山、云雾、木屋、油菜花、青稞交织在一起，灿若云锦，宛如仙境。桃花开过，杜鹃花又开，从拉萨到林芝，沿着318国道川藏线进入林芝，连绵千米，汽车一直在铺天盖地的花海中行驶。鲜红的、粉红的、紫色的、雪白的、淡白的杜鹃花大片大片地铺满了整个山坡。待到五月，“全国处处菜花谢，林芝油菜遍地黄”。尼洋河畔的一个个村庄里，金灿灿的油菜花在雪山和蓝天白云的映衬下，开得格外绚烂。绮丽的尼洋河、雪山、经幡、油菜花在蓝天下构成一幅极其壮美的图画。“黄山归来不看岳，林芝归来不看花”。每年春天，来自全国各地的游人像候鸟一样飞来林芝，落脚八一，再去寻访中国最美的春天、中国最美的桃花。

有人称林芝市是西藏的瑞士，也有人称她是西藏的江南，林芝却远胜瑞士，远胜江南。人间至美，大抵如此。林芝就是这样一个令中国人向往的地方，八一镇就沐浴在林芝的美好光芒中。

八一镇是中国的边疆重镇。

这是一个既古老又年轻的地方。说古老，那是文化的古老；说年轻，则是城镇的年轻。在西藏，“八一”这个地名透出与整个藏区地名不同的气息。“八一”是一个与中国革命和革命军队紧密相关的词汇。作为318国道的一部分，川藏公路的前身在历史上就是川藏茶马古道。在这条茶马古道上，八一镇所在的地方原本并非要地。1950年以前，这个原名拉日嘎（也称拉巴嘎）的地方只有2座小寺庙和几户人家居住。改变拉日嘎命运的，是两件重要事件。一是1950—1954年318国道川藏公路段的建设。这条通往拉萨的公路，是内地联系西藏的交通主动脉，它将西藏与国家统一紧密相连，在军事、政治、经济、文化上都有不可替代的作用和地位。二是1951年，中央人民政府与西藏地方政府签订关于和平解放西藏办法的协议，向拉萨挺进的中国人民解放军18军

52 师师前指率 155 团及军炮兵营进驻林芝。因拉日嘎地处尼洋河畔，地势平坦，气候宜人，便于大部队集结和物资中转，这里便被作为部队休整的中转站，“拉日嘎”因此更名为“八一”，1959 年更名为“八一新村”。1960 年，在完成了西藏平叛任务后，解放军 56021 部队、56023 部队和 56019 部队开始在这里长期驻扎，并在这里开垦荒地，修建营房，修建电站。“八一”因人民军队的进驻而得名。八一镇成为名副其实的“兵城”和国防战略要地。

作为林芝的政治、经济、文化中心，八一镇又是一个年轻的城镇。20 世纪 80 年代中期前，八一镇只是林芝县八一区的区署所在地，是一个普通的集镇，面积只有 1.2 平方千米，建筑大多是 20 世纪 60 年代的木板式破旧建筑。1986 年，西藏恢复设立林芝地区行署，地区行政公署始设于八一镇，八一镇由此正式成为林芝地区的政治、经济、文化中心。1987 年，八一撤区并乡，设立新的八一镇。2005 年 10 月，民政部批准林芝县人民政府驻地由林芝镇迁至八一镇。2015 年，国务院批复同意撤销林芝地区和林芝县，设立地级林芝市。进入 80 年代后，八一镇的发展建设就肩负着国家巩固边疆和加强民族团结的战略使命。1994 年 7 月，中共中央召开第三次西藏工作座谈会，将西藏工作放在党和国家工作的重要战略地位，时任中共中央总书记、国家主席、中央军委主席江泽民指出:“西藏的稳定，涉及国家的稳定；西藏的发展，涉及国家的发展；西藏的安全，涉及国家的安全。重视西藏工作，实际上就是重视全局工作；支持西藏工作，实际上就是支持全局工作。”这次会议作出了全国支援西藏和 15 个省市“对口援藏、分片负责、定期轮换”的重大决策，确定广东和福建两省对口支援林芝地区。第六次西藏工作座谈会指出，西藏是重要的国家安全屏障，重要的生态安全屏障，重要的战略资源储备基地，重要的中华民族特色文化保护地，是面向南亚开放的重要通道，是我国同西方敌对势力和境内外敌对势力、分裂势力斗争的前沿。从 1995 年开始，广东、福建两省正式启动对西藏林芝的对口支援工作。随着国家“西部大开发”和援藏政策的实施，在中央的大力支持和广东、福建两省的大力对口援助下，经过 20 年的建设，林芝（八一）城区基础设施以及社会事业得到了长足发展，建成了电信、金融、商业、卫生、教育、毛纺、建筑等行业齐全、功能齐全的高原新城。到 2015 年，八一镇城区面积达 49.6 平方千米，共有市政道路 29 条。宽广平坦的马路两边，宾馆饭店、百货中心、展览馆和办公大楼林立，超市、快餐店、网吧、歌舞厅等内地城市有的设施这里也应有尽有。宽阔的街道、漂亮的街心花园和广场、繁华的商业街、崭新的居民小区，一切都与内地小城无异。

中共十八大后，随着习近平总书记治边稳藏重要战略思想的实施，来自全国的人流、物流、信息流汇集到林芝。作为西藏东南部的交通枢纽，八一镇逐渐成为西藏东南部最大的物资集结和商品交易中心。2015 年，随着拉萨至林芝的拉林高等级公路建成通车、川藏铁路拉萨至林芝段开工建设，大进大出的立体交通网络逐渐形成。通过 318 国道，许多大型物流直通八一镇，大部分货物从拉萨、成都甚至北京、广州、上海等地运来，满足整个林芝市的消费需求。八一镇周围各县的手工艺品及各种物资，也通过八一镇流向全国，形成“走出林芝，跑全国，卖八方”的商品流通体系。由于是广东和福建援建，八一镇的城区街道很多以广东和福建两省的城市命名，如广东路、深圳路、泉州路、福建路、中山大道、珠江广场、厦门广场、福建公园等，很多建筑都赋有鲜明沿海城市风格。街边商店的货物更是林林总总，许多商店也是广东省和福建省的个体户经营。有生意头脑的沿海人，不远万里来到西藏高原经商，及时把内地各种新奇货物带到八一镇，开阔了当地人的眼界，丰富和方便了高原人民的生活。不只是广东和福建人深度参与林芝的城市建设，融入当地的生活，藏、门巴、回、珞巴等 16 个民族的商人也遍布八一镇，普通话、四川话、甘肃话、贵州话、云南话、河南话……几乎全国各地的方言都汇集八一镇，“正宗川味”“重庆火锅”“山东水饺”等全国各地名吃与鲁朗石锅、藏香猪、牦牛肉等当地美食在八一镇实现高度融合，四川小吃店、陕西面馆、回族餐馆和藏餐馆，在八一镇随处可见。八一镇被人们称为“小香港”“小广东”“小福建”，又被冠以“西藏小深圳”“西藏小厦门”“西藏小四川”的称号。八一镇披上了五彩斑斓的文化色彩，真正成为一座有着红色基因、民族大团结、民族大融合的城镇。

八一镇也是西藏东南的文化汇集中心，是西藏重要的科教基地。除了基础性的中小学和医疗卫生设施外，1971 年起，培养西藏经济建设人才的重要基地——西藏农牧学院（今西藏大学农牧学院）设在八一镇，高原生态研究所等科研单位、解放军第 115 医院、林芝地区藏医院、藏东南文化遗产博物馆也设在这里。从西藏东部的自然、传统人文展示到现代科教文化事业中心都集中在八一镇。

林芝的旅游事业也得到较大发展。作为全国重要旅游目的地，八一镇曾获得“中国人居环境范例奖”，同时也成为林芝旅游的主要集散地。八一镇境内的世界柏树王园林、比日神山、卡定天佛瀑布、尼洋阁、尼洋河风光带、措木及日湖及林芝自然博物馆、藏东南文化遗产博物馆、千年核桃民俗文化村等景点，构成了八一镇神奇的自然风光、独特的人文景观、淳朴的民族风情。丰富的自然与民族人文资源为林芝市和八一镇发展旅游提供了条件。林芝市每年举办的雅鲁藏布江文化旅游节、林芝桃花文化旅游节享誉全国，全方位、多角度地向世界展示林芝的独特魅力。众多背包客、骑行者、驴友等游客通过徒步、搭车、自驾、火车、飞机等不同的交通工具来到八一镇，或寻梦，或找寻一份感动，感受林芝之美、西藏之美、中国之美、地球之美。

2015 年 11 月，国家发改委公布第二批国家新型城镇化综合试点地区名单，林芝市八一镇在列。在林芝市的“十三五”规划中，林芝提出了加快融入川渝经济圈、大西南经济圈和大香格里拉经济圈，促进区域经济交流合作，对接国家“一带一路”倡议，积极参加孟中印缅经济走廊和面向南亚开放大通道建设，探索实施与援藏省份共建产业合作示范园区等目标。未来的八一镇，将在国际区域合作和国防战略、西藏边疆民族社会经济建设、建设全球顶级旅游目的地等方面，发挥更大的作用。

人的一生，一定要到一次西藏，那是最接近天堂的地方。

如果到不了拉萨，一定要来一次林芝，从“八一”出发，去看一次桃花，那是人间的天堂。

江南水乡——绫绢古镇[1]

双林镇隶属浙江省湖州市南浔区，是绫绢古镇、水乡历史文化名镇。宋南渡时聚商名东商林，俗称东林村。明永乐三年（1405年），西林村兴，合东林、西林之名为双林。盛产蚕丝，尤以绫、绢著称。其后，工各居肆，百业俱备。解放后，在恢复和发展传统工业绫绢生产的同时，不断发展丝绸、服装、绢纺、针织、毛纺、粮油、食品等传统工业和不锈钢管、磨具磨料、机械标准件等特色产业。

绫绢古镇发祥于故镇东林村。唐时，乌绫上贡制御服。南宋初聚商成市，元代绫绢业发达，设肆购绢，有绢庄10座。双溪左右延袤数十里，俗皆织绢，于是四方之商贾咸集以贸易。东林、西林合镇后，绫绢业发展驰名，有“吴丝衣天下，聚于双林”之称。明中叶，塘桥港两岸绫绢机户比邻相延数十里，至明末成为丝织绫绢大镇。入清，与南浔、菱湖成为湖州三大生丝市场。各省商贾集于新、旧绢巷收购绫绢，产品以包头绢纱出名，所织双龙绫世称“倪绫”，供朝廷奏本专用。清末，有大小绢庄20余家，清至民国初经营绫绢丝绸门市48家，上海、苏州等地多设分庄，绫绢销往福建、温州、台湾等地及日本和东南亚，仅包头绢盛时销达10万余匹。民国初期，四乡有绫绢织机2000余台，几乎家家养蚕缫丝、户户织绫造绢，年产240万米以上。后因战乱遭破坏。解放后，恢复发展。20世纪90年代，常年经营30多个品种、100多种花色的绫绢，恢复发展古花绫、古耿绢。花绫、矾绢双获1994年第五届亚太地区博览会国际金奖，“汉贡”为中国著名商标和省、部优产品，古耿绢是故宫博物院修复古画专用产品。双林绫

① 选自浙江省湖州市南浔区双林镇志编纂委员会编：《中国名镇志丛书·双林镇志》，2018年出版。

绢除用于装裱书画、绘画书写以及制作风筝、信封、绢扇、屏风、宫灯、锦盒等，还用作现代装饰材料，产品销往全国，出口美国、德国、日本、韩国及东南亚各国。2014年，产销近1000万米。

双林民间文化，凸显于蚕丝绫绢文化，渗透于地方风土民情。与此并行，凸显于戏迷文化、石桥文化、书画文化、民间文艺等。戏迷文化，可用谚语“游过三十六码头，难过双林塘桥头，过了双林塘桥头，还有花城排篓头”一言以蔽之。石桥文化，以全国重点文物保护单位双林三桥和省级文物保护单位明溪塘桥、埭溪塘桥、永安桥3座七孔石梁桥及诸多古石桥为代表。书画文化，则以墨河画苑、费新我纪念馆及诸多书画社团为代表。民间文艺，以国家级非物质文化遗产绫绢织造技艺领衔，更广泛涵盖民间文学、音乐、曲艺、技艺、美术等各方面。

双林风土民情，除上述民间传统文化诸项，还极富土产、风物，并以习俗和方言与之交融。风物如双林特产板羊肉、姑嫂饼、子孙糕、八珍糕等。板羊肉雅名“琼脂白板羊肉”，系清同治年间（1862—1874年）双林著名酒楼“金胜叙”馆所创，北方白烧羊肉与本地湖羊肉制作工艺珠联璧合，唯双林独有。姑嫂饼、子孙糕，其名富有人情味，其中姑嫂饼是清光绪六年（1880年）所创百年老店“沈德大”特产。这些都是千年绫绢古镇双林风土的结晶。另有春社乡戏、蚕谣织歌，更是双林一方水土所孕育。

双林名胜古迹，以古石桥最显要，尤以双林三桥、旧馆塘三桥、大小虹桥最著名。双林三桥，化成桥居中，东为万元桥，西为万魁桥，在不足400米的双林塘上连跨3座元明时期的三孔石拱桥，世所罕见，不仅是双林镇之胜，还是湖州市乃至江左形胜，是全国重点文物保护单位。旧馆塘三桥，包括明溪塘桥、埭溪塘桥、永安桥3座七孔石梁桥，自北而南依次东西跨镇之西境旧馆塘。大小虹桥，即虹桥与望月桥，有著名胜景“虹桥望月”。其次是山水庭园名胜双溪织旋漾、墨浪河、盛林山、还金亭、庆苑公园等，为双林名胜佳处。而水镜寺、文昌阁、东岳庙等，又使之成为一方名胜。

双林自古重学业科举。历史上状元有清代严我斯、陆肯堂2人。明、清两代，尤其清乾隆三十八年（1773年）后科第代兴，元、明、清三代出进士25人，明、清两代另有75人中举，清代出状元2人。科第既盛，名人尤多。民国《双林镇志》立传360人，其后名人更是辈出。于是，秀民笔下风雅，诚代代文风流畅，文章流传。明万历年间（1573—1620年），陈所志首开编修镇志先河，且以《双林赋》传世。以降代有闻人修志，旧修新纂凡16种。前人谓“志者，记也”，镇志纳一镇地理风物、人文事绩，同时收入大量艺文著目与作品，已成洋洋大观。碑记、文存再现双林历史人文风貌。清代凌一飞原唱及诸诗人唱和的《双溪八景》和《东林十二景》、沈澜的《双溪渔唱》百首、姚文泰的《双溪棹歌》等，歌咏双林地方人文掌故。本志还选录历代楹联和当代诗词，亦足以美双林形胜，壮双林文气。

双林镇人民政府划定双林三桥及港北埭、金锁埭、虹桥口等地段面积约 0.3 平方千米为保护区，内有各级文物保护项目，约占全镇的 40%。其中，镇区北部双林塘三桥及东岳庙、水镜寺、石漾和风光漾地块面积最大，东部虹桥片区以虹桥望月为代表景观，西部港北埭片区包括木匠埭、竹�弄为古镇整体风貌保存完整片区，中部市河片区体现传统水乡商埠和民居。

双林“自嘉庆至咸丰尤称富庶，科甲振兴，名宦名儒辈出，琏市巡检移扎其地”。[①]2005 年，入选由国家统计局公布的全国小城镇综合发展水平千强镇，名列全国第 329 位、浙江省第 80 位。2009 年，入选浙江省综合实力百强乡镇，名列第 68 位，也是浙江省首批小城镇综合改革试点镇、首批教育强镇、湖州市十大经济强镇之一。2013 年 9 月，申报浙江省文化强镇，经验收通过。2014 年 8 月，申报浙江省历史文化名镇，经验收通过。已故双林籍著名书画家费新我七古诗《双绫颂》有句云:“云游四海壁间赏，必有双绫在其侧。顿起乡思及吾居，故新门户绫相结。绫飘大地镇骄傲，绫我关联岂可默。”双林镇理应骄傲，双林镇岂可默。

① 清同治《湖州府志》卷二十二。

名驿来凤 ①

重庆市璧山区来凤街道，位于璧山区南部，地处成渝经济带腹心，毗邻重庆主城。东距重庆市区 27 千米，西距成都 250 千米，北距璧山 19 千米。扼渝西之咽喉，乃川东之锁钥。境内有成渝高速公路、九永高速公路、国道 108 线，西距成渝高铁（成渝客运专线）璧山站 11 千米，交通便利。总面积 44.48 平方千米。2016 年年末，户籍人口 35832 人。缙云山逶迤于东，璧南河穿越全境。森林面积 833.33 公顷。春夏秋冬四季分明，年平均气温 17.9℃，属长江上游亚热带湿润气候。全域谷平丘浅、土地肥沃、山清水秀、景色宜人，堪称一颗亮丽的巴渝明珠。

一

千百年来，来凤驿的名声，在巴蜀大地的成渝古道上，几乎是家喻户晓、妇孺皆知。

来凤驿是伴随成渝古道而肇兴的。成渝古道俗称“东大路”（或“东大道”），发轫于三国烽烟，形成于唐宋之际，明清时期则为官方驿路、省府通衢，是沟通巴蜀最重要的陆路干道。

来凤驿，早在蜀汉时期因水陆交会之利便形成了集市，至宋代已成为巴蜀著名的草市镇之一。宋《元丰九域志》载：“璧山，州西一百里，三乡、双溪、多昆、含谷、王

① 选自重庆市璧山区来凤街道志编纂委员会编：《中国名镇志丛书 · 来凤街道志》，2018 年出版。

来、依来五镇。”清乾隆《璧山县志·山川》载:“王来山，县东南五十八里。宋王来镇，盖在其下。”王来镇，即今之来凤驿。

来凤设驿，当始于唐宋之际。据史料记载，到了唐代，扼三峡峡口、融两江交汇的重庆，战略地位不断攀升，向西的成渝古道和向南的川黔古道相继开通。至此，重庆也形成了东、西、南、北四条古道的驿路格局。经历了南宋时期的撤州置府，重庆逐渐发展成为一座区域中心城市。明清时期，通往四个方向的四条古道不断地完善发展，线路逐渐固定，古道上桥梁、牌坊星罗棋布，驿站、塘铺遍地都是。千里东大路上，来凤驿与龙泉驿、双凤驿、白市驿被誉为“四大名驿”，宛若璀璨明珠镶嵌其间。据清乾隆《璧山县志》记载，明代有来凤驿公馆，设驿丞，馆内存有古迹“驿站马碣”。而明隆庆五年（1571 年），改置巴县土沱、黔江黔南、綦江白渡三驿时，“又比照璧山县添设来凤驿接应规则”（清乾隆《巴县志》）。清代重庆知府王梦庚《咏璧山县来凤驿诗》:“古驿苍茫落照西，临邛凤羽漫称奇。”在诗人的眼里，即使是素有“临邛自古称繁庶，天府南来第一州”美誉，传诵过卓文君与司马相如《凤求凰》动人爱情故事的临邛古城，也不足以与这落照苍茫的来凤古驿媲美。

来凤驿的闻名还与其独特的地理环境有关。由重庆佛图关往西，经白市驿到来凤驿，有缙云山的阻隔，数十里崎岖山道的辛劳，拖木槽老关口的艰险。民国《巴县志》载:“西山由南北迤入县境者为老关口，界三县，旧为成渝孔道，重庆第一关。其东山麓曰牛厂。度岭而西，为拖木槽，隶璧山。自东徂西凡三十里，而其中复怀山涵阜。亦间得畎亩，峻阪上下，或行地底，或陟云端，岩石峭，与苍松峙立。山顶敞可数弓，于此置关，游目东西，望极百里。从来守是隘者，皆未尝摧陷。今马路辟通，关遂失险。”旧时，官员、客商、马帮、挑夫通过“东大路”往返重庆和成都，单程需要 14 天左右。在这个过程中，西去的客商翻山越岭之后必须在来凤驿打尖歇息，对于东来的商人，来凤驿则是他们留宿的最后一个驿站，而过往官差、商旅、邮传人员，也以来凤驿作为歇息食宿、交接换班和马匹饮水上料的理想之地。如时任四川正考官的孙毓汶，于清同治六年（1867 年）写下的《蜀游日记》所言，“将至来凤驿，峰回路转，见东北一带，巴山高矗如屏，夕阳在山，黛色金光，绵亘无际，舆人指东面一峰云：明晨须越此，即入巴县界；午后再越一最高峰，即见大江，到重庆府城”“自发来凤驿，不数里即拾级而上，近十里至山顶，竹树蓊郁，泉流清澈，颇类大竹之黄泥榆。山顶累石为门，上书‘老关口’字，过此门即盘山而下，东面蜿蜒如长蛇，苍茫不断，即巴峡山阴也”。加之长江二级支流璧南河自北向南流经来凤，老街便分布在跨璧南河的古道两侧。地处水陆要冲的来凤驿，相比于“东大路”上其他因古道而兴起的中心城镇，交通上具有更大优势。这也是来凤能成为成渝“东大路”上“四大名驿”之一的重要原因。

二

来凤驿因水陆交会、商贾云集，铸就了工商业的兴盛与繁荣。

来凤土布，从清光绪年间（1875—1908 年）至民国后期，都曾独步一方，成为整个璧山甚至重庆的一张名片。大约在光绪十六年（1890 年），来凤驿就出现了经营纱布的“巨元通”“同昌永”“泰顺乾”“福盛裕”等几家开拓者。继后，如蒋义顺、龙正顺、曾兴太等一批商人，便是背“件件布”跑永宁、宜宾及贵州各地起家的杰出代表；王用之、王元太兄弟二人则为以办窄布发家的典型商贩。到了 1915 年，在来凤驿开号经营土布的商铺已有 30 多家，纷纷在外地的永宁、宜宾、古蔺及贵州的毕节、新场、温水等城设庄。

盐糖运销，是来凤驿商业兴盛的另一张名片。古时的川渝盐糖运输路线有两条：一条由自贡将盐经石板大路运至内江，再由内江将盐糖沿着成渝驿道直接运至来凤；另一条路，则是将盐糖从产地交木船由沱江转长江运至江津县中渡街，再由中渡街交人畜力翻山越岭运至来凤。可见，来凤驿是川渝盐糖运销的重要集散地之一。由于运输人畜的增加也带来了沿途旅栈业的兴盛。那时来凤镇东、西场口的驿道两旁，到处是土木建筑的栈房。这些栈房主要是供给客商和力夫的食宿旅店，有的还是盐糖堆栈或是拴喂牲口的牛棚厩。有“正昌”“顺昌”“德盛”“联益”等多家商号经营盐塘，有名的商人如自贡的雷显文、晏克谦、刘仲鹏和来凤驿的傅森林、谢仲光等。

天福碗厂，于咸丰四年（1854 年）由曾成之在来凤石龙场古石桥开办，迄今已有 160 多年的历史。宣统年间（1909—1911 年），新民碗厂聘请江西瓷工黄道尹后，改土粗碗为红花碗，时销江津县，远售陕西、甘肃、宁夏、青海等地。璧山碗的声誉便与日俱增。由于这里土质良好，烧出的碗质量好，且印有一个“天”字图记，所以被人称为“天字碗”，备受大家欢迎。

“天生元”药号，系黄岐生、黄楚九兄弟在来凤驿翰林院创办，以生产“仍丹”等药品为主。为方便外地客商进货，他们还在来凤驿东街建“广川号”药号，并在重庆商业场（今渝中区解放碑）设“天生元”总行。

来凤人邹海全和李祥云等，于1926年前后租用离来凤场镇东南2.5千米的天德村王家祠堂，办起了璧山历史上第一家玻璃厂。主要生产荷叶灯的罩子、油包、荷叶盘以及其他各种模式的玻璃瓶、杯等器皿。

曾几何时，来凤驿客栈商铺鳞次栉比，茶楼酒肆旌旗招展。“喜看新酿村酤熟，遥矗青帘处处齐”（王梦庚《咏璧山县来凤驿诗》），便是当年来凤驿的生动写照。

三

来凤驿，依山傍水，既有巴地峥嵘苍茫的雄浑，也有小桥流水人家的温润，真可谓钟灵毓秀。邑人何增元，嘉庆乙丑年（1805年）科进士钦点翰林，“分刑部主事，旋考军机章京，充方略馆总裁，总办秋审，尝扈跸热河、盛京等处”。刘宇昌，嘉庆己卯年（1819年）科进士钦点翰林，历官三十年，“橐无余金，室无私蓄”，道光二十六年（1846年）撰来凤何氏百岁坊序。王倬，道光十二年（1832年）进士钦点翰林，曾任湖北、山西多地知县，名列翰苑，为官清廉，道德文章，世人称颂。

相传五代时，后蜀孟知祥、孟昶皆曾携眷到此游玩，“王来”之名也由此而得。来凤民间至今还流传着元成宗铁穆耳在驿馆娶“一天妃子”的凄美故事。自古诗人多情种，从来名士尚风流。唐代窦巩由蜀赴渝，在来凤驿写下“黄金赎得免刀痕，闻道鸟禽亦感恩。好去长江千万里，不须辛苦上龙门”（《放鱼》）的述怀之作。南宋郭印曾任铜梁县令，与璧山状元冯时行等交游，于来凤驿作《池萍》诗：“杨花撩乱几时休，看取明朝水上浮。凝绿满池浑不动，微波忽绽见鱼游。”明人龚懋熙有《再经来凤驿》：“桥临古驿忆童嬉，夹岸飞花竟踏泥。成毁当年曾再见，沧桑此日又重题。山溪早晚云仍在，故旧池台影未移。怜尔遗氓归既得，一回触目一兴咨。”清末，翰林院检讨王闿运曾客来凤驿：“又二十里，宿来凤驿，璧山地，驿屋净爽可居，驿前即傅总兵弃甲处也。有百五岁翁刘尚贤来见，长子拔贡生，耳不甚听，行步尚可。云日啜粥二碗，有子七人，孙三十余人，曾元则不能记数。督府贻袍褂料，问其生年，云乾隆四十一年，则百八岁矣。夜雨早眠，钞书一页，补前半页。”（《湘绮楼日记》）民国初讨袁兵兴，陈先沅力阻溃军扰民自戕殉国，但懋辛资遣讨袁官兵回乡，刘伯承攻打来凤商团。继后川军混战，刘文辉以重庆卫戍司令名义驻守老关口，邓锡侯率部对峙来凤驿。

特别是抗战期间，来凤驿真可谓名流际会，结缘古驿，或办学课徒，或拜访师友，或实验乡建，或打尖投宿。梁漱溟于来凤驿创办私立勉仁中学校；熊十力避难来凤驿期间增订哲学著作《十力语要》；陶行知引导来凤驿的一群苦孩子读书；黄炎培宿来凤驿站特约食堂楼上留下散文诗《来凤驿》；程沧作千字讽刺小说《来凤驿》，写出了战争时期的人心流变。如今，老关口古驿道、何氏百岁坊、王翰林府、来凤凉桥等俱在，它们无声地见证着来凤古驿历史的烟云与风霜。

温榆河畔科学城[1]

因河而生的古镇

温榆河，北运河的上源，主要发源于昌平、海淀山丘地区，是唯一发源于北京境内的天然河流。历史上，温榆河水量充沛，是农田灌溉和水上运输的大动脉，养育了两岸的村民百姓，至今北七家镇的一些村名仍与温榆河息息相关。曹碾村北临温榆河，因从天津、通州运来的稻米通过温榆河漕运停靠在村边，于村里用石碾去壳后，再运往守陵官兵处而得名。沟自头村，清代成村，初称沟子头，村名来源于其地理位置，村西有一条小溪流经数十村域，由村西北流入温榆河，因而得名沟自头。西沙各庄地处温榆河冲积平原，地势西高东低，从村西北至村东南一线分布着古河床被风吹移沉积而成的沙丘，因土壤性质及相对沙丘位置得名西沙各庄。

由于温榆河上游是扼守北京北部地区的水路交通要冲，便成了辽、金、元、明、清5个朝代帝王“北巡”的必经之路，因此沿河两岸，留有不少驿馆、驿站、码头遗迹。据清史专家考证，康熙五十七年（1718年），皇帝下令在郑各庄兴建行宫与王府，雍正元年（1723年），理郡王弘皙迁往王府居住；因郑家庄马房仓和行宫王府的存在，顺天府在郑各庄建漕运码头和御码头。御码头见证了康熙乘船渡河，前往小汤山温泉和承德避暑山庄的历史。

温榆河天然沙底，水质晶莹剔透，素有“丈水见底”之说。水草旺盛，鱼虾成群，

---

① 选自北京市昌平区北七家镇志编纂委员会编：《中国名镇志丛书·北七家镇志》，2019年出版。

栖息白鹭、野鸭、翠鸟等多种水鸟，每逢初冬初春，常有天鹅光顾。两岸民众常到河里捕鱼，渔夫则以捕鱼为生。夏季则为人们消暑纳凉、戏水娱乐的天然浴场。人们在岸边劳作时，饮河水解渴。直到20世纪60年代前，定居在河道南岸的郑各庄李姓人家仍然靠摆渡为生，取河水做炊、洗涮、浇园。

温榆河两岸的土壤大部分为冲积物潮土或潮褐土，肥力较好，因而农业一直比较发达，粮食作物以小麦、玉米为主，蔬菜、果品种类较多，养殖业以猪、奶牛和禽蛋为主，曾经是北京的“菜篮子”。清朝时八仙庄村西北就有一片梨树园，所产的梨品种多、质量好，曾上过人民大会堂国宴。

一方水土养一方人。在温榆河水的滋润哺育下，北七家英雄辈出。无论是在抗日战争前线，还是在解放战争的残酷岁月，英勇的北七家人为了民族独立和人民解放，进行了不屈不挠的斗争，涌现出一批以刘聚奎、刘万昌、曹振国等为代表的英烈。中华人民共和国成立后，北七家人热情高涨地投身到社会主义建设中，涌现出一批劳动模范、先进人物、时代标兵，他们用实际行动诠释了北七家精神，也书写了这个城镇发展的传奇。

拔地而起的小城镇

作为传统的农业区，北七家长期以来产业结构单一，基础设施建设滞后，乡村面貌变化不大。改革开放以后，依托优越的地理环境，借力北京快速发展的东风，北七家在京郊率先启动城镇化进程。20世纪90年代，一批住宅项目开始兴建，拉开了房地产业快速发展的序幕。此后，许多房地产项目陆续跟进，出现了八仙新村、桃园公寓等房地产项目，北七家镇成为京郊拥有房地产项目最多、建筑面积最大的乡镇之一。

1999年，北七家镇被列为全国小城镇综合改革试点镇，开始编制《北京市昌平区北七家镇总体规划（2002—2010年）》。该规划明确了北七家镇镇域范围、城镇性质、发展优势、发展目标、发展模式、建设目标、发展战略等内容。规划得到首都规划建设委员会办公室批复后，北七家镇开始大力推进基础设施建设，在水电供应方面，建设集中供水厂和变电站，基本满足了人口激增对用水用电的需要；在供气供热方面，建设集中供热厂和大市政天然气工程，多数村实现天然气下乡。在道路交通建设方面，连接京承高速公路、机场北线高速公路和地铁5号线，方便了村（居）民出行。

小城镇建设带动公共服务设施更趋完善。随着北七家中学、北京王府学校、北京邮电大学宏福校区、中央戏剧学院昌平校区等相继完工，燕丹乡卫生院、王府中西医结合医院、社区卫生服务中心先后落成，教育医疗等公共服务条件得到明显改善。文化站、图书馆在各村、社区普遍建立，镇文化服务中心、镇图书馆、镇文化科技活动中心建成，进一步丰富了北七家镇的文化氛围。敬老院、福利院、温馨家园相继建成并投入使用，特别是金手杖养老公寓和北京汇晨老年公寓的建成使用，提升了养老服务的水平和层次。

2005 年以后，房地产业逐步转向以旧村改造和政策房、保障性住房为主的发展道路。各村把旧村改造和房地产开发结合起来，利用房地产开发推动旧村改造。有的村建设劳动力安置用房、公共租赁住房等保障性住房。其中海落村开展的集体土地建设租赁房试点，是全国首个由村集体出资、在农村集体建设用地上建设的租赁房试点项目。北七家镇作为乡镇统筹利用集体产业用地试点，试点实施周期为 4 年，旨在探索农村集体产业用地规划统筹、利用统筹、资金统筹和利益统筹的途径和机制，实现农村集体产业用地依法合规和集约节约利用。其中，白庙、东沙各庄、燕丹等 6 个村为乡镇统筹利用集体产业用地试点。在拆迁改造过程中，各村普遍重视村民就业安置，解决好村民退休养老问题，同时兼顾公共服务用房，较好地协调处理了集体、村民、企业三方的利益关系，得到了广大村民的拥护和支持。

横跨温榆河的未来新城

在北京城市不断向外围扩展的背景下，北七家镇凭借优越的地理位置、丰富的空间资源，相对低廉的土地成本，吸引了大批企业入驻，其中也包括一些低端产业。在北京市加大对建设用地增量管控力度和产业结构优化调整的大背景下，北七家镇积极落实北京市、昌平区关于淘汰低端产业、严控新增产业等部署，以“稳增长、转方式、调结构”为核心，不再片面追求 GDP 增速，更加注重高端产业培育和绿色发展，扎实推进新要素、新业态落地，保持了经济平稳增长和持续优化。

在产业结构上，积极引进高端产业项目和创新创意业态，基本形成了以科技商务和文化创意为引领、生活性服务业为支撑的高端产业体系。七北路沿线的生物医药、科技商务等高新技术产业以及稻香村、亚运村汽车交易市场、宏福孵化器等知名企业（机构）发展势头强劲；以温都水城、拉斐特城堡、宝隆艺术区等为代表的多元文创品牌效应初步形成，文化产业软实力逐步显现，推动服务业快速发展。在空间结构上，坚持东中西部互动化、互补化发展，基本形成了以立汤路为中心轴，以东部高品质未来科学城南区、西部 TBD 云集中心和宏福创业园为构架的组团式发展格局，重点功能区的带动效应和品牌效应凸显。

2009 年年初，北京未来科学城的建设，成为北七家镇经济转型腾飞的标志。北京未来科学城位于昌平区东南部，东距首都机场仅 10 千米，是北京建设全国科技创新中心“三城一区”的重要组成部分，在政策支持上，享受中关村国家自主创新示范区和国家级人才特区的各项政策。2009 年下半年，未来科学城隆重奠基，中粮集团、中国铝业、中国华能、中国建材、中国电信、中国电子、中国海油、兵器装备、国家电投等央企入驻。在节能环保、新一代信息技术、生物、高端装备制造、新能源、新材料和新能源汽车等战略性新兴领域，建设一批前沿科技研发机构，引进“千人计划”专家，形成一批研发成果。

温榆河畔旧貌换新颜

20 世纪 70 年代初，温榆河两岸陆续出现了一批生产企业及居住小区，生产、生活污水经排水干渠汇入温榆河，使河水遭受严重污染。20 世纪 90 年代初，河里的水草以及鱼、虾、鳖、蟹、蛙等水生物种逐渐灭绝，鲜有鸟类栖息，温榆河美丽不在。为了让温榆河水还清，强制关闭了沿岸排污企业，扼制采挖沙石行为，实施平整河底、碎石加固护坡、堤岸绿化等治理工程。特别是河长制建立以来，各排水干渠与温榆河交汇处装配了污水处理设施，启动黑臭水治理工程，河水去黑消臭，水质明显好转，适合水草鱼虾生长及鸟类栖息繁育的环境正在形成，温榆河开始有大量候鸟栖息。

北七家镇按照“生产发展、生活宽裕、乡风文明、村容整洁、管理民主”的总体要求，加快新农村建设步伐，实现了农村生产生活面貌的根本性改善。从 1995 年开始，部分村就开始试行旧村改造，其中郑各庄村因“主动城镇化”引起国内外关注。如今的郑各庄村，家家户户住进新房，建立了社区幼儿园、中小学校、成人学校、老年活动中心、图书馆等配套设施，中央戏剧学院、农业银行、邮局等单位入驻。国家 AAAA 级旅游景区温都水城以优美的自然环境和完备的设施建设，吸引着各式会展活动在此举行。2008年8月7日，第29届夏季奥林匹克运动会火炬接力传递在郑各庄村传递点举行，进一步提升了郑各庄村的知名度和影响力。

滨水公园依温榆河而建，总占地面积达3.14平方千米，林木覆盖率达83.7%。公园包含山水园、林景园、创想园和智汇园4个风格迥异的园区，每个园区都发挥着不同的功能。公园景色四季宜人，有湖泊、山石瀑布、湿地栈道、海棠苑等景观。

北七家镇在城镇化进程中，拆违控违、生态建设和环境整治任务繁重；人口规模调控和服务管理压力日益增大，破解人口资源环境矛盾还需付出艰苦努力；基础设施建设等公共服务供给不足，还不能很好地满足群众期盼等矛盾和问题。随着城镇化进程和功能疏解，这些矛盾和问题将会逐步得到解决，北七家镇的未来充满生机和希望。

博览天下　独占鳌头①

每年3—4月，大地春意盎然，莺飞草长。万泉河畔，南海之滨，田洋沃野，青青稻浪。来自亚洲各国的国家元首、政府首脑、商业巨子、学者名宿，从世界各地如期而至，全球电视、报刊、网络等各类媒体纷纷聚焦海南岛东部这个博鳌小镇，博鳌亚洲论坛年会在这里如期举行。

曾几何时，博鳌与海南众多普通小镇一样，一个滨海田园小镇，几条街道，人口稀少不过万数，人们日出而作，日落而息，耕读牧渔，悠闲而孤寂，宁静而清贫。无论是在海南地图上，还是在海南人的印象中，那只是南海边一个寂静的小渔镇。自从博鳌成为国际会议组织——博鳌亚洲论坛永久性会址所在地，这座小镇得到世人的瞩目。

博鳌面朝南海，不仅山水奇秀，还蕴藏着丰富的历史文化遗产。三江在这里相汇奔流入海，三岛相望，三岭环抱；600多年古乐城、200年的十柱宅、300年的古井、海南侨乡第一宅“蔡家宅”、泉水清澈如镜的木龙神井和万年安泉、香火旺盛的城隍庙等景观至今保存完好；赛龙舟、闹元宵、赛肥鸡、舞狮、打八音等民间民俗文化丰富多彩。

“博”者，大也，多也；“鳌”，古代传说为龙之九子，又泛指鱼虾蟹贝等海产品。这里是一个物产汇聚之地，也是三江财源广进之地。或从字面意译，或翻出志书史料引经据典，或搜集民间传说，人们更愿赋予它“博览天下，独占鳌头”之意。

博鳌的历史文化，最早可以追溯至新石器时期。在博鳌留客村的万泉河岸边，当地村民常捡拾到一些新石器时代的器物，据有关部门测定其文化遗存层有0.5米以上。据

① 选自海南省琼海市博鳌镇志编纂委员会编:《中国名镇志丛书·博鳌镇志》，2019年出版。

史载，博鳌一地自隶属珠崖郡玳瑁县始，至今已有2000多年历史。唐贞观十三年（639年），析置容琼县，博鳌隶属容琼县。唐显庆五年（660年），始置乐会县，县治驻今烟塘镇，元代移至今潭门镇调澜村。元大德四年（1300年），县治迁驻今博鳌乐城岛。此后，博鳌一直隶属于乐会县。1958年12月，乐会、琼东、万宁的一部分合并为琼海县，博鳌隶属琼海县；1992年，琼海撤县设市，博鳌为琼海市辖镇。2002年，乡镇撤并，朝阳乡和九曲江乡部分村划归博鳌镇，至此博鳌行政区域扩大，镇域也基本稳定下来，是历史上面积最大的时期。

“博敖（鳌）”二字最早出现于明代地方志书。博鳌早期先为浦，后有港，以港名为镇名。宋时，博鳌周边形成了渔民的聚居地。明正德六年（1511年）唐胄主纂的《正德琼台志》载，明朝以前，疍民就聚居于县城乐会东部，并建立了“博敖浦”，属莫村都。地理位置优越，水陆交通便利，每年清明节后，来自岛内外的渔船云集于此。清康熙八年（1669年）本《乐会县志》载，宋天圣元年（1023年），乡人在“博敖港口”建三江庙。自清中叶以来，博鳌已成为海南东海岸一个重要的渔港和沟通海内外的交通贸易口岸，大量的土特产通过博鳌港输出海南；同时，南洋、香港、澳门等地的煤油、陶瓷、铁制农具等，也从博鳌扩散到海南各地。

博鳌连接着万泉河、九曲江的黄金水道，以及连通南海，作为海上丝绸之路支点港口之一，商贸流通经年不断。成千上万的海南人通过万泉河顺流而下，从博鳌港出海，奔向世界各地。博鳌的村落几乎都有华侨，侨村占全镇85%；涌现出蔡家德、蔡家森、何遴书、何达奇、黄培茂、冯标干等华侨知名人物。

由北而下的中原文化、万泉河畔的农耕文化、海岛文化以及南洋文化，在博鳌和谐相处，兼容并包，相得益彰。

解放前的博鳌，只是一个小小的渔港，乡村落后，房屋破旧，偶尔有一些中西合璧的华侨民居建筑掩映于椰林绿树之中，已多是人去楼空。解放初期的博鳌，也并没有太大的变化。1973年14号强台风从博鳌登陆，屋毁人亡，遭受了巨大损失。在党和人民政府大力支持下，一个新的滨海小镇很快又在博鳌港边建设起来。

1988年，海南特区建设如火如荼，博鳌这块未开垦的处女地上，有山、有海、有河、有岛、有沙滩、有椰林，房地产开发商蜂拥而至。1992年12月，以博鳌万泉河入海口为中心的万泉河口滨海旅游开发区获批，搭上了建省初期开发热潮的“末班车”，博鳌小镇迎来了第一次旅游开发机遇。然而，随着海南房地产泡沫的破灭，仅开发了一年多的博鳌又复归平静。

万泉河自西而东奔流从博鳌入南海，一路来泥沙俱下，在这里下沉、积淀，逐渐形成了万泉河冲积的三角洲平原；而南海潮汐反推作用力，经年累月将淤泥沉沙逐渐推高，在入海口又形成了诸多沙洲。集江、河、湖、海、山麓、岛屿于一体，集椰林、沙滩、奇石、温泉、田园的资源于一身。玉带滩，如一条玉带横亘于万泉河与南海之间，以“分隔海、河最狭窄的沙滩半岛”之名载入“大世界基尼斯之最”。

1997 年 7 月，一些政要前来博鳌挥杆高尔夫，博鳌的天生丽质在他们眼前一亮，让他们赞叹不已。这些见多识广的政治家被博鳌的美景深深吸引，并萌发了在此建立一个能深化亚洲各国之间交流、协调与合作的对话平台的构想。

1998 年 9 月，菲律宾前总统拉莫斯、澳大利亚前总理霍克、日本前首相细川护熙发起倡议，成立一个类似达沃斯“世界经济论坛”的“亚洲论坛”。亚洲论坛的概念获得了有关各国的一致认同。中国政府一贯重视和支持多层次、多渠道、多形式的地区合作与对话，认为论坛的成立有利于亚洲地区国家间增进了解、扩大信任和加强合作。此后，中国政府批准在海南成立论坛。海南省在中央政府的支持下，加大对博鳌建设投入力度，博鳌的开发热潮真正拉开序幕。

2001 年 2 月 27 日，国家主席江泽民在博鳌亚洲论坛成立大会上宣告博鳌是论坛的永久所在地。自此，博鳌城镇开发建设不断扩大，人口增多，基础设施建设不断完善，“五网”建设迅速。街道干净，邮电、通信、银行、医院、超市、学校等一应俱全。与此同时，博鳌镇服务水平不断提升，部分功能配套按照国际化标准建设。建成博鳌亚洲论坛大酒店、博鳌国宾馆、金海岸酒店等 30 多家高档酒店，交通标识和地域标识均采用中英文双语制作，博鳌机场顺利建成投入运营。博鳌乐城国际医疗旅游先行区作为中国第一家以国际医疗旅游服务、低碳生态社区和国际组织聚集为主要内容的国家级开发园区，共有 24 个项目引进美国等多个国家的技术合作方，吸引外资总投资约 60 亿元。博鳌企业家论坛、美丽乡村博鳌国际峰会、世界医疗旅游与全球健康大会等 29 个大型会议，在博鳌亚洲论坛会址定期召开。2014 年，中国公共外交协会、海南省外事侨务办公室及琼海市政府在博鳌亚洲论坛签署三方战略合作框架意向书，共建博鳌公共外交基地。

博鳌亚洲论坛的成功，让海南坚定了走以旅游业为龙头的现代化服务业发展之路，催生了建设国际旅游岛的发展思路，进而上升为国家战略。博鳌亚洲论坛每年都有大批政商名流前往参会，不断为博鳌注入国际化元素。借助博鳌亚洲论坛的平台作用，放大论坛的辐射效应，海南通过博鳌更加坚定了绿色崛起的决心。随着乡村休闲游新业态的兴起，博鳌从渔农小镇向以会议和旅游业为龙头引领的风情小镇转变。博鳌镇大力推进美丽乡村建设，全力推进全域旅游，游客纷至沓来，成为“全国建设美丽宜居示范镇”“全国特色景观旅游名镇”。

2017 年 4 月以来，琼海市贯彻落实中央决策精神，按照省委、省政府部署安排，全力打造博鳌国际田园小镇，在充分保持和展现博鳌小镇田园风光特色的同时，探索本地化和国际化相互融合，打造“国际会都”，依托博鳌乐城国际医疗旅游先行区，加快发展国际医疗旅游健康产业，打造业内顶尖的“超级医院”，吸引国际游客到博鳌接受医疗服务、养生旅游，不断提升博鳌田园小镇的国际化软实力。

如今的博鳌，已不仅仅是海南的博鳌和中国的博鳌，还是亚洲的博鳌乃至世界的博鳌。这里已成为多元文化温暖的落脚点，成为具有开放意识、国际元素、独特风情的精神家园。如今走在博鳌小镇上，人们既能感受到国家公共外交基地的“国际范儿”，又能体会着田园小镇浓浓“乡愁”，是一座让人们忍不住要驻足流连的美丽小镇。它正以一个崭新的面貌呈现在世人面前。

琼州门户　珠崖重镇[①]

老城镇位于海南省澄迈县东北部，东邻省会海口市，西与大丰农场交界，北临琼州海峡、与雷州半岛隔海相望，南与金江、永发两镇接壤。自隋大业三年（607 年）澄迈立县治于此，至清光绪二十一年（1895 年）县治迁往金江，老城作为澄迈县城有千余年之久。古代老城能够成为澄迈县治首选之地，是因为它具备区位和人文两大优势：一是山丘大海河流交汇于此，可耕可渔，物产富饶，又是海运的重要口岸，得交通之便利；二是既毗邻郡治，又扼大陆渡海入琼要道，得风气之先。凭借着这些优势，老城发展成为一个人文荟萃的胜地。改革开放以来，老城成为工业发达的海南经济重镇、“一带一路”建设的重要战略节点；老城环境条件优越，也是宜居宜游的长寿之乡。

琼岛门户

海南北部的老城石湾是天然良港。西汉元封元年（前 110 年），汉代在海南设置儋耳、珠崖两郡，海南正式归入了中国的版图，石湾从此担负起祖国大陆门户的历史使命。据清康熙十一年（1672 年）《澄迈县志》记载，此港湾“外会海潮，上接西峰、沙地、滳滚、稍阳四水。港口两岸环抱，障海窝风，凡贾人巨舰，湾泊于此”。康熙四十九年（1710 年）《澄迈县志》记载：“县治通潮门外，北去三里许为大海。东渡半日抵琼山白沙港及文昌铺前；自东北一日可至徐闻麻鞋港，三日至吴川，六七日可通省会（指广州）；又西北三日至钦州、廉州；东南通占城（今越南中南部）；西渡半日，抵临

① 选自海南省澄迈县老城镇志编纂委员会编：《中国名镇志丛书·老城镇志》，2019 年出版。

高博浦港；西南二三日可至儋、昌、崖、感等处。”石湾水路皆通岛内，老城成了由大陆入琼的一处具有战略意义的重要门户。直到宋代，还是琼岛和大陆来往通商最主要的港口。

从大革命时期到解放战争时期，在中国共产党的领导下，革命武装坚持奋战孤岛23年红旗不倒，老城始终是琼崖革命老区。土地革命时期，老城镇马村人马白山成立中共党支部，担任支部书记，率众投入革命斗争。抗日战争时期，白马山担任琼崖抗日独立队副队长兼任西路总指挥，英勇抗日。1950 年，解放大军即将南下渡海，琼北被驻岛国民党军队严密封锁，中共马村党支部派人前后三次勇敢机智渡过琼州海峡，将情报送到解放军手里，为大军渡海立下功勋。1950 年 3 月 26 日，人民解放军成功登陆玉包港后，在老城风门岭阻击由海口赶来增援美亭的大批国民党军队，战役中 200 余名解放军战士最后仅剩 13 人，但是他们仍死守阵地，在当地民众的配合下取得阻击战的最后胜利，为全面解放海南岛争取了主动权。

中原文化入琼传播第一站

在琼州海峡两岸古代的文化交流中，老城古码头成为中原文化入琼传播前沿并非偶然。在整个琼北海岸线，老城港是天然深水良港，离海峡对岸距离最近，距琼州府郡城不过数十里。老城古渡口因此成为珠崖北部的官港之一，是海南岛跟中原来往的重要通道。中原文化进入海南岛，经过老城这个门户才得以传播。入琼历史名人在老城留下足迹，产生了深远的历史文化影响。

南朝梁大同年间（535—546 年），冼夫人平定地方动乱，海南儋耳俚人慕名归附，《北史》《隋书》均记载:“海南儋耳归附者千余峒。”这是“海南”这一地名最早出现在中国的史书上。正是得力于冼夫人维护统一的卓绝贡献，海南岛在隋朝版图上得到其应有的地位，并在行政区划的建置上有所开拓。隋大业三年（607 年）澄迈建县，于老城设县邑，经历 9 个朝代，直至晚清县治迁徙，老城作为澄迈县城近 1300 年。特殊的地理区位使这个千年古镇在中原文化入琼传播过程中发挥了极为重要的历史作用。

早期的琼岛是官员南贬之地，过客文化成为海南文化一个特殊的组成部分。据学者统计，过客中尚书以上的高官多达 50 人，其中职位在宰相和参知政事以上的重臣有 21 人，不乏文化名人。南来贬官大多数是在老城古码头上岸后，先赴琼州府郡报到，然后才转赴岛内各自的贬谪地。唐宋时期是中原文化传入海南的重要时期，过往经老城的文化名人众多。唐天宝年间（742—756 年），鉴真和尚第五次东渡日本遇险，在海上漂泊流落至海南岛。得到振州别驾冯崇绩的接待。一年后冯崇绩还派兵护送鉴真到澄迈，由县令护送从老城古码头出海，北上扬州。北宋绍圣四年（1097 年），苏轼贬谪儋耳，携子苏过从雷州递角港扬帆渡海，在老城古码头登陆。在海南文化史上，苏轼入琼是一个重大事件，影响极为深远。三年以后，苏轼获赦北归，再次到老城准备乘船离琼，驻留在通潮阁。通潮阁是设置在老城古渡口接待来往官员的驿站，苏轼为澄迈驿通潮阁赋诗二首，表达其欣喜愉悦之情。苏轼入琼前有唐朝宰相韩瑗、韦执宜、李德裕、王义方、杨炎等名人，后有南宋抗金英雄李光、李纲、赵鼎、胡铨等名人，据传也都是由老城澄迈驿登岛。得此契机，曾经的老城率先得到了沐浴中原文化的生机，焕发出一派人文蓬勃的景象。南宋诗人、道教一代宗师白玉蟾童年居于老城，深得老城人文之精气。

老城镇崇文重教，千年不衰。仅北宋至明末的 600 多年间，老城培养有户部员外郎 1 名，州官 13 名，知县、县丞 108 名，教谕（训导）99 名，主簿 119 名。南宋时期老城建有澄迈学宫，历经宋、元、明、清数代，不断修葺扩建，逐渐扩展成一处巍峨壮观、庄严肃穆的建筑群，后世称为老城文庙。明代建有秀峰书院、天池书院，清代建有澄江书院。

助力海南经济振兴的港城

中华人民共和国成立以前，老城是一座传统的手工业城镇，人们仅靠砍伐、烧炭、狩猎、捕鱼、野生药材采集加工及油料加工维持生计。中华人民共和国成立以后，老城工业初见端倪，发展了农具修造业、粮食和甘蔗加工业。

1988 年海南建省以后，在老城建立全省第一个县级经济开发区。2006 年，老城经济开发区升格为省级经济开发区。改革开放数十年来，老城以史无前例的胆魄与勇气，告别渔歌牧曲的小农生活，实现凤凰涅槃式蜕变，成为海南的工业重镇，现代工业发展势头迅猛。

至 2018 年年底，入驻老城经济开发区的企业有 3339 家。形成了集煤电技术、太阳能、生物质能、石油、天然气加工的能源和石油化工产业；集特种玻璃、特种钢材、无纺技术、光电倍增技术、磨粉水泥加工的新型材料与建材产业；集水产农产、火山岩矿泉水、饮料酒类、生物制药的食品药品加工产业；集信息技术、网络、软件开发的新兴 IT 产业以及橡胶产品深加工业、港口工业，建成国家级 5 个综合保税区之一的海口综合保税区、冷冻仓储等工业产业园区。老城镇有马村电厂、中电新能源环保电厂、海南汉能光伏厂、海南中海油气有限公司、海南国盛石油、被科技部认定为海南“国家科技企业孵化器”的海南生态软件园、吸引世界知名 IT 企业的海南生态智慧新城等，现代化厂房鳞次栉比，老城镇呈现出一片蓬勃发展的新景象。接轨于现代工业发展，老城成为一个拥有大海洋意识、融入“一带一路”发展、努力实现中国梦的海洋大镇。在这里，往昔只有令苏轼忧愁而来惆怅而去的古码头，现今已兴建有 6 个大码头，拥有年吞吐能力 817 万吨的海南最大码头群，是国家一类口岸。其中马村港是海口“三港合一”中心港区、全国 25 个枢纽港之一。除船运外，老城的海洋产业也十分发达，海水养殖名目繁多，有网箱养殖、对虾养殖、江蓠养殖、牡蛎养殖、混合养殖等。老城的海产品加工厂提供无病害、无污染的高品质产品，常年出口欧美，十分畅销。

2018 年，中央决定海南全岛建设自贸区自贸港，琼岛迎来了发展的新机遇。依仗特有的地理、经济、人文优势，老城将为海南的腾飞做出新的贡献！

旅游宜居的世界长寿之乡

老城镇有着良好的自然和社会环境，是一个适宜居住和旅游的好去处。2012 年，澄迈县被评为“世界长寿之乡”，青山绿水的澄迈县老城是足以成为世界长寿之乡代表地的长寿之镇。老城人古来长寿，尊老敬贤蔚然成风。清代，老城就有多名百岁以上老人，最高寿者 108 岁，有 3 名百岁老人获得朝廷赐匾。当代，长寿老人人数益增。2018 年，老城全镇有百岁老人 23 人，90 ～ 99 岁老人 328 人，80 岁以上老人 1289 人。这些长寿老人大部分集中分布在罗驿村、文集村、夏社村、文大村等耕读传家的长寿村庄。

老城镇是旅游的绝佳胜地。明代老城的“古城八景”声名远播，分别是独珠回峰、双滩赴海、永庆丛林、大胜参天、北岸渔歌、西峰牧笛、通潮飞阁、伏波灵祠。时至当代，或景色如旧，或重换新颜，古韵犹然。八景之中，通潮飞阁毁于侵华日军，近年，老城有关部门策划重建通潮阁，开始筹建工作。始建于北宋时期的千年古刹永庆寺，据传苏轼等入琼名人曾慕名前来瞻佛。当代重建的永庆寺内，新置的 24 尊取材缅甸白玉的大型佛像，向世人展现着莹白光润的殊妙法相。老城地区的现代化旅游配套设施不断完善，由银滩海滨旅赏带、金角高端消享区、天堂湾文化休闲区、天堂湾养生度假区等功能区构成的盈滨半岛旅游度假区于 2015 年按规划建成。从 2001 年开始举办的盈滨龙水节，至 2018 年已举办 15 届。龙水节期间，老城举行舞龙、舞狮表演，有龙舟赛、放风筝、海难排球赛等多姿多彩的项目，在盈滨半岛 4 千米长的海岸线上，出现万人同浴“洗龙水”的壮观场面。2013 年，由香港卫视国际传媒公司、中国国际文化传播集团联合主办的“2012—2013 年度中国旅游小姐全球总决赛”活动在老城经济开发区举行，同时还开展了一系列的旅游小姐采风活动，新华网等各级媒体对大赛跟踪报道，更进一步提升了老城这一旅游胜地的知名度。到老城的游客，可以重走唐宋贬官们曾经走过的古道及古码头，感受苏轼在凄风冷雨中吟唱“问汝平生功业，黄州惠州儋州”的无奈与悲凉，还可以观赏省级生态文明村文礼村及美俗村，参观海南省十大文化古村之一的石村，到罗驿村等乡村田园间领略古桥耕月、阡陌新禾、夕港牧笛、枧山晚炊之美景，然后到农家乐吃一碗龙吉米煮的香饭，咬一块美味留香的白莲鹅，尝一口上吉牡蛎，剥一个老城青蟹，再品一个老城糯米粑，对老城流连忘返之感，必将油然而生！

天赐唐崖　世遗古镇①

咸丰县唐崖镇地处武陵山腹地，位于湖北省恩施土家族苗族自治州西南部。东临咸丰县城，连接恩黔高速公路、黔张常铁路；西靠二仙岩湿地自然保护区、小南海国家地质公园；南临坪坝营国家森林公园，可达黔江火车站、武陵山机场；北至利川、恩施，沟通沪渝高速、宜万铁路和恩施许家坪机场。

一

唐崖以土司而得名，缘土司城而蜚声中外，因入选世界文化遗产而被誉为“皇冠上最耀眼的宝石”。

唐崖镇域古属蛮夷之地，在广袤的武陵山区名不见经传。元至正十五年（1355年），覃启处送奉旨“招安蛮民，镇守司地”，开建土司城。唐崖土司从此载入史册。

在湘鄂川黔诸土司中，唐崖覃氏以秉性桀骜著称。除多次奉调出征、屡立战功外，还伺机叛离，出劫诸邻。兵锋所指，远至贵州遵义和四川叙永，近及一衣带水的龙潭、金峒两土司和大田军民千户守御所。史载“明季唐崖最倔强”，“文容美，武唐崖”。当时的容美土司是武陵山区最高级别的宣慰司，唐崖覃氏长期为较低级别的长官司。唐崖与容美相提并论，足见其声威。

史载，明天启年间（1621—1627年），十二世司主覃鼎奉调四川，参与平定“奢安之乱”，捣毁叛酋奢崇明、奢崇辉老巢永宁，战功卓著，皇帝敕建“大平西坊帅府”，

① 选自湖北省咸丰县唐崖镇志编纂委员会编：《中国名镇志丛书·唐崖镇志》，2019年出版。

准立“荆南雄镇　楚蜀屏翰”牌坊，升唐崖长官司为宣抚司。至此，唐崖土司走向鼎盛。治理区域达600平方千米，“东至大田一百里，西至石柱二百里，南至黔江二十里，北至龙潭三十里”。还辖有菖蒲蛮夷长官司（司署位于今活龙坪乡板桥河村）、西坪蛮夷长官司（司署位于今活龙坪集镇）两个副司。

土司之间，既武力攻伐，又联姻妥协。龙潭田姓土司喜文，在与擅武的唐崖土司博弈中略处下风。为保境安民，龙潭采取“和亲”策略，将爱女田彩凤嫁与唐崖司主覃鼎。土司城后的“夫妻杉”，即为覃鼎与夫人共同栽植，成为土家男女忠贞爱情的象征。

田彩凤，“相夫教子，以忠勇著一时”。覃鼎出征期间，她执掌司印，总理司务，“内则地方安谧，外则转输无乏”。覃鼎去世后，其子即位，颇行不道，田氏绳以礼法，亲自主持政务。她力排众议，聘请汉人开设书院，教习土司子弟，传播汉文化；云游四川期间，派人学习当地先进的建筑、耕织技术，回来后发展经济，扩建土司城。

土司城背依玄武山，面临唐崖河，“扼楚蜀之腹地，据荆南之要塞”。明万历后期，武陵山区政局相对稳定，唐崖及时止戈兴农，扩建土司城。至崇祯年间（1628—1644年）定型为3街18巷36院，占地100公顷。

清雍正十三年（1735年），唐崖土司“怵于国威”，自请“改土归流”，领地纳入新设的咸丰县。唐崖土司从建立到撤废，历元明清三朝，覃氏世袭17代18任，跨时381年。“改土归流”时，末任土司举家迁往汉阳，土司历史戛然而止，土司城日渐没落。

“改土归流”后，朝廷先后在唐崖土司城设立公署，由流官治理。清乾隆元年（1736年），在唐崖土司城设通判署，道光十二年（1832年）裁撤。乾隆三十二年（1767年）曾设把总署，中华民国成立后裁撤。

唐崖通判署设立不久，在青狮河与南河交汇处兴建一座寺庙，曰尖山寺，距土司城约2千米。寺庙主持杨开场在寺外建商铺，定期开场，且贸易兴隆，声名鹊起。道光十七年（1837年），尖山寺以行政区划名取代唐崖土司城成为当地政治、经济、文化中心。

唐崖土司退出历史舞台后，它和它的城池一直活跃在文艺作品中。除文人雅士留下大量诗文外，民间还流传《唐崖土司招驸马》《石牌坊怎么立起来的》《女儿寨》等数十个传说故事。中华人民共和国成立后，土司故事改编成南剧，其中《唐崖土司夫人》《女儿寨》一直是咸丰南剧的经典剧目，获国家、省、州少数民族戏剧会演多项奖励。

时光荏苒，废弃的唐崖土司城历经三百年风雨，蓦然见彩虹。2011年4月，国家文物局将“土司遗址”纳入申报世界文化遗产名单。2013 年 3 月，湖北唐崖土司城遗址与湖南永顺老司城遗址、贵州播州海龙屯土司遗址联合申报世界文化遗产。2014 年 10 月，唐崖土司故地尖山乡更名为唐崖镇。2015 年 7 月 4 日，德国波恩第 39 届世界遗产大会表决，中国“土司遗址”被列入《世界遗产名录》。唐崖镇作为世界文化遗产地，举世瞩目。

二

唐崖镇碧水环绕，青山绵延，溶洞遍布，古木参天，犹如水脉上流淌的天然画卷。

唐崖河是画卷的主笔，又是咸丰县的母亲河。她从利川市发端，由东北向西南，穿洞穴，过峡谷，成平湖，在黄金洞、清坪、唐崖等乡镇铺陈“百里画廊”。再由西向东，在重庆酉阳县龚滩汇入乌江，北赴长江，素称“岸转涪江，倒流三千八百里”。在土司城，唐崖河是天然屏障、优质水源和出境通道。“两河水乡”与土司城隔河相望，犹如小家碧玉，凝眸深宫大院。

在唐崖镇，南河、青狮河、土溪河是唐崖河的三大支流。唐崖河撑起唐崖镇的门面，三大支流织就神秘的后花园。

青狮河原名青丝河，有妙龄女子的羞赧。上中游，河道委婉，良田万顷，柔瀑成群。钟塘“三叠瀑”，有“阳关三叠”之韵。在下游，变身青狮峡，幻化石膏洞。青狮峡绝壁千仞，谷中清风悠悠，谷底碧波荡漾，堪称避暑天堂。

南河又称蓝河，与“男”谐音，有粗犷阳刚之气。所经之处，峡谷幽深，水流湍急，间有吊桥横亘，猕猱逡巡。特别是两座天生桥，形如彩虹，势若龙腾。

青狮河、南河亘古相恋，分别从活龙坪乡、小村乡相向而行，一路辗转，到唐崖集镇合为一体，蔚为壮观。两河交汇处，孕育尖山寺老街，催生唐崖新镇，接着穿过尖山大桥，遨游唐崖河。尖山大桥下面，有明万历十三年（1585 年）的观音摩崖造像，见证这一千古情缘。《唐崖河》诗曰:“万缕青丝细数难，蓝河壮阔富波澜。柔情化作唐崖水，半是青丝半是蓝。”

土溪河发源于二仙岩湿地保护区，流经唐崖镇西南部。沿途以原生态土家风情和田园风光见长。随处可见“古藤老树昏鸦，小桥流水人家”，牧歌短笛，荷锄而归，鸡犬相闻，宛如世外桃源。

唐崖山水，孕育溶洞近百个。洞内钟乳石，像鸟兽，拟人神，化器物，塑宫殿，景象万千。洞内流水，大可划船，小可嬉戏，且清冽可口。古老的土家族，起初划洞而居，乃有钦依峒主[1]。住上吊脚楼后，仍依恋山洞：乱则据洞而守，治则游玩休憩。洞内窖藏的故事，个个传奇。

唐崖镇森林覆盖率达75%，既是天然氧吧，又是唐崖画卷的基调。春季繁花似锦，夏秋硕果累累，冬则银装素裹。偶有古树名木，遮天蔽日，荫及众生。唐崖土司城夫妻杉、南河村重阳木，为过往行人必瞻之景。横路村的野生“油茶树王”，树龄超过500年。

唐崖人，像爱护自己的眼睛一样爱护山水，自觉保护生态环境，呵护生态画卷。经济上发展茶叶、油茶、林果、中药材等绿色产业，严禁乱砍滥伐滥捕；环保上，构建政府主导，各方合力推动，全体人民参与的管理机制。每条河流都有行政主官担任河长，采取修养并举措施，确保水清岸绿、河畅景美。

三

唐崖历史悠久，民风淳朴。古道古桥古建筑，民歌民舞民间技艺，以及随处可见的土家吊脚楼，无不展示出唐崖镇深厚的文化底蕴。

“吊脚楼上枕一夜，十年做梦也风流。”唐崖镇的吊脚楼，散布在高山、河谷和平坝中，或集结成寨，或独处一隅，与青山绿水浑然一体。吊脚楼“亮脚亮柱”，飞檐翘角，雕梁画栋；外部挺拔婀娜，内部温馨雅致。前有雨打芭蕉，后有修竹戏日，旁有绿篱添彩。数百年来，唐崖人在吊脚楼上繁衍生息，在这里“留住乡愁，记住乡思”。

吊脚楼上的出廊，横空出世，宽绰优雅。在这里，土家女子为情郎绣头巾、手帕，为亲人纳鞋垫、做绣花鞋。有歌谣赞誉女子的绣工：“白布帕儿四只角，四只角上绣雁鹅。帕儿烂哒雁鹅在，只因情妹好手脚。”

在吊脚楼的火塘，亲人团聚。端午包粽子，腊月吃“泡汤”、过“赶年”，大年三十“围炉夜话”。平时，煨“罐罐茶”，“刨糊海椒”，喝油茶汤，其乐融融。一人独处，则

---

① 唐崖覃氏建立土司以前，曾聚居山洞，并以峒主自居。1917年所编唐崖《覃氏族谱》载，明嘉靖年间（1522—1566年），唐崖土司九世祖覃万金征麻阳有功，旨封其弟覃万璋、覃万巡为钦依峒主，世代承袭。

喝“寡寡酒”；亲朋聚会时，聚饮“咂酒”“甩碗酒”。

在吊脚楼的堂屋，举行“打发姑娘”“接媳妇”“打十朝”“整满月酒”等喜庆活动，悠扬的唢呐声贯穿其中。春节期间，地盘子、采莲船、蚌壳灯、狮子灯，好戏连台。栽秧季节，在此整“栽秧酒”。

在吊脚楼的院坝，少男少女荡秋千、“跳房子”、踢毽子。或者母子相依，吟唱童谣。男子则耍“板凳拳”、摆弄根雕石刻，自娱自乐。

吊脚楼外，是泥土芬芳的田野。劳动之余，两两相对，扭扁担、扳手劲、“挽抱箍”（摔跤）、下“打三棋”。农闲时节，三五成群，上山围猎，谓之“赶山”。农忙时节，有“薅草锣鼓”助兴。

唐崖歌谣，从吊脚楼上唱到田野山间，从土司时期唱到新时代。劳动时唱“砍柴歌”“采茶歌”“薅秧歌”，喊抬岩号子。表白爱情时，男唱《万年不准姐丢郎》，女唱《莫学花椒黑了心》。女子独处时，哼小调解闷，留守妇女则唱“望郎歌”。单身男子，苦闷时唱“苦情歌”，喜乐时唱“扯谎歌”。此外，新娘出嫁唱“哭嫁歌”、修房造屋唱“上梁歌”、宴席上唱“敬酒歌”、春节期间唱“灯歌”、老人去世唱“孝歌”等。唐崖歌谣还渗透着红色基因。当年，贺龙率领红军到鄂川边区开展革命斗争，唐崖人以歌言志：“要吃辣子不怕辣，要当红军不怕杀”，“穷人不怕穷，只要跟贺龙”。

星罗棋布的文物胜迹，傲然时空，是唐崖画卷的点睛之笔。土司城遗址，诠释了封建王朝“因俗而治”的理念。严家祠堂，集雕刻、书法和家训于一体。龙洞严氏在家风家训的熏陶下，成为学问门第、杏林世家。破水坪村风雨凉桥，彰显土家人自古以来修桥筑路的美德，也是“铁血英雄”温朝中就义的见证者。小水坪八圣祠、张王庙等祠庙内的戏楼，曾经“三五步遍游天下，七八人百万雄兵”。覃门田氏贞节牌坊，规模宏大，雕刻精美，昭示土家妇女的大爱和坚贞。蜿蜒西行的盐茶古道，曾是唐崖的“丝绸之路”，承载马帮、“挑二客”、“背篓客”数百年的沧桑。不一而足的名胜古迹，寄身千山万水，守护唐崖记忆。

四

唐崖镇以申遗为契机，依托土司文化、秀丽山水、乡土风情等优势资源，加快发展文化旅游和生态产业，全方位升华“世遗古镇”。

立足“一路一园一镇”，创建世界文化遗址公园。建成唐崖集镇至大河边旅游公路，紧靠风光旖旎的唐崖河布线，沿途广植树木花草，配观赏台、停车场，可参观唐崖石刻，品尝唐崖橘柚，入住吊脚楼客栈。连接唐崖集镇和土司城遗址的皇城水岸，铺设电瓶车道、人行木质栈道和石板路，一路花团锦簇，草木葱郁。遗址公园内，可踏步明清时期的青石板街道，拜谒土司夫人主持打造的石人石马，品评明熹宗赐建的功德牌坊，探究规模宏大的土王墓，注目相依数百年的夫妻杉，在民俗馆感受土家族名目繁多的文化遗产。唐崖集镇通过改造，成为“青瓦白墙花格窗、飞檐翘角吊脚楼、走马转角青石板”的风情古镇。在古镇，随处可尝油茶汤、土家腊肉、土司十大碗、青狮河野生鱼等美食，举步可进青狮峡，游皇城水岸，览土司城遗址。

主抓茶叶、油茶、生猪、林果等生态产业，把昔日的尖山（唐崖镇旧名）变成“金山银山”。明清时期，唐崖土司通过茶盐古道运销茶叶。21世纪以来，规模化发展生态观光茶园。建成青狮河沿线30余千米的茶叶观光走廊，引进并培育圣浩、崖谷香、安茶集团等龙头企业，创建“唐崖雨”“唐崖土司”“土司夫人”等茶叶品牌，其中“唐崖雨”获“中国特色硒产品”称号。唐崖油茶，清咸丰年间（1851—1861年）成为朝廷贡品，已发展到1300余公顷。发夏食品公司以唐崖“油茶树王”为商标，所产“百年木”山茶油获首届“中国·武汉绿色产品交易会”金奖。“穷不丢猪，富不丢书。”土司时期，覃鼎夫人远赴蜀地，带回养猪经验，唐崖养猪由此相沿成习。20世纪90年代以来，唐崖人“赶着生猪奔小康”，每年外销仔猪20万头左右，被誉为“湖北仔猪第一乡”。近年，建起标准化养殖示范场和众多的家庭牧场，养猪专业村、专业户比比皆是。

改善村容村貌，建设美丽乡村。先后建成谢家坝、彭家沟、大水坪、钟塘、唐崖司等新农村生态家园示范点。其中钟塘村获“中国最美休闲乡村”称号，唐崖司村入选全国100个古村落和湖北省特色文化村。全镇37个村，村村有文化广场、农家书屋和村规民约。开展“乡风民风美起来”主题活动，通过表演南剧、民间歌舞等形式，倡导文明、节俭、生态、健康的社会新风尚，表彰“最美乡村”“最美家庭”“最美唐崖人”“十星级文明户”。

为宣传推介唐崖，举办土司文化节、唐崖茶文化节、咸丰县茶叶开园节、文化和自然遗产日、唐崖论坛、“中外摄影名家看唐崖”采风创作等活动，促使唐崖文化、产业和旅游融合，助推唐崖走出大山。唐崖的风姿，吸引众多的影视剧组、新闻媒体和研究机构。先后有《毕兹卡的年轻人》《丛林无边》电影剧组，中央电视台《北纬30°·中国行》《记住乡愁》摄制组走进唐崖。中南民族大学、湖北民族大学分别在此设立漆艺实践基地和工作站。

天赐唐崖，昔日筚路蓝缕，受制于“穷山恶水”，养在深闺人未识。世遗古镇，今朝得青山之靠，贯碧水之气，借力时代春风，推动经济社会全面发展。全镇实现通信、电视网络全覆盖，村村通水泥公路，有文化广场和电商平台，户户通电，家家有车，以唐崖集镇为主体、以中心村为基础、以一般行政村为支撑的党员群众服务中心、文化活动中心及医疗卫生、商贸网点等服务体系已经形成。交通方面，建成和在建的唐崖集镇至大河边、大路坝区、朝阳寺镇国家二级旅游公路，与利咸、咸来、恩黔三条高速公路和黔张常铁路连接。借此，唐崖快捷进出武陵山区，大踏步走向“诗和远方”。

电瓷基地　花炮之乡[1]

一

浦口境域有小溪，名仙石河，又名马蹄坡水，源于镇内合水村，流经雪峰山后，汇入澄潭江。千百年来，过往商船在此停靠，在岸边设有谷米码头，并形成一个渡口和古镇，聚落村镇渐成规模，历史上曾称“普口”。明崇祯《长沙府志》、清光绪《湖南通志》亦称“普口”。中华人民共和国成立后始置乡，后以普口谐音改称浦口。

纵贯湘赣边陲的罗霄山脉是古代吴、楚两国的边界。湖南省醴陵市浦口镇位于罗霄山脉西北边沿、醴陵市东部偏北，北纬27.77°，东经113.64°，北接李畋镇，东连白兔潭镇，西邻王仙镇，南与江西省萍乡市湘东区荷尧镇接壤。106国道（京广线）和澄潭江横穿境域，是湘东地区重要的物资集散地，乡村道路四通八达。沪昆高速公路醴陵东互通口设醴陵市郊长庆示范区，沪昆高铁醴陵东站设在相邻的王仙镇，距浦口均为十多分钟车程。便利的区位优势和交通条件使浦口镇融入长（长沙）株（株洲）潭（湘潭）及周边城市群1小时经济圈内。浦口镇总面积79.13平方千米，镇政府驻地贯古社区，距醴陵市城区23千米，距省会长沙100千米。

1985年，浦口镇撤乡建镇，2016年辖4个居委会，12个行政村，480个村民小组，总户数13962户，人口58053人。其中男性29253人，占50.39%；女性28800人，占49.61%；人口出生率14.40‰，人口死亡率5.1‰，人口自然增长率9.30‰。

---

① 选自湖南省醴陵市浦口镇志编纂委员会编：《中国名镇志丛书·浦口镇志》，2019年出版。

二

春秋战国（前 770—前 221 年）时期，罗霄山脉成为吴楚两国的分界线，湖南在西侧，东侧则是吴越之地，罗霄山脉便成为荆楚文化与吴越文化的交汇处。浦口镇位于罗霄山脉西北部的澄潭江下游流域。这里是吴楚咽喉之地，亦是醴陵市东部中心区域，曾经便利的水运使其成为周边重要的商品物资集散地。

唐贞观年间（627—649 年），在醴陵、浏阳、江西上栗县交界处，猎人李畋用竹筒装填火药，发明了爆竹，并用它为唐太宗李世民驱鬼祛邪。回家乡后，李畋便四处传授爆竹制作技艺，常常到周边的浏阳、上栗和醴陵东部的南桥、白兔潭、浦口、王仙等地授徒演示。爆竹后来演变成烟花鞭炮，成为周边几个县市的支柱产业，李畋也被尊为花炮祖师，世代受供奉。

宋朝时，醴陵从占城（今属越南）引进水稻种子，开始在浦口、白兔潭等地种植双季水稻，使当地粮食产量大为增长。随后，双季稻种植技术逐步在醴陵推广开来，醴陵成为粮食高产地区。

悠久的历史文化使浦口成为经济发达区域和人文荟萃之地，并逐步形成雄厚的经济基础。经过长期的发展建设，到当代，浦口镇成为醴陵鞭炮烟花产业主产区，也是国内主要的电瓷生产基地。1990 年和 1995 年，浦口镇先后两次荣获“中国乡镇之星”荣誉称号。1990 年，浦口镇被中宣部、农业部评为“全国乡镇企业思想政治工作先进单位”，2002 年被科技部列为“全国星火计划农村小城镇现代化建设示范镇”。

三

浦口镇的工业萌芽要追溯到 1300 多年前的唐代，李畋首创爆竹，逐步形成以湖南醴陵、浏阳，江西上栗为中心的鞭炮制造基地。浦口是最早生产制作鞭炮的地方之一。千百年来，一些农户除了耕田种地以外，还会手工制作鞭炮，产品除少量家用外，主要是拿到集市上换钱，家庭手工业迅速发展。到明朝、清朝，直至民国，鞭炮生产制造已经在周边形成较大规模，成为集中产地之一，产品销往全国各地。有的村落出现家家户户做鞭炮的景象。

中华人民共和国成立以后，社会生产力得到解放，特别是改革开放以后，国家和地方政府积极支持鼓励各地大力发展乡镇企业，发展地方经济。20 世纪 80 年代初，浦口镇工业基础薄弱，仅有的几家镇村集体加工企业也是举步维艰。全镇上下从零开始，全力以赴，把发展乡镇企业当作头等大事来抓。短短几年时间，镇办企业、村办企业、组办企业、联合体企业、个体企业一起上，四处开花，全方位推进。一方面发挥传统优势，从传统的鞭炮烟花产业做起；另一方面，广泛拓展生产领域，积极引进人才，引进技术，引进项目。

特别是传统鞭炮烟花业，由家庭作坊式生产为主转为企业规模化生产为主，由手工制作为主转为机械化、自动化生产为主，生产力水平大大提高。到 1990 年，浦口镇工业就形成了以烟花鞭炮为拳头，电瓷、日用瓷、建筑、建材、包装、印刷、食品、运输、服装、湘绣等多种门类齐头并进的工业体系。1991 年工业总产值 1.1 亿元，成为湖南省第一个工业产值过亿元的乡镇。全镇务工劳动力已占全镇总劳动力的 75%。千百年来脸朝黄土背朝天的农民摇身一变，成为新一代产业工人。

浦口镇工业经过 20 世纪 80 年代快速发展、20 世纪 90 年代转体改制、21 世纪做大做强几个阶段，持续保持强劲的发展势头，已形成电瓷电器、烟花鞭炮、建筑建材、机械工业四大支柱产业。到 2017 年，全镇拥有各类企业 300 余家，从业人员 2.6 万人，其中规模企业 37 家，产值过亿元企业 3 家。全年完成地区生产总值 81.1 亿元，税收 6568 万元，成为全国知名的电瓷生产基地之一。浦口花炮先后亮相 2008 年北京奥运会焰火晚会、2009 年国庆 60 周年焰火晚会，使浦口花炮之乡更加享有盛誉。浦口镇的工业规模和产业特色在湖南省范围内一直是佼佼者。

四

浦口具有悠久的历史和深厚的文化底蕴。在物质文明快速发展的同时，精神文明建设、生态文明建设和小康社会建设同样获得较快发展。

20 世纪 80 年代初，改革开放刚刚开始，浦口镇一手抓以工业振兴为核心的经济发展，一手抓文明村镇建设，都取得了令人瞩目的成就。1983 年，浦口创建了醴陵市第一个农村文化中心，兴办了湖南省第一个农村万册图书馆。建立村级图书室、广播室、学习室，对农民进行文化和技能培训，使其成为有文化、懂技术、会经营的新型农民。昔日满身泥水的农民成为产业工人，一些佼佼者还成长为企业家。1986 年在河北保定召开的全国文明村镇汇报会上，浦口镇“两个文明一起抓，经济文化一起上”的经验得到推广。1987 年在江苏无锡召开的全国农村文化中心（站）建设座谈会、1989 年在西安召开的全国部分省市文明村镇建设座谈会、1991 年在北京召开的全国乡镇企业思想政治工作座谈会等一系列重要会议上，浦口镇都是被重点推介的先进典型。1990 年和 1995 年，浦口镇两次获评“中国乡镇之星”。30 多年来，浦口镇一直是湖南省、株洲市、醴陵市的先进典型，连年被评为先进单位或红旗单位。

浦口镇抓精神文明建设的主要经验是“六抓、六治、六变”。即：抓社会风气，治陈规陋习，变淳朴友善；抓环境建设，治脏乱差旧，变村容村貌；抓治安秩序，治违法违规，变遵纪守法；抓文化建设，治低俗颓废，变健康向上；抓干部纪律，治奢靡松弛，变积极有为；抓学习教育，治玩乐懒散，变勤奋好学。注重从机关单位抓起，从镇村干部抓起，从细微之处抓起，而且年年抓，镇村历任领导班子接力抓，使其成为全镇一种工作常态。与此同时，镇村两级积极抓小康社会建设，民生工程不断加强，基础设施建设全面加强，生态文明建设水平大幅提升，人民生活全面达到小康和富裕水平。在建设工业强镇的进程中，实现了经济大跨越，社会更和谐，民风更淳朴，环境更美好，真正走出了一条物质文明、精神文明和生态文明建设同步发展、同获丰收的新农村建设新路子，也为各地文明村镇建设和社会发展提供了宝贵经验。

苏绣之乡　生态镇湖[①]

江南水乡，太湖岸边。坐标镇湖，曾称西华；三面环水，一派风光。谓吴西华丽地区，为湖畔锦绣之地。

镇湖旧属苏州吴县，今归苏州国家高新技术产业开发区（以下简称“高新区”）苏州西部生态城。自 2002 年高新区鼓励镇湖全面发展绿色生态产业，如刺绣文化创意产业、旅游度假产业、现代农业产业、绿色环保产业，挖掘提升地域传统文化，促进自然生态环境与人工生态环境和谐共融，实现生态文明，镇湖形成刺绣文化与生态旅游产业两大亮点，且相互融合辉映。

历史上，镇湖“户户有绣棚，人人会刺绣”，是苏州城区（指苏州古城区）的刺绣加工基地。随着城区双面绣的发展，镇湖刺绣水平也大幅提高。人们常直接到镇湖寻访采购“小猫”刺绣艺术品，寺桥商业区一时设绣庄店铺百余家，环境秩序较乱。镇湖于 1998 年高标准建起长 1700 米、宽 25 米的绣品街，后又改造提升，2011 年建成商业特色街，成为著名的刺绣工艺品一条街。2007 年，在街西侧建成园林风格的中国刺绣艺术馆。2014 年，苏州镇湖刺绣艺术馆有限公司获批国家级非物质文化遗产生产性保护示范基地。镇湖刺绣前后经历了十年积累、十年保护、十年升华的历程，练就了镇湖八千绣女的软实力和硬功夫。国家级非物质文化遗产（苏绣）代表性项目代表性传承人 26 名。由此形成设计、绘印、染线、刺绣、培训、制框、包装、经营、运输一条龙产业链，街道一半以上的人员都投入其中，并成长为集自主生产、销售、展示于一体的刺绣集群产业。

镇湖早于2000年就开始全力栽培绿色环保刺绣业、文化创意产业。2000年5月4日，

---

① 选自江苏省苏州高新区镇湖街道志编纂委员会编:《中国名镇志丛书·镇湖街道志》，2019 年出版。

镇湖被文化部评为中国民间艺术之乡（2008 年统一调整为“中国民间文化艺术之乡”）。同时“真山真水园中城”也从居民向往的美好家园逐步变成了现实。就在苏州西太湖东畔，总面积 45 平方千米的苏州西部生态城开始进行基础建设，坐拥 25 千米太湖岸线、10 多座大小山脉，镇湖正是其核心区域。

2011 年 11 月，经苏州市政府批准，以总面积 19 平方千米的镇湖街道为主体，组建市级旅游度假区。已建成苏州太湖国家湿地公园、太湖风情湖滨沙滩浴场、新盛茶园、杵山生态公园、太湖房车露营基地，以及大、小贡山岛，裸心泊等。2014 年 5 月，苏州太湖湖滨国家湿地公园通过国家 AAAA 级旅游景区验收。2015 年，中国刺绣艺术馆景区建成全国首家刺绣文化产业国家 AAAA 级旅游景区。2015 年，苏州西部生态城成为苏州首家国家生态旅游示范区，是苏州乃至江苏的生态高地。2015 年 5 月 25 日，苏州太湖国家湿地公园、中国刺绣艺术馆两景区成功获评首批全国旅游价格信得过景区。

镇湖的生态文明建设融合各产业，日新月异地展现出现代农业产业新庄园的气象，有各具特色的绿色蔬菜生产区、观光果园、水产养殖区、水生植物种植区、休闲木屋区等功能区，新能源汽车充电桩、生态廊道和杵山生态公园西侧太湖水域旅游项目，生态建设在苏州大获成功，低碳、环保、绿色梦想触手可及。镇湖由此成为生态示范区，而苏绣精品，屡屡被作为国礼馈赠，成为国家名片。

经过多年建设，苏州西部生态城“水绿相系、一心一带多廊；产业驱动，六大组团”的总体结构特征，展现在世人面前。以游湖湿地公园为主体的生态“绿心”，是具有生态价值的核心景观；以沿太湖 1 千米生态区域为主体的湖滨景观游憩带，是生态城建设与太湖水域之间的生态缓冲区域；以多条山水廊道为纽带组织游湖与沿太湖生态区域的生态沟通走廊。以产业为驱动力形成了以活力主核、创意小镇、低碳邻里、太湖广场、雅居小城、健康绿核为主题的 6 个实体功能组团。

2015 年，镇湖全年旅游刺绣经营额达 14.6 亿元，村集体经济平均收入 245 万元。全街道教科文卫高质量发展，社会保障系统全覆盖。2015 年年终，户籍人口 23022 人，其中 90 岁以上长寿老人 213 名，人均收入 25956 元，户均收入 89629 元。

向往西华，因其华丽清新；热爱镇湖，得其宜居温馨。镇湖不搞大开发，而是以保护传统文化和生态环境为中心，向世人展示着雅绣镇湖之精美“双面绣”：生态与文化相结合，相辅相成，相映成趣，恰如生态美景与文化刺绣的一幅双面绣。没有文化的生态就缺少灵魂，没有生态的文化就缺少生命。主动把生态、文化深度融合，已成为镇湖街道的一大特色。

英雄杨家将故里　煤田大开发热土[1]

店塔，英雄杨家将故里，历史悠久而厚重。镇域内新石器时代以来的历史遗迹与遗存星罗棋布，由于长期为民族纷争的边关要塞，历代长城纵横交错。始建于唐代的麟州故城，因北宋“杨家将”世守而被称为“杨家城”。

店塔，煤田大开发热土，年轻且充满活力。这个1984年才有了乡级建置的陕北小镇，地处国家级陕北能源化工基地的核心区域，是神府矿区的交通枢纽，西煤东运和北电南输的重要起点，神府煤田大开发中应运而生的能源工业城镇。

农耕文明与游牧文明曾在这里碰撞与交融，传统农业文明向现代工业文明嬗变提升，物质文明与精神文明交相辉映。在店塔这片古老而神奇的土地上，时光交错，文明演进，千百年来发生了许许多多精彩动人的传奇故事。

一

神木市地处陕西省最北端，发源于内蒙古自治区的乌兰木伦河与牛川进入神木市内流经30余千米汇合后继续南流，东纳黄羊城沟、西纳考考乌素沟两条支流，形成黄河一级支流窟野河。店塔镇区就处在这几条河流交汇的窟野河东岸一级阶地上。全镇山川相间，沟壑纵横，镇域面积325平方千米，均在窟野河流域范围内。

镇域蕴藏着丰富的煤炭、天然气和石英砂等矿产资源，煤炭资源尤为丰富。牛川两岸山脊上横亘着战国时期秦长城，其中一段墙体的夯层中夹杂着煤炭和炉渣，证明

① 选自陕西省神木市店塔镇志编纂委员会编:《中国名镇志丛书·店塔镇志》，2019年出版。

2000 多年前镇域先民已经将煤炭作为燃料使用。神府煤田开发以前，窟野河发洪水时，往往将沿河沟岸边的裸煤成块冲推逐浪，由此诞生了下游曾盛极一时的“捞河炭”现象。直至 20 世纪 80 年代初期，该区域的人们仍习惯于自给自足采集煤炭，平时并不储积，只有在生火做饭前才到山崖边掏些炭块回来。建院墙、修厕所、盖猪圈、垒火塔，一应建筑材料总是选用煤块。然而，当时人们并不知道，这片贫瘠荒凉的土地，是世界级的大煤海——神府东胜煤田的重要区域。神府东胜煤田形成于 1.4 亿万年前的侏罗纪时期，预测储量 6690 亿吨、探明储量 2300 亿吨的煤田，范围广达陕西省西北部和内蒙古自治区南部，面积 22860 平方千米，是中国目前已探明的最大煤田。邻近神木市区的店塔镇，就位于地属陕西省的神府煤田南端。

二

1984 年 10 月 19 日，新华社发表电讯《陕北有煤海，质优易开采》，向世界宣告了神府特大型煤田的发现。这个在中华人民共和国煤田地质史上堪称里程碑意义的重大成果，创造了中国煤田地质勘探发现资源量的最高纪录，改变了中国已探明煤炭资源的区域布局，确立了陕西能源大省的地位，也为国家煤炭工业战略布局西移奠定了基础。

是年金秋十月，店塔乡挂牌成立。这是神木县为配合神府煤田开发，审时度势，从永兴、大柳塔、孙家岔、麻家塔 4 个乡析出 34 个行政村而新设置的乡。当时的店塔是一个名不见经传的小村庄，与神木县城只通一条长约 22 千米的简易公路，交通极不方便。新成立的乡党委和乡政府，因陋就简，在店塔村的集体窑洞里开始办公。1986 年 6 月，国务院出台《关于加速神府煤田开发的决定》，煤田大规模开发正式启动。店塔，地处煤田腹地，是通达矿区的咽喉之地，迎来了千载难逢的发展机遇。1990 年，店塔撤乡设镇。

20 世纪 80 年代，按照煤田开发之初“国家修路，群众办矿，国家、集体、个人一起上”的指导方针，镇域内小煤矿遍地开花。此后，经过多次资源整合，煤矿关小上大，转型升级。到 2018 年年底，镇域共有 13 家现代化的煤炭企业。其中，具有千万吨级产能的国家能源集团神东榆家梁煤矿、陕煤化集团张家峁煤矿，均是煤炭行业的标杆矿井；榆林市杨伙盘煤矿、神木市石瑶店煤矿等国有煤矿和部分成规模的民营煤矿，也是同类煤炭企业中的佼佼者。镇域内煤矿开采方式从手工到半机械化、全机械化、全自动化逐步提升，煤矿产能从几万吨到几十万吨、几百万吨到千万吨级不断增加，引领着中国煤炭工业由粗放式向集约化、规模化、自动化和信息化的发展方向。

经过三十余年的煤田大开发，镇域内交通运输高质量发展，公路、铁路建设成效显著。1996 年 7 月 1 日，承担中国第二条“西煤东运”重任的神（木）朔（州）干线铁路开通运营，其起点站即位于店塔镇石拉沟村的神木北站。神（木）延（安）、红（柳林）柠（条塔）、准（格尔）神（木）、冯（家川）红（柳林）等铁路先后进入镇域。府（谷）店（塔）、杨（士塔）陈（家沟岔）、店（塔）红（碱淖）三条一级公路，榆（林）神（木）高速公路也相继在镇域建成通车，通达煤矿与村庄的道路更是畅通无阻。神府优质煤炭从店塔东出南下，源源不断地运往全国各地，销往海外。

煤田开发初期，店塔即为重要的煤电产业基地。1989 年，榆林地区第一家大型火电厂——神华集团的自备电厂，在店塔破土动工，建设坑口电厂，将原煤就地转化，拉开陕西省实施“煤向电力转化，煤电向载能转化，煤油气盐电向化工产品转化”战略的序幕。国家能源集团国神店塔电厂、中电国华神木发电公司、陕煤化集团神木电化发展有限公司等电力企业在镇域内集群发展，店塔可谓名副其实的“电塔”。发电企业在为国家能源供应体系发挥作用的同时，致力发展循环经济，为神木市区和店塔镇区冬季供热提供热力。

1993 年，陕北第一个省级经济开发区——神府经济开发区在店塔工业园蹒跚起步。经过艰苦创业，2009 年，开发区工作重心转移至神木市锦界工业园区，成为引领榆林能源化工基地发展的现代化工业园区。

三

1985 年，店塔镇区出土了一盏造型精美、设计科学的西汉彩绘雁鱼铜灯。后为陕西历史博物馆珍藏，被誉为“镇馆之宝”。雁鱼灯的奇妙之处在于，照明灯燃烧形成的烟雾，经烟管进入雁腹后即被水溶解，可以有效防止油烟对室内空气的污染。这件实用功能与审美功能完美结合的珍贵文物，向世人表明 2000 年前的镇域古人已经具有环境保护意识。

神木是兰炭产业的发源地。20 世纪 80 年代末，为了促销煤炭，店塔经历了兰炭产业的初创阶段，镇域内盛行“土法炼焦”，几乎“村村点火，户户冒烟”。其后，随着国家推行绿色发展，生产规模小、工艺落后、布局分散、高能耗、高污染的小企业逐渐被淘汰出局。一部分兰炭企业，通过资源置换、整合提升，进入神木市的工业园区，转型为大型兰炭企业。店塔的能源经济发展，由粗放型不断向节约集约型转变，资源开采基本实现清洁高效利用。

煤田大开发使穷乡僻壤的店塔镇发生了天翻地覆的变化。镇区高楼鳞次栉比，广场街道干净整洁，商贸市场繁荣活跃，交通物流顺畅便捷，集中供水、供热、供气等公共设施完备。神木北站新区现代化气息浓郁，移民搬迁的美丽村庄整洁靓丽，新型农村社区功能齐全，城乡一体化的环卫保洁机制已经形成。2018 年，店塔顺利通过国家卫生镇创建工作验收。

三十余年高强度的煤炭资源开发，在为店塔释放红利的同时，也产生了诸多生态环境问题。大面积采煤沉陷区需要治理，部分缺乏产业支撑的村庄仍然处于落后状态。店塔设乡之初，雁鱼灯的出土只是一个巧合，但其传递的生态文明理念，在新时期店塔人的心中再次点燃。既要金山银山，也要绿水青山。多年来，政府通过煤炭资源整合、整治污染企业，引导企业转型升级；通过退耕还林、封山禁牧、河道治污，促进人居生态环境改善；通过解决各类发展中存在的不平衡、不充分问题与矛盾，推进新型城镇化和乡村振兴战略的贯彻实施。

四

神木，古称麟州。麟州故城即今店塔镇杨家城。唐宋时期，杨家城一直都是麟州的政治、经济、文化中心，也就是说麟州的主要区域即在店塔镇域。麟州城在历史上以易守难攻的军事战略地位而著称，西夏李继迁、李元昊多次亲率大军攻而不克。

麟州始建于唐开元十二年（724 年），是唐宋时期西北边防大镇。北宋庆历初年（1041 年），麟州孤悬河西，处于北宋、辽、西夏三大政权交界地带，驻防代价甚大，是存是废，朝廷曾有过激烈的争论。司马光、文彦博、欧阳修、范仲淹等名臣，专程前往巡察，最终达成共识，认为固守麟州可保河东路安全，麟州万不可废。这些带着政治任务而来的文豪，留下了极其珍贵的文献资料和文学作品，其中知名的有欧阳修的《论麟州事宜札子》、范仲淹的《渔家傲 · 麟州秋词》。

神木自古多豪杰，著名莫过杨家将。杨弘信趁五代十国混乱之际，果断割据麟州，自立为刺史。杨弘信生子杨重贵、杨重勋，由此，麟州杨家将分为两支。杨重贵即杨业，能征善战，人称“杨无敌”。杨业生杨延昭，杨延昭生杨文广，祖孙三人都是《宋史》有传、名垂千秋的英杰，“杨家将”这一将门荣誉，主要由他们奠定。杨重勋在父亲杨弘信去世后，因兄长杨重贵远在太原，便继任麟州刺史。杨重勋生杨广扆，杨广扆生杨琪，杨琪生杨畋。这四代人中，以将门进士杨畋最为知名。杨畋在当时的政坛与文坛均有一席之地，对“杨家将”的宣传发挥了很大作用。麟州城，也因杨弘信、杨重勋、杨广扆祖孙三代世守而被老百姓习称为“杨家城”。

神木，顾名思义，神奇之木，此神木就在店塔杨家城内。据明《(嘉靖）陕西通志》记载，“神松在县西十五里杨家城内，松有三株”，神木由此得名。而早在唐天宝四年（745年）春，任侍御史之职的诗人王维，奉命出使新秦郡（治今杨城村），就曾被山上的松树所吸引：“青青山上松，数里不见今更逢。不见君，心相忆，此心向君君应识。为君颜色高且闲，亭亭迥出浮云间。”

岁月沧桑，改朝换代，麟州故城屡经兵燹风雨，终成颓垣断壁。元至元六年（1269年），废麟州，改设神木县，治所在今神木老县城东山。明正统五年（1440年），神木县治又移驻杨家城。正统八年（1443年），在窟野河河口修筑神木堡，即今神木老城。今天，当游客站在麟州故城远眺，昔日窟野河西的漠漠明沙早已不见，取而代之的是神木滨河新区日新月异、欣欣向荣的城市新貌，店塔镇区与神木市区的一体化发展正在加速推进。

店塔镇域的历代长城和宋代堡寨，是重要文物遗存和历史文化景观。战国时期秦长城跨越牛川、窟野河，墩台在山脊上遥遥相望。明成化年间（1465—1487年）所修边墙，沿草地沟延伸，绕麟州故城西侧，顺窟野河东岸南下。千百年过去，长城依然屹立在崇山峻岭之上，连绵起伏，气势如虹。

2006年3月25日，黄羊城遗址被公布为陕西省重点文物保护单位。2006年6月，麟州故城被公布为全国重点文物保护单位。2017年4月，陕西省人民政府将包括店塔镇段在内的战国秦长城遗址、明长城遗址确定为省级文物保护单位。麟州故城、“杨家将”和历代长城，是店塔镇重要的历史人文资源，地方政府高度重视文旅事业，奋力打造特色文化名镇。

五

在窟野河与考考乌素河交汇处的三角形阶地上，有一处陕西省文物保护单位——寨峁遗址。沿着历史的长河上溯，新石器时代的寨峁先民，在距今4800年前已经点燃店塔区域龙山文化时期的文明火炬。

此后的3000余年间，镇域内民族杂居，征战杀伐，长期处于农业文明与草原文明冲突交融的前沿。清代，战事平息，镇域成为神木县与鄂尔多斯郡王旗之间的“黑界地”。康熙三十六年，朝廷允许汉族农民到长城口外租种鄂尔多斯各旗土地。起先，被称为“雁行人”的农民春出秋归，在这片久为战场的贫瘠土地上辛勤耕耘，唱响二人台和信天游。后来，移民逐渐定居，镇域便形成大量以伙盘地命名的村庄。

神府煤田发现后，成千上万来自五湖四海的建设者，满怀激情，筚路蓝缕，投身店塔的开发建设，一部分人在奉献青春和汗水后离开了店塔，另外一部分人则选择定居，成为新店塔人。开放包容，艰苦创业，求实奋进，开拓创新，正在塑造着新时代店塔的精神特质。

文明之火，代代传承。抓住煤田大开发机遇的店塔，融合历史传统文化与现代工业文明，推动物质文明与精神文明协调发展。镇域企业普遍重视企业文化建设，村组广泛开展新民风建设，村庄与驻地企业积极开展村企共建活动，构建和谐地企关系。全镇机关、学校、企事业单位和村庄积极开展群众性精神文明创建活动，育新风，改旧俗，行善事，做好人，涌现出一大批精神文明建设先进单位和先进个人。2017年11月，店塔镇被评为全国文明镇。

店塔，神木大地上的神奇之地。寨峁先民在这里生活，开拓新石器时代农耕文明；杨业从这里出发，铸就“杨家将”千古荣光；杨重勋在这里驻守，保卫“杨家城”固若金汤；煤田开发者在这里创业，推动陕北能源化工基地转型发展；神府煤炭从这里输出，为世界源源不断地提供光明与热力。

鸦滩镇志概述①

鸦滩镇位于安徽省望江县西北部，望江、太湖、怀宁三县交界处，距望江县城42千米。总面积158平方千米。辖15个行政村，2018年，常住户18995户，常住人口75593人，耕地74308亩，山场面积38000亩，水域面积6000亩。2005年2月，全县区划调整，古炉乡、麦元乡、鸦滩镇合并为鸦滩镇。2008年，鸦滩镇被省政府批准为中心建制镇。2014年7月21日，鸦滩镇被列入全国重点镇建设名单。

鸦滩镇西北的香茗山、东南的武昌湖，是望江县两大旅游风景区，风光秀丽，景色迷人。香茗山跨望江、太湖、怀宁三县，山势崔嵬，壁峭峰奇，洞壑幽深，怪石嶙峋。到处是苍松翠竹，山花烂漫，茶果飘香，令人流连忘返。武昌湖水域面积13万亩，是望江县最大的内陆湖，如同镶嵌在望江大地上的一颗璀璨明珠。鸦滩镇沿武昌湖10余千米，是武昌湖旅游开发的重要组成部分。进入21世纪以来，两大景区开发规划科学，重点突出，已构建起文化旅游体系和生态旅游体系，使名山、名水、名迹再放光彩。2012年，鸦滩镇被安徽省旅游局评为安徽省优秀旅游乡镇，香茗山风景区被评为国家AA级旅游景区。2013年，鸦滩镇被评为安徽省特色景观旅游名镇。

鸦滩镇有山区、丘陵、湖泊、圩畈，生态资源丰富。中华人民共和国成立后，依靠集体的力量和智慧，修水库，开渠道，建圩口，挖当家塘，为发展生态农业打下了基础；5.53万亩林地，林木茂盛、管理规范，林下经济发展迅速；河流、湖汊众多，水生动植物资源丰富，水产养殖业从粗放型到集约型发展。进入21世纪以后，不断优化产业结构，大力发展多种经济，生态建设与经济发展良性循环。2013年6月，安徽省环保厅

① 选自安徽省望江县鸦滩镇志编纂委员会编:《中国名镇志丛书·鸦滩镇志》，2020年出版。

授予鸦滩镇“安徽省生态乡镇”称号。

望江挑花发源于鸦滩，古朴典雅，技法独特，寓意深刻，正反成趣，巧夺天工。五次进京参展、交流，三次用于制作人民大会堂安徽厅沙发扶手、靠垫，多次获奖，享誉中外。望江挑花以土、特、奇、古的艺术特点向舞蹈、戏剧、绘画、服饰、装潢等领域渗透延伸。2006 年，望江挑花被列入安徽省非物质文化遗产保护名录，鸦滩镇被授予“安徽民间文化艺术之乡”称号。2008 年，望江挑花被列入国家非物质文化遗产保护名录，鸦滩镇被授予“中国民间文化艺术之乡”称号。为做好做活望江挑花大文章，2008 年起，鸦滩镇成立挑花合作社，开展骨干培训和新产品开发，提高产业化水平。在集镇新区建成“文化艺术街”，建设民间文化艺术展览馆、陈列室，建立望江挑花的传承基地。

2015 年 7 月 10 日 19 点，CCTV-7《农广天地》栏目播放了《望江挑花》专题片，从望江挑花的历史渊源、现状、传承以及制作流程等，全面展现这一传统民间工艺。

葛林村蔡家大屋的蔡仲贤被早期黄梅戏“好佬”们称为祖师爷。黄梅戏最初称黄梅腔、黄梅调，起源于山歌、小调。清代，采茶调在演唱过程中，不断吸取民歌小调和徽调、高腔、平安调的优美曲调，逐渐形成具有独特风格的地方小戏——黄梅调。光绪年间，蔡仲贤组织长春班，是望江地区最早的黄梅戏班社。1921 年，蔡仲贤在犁湾塘办科班，致力于课徒授艺，培养黄梅戏新秀。在黄梅戏发展过程中形成了以唱传情的声腔流派——“鸦滩路子”。黄梅戏曲调优美，易学易懂，贴近生活，贴近观众，在鸦滩戏剧舞台上流行时间最长，影响范围最广。

鸦滩是一块文化的热土。许多脍炙人口的诗篇、内容丰富的民间故事，长久流传。至今，英贤辈出，儒风犹存，文学创作之风长盛不衰，精品佳作不断出现；戏剧、歌谣、舞蹈、曲艺百花齐放，亮点纷呈；雕刻、纸扎工艺，享誉大江南北，不愧为“中国民间文化艺术之乡”。

鸦滩山清水秀，人杰地灵，英才辈出。有为民族兴旺、国家强盛、社会进步、人民幸福而出生入死的英烈；有饱读诗书、造福桑梓的贤儒；有悬壶济世的名医；有诲人不倦的名师；有为社会主义建设作出贡献的劳模；有攻关克难的科技精英等。鸦滩人民纯朴、勤劳、敦厚、健康文明的新风尚进一步发扬光大。2014 年 12 月 29 日，安徽省精神文明建设指导委员会授予鸦滩镇“第三届安徽省文明村镇”荣誉称号。进入 21 世纪以来，鸦滩以“彰显文化之乡特色，打造省级中心名镇”为核心，实施城乡一体化统筹发展。2018 年，集镇建成区面积由 2005 年的约 1 平方千米扩大到 4.2 平方千米。改善了基础设施，增强了城市功能，健全了服务保障体制，中心城镇品位不断提升。美好乡村建设以集镇为龙头，中心村为重点，自然村为基础有序推进，成绩显著。山更青，水更绿，田园更美，村庄更亮，城乡面貌焕然一新。2015 年，鸦滩镇获“十佳中国最美小镇”称号。

社会经济全面发展，百姓生活水平普遍提高。2006—2014 年，建成包括西片区、东片区、童装基地的工业集中区，逐步建成以粮油加工、服装制造为主的现代工业。2014 年 12 月，在安徽服装商会二届六次理事会上，鸦滩镇被授予“安徽童装第一镇”称号，为省内唯一获此称号的乡镇。2010 年以来，发展生态农业和“一乡一业”“一村一品”，农村社会经济得到了新的发展。2018 年，农村居民可支配收入 11744 元，全镇 90% 的农户拥有小轿车，基本进入小康社会，人民群众享受着现代化的美好生活。

鸦滩环境优美，资源丰富，有悠久的历史、厚重的文化内涵、熠熠生辉的民间艺术。勤劳勇敢、富于智慧的鸦滩人民创造了辉煌的昨天。今天，鸦滩人民面向未来，锐意进取，团结奋进，创造更加美好的明天！

炯炀镇志概述[①]

烟波浩渺的巢湖北岸，蜿蜒曲折的炯河、炀河的交汇处，炯炀镇像一颗珍珠镶嵌在这里。炯炀镇历史悠久，将星闪烁，文化底蕴厚重。社会学家费孝通为该镇题词“江淮古镇炯炀河”。

江淮古镇

千百年来，在合肥、巢湖地区流传着一个“陷巢州、长庐州”的传说。清康熙《巢县志》记载:“吴赤乌二年，巢城陷为湖。”清《庐江县志》载，三国时期吴赤乌二年(239年)“陷巢州”。民间有传说，志书有记载，巢国古城在哪里?“巢州”是如何沉入湖底的?世世代代始终没有答案，这给“陷巢州、长庐州”传说蒙上了一层神秘的面纱。

2001年冬，巢湖水枯，考古工作者在炯炀镇唐嘴村前巢湖岸边，发现了一座古城遗址，在遗址中发掘出的和在当地民间收集到的文物有260多件，其中，最早的是新石器时代的玉斧、石锛，最晚的是王莽时期钱币，时间跨度长达3000年。遗址上发现雕琢精细、经济价值很高的银印章、和田玉印章等贵重物品，说明古城塌陷非常突然，人们来不及将其带走。经考古学家论证和技术测年鉴定，大约终止于1800年前的这座古城遗址，完全与历史记载的吴赤乌二年发生的“巢州陷”年代相吻合，是自然灾害造成的局部地陷。2007年，巢湖水下城址被巢湖市人民政府列为市级文物保护单位。

① 选自安徽省巢湖市炯炀镇志编纂委员会编:《中国名镇志丛书·炯炀镇志》，2020年出版。

巢国古城沉陷后，幸存先民在烔炀河畔繁衍生息。南北朝时期，烔炀河畔寺庙众多，远招苏、鲁、豫等地香客。南宋淳熙年间（1174—1189 年），宋军在这里驻扎，形成集镇；元朝末年，俞通海率领巢湖水师从这里出发，征战大江南北；明朝建立后，江西移民在烔炀河畔建设商业街区。如今，烔炀老街的古建筑、古民居虽已陈旧，仍蕴含着明清时期徽派建筑的风韵。老街石板上留下的车辙，记载着烔炀老街的昔日辉煌，给人们留下缕缕乡愁。

名人故里

烔炀镇将星闪烁，名人辈出。俞通海父子四人追随朱元璋打天下，攻州克城，战功赫赫，位列公侯，配享太庙。俞氏父子四人被封为三公二侯（俞通海两次封公）。传奇将军李克农从烔炀大地上走出，成为中国共产党隐蔽战线的卓越领导人，令烔炀人倍感荣耀。民国大律师王龙，《文心雕龙》学会常务理事、享受国务院政府特殊津贴的文学教授祖保泉，出版界精英方厚枢，美术大师、“共和国杰出艺术家”勋章获得者祖国华，将军李伦、高家庚、赵友胜等，成为烔炀人的骄傲。

文化之乡

烔炀镇兴教重教，风气弥笃，民间文化底蕴深厚。宋明以后这里乡村私塾星罗棋布。20 世纪之初，这里就兴办了公立小学、县立高等小学。“室无隔夜粮，家有读书郎”，是烔炀地区学风笃盛的真实写照。中华人民共和国成立后，在烔炀河畔走出了近万名大学生，是烔炀兴教重教之风的灿烂结晶。

与学风兴盛相伴，烔炀民间文化绚丽多姿。山歌、秧歌，男女老少传唱不衰。1950 年春，皖北行署在烔炀镇兴办中华人民共和国第一所农民文化馆——皖北黄麓师范实验农民文化馆，为烔炀群众文化插上腾飞的翅膀。20 世纪 50 年代中期，农民歌手刘宏英把巢湖民歌唱到中南海怀仁堂。1963 年、1964 年，中央文化工作队两次到烔炀采风，音乐大师李焕之汲取烔炀民歌精华，创作出旋律优美、深得巢湖神韵的《巢湖好》，成为巢湖民歌的经典之作。改革开放以来，王维平、秦德松、郭年平、秦伟、高清泉、刘忠露等众多青年学子，在全国声乐、美术比赛中不断获奖。

红色记忆

炯炀有着光荣的革命传统。1926 年，李克农在芜湖加入中国共产党。1929 年，唐嘴村青年赵华康加入中共巢县支部。1931 年，方原在国立北京大学加入中国共产党；1938 年，方原、沙流辉、方献贵等 9 人奔赴延安，中国人民抗日军政大学（抗大）毕业后，投入抗日洪流。1939 年春，新四军舒无工委负责人桂林栖，在炯炀镇唐嘴村的赵家庄房建立巢湖工委，在古流涧赵村建立地下党支部。到 1940 年年底，在中共巢湖工委、沿湖工委领导下，西宋村、唐嘴村、中李村等 15 个地下党支部（小组）相继建立。西宋村地下交通站，是连接新四军二师、七师的重要交通线。在上级党组织的领导下，炯炀地下党组织组织党员深入日军据点张贴标语、散发传单、搜集敌情、破坏日军的军用设施。1942 年，巢二区游击队成立，李刚、曹树华、乔智、张克东等热血青年，战斗在巢湖北岸。英勇的游击队健儿，在中国共产党领导下，给侵华日军以有力打击，成为巢北地区抗日武装的中坚力量，奏响了一曲曲抗日凯歌。

解放战争期间，炯炀是打击国民党势力的重要阵地。1946 年 5 月，中共华中四地委决定，派李刚组建皖江联络队，返回巢湖北岸开辟敌后游击战场。李刚等率领皖江联络队在攻打炯炀警察所、恶战西黄山、上李村歼灭战等战斗中狠狠地打击了敌人。

滨湖新镇

中华人民共和国成立后，炯炀百废待兴，炯炀人民励精图治，为建设社会主义努力奋斗。改革开放后，炯炀人民抓住机遇，以经济建设为中心，社会事业全面发展。今天的炯炀镇，以“河水变清，镇村美丽，农民增收，乡风文明”为目标，充分发挥炯炀地域优势和炯炀人民勤劳质朴的创业精神，着力打造“江淮古镇 · 传奇炯炀”。 这里是正在崛起的滨湖新镇，集镇建设日新月异，风格各异的住宅高楼鳞次栉比，绿树掩映，鸟语花香。炯炀河湿地、鸡裕河湿地、月亮湾湿地公园以及巢湖北岸滩涂湿地，是国家级森林公园——巢湖半岛国家湿地公园的核心区。炯炀“巢湖北岸农业示范区”，是安徽省现代农业示范区核心区。巢湖水下城址、炯炀老街是人们穿越时空、追寻历史的胜迹。李克农故居、侵华日军碉堡群是爱国主义教育基地。正在建设中的 10 平方千米工业集中区已初具规模，正在建设的巢湖半岛健康科技产业园是安徽省首批健康产业制造基地，这些都为烔炀经济发展和外商投资兴业提供了平台。烔炀已经形成了以大健康制造产业、新型建材、服装棉纺、机械制造和农副产品深加工为主导产业的工业基地。起步较早的第三产业，培养了烔炀人开放的现代市场意识和服务意识。烔炀镇已成为合肥市与巢湖市之间的工贸旅游重镇、现代农业强镇，是生态优美、宜居宜业的滨湖新镇。

烔炀镇是第四届全国文明镇、安徽省第三届文明镇、安徽省森林城镇、安徽省第二批千年古镇、安徽省第二批优秀旅游乡镇。指南村是安徽省森林村庄。中李村是第五届全国文明村，中李中心村是安徽省首批乡村旅游示范村。唐嘴村是安徽省第二批传统村落、安徽省第二批千年古村落、安徽省第二批乡村旅游示范村。烔炀老街是安徽省第二批传统村落、安徽省第二批千年古村、第五批中国传统村落。巢湖好生态园是安徽省休闲农业与乡村旅游示范点。

经济繁荣、文化昌盛、社会和谐、生态美好，特色鲜明的江淮古镇——烔炀镇，像一颗璀璨的明珠，镶嵌在江淮大地、巢湖岸边，她的未来将更加美丽辉煌。

湘北大山深处的绿色明珠[①]

千百年来，奔腾不息的长江水、烟波浩渺的洞庭湖，孕育了博大精深的湖湘文化，滋养了一颗镶嵌在湘北大山深处的绿色明珠——张谷英镇。

张谷英镇位于洞庭湖平原东南部，岳阳、平江两县交界处，距离107国道38千米、京珠高速公路35千米、岳阳市区71千米，地理位置优越，水陆交通便捷。2017年，下辖13个行政村、1个居民委员会、416个村民小组，共10573户45862人，总面积167.34平方千米。

张谷英镇境内群山环抱，茂林修竹，流水淙淙，人文荟萃。镇内有张谷英村，张谷英大屋名满天下，张氏世家享誉巴陵。镇内有全国重点文物保护单位、国家AAAA级旅游景区张谷英古建筑群，有红色爱国教育基地湘北特委旧址，有风景秀丽的刘备洞峡谷景区，有重点企业芭蕉扇业有限责任公司和大力神电磁，有"湘北十万亩楠竹基地"。主要地方特色产品有竹木制品、板栗、油茶、黑山羊、土鸡等。张谷英镇先后被评为国家级生态名镇、湖南省旅游强镇、湖南省特色名镇、湖南省美丽乡镇示范镇。

2017年，张谷英镇实现地区总产值11.21亿元，公共财政收入2599万元，全社会固定资产8.09亿元。农村居民人均可支配收入13581元，城镇居民人均可支配收入18012元。

张谷英镇自然环境优越，形胜天成。境内峰峦秀丽，有几百个大小山头。山之高者称为尖，境内最高峰为小水尖，海拔641.2米；山之峡谷或小盆地者称为洞，如柘港洞、

① 选自湖南省岳阳县张谷英镇志编纂委员会编：《中国名镇志丛书·张谷英镇志》，2020年出版。

大水洞；低矮小山之间者称为冲，如贺家冲、张家冲；两山于低洼之处相绕、相错者称为坳，如芭蕉坳、大墩坳。山、尖、洞、冲、坳，异彩纷呈，交相辉映，形成了境内丰富多样的地质景观。

渭洞、饶村岩体，基本形成于四五亿年前的加里东期。那时，境内还是一片汪洋，被海水淹没。芭蕉与柘港洞一带的山体主要为页岩沉积岩，其中可发现一些远古的化石。渭洞与饶村一带的低矮之山，其岩体主要为花岗岩沉积岩。山间土壤大部分为页岩风化形成，土壤厚度 30 ～ 120 厘米，腐殖质厚度 20 ～ 40 厘米，pH 值 5.5 ～ 6.5。肥沃的土质、温暖的气候、充沛的雨量，大自然造就了张谷英镇得天独厚的地理条件。

张谷英镇山林面积 13599.97 公顷，占全镇总面积的 70.8%。森林覆盖率高达 86%，森林资源总蓄积量达 25.7223 万立方米。森林资源极为丰富，境内记录到的木本类植物 829 种，其中乡土树种 655 种，属国家及省级保护树种 24 种。

张谷英镇境内山峦星罗棋布，溪涧纵横，形成了 10 多条较大的河流。发源于坳背里，流经桂峰、竹坪、天龙、杉桥、长坪等村落的柘港河，贯流柘港一洞，汇集了柘港大小 48 个岔洞之水，长达 15 千米，流域面积 50 余平方千米，为汨罗江罗水的源头。台湾诗人余光中称汨罗江为“蓝墨水的上游”，该处则为“蓝墨水的上游”之源。

境内最长的河流为大洞港。它源于大明山，流经新改、文艺、下庄、陈坪，汇集大水、小水的两条支流后，过金鸡、松树、向阳、红卫等村，再汇入杨和、一心等村之水，最终注入大坳水库，再经饶港入新墙河。大洞港汇集的支流有 10 多条，干流长约 15 千米，流域面积 70 余平方千米。20 世纪 50—60 年代，河中尚可放成串竹排，出大坳，穿饶港，入新墙河而达洞庭湖。

境内修建的大坳水库是一个美不胜收的山间湖泊。始建于 1963 年，集雨面积 83.6 平方千米，总库容 1162 万立方米，防汛运行水位 109.8 米，灌溉着张谷英、杨林、柏祥、步仙 4 个乡镇、72 个村，共 3666.67 公顷的农田。

库区是湖南省林业厅重点保护生态区，具有近乎原始的生态环境，每年有大量的白天鹅和珍禽动物在库区内栖息繁衍。常态水面积近百公顷，湖水清澈明净，湖内青山郁郁，回湾曲曲，湖中小岛美不胜收。

张谷英镇属亚热带季风湿润区，境内平均气温为 17℃，年均降水量为 1295.4 毫米。温和的气候、充沛的降雨，使张谷英镇成为一个以农业与林业为主的山乡小镇。

境内耕地面积 1577.3 公顷。水田种植以栽种水稻为主，主要集中在饶村与渭洞盆地。芭蕉洞与柘港洞一带只有少量的水田，旱地主要种植红薯。进入21世纪后，张谷英镇大力发展生态农业，境内长恒有机蔬菜基地生产的黄瓜、丝瓜、苦瓜、茄子等绿色食品获得“有机产品转换”认证，镇内种植的绿色食品走上了长沙、深圳等城市居民 的餐桌。张谷英镇生产的油豆腐历史悠久，远近闻名。用张谷英镇产的黄豆、渭洞茶油和山间清泉，采取传统工艺加工制作而成。色泽金黄，空心酥软，内含丰富的蛋白质、维生素等，味道鲜美可口。

截至2017年，张谷英镇全年楠竹总产量300多万株，年采伐量60万株。张谷英镇楠竹产业年投资额在4000万元以上，年总产值1亿元，3200多名农民从事竹制品加工生产，吸纳就业人员8600多人，直接或间接带动周边1.5万名农民就业。境内有竹制品加工企业26家，主要生产竹扇、竹帘、竹筷、竹地板条、竹拉丝等，初步形成了集楠竹种植、楠竹加工、生产服务、商贸物流于一体的产业链和“山上有资源，山下有工厂，国内外有市场”的一体化格局。其中，芭蕉扇业有限责任公司以“公司+基地+农户”的经营模式，开发了特色鲜明、品种齐全的系列工艺扇产品。芭蕉扇业有限责任公司自主研发的3D扇、个性定制扇、数码打印扇等品种，年出口创汇900余万元。产品有13大系列、3000多个花色品种，远销全国27个省市和欧美、东南亚等30多个国家和地区。2017年，“岳州扇”被国家质检总局评为国家地理标志保护产品。芭蕉洞、倒溪洞、柘港洞一带的山民主要的手工副业是楠竹加工。

在农副产业发展的同时，旅游产业也同步发展。在绿色经济的理念下，张谷英镇大力发展乡村旅游，已成为湖南省第一批以古村、文化创意为主导要素的旅游新镇。2013年，境内的张谷英古建筑群被评为国家AAAA级旅游景区。以张谷英村为龙头，周边旅游景点及农家乐等迅速发展起来。2017年，境内接待游客30万人次，旅游收入5000多万元，带动当地6400多名农民就业，增收9600多万元。

境内素有“湘北十万亩楠竹基地”之称，面积达6894.8公顷，占全镇山地总面积的65%，占岳阳县竹林面积的56.2%。境内的竹子传说有5000多年的历史。清末至民国初年，楠竹已遍布全境。时人有诗赞“山南山北竹婵娟，翠涌青围别有天”“岳州楠竹数渭洞，渭洞楠竹数杨和”。自杨和蛇岭盘旋而上，然而再下倒溪，沿途近10千米，上万亩楠竹林连成一片，中无杂树，极少人烟，茫茫竹海，蔚为壮观。“山山皆翠色，竹海接连天”“雨洗娟娟净，风吹细细香”形成了湘北地区独一无二的“万亩竹海”自然景观。生长在张谷英镇的楠竹通体修长，亭亭玉立，高达十五六米，直径可达20厘米，竹节之间可达40厘米，材质优良。

在发展旅游经济的同时，境内的劳务经济也同步发展。境内最先南下的一批人是缺少田地的芭蕉洞、柘港洞、倒溪洞一带的村民，随后是原渭洞乡、饶村乡等地的村民。劳务输出地点最先是在广东沿海、上海浦东开发区，之后部分奔赴上海、江浙。2017年，劳务经济带动农民增收1亿元以上。

张谷英镇内有被誉为湘楚民居的“活化石”“民间故宫”之誉的张谷英古建筑群。相传张谷英出生于元末明初，行伍出身，于明洪武四年（1371年），由吴入楚归隐于笔架山麓600余年，繁衍26代，子孙达8000余人，聚居在原渭洞乡的有2600余人。张氏子孙为了缅怀先祖功德，于是地袭人名，称张谷英村。张谷英大屋历经几个朝代变迁，幸存古建筑面积5万多平方米，有房屋1732间、天井206个、厅堂237个、巷道62条，由当大门、王家塅、东头岸、西头岸、聚龙湾、西大门、大园里、下新屋、长沙塅、和风塅、枫树屋等十几个门头组成，属明清时期的古建筑。张谷英大屋依托自然，借地势、地形、地貌之优长，设计营造既体现了传统居民的诸多特点，又具有自身的独特风格。其布局之妙、巷道之幽、排水之奇、空间之活、雕饰之美、用材之雅、石桥之玄、制作之精，堪称“八绝”。

张谷英镇既以明清时期居民、古建筑群闻名于世，又有众多的优美风景和故事奇特的名胜古迹。已开发的景点有狮象把门、文塔、天灯、仙人石、龙珠石、当大门、青云楼、王家塅、上新屋、百步三桥、龟蛇出洞、龙涎井、长寿井、龙形山、谷英公墓、孝子坟、聚龙湾、垫公墓、石屋、仙人下棋、童子拜观音、皇帝桥、皇帽山、佛印石、接官厅、民俗陈列馆、王震将军办公旧址等48个。比较完整的门庭有上新屋、石大门、潘家冲3栋，3栋门庭各自分东、西、南方向设置，主庭高壁厚檐，分则自成系统，合则浑然一体，总建筑面积1.08万平方米。规格不等而又相连的每栋门庭都由过厅、会客堂、祖宗堂屋、后厅“四进”及其与厢房、耳房等形成的3个天井组成。张谷英古建筑由无数个“井”字组成。厅堂里廊栉比，天井棋布，工整严谨，格局对称，形式、尺度和粉饰色调都趋于和谐统一，体现出高超的建筑技艺。

2001年5月，张谷英古建筑群被湖南省人民政府公布为全省第七批文物保护单位。同年6月25日，张谷英古建筑群被国务院定为全国第五批重点文物保护单位。2003年，张谷英村被建设部、国家文物局授予首批全国“历史文化名村”称号。

张谷英镇文化底蕴深厚，张氏世家影响颇大。至今还是同族同宗人聚居，和谐共处，绵延不断，聚而不散。后世子孙总结出了“耕读继世，孝友传家”的治家格言，其中张氏家训 16 条、族戒 5 条涉及家庭家族、子女教育、道德修养、个人言行等诸多方面，儒家思想贯穿其中，家国情怀跃然纸上。张氏家训、族戒被录入《中国家规》。

张谷英镇历史文化和民俗风情相互融合，具有浓郁的地方特色。皮影戏是群众喜闻乐见的群众文化艺术形式之一，流传历史悠久。演出内容以传统的《封神榜》，唐、宋、明时期的传记为主，还自编《说打牌、买码》等类针砭时弊的短小节目作为梅花、耍戏加演，妙趣横生，受群众欢迎。境内的花鼓戏剧团能表演传统古装剧目 36 个、海戏剧目 20 多个，逢红白喜事、重大节日，花鼓戏剧团便活跃在村镇、社区，并培养出张志雄、李昌辞、兰大朋、周群罗、罗志刚、李国保等 50 余人。

受历史和人文传统影响，张谷英镇教育、文化事业繁荣。2010 年后，教育事业快速发展，黄亚飞、丁群芳等人多次获奖，张谷英小学被评为全国科学调查体验活动优秀示范单位。2017 年，全镇有中学 2 所、小学 10 所（含 6 个教学点）、公办幼儿园 2 所、民办幼儿园 11 所。张谷英村图书阅览室藏有图书 8000 册，还有书画作品等，有专人管理，长期开放。

秀美的山乡环境、丰富的物产资源、深厚的文化积淀、光荣的革命传统滋养着勤劳智慧的张谷英镇人民，传统古镇创造了社会主义建设的辉煌历史。新时期的张谷英镇，在中国共产党的领导下，奋发有为，埋头苦干，在建设新时代中国特色社会主义的新征程上，阔步前行，焕发出勃勃生机，谱写着更加绚丽的篇章。

玉皇庙镇志概述①

玉皇庙镇地处华北平原，位于商河县域南部，济南、德州两市、商河、济阳、临邑三县交界处。南隔徒骇河与济阳县相望，西与德州市临邑县接壤，东邻白桥镇，北接许商街道和贾庄镇。毗邻京沪线、京九线和胶济线铁路，省道240线（一级公路）纵贯南北，与国道220线、国道340线相连，是济南至天津、北京的交通要道。南距省会济南市区50千米、济南国际机场35千米，距京福高速、济青高速零点立交桥40千米，至北至天津300千米、北京350千米，东至青岛400千米。新京沪高速穿境并设有进出口，即将建设的济滨高铁贯穿全境，四通八达的乡村路网密布。省级经济开发区——山东商河经济开发区坐落于其境内，按照山东商河经济开发区与玉皇庙镇“一体规划、资源共享、分体建设、共同发展”的原则，规划设计南开发、中商居、北民营三大片区，该镇已成为济南市新旧动能转化先行区和“北跨”战略的第一延伸区。玉皇庙镇自然资源丰富，是胜利油田主产区之一，石油储量2000万千克，年产30万千克。石油伴生天然气储量5亿立方米，管道天然气日供气量40万立方米。境内地热储量12亿立方米，可开采量5亿立方米，出口水温58℃～62℃，含有丰富的矿物质和微量元素，属碎屑岩类孔隙裂隙热储类型，可广泛用于医疗保健及农业生产用水。徒骇河、土马河、商西河、商中河，清源湖、玉园湖等水系环绕、指状渗透，清源湖和日供水能力1.5万千克的开源水厂坐落在境内，可为工业及生活用水提供保障。境内建有110千伏变电站1座、35千伏变电站3座，实现济（南）德（州）“双回路”供电。建有日处理能力2万千克的

① 选自山东省商河县玉皇庙镇志编纂委员会编：《中国名镇志丛书·玉皇庙镇志》，2020年出版。

污水处理厂 1 处；在全县率先实现自来水“村村通”，保证 24 小时供水。玉皇庙镇属暖温带半湿润季风气候，四季分明，生态环境优美，林木绿化繁密，绿色小镇实至名归。

玉皇庙镇素有“商河小粮囤”之称，是山东省无公害农产品产地、济南市无公害蔬菜标准化生产基地之一。

1990 年以后，玉皇庙镇以发展现代农业为基础支撑，努力打造富裕秀美、和谐活力乡村。进入 21 世纪后，更加注重农业的特色和效益并重。坐落在辖区境内的商南蔬菜交易市场，与寿光、济南、北京等地的蔬菜市场并网互联，年交易彩椒近 3 万千克、蒜薹 10 万千克、大蒜 30 万千克，年交易额达 6 亿多元，成为商河及周边地区的农副产品集散地和物流中心。现代农业实现新突破，新建鸿顺庄园、玉舜园、玉河生态园、三十七度庄园等现代农业园区，带动形成名优农产品生产板块和乡村旅游板块。完成农村土地确权颁证，农产品电子商务公共服务平台启动。专业合作社、家庭农场等新型经营主体发展良好，瓦西冬瓜合作社被评为国家级合作社。至 2017 年，已培植形成大棚蔬菜、优质大蒜、黑皮冬瓜、畜牧养殖、花卉林木五大特色农业生产基地，其中商南彩椒、黑皮冬瓜两大生产基地被列为济南市农业特色品牌基地。市级农业龙头企业有 13 家。累计完成植树造林 81548.6 亩，森林覆盖率 51.3%，镇区人均公共绿地面积 40 平方米。推广秸秆还田新技术，严禁秸秆焚烧，被命名为国家级生态乡镇、山东绿色生态示范城镇。

玉皇庙镇是商河县的重要工业基地，业已形成玻璃制造、机械加工、包装印刷、农副产品、纺织服装加工五大产业。

1994 年，力诺集团在这里创业，现已成为全国太阳能行业领军企业，中国制造业 500 强企业。公司拥有医药包装玻璃、耐热玻璃、电光源玻璃、高硼硅太阳能玻璃等四大系列产品。其中，耐热玻璃器皿、电光源玻壳、药用玻管、药用安瓿和小瓶被评为山东名牌产品；耐热玻璃器皿成为格兰仕、LG 电子、韩国三星、美的电器、青岛海尔等企业的供应商；硼硅药用安瓿、小瓶填补国内空白，成为国内高端品牌；产品出口美国、德国、巴西、日本和印度等国家，市场前景广阔。2012 年，投资 5.7 亿元进行扩大再生产。力诺的辉煌业绩，为玉皇庙镇赢得“玻璃智造小镇”的美誉。

2010 年，青岛帅潮集团在玉皇庙镇投资 3.9 亿元，建成济南帅潮实业有限公司。公司主要产品为汽车钢板弹簧，有 100 多个规格品种，主要销往中国重汽、北汽福田欧曼和山西大运汽车有限公司，是国内汽车钢板弹簧行业规模最大的板簧生产企业。2016

年 10 月，青岛帅潮和青岛特钢有限公司签署协议。2017 年 5 月，随着青岛特钢的整体划拨，青岛帅潮加入中信大家庭，成为央企一员，2019 年更名为泰富特钢悬架（济南）有限公司，其发展后劲十足。

至 2017 年年底，玉皇庙镇已拥有力诺集团、泰富特钢悬架（济南）有限公司、山水集团、六和集团、万豪集团以及新加坡泛洋科技有限公司、山东承相印刷有限公司等规模企业 39 家。

玉皇庙镇突出生态、温泉两大特色，分别聘请山东省城乡规划设计院、青岛建筑设计研究院、浙江大学等国内知名团队进行控制性详规、商住区综合设计、中心城市设计、村镇体系规划，全力规划和打造“功能完善、水系环绕、指状渗透、宜业宜居”的特色化城镇，建设宜业宜居之地。2007 年，玉皇庙街道开始新一轮的城镇建设。截至 2017 年年底，累计投入约 9 亿元用于城镇基础设施建设，新修建玉凯路、玉皇西路、玉皇东路、力诺路等 8 条道路，改造提升玉皇路、黄齐路、兴源街、府前街、白玉路等 5 条道路，形成“一环五纵十横”的城镇路网框架，驻地主要街道两侧绿化随行，雨水、污水、供水管道配套，所有弱电管线全部入地；开源水厂、垃圾中转站、文化中心、公交始末站、消防站以及玉湖公园、土马河生态景观园、市民文化广场等民生工程相继投入使用。玉皇庙镇是济南市第一个地热取暖、第一个天然气接入农户家中的城镇，实现水、路、电、气、暖、网、绿、有线、通信九通，被市政府列入“十二五”全市“重点提升镇”、全省“百镇建设示范行动”示范镇。

玉皇庙镇始终把增进群众福祉放在首位，连年实施民生工程，全力推动社会保障、教育卫生等各项事业发展。开展社会民生服务年活动，公开民生服务热线，建立民生服务台账。镇卫生院与济南市第五人民医院结成共建对子，医疗卫生事业增添新活力，临床医疗护理、基本公共卫生服务、药品管理等工作取得新进步；大力实施中小学校舍升级改造工程，高标准新建玉皇庙镇中学、玉皇庙镇中心小学、玉皇庙镇育才小学，实施“一园三校”工程，进一步完善学前教育、小学教育、初中教育“三级体系”，有标准校车 7 辆，教育工作实现更高层次跨越；加强食品药品安全监管，以创建国家食品安全城市为载体，定期开展专项整治活动，强化日常监管和巡查，打造良好的食品药品安全环境；深化扶贫攻坚行动，整合各类项目资金，实施精准扶贫，开展就业扶贫、保险扶贫、产业扶贫等活动；协办花博会、全国种子“双交会”等大型活动，开展非遗文化进校园、道德讲堂等活动，修复吕东民居，建成吕东、演武等一批农村历史文化展室；创新平安玉皇庙建设，矛盾纠纷排查化解机制更加健全；这些措施的实施，为进一步推进全镇居民的“安居乐业”打下良好基础。

玉皇庙，人杰地灵，物华天宝。自古深受儒道思想的影响和熏陶，形成丰富多彩的尚文、尚孝、尚武的民俗文化。勤劳勇敢的玉皇庙人民，走进新时代更加豪情万丈，必将在中国共产党的坚强领导下，在全面建成小康社会的道路上阔步前行，谱写出更加辉煌绚丽的华章。

齐风鲁韵　人文古镇①

德平镇位于山东省德州市临邑县北部，居临邑县、陵城区、宁津县、乐陵市、商河县5县（市、区）交界处，省道323线贯穿全境，境内公路成网，四通八达，是南到济南、北通京津、东进滨州、西达德州的重要交通枢纽。总面积144.32平方千米，辖26个社区、134个行政村，总人口6.7万人。

德平远古分封，为陆终氏、有鬲氏封域；先秦建置，属齐郡；西汉设县，始名鬲县，属青州部平原郡，后陆续有般、重平、平昌等地名。五代后唐时期，割安德东北境及平昌地合为一县，两地各摘一字，名为德平县。除北宋有25年时间短暂废县为镇外，直到1956年撤县设镇前，一直为历代县治驻地。

《史记》中言齐地民风"其俗宽缓阔达，而足智，好议论，地重，难动摇"。意即通情达理，足智多谋，关心国事，喜立功业，乡土观念重，这是对德平民风的最好诠释。在这种奋发有为精神的滋养下，2000多年里，德平人才辈出，灿如星斗。明家村明氏族人自西晋惠帝至唐开元年间，功业成就历400余年长盛不衰；葛老庄葛氏族人自明嘉靖时至清嘉庆年间，200余年高官显宦史不绝书。高诩、明山宾、明克让、刘禹、葛守礼、葛如麟、葛树贵、张克信……这些名字如一座座丰碑，激励着一代代德平人前赴后继，砥砺前行，立朝心忧天下，在野德惠乡里。据不完全统计，德平历史上共出郡王3人，驸马1人，侯7人，子爵1人，男爵1人，从一品2人，国子祭酒1人，国子博士6人，刺史8人，太守10人。近现代又涌现出许多著名人物，三级解放勋章、独立自由勋章获得者——南关村李明东在受邀参加中华人民共和国成立70周年庆祝活动时，

① 选自山东省临邑县德平镇志编纂委员会编：《中国名镇志丛书·德平镇志》，2020年出版。

和开国领袖的后代同乘一辆花车，成为“致敬”方阵中的一员。

德平人民耕读传家，尚文、重节、崇儒，文风兴盛，形成德平书院文化。光绪《德平县志》中记载，明、清知县都倡建义学、社学，有育贤、养正、培元、毓俊、储翰5处义塾，并陆续建起般阳、甘露、敬业、白麟4处书院，白麟书院讲堂至今尚存。清乾隆年间，敬业书院主讲席张学文作《敬业书院规约》十则，叙述详备，条约分明，对当今读书人修身洁行、笃学上进，仍有启发教育意义。书院弦歌飞扬，催化黉门桃李芬芳，德平明清以降即出进士16人，举人76人，有名可查用以褒崇科举的坊表就有12座。未通过科举出仕的生员，也有很多转而著书立说、讲学课徒、制订乡约和家训，用自己的学识润泽乡梓、倡明风化。《德平县文献汇略》记载的著述即有62部、246卷。深厚的人文氛围，滋养出一众文化名家。东汉末祢衡《鹦鹉赋》托物言志，一展才子情怀，其“击鼓骂曹”事迹成为京剧名段，妇孺皆知；宋代诗人黄庭坚在任德平镇监期间，写出了“桃李春风一杯酒，江湖夜雨十年灯”的传世名句；当代著名歌唱家朱明瑛也籍出德平。

齐风泱泱，鲁韵悠长。历代先贤栉风沐雨，殚精竭虑建功立业，给德平留下众多古迹，供人们咏叹、凭吊。曹冢汉墓、葛公祠堂、白麟书院、祢衡公园、阎家古民居、丈八古佛、平昌八景……这些古迹名胜一直浸润德平大地，成就德平的人文风华。中华人民共和国成立后，德平——这片古老的土地，更是厚积薄发、百花齐放，戏曲、书画、雕刻、诗歌、小说、剪纸、鞅歌、舞蹈、民俗等各类艺术，都生机勃发。德平大鞅歌以其特有的鞅歌调、特有的跑场子阵式、特有的莲花灯等特色，被列入山东省第二批非物质文化遗产名录。厚重的人文底蕴，蓬勃的时代风潮，共同构成德平独有的孝德文化。

1943年年底，德平建立中国共产党领导的抗日民主政权。自此至今，勤劳质朴的德平人民，在中国共产党的领导下，勤奋耕耘，不断创新，让这个千年古镇旧貌换新颜，迸发出亘古未有的生机和活力。

德平镇作为传统的农业大镇，现代农业发展步伐不断加快。临邑县德平镇富民家庭农场成为山东省首批省级示范农场。临邑县富民小麦种植专业合作社被评为全国首批农民专业合作社示范社、省级标准化农产品基地。富民家庭农场负责人魏德东先后被评为全国种粮售粮大户、全国劳动模范，2018年当选为第十三届全国人大代表。德州壹号食品有限公司是山东省单场存栏量最大的土鸡养殖基地，同时也是德州市第一家生产无抗土鸡蛋基地。樱桃谷农场（山东）有限公司成为世界最大的曾祖代鸭研发和孵化繁育基地。

德平以兴企强镇为目标，不断推进“产业升级”。至2019年年底，全镇拥有外资企业1家、民营企业221家，其中规模以上企业23家。山东旭光集团已跻身山东省铸造行业综合实力50强。山东天源化工有限公司成为华北地区最大的芳烃橡胶软化剂生产基地，也是国际第二家、国内首家拥有环保芳烃油生产技术并达到国际标准的厂家。山东亚明照明科技有限公司，已与上海飞乐音响股份有限公司合作成功上市，被评为山东省高新技术企业。

德平镇作为全国发展改革试点小城镇、国家级生态镇、全国重点镇、山东省“百镇建设示范行动”示范镇、山东省特色小镇，不断推进城镇建设提档升级。重点建设了龙泉社区。至2019年年底，已建成龙泉御园、富丽家园等7个居民区，居住面积70余万平方米，入住居民3万余人。同时，高标准配套建设便民服务中心、平昌公园、商贸市场、大型连锁超市、幼儿园、白麟小学、污水处理厂、垃圾转运站等，水、电、路、网络等基础设施日臻完善，形成“五分钟”生活圈。龙泉社区被评为“山东省文明生态社区和农村新型示范社区”。

德平作为传统的商贸重镇，以打造县域北部商贸繁荣的经济中心为目标，加快以龙泉社区为中心的商贸区建设，建设占地5.75公顷的商贸城，建成正平大街、龙泉大街、鲧堤大街、富平路4条商贸街，吸引万余人在此经商就业。结合碱李商贸街、满家商贸街，规划建设服装鞋帽、农机家电、建筑建材、副食批发、蔬菜市场、汽配物流等功能区，构筑起以德平集贸大市场为龙头，以碱李、满家、林寨等集贸市场为补充的“镇村一体、布局合理、辐射力强”的商贸流通体系，年交易额数十亿元。

修前贤德，治今世平。历史悠久的古镇，铸就德平人“忠厚诚信、勤劳智慧、勇敢朴实”的精神气质；深厚的文化积淀，涵养德平人特有的心性品格。“好客德平”正以开放包容的姿态喜迎八方来客、广纳天下英才。

渤海明珠　多彩龙池①

龙池镇位于山东省昌邑市西北部，北濒渤海莱州湾，境域南北长 24.4 千米，东西宽 9.6 千米，总面积 182.45 平方千米。2019 年，龙池辖瓦城、龙池、白塔、马渠 4 个社区，27 个行政村，人口 8310 户、24607 人，耕地面积 76537 亩。

美丽乡镇

“南有千岛湖，北有百塘镇。”龙池镇湾塘众多，多由鄑水冲积而成。古鄑水在境内全长 25 千米。古时鄑水雨水充沛，水量充足，主河道宽处达 200 多米。其支流众多，长年水流不断，形成许多大小不一的湾塘，大者 124 万多平方米。星罗棋布的湾塘犹如一颗颗硕大的珍珠镶嵌在茫茫海滩上，把渤海滩装点得风光绮丽、蔚为壮观。据 1987 年统计，龙池镇有大小湾塘 350 多个，平均每个村庄拥有湾塘 13 个，水域面积约 164 万平方米。湾塘命名多以形状、大小、方位、用途、湾塘植物、掌故传说为据。塘水清澈，莲红荷碧，岸柳摇风，云棹戏鱼，可谓风声、鸟声交融，花香、水香共袭。2019 年，根据文旅路线走向，着重对沿路湾塘进行改造，建成湾塘景点 10 个，成为游人观赏、游乐、歇息之佳处。

绿色生态环境，宜居宜业。20 世纪 60—80 年代，大力兴建水利工程，疏浚河流。实施大规模农业综合开发，改造中低产田，调整农业种植结构，保护农业生态环境，发展绿色无公害产品。龙池镇镇村规划、建设、管理实现规范化，城镇化水平逐年提高。

① 选自山东省昌邑市龙池镇志编纂委员会编:《中国名镇志丛书·龙池镇志》，2020 年出版。

龙池镇多方筹集资金，加大基础设施投资力度，在镇区建设“四纵六横”主干线道路，并实施高标准绿化、亮化。积极实施道路和自来水“村村通”工程，加强镇村环境卫生和绿化管理，推进镇村环卫一体化，镇区卫生美观、村容村貌整洁，人民群众生产和生活居住条件明显改善。城镇建成区面积1.12平方千米，绿化覆盖面积44万平方米，绿化覆盖率39%，绿地总面积40万平方米，绿地率36%，人均公园绿地面积24平方米。配套建设龙文化、水文化、红色文化等主题公园12处，公园绿地面积28万平方米。打造优美滨水自然生态景观，辖区内虞河、丰产河等河道得到综合整治，绿化覆盖率达87%。因村施策，全面绿化、美化、亮化。启动镇区靓化提升工程，投资200万元，对9条主要道路路灯及周边绿化进行全面改造升级，打造出3000米独具特色的“网红打卡街”。2014年，龙池镇获国家级生态镇称号。

古韵龙乡

龙池是齐国盐都，制盐历史悠久，距今五六千年前，先民已开始自给自足的盐业生产。龙池一带至今流传着“訾鄑城，明水洼，晒盐扫硝搂绊马，晒盐的挖出汉朝罐，搂草的搂出唐朝瓦”的歌谣。考古发现证明，鄑邑故城就是一座因管理盐业而设置的商周古城，距今约有4000年历史。2005年，龙池镇及村办盐场18.2万公亩，年销量达258万吨。2010年，龙池镇共有盐场7家，23万公亩，年产原盐328万吨。2019年，共有盐场13家，31万公亩，年产原盐400万吨，年利润4085万元。

龙池是孙膑采食地。清顺治《昌邑县志》载:“孙膑仕齐，食邑于此，故祠之。”孙膑为齐国效力，齐王因其功勋卓著，赐瓦城作为他的封地。当地居民感念孙膑恩泽，故而建祠祭祀。相传，孙膑总是坐着由凶猛高大、威力无比的独角牛拉的车，指挥大军破敌制胜。孙子庙原占地面积30余亩，庙前建有石坊、戏楼、广场，庙内有正殿、寝殿、两廊等建筑40余处。正殿高大宽敞，内供孙膑塑像；寝殿西有鬼谷子塑像，东有孙膑卧像。正殿庭院广阔，中为3米宽的石铺甬道，两侧古柏数十棵，碑、树相间。院东有两棵古槐，干枝盘垂，弯曲百结，宛如双龙，为“昌邑八景”之一，树旁有“孙庙奇槐”赞碑。庙宇初建时间可追溯至西汉以前。

龙池是剪纸艺术之乡。明嘉靖二十三年（1544年）《马氏族谱》载:“进元妻姜氏，善剪铰花卉、翎毛、人物，有巧名。”清代“杂技人物”“麒麟”“四季花”等剪纸花样，民间一直沿袭。50 年代，以陈光宗、王锡芝为代表的男性剪纸爱好者，打破剪纸系“闺阁艺术”的陈规，大胆开创剪纸表现时代主题、为社会主义建设服务的创作之路，形成剪纸创作的新生力量。1958 年，剪纸小组在山东省群众艺术馆正式备案。1959 年，陈丕芝代表龙池人民公社剪纸艺人参加省文教群英会，向大会献上集体创作的大型作品《蝶恋花》，受到省委表扬和奖励。之后，剪纸小组被正式命名为“昌邑县龙池剪纸小组”。1960 年，山东省剪纸创作研究组成立，吸收陈光宗为成员。1962 年，陈光宗剪纸新作《赶鸭》首次在全国报刊和东欧国家报刊上发表，龙池剪纸开始走出国门。2006 年，龙池剪纸入选潍坊市非物质文化遗产名录，王锡芝被确定为项目传承人。

龙池是丝绸之乡，是柞蚕故乡和柞丝、茧绸的代表性生产基地。周代，龙池、柳疃一带即有“养蚕织帛”的活动。《尚书·禹贡》记载青州出产“檿丝”，檿即柞树，檿丝即柞丝。柞蚕，又称野蚕、山蚕，柞绸也叫“山茧绸”。明末清初，柞蚕放养技术成熟并广泛传播，蚕业大兴。龙池、柳疃一带兴起缫丝、织绸业。20 世纪初，以柳疃为集散中心的丝绸业进入鼎盛时期。1933 年，龙池、柳疃丝绸参加在美国举办的芝加哥世界博览会，荣获金奖。自此名声大噪，畅销欧美、印度、日本和中国香港等国家和地区。1950 年后，龙池、柳疃一带掀起恢复发展丝绸生产热潮，出现新的繁荣景象，曾流传“夜来灯火多如星，村村户户机杼声。男耕女织笑声喧，牛郎织女下天宫”的民谣。历经 200 余年风雨，龙池、柳疃丝绸传统织造工艺延续至今。2006 年 12 月 30 日，柳疃丝绸技艺被列入第一批山东省非物质文化遗产名录。项目代表性传承人为龙池镇龙北村魏耀琳。

龙池是德才之乡。龙池镇齐西村是“中国传统村落”、“中国历史文化名村”、首批“山东省传统村落”、山东省历史文化名村，入选第一批山东省“乡村记忆工程”，村内保存完好的 52 处清末民国初的古民居群被列入省级文物保护单位。晚清，齐氏科甲蝉联，有“一门四进士”的美传；武进士齐恩铭官至三品御前侍卫，被慈禧太后称为“山东大胖孩子”。齐西也是相声表演艺术家牛群的老家，牛群深爱故乡，曾说：“这有我的祖，这是我的根，时间越长情越深。”2013 年，龙池镇发展全域旅游，打造齐西古村旅游名片，投资 600 多万元，对村内道路及古建筑群进行保护性修缮，建成齐西村史馆、非遗文化展示中心、特色民宿等，让游客感受齐西独特的历史文化魅力。东北塔村是辛亥革命先驱陈干将军的故乡，九曲胡同原是白塔三大门古建筑群，现存有清末民国时期的“阜盛茂”商号老宅 8 处，另外还有陈干故居、陈希孟故居等。清末至民国时期，三大门是“阜盛茂”商号、锦成玉等大户人家集中居住地，房屋建筑规模庞大，气势宏伟，布局集中，因有东、西、北三个大门，故称。三个大门中的东、西两个大门，坐北向南沿街而建，成为白塔的“门面”。东大门由时任山东省实业厅咨议、昌邑县商会会长陈贵谱所建，上有山东省政府主席韩复榘所题匾额“博济存心”四个大字。西大门由三大门持家掌柜陈贵彩所建，上有匾额“孝贞垂范”四个大字。北大门由陈干亲自督建，是当时最豪华、最壮观的建筑。北大门以北是陈干住所。在青岛回归谈判结束之后，康有为对陈干的外交才能大加赞赏，亲题“鲁案砥柱”四个字，悬挂于陈干将军府的门楣之上。“三大门”在柳疃、青岛、上海、济南、香港都有买卖和房产，在青岛火车站设有货站，在青岛河南路有工厂，盛极一时。

工业大镇

龙池镇地处黄河三角洲高效生态经济区和山东半岛蓝色经济区两大国家战略叠加区域，属环渤海经济圈、潍坊半小时经济圈和青岛一小时经济圈。西距潍坊市区 40 千米，东距青岛市区 160 千米，境内荣乌（荣成—乌海）高速、大莱龙铁路等交通干线横贯东西，路网密布，四通八达，具有得天独厚的区位优势和空间优势。龙池镇海洋化工产业优势突出，蓝色海洋经济发达。域内滩涂辽阔，地下卤水资源丰富，盛产海盐。龙池镇以盐及盐化工为主导，大力兴办镇村企业，形成镇办、村办、中外合资、股份制、个体私营等多种经营模式。2005 年，镇区北部规划建设 15 平方千米的龙池工业园区，落户山东昌邑海能化学有限责任公司、潍坊三力本诺化学工业有限公司等 22 个项目，总投资 60 多亿元，成为龙池海洋经济开发的重要载体。2015 年，工业园区获批潍坊市循环经济示范园区。2016 年，获批潍坊市首批化工园区。2018 年，龙池镇拥有盐田 2700 公顷，年产海盐 130 万吨、溴素 1.5 万吨。2019 年，山东省发展改革委、山东省海洋局认定昌邑龙池海洋化工产业园为第二批省级海洋特色产业园区。

红色龙乡

龙池是红色革命老区，山东省爱国主义教育基地。抗日战争时期，龙池中华民族解放先锋队在瓦城组建，昌邑第一支由共产党领导的抗日武装在龙池诞生。龙池“渤海走廊”是连接胶东、清河和鲁中抗日根据地的重要纽带，在最艰苦的时期发挥了护送过往干部、协助跨区调兵、秘密运送战略物资的历史作用，有多名党员干部在保卫“渤海走廊”的革命斗争中赴汤蹈火，以身许国。龙池素有昌邑“小延安”之称，昌邑县第一届人民政府在瓦城成立。解放战争时期，龙池人民为推翻国民党反动统治，积极参军参战。在淮海战役和渡江战役中，龙池数百名青年推起小车，随解放大军转战南北，建功立业。抗美援朝期间，龙池青年积极参加志愿军，保家卫国，多人血洒朝鲜战场。渤海走廊革命斗争陈列馆、昌邑县抗日殉国烈士祠、龙池抗日战争纪念馆永远铭记着这些烈士的英名，讲述和传颂着他们的英雄事迹。龙池镇马渠村作为昌北县委驻地，是保卫胶东通往延安红色交通线的指挥中心，被称为“革命干部的摇篮”和“红色莫斯科”。

旅游强镇

龙池是山东省旅游强镇，有丰富的旅游资源。“古韵新姿，龙乡绽放”，这一直是龙乡文化发展的主题。龙池镇农耕文明和海洋文明融合，传统文化和红色文化共生。有昌邑县抗日殉国烈士祠、鄑邑故城遗址、东利渔盐业遗址群、孙膑庙、陈干故居（墓园）、齐西古村落等国家级、省级文物保护单位；有柳疃丝绸技艺、孙膑崇拜、龙池剪纸（昌邑剪纸）、传统制盐、龙池年俗等省级、市级非物质文化遗产；有全国首家乡镇承建的龙池抗日战争纪念馆等。齐西村是首批山东省传统村落、山东省历史文化名村和中国传统村落、中国历史文化名村。龙池镇整合全镇文化旅游资源，连续举办龙乡文化节，积极宣传推介龙池湾塘文化、海洋文化、名人文化、古迹文化、非遗文化、红色文化，实施梦幻花海生态园、红色马渠、齐西古村、渤海走廊革命斗争陈列馆等文化建设工程，以红色文化传承为主线，科学规划设置旅游景点，串点成线，连线成面，形成传统文化展示区、农家生活体验区、革命教育示范区，成为山东省民间文化艺术之乡、山东省爱国主义教育基地、山东省文明乡镇。

特色精致、古朴典雅的小镇，“宜居、宜业、宜游”。海风从这里吹起，绿韵从这里延伸，红色基因在这里传承。

花卉之乡　生态黄楼①

黄楼花卉种植、鉴赏历史悠久。域内先秦墓葬出土文物多有花卉纹饰。从 1980 年开始，花卉种植由户栽户培进而连片承包，由专业户进而专业村，由当地品种为主进而引进推广形成新的品种集群，由自发生产进而企业化经营，面积逐步扩大，专业化经营日趋成熟，成为青州市花卉核心产区。1993 年，花卉种植能手李鸿儒成立青州万红花卉有限公司，首开花卉企业化经营先河；1997 年，第一家花卉研究机构“青州市绿圣兰花研究所”于黄楼诞生；2000 年，域内形成花卉专业村 10 个，种植面积达到 666.67 公顷；2001 年，建成 15 万平方米的花卉交易中心；2008 年，中共青州市委、青州市人民政府做出《关于加快花卉苗木产业发展的决定》，35 平方千米花卉博览园、266.67 公顷花卉产业发展区落户黄楼；2011年，青州市在新南环路两侧黄楼境内新建中国（青州）花卉苗木交易中心，占地 53.73 公顷，建筑面积 44.41 万平方米，入驻经销商 1200 家；2017 年，山东省亚泰花卉院士工作站在黄楼揭牌。至 2018 年，域内花卉生产面积达 8733.33 公顷，专业村 56 个，花卉企业和合作社 220 余家，科研机构 10 个，花卉从业者 6 万人，经营品种 2000 多个，年产盆花 50 亿株，草花 40 亿株，交易额 110 亿元。在一个街道范围内，形成种苗研发与繁育、栽培、种植、园区与温室工程、病虫害防治、药肥、机械与器械、会展与市场管理、电商平台、物流、花卉旅游、花卉深加工、相关服务业等全方位、多功能、系列化、链条式花卉产业集群，以万红大道、中国（青州）花卉苗木交易中心为“两轴”、长达 10 千米的花卉生产展销走廊，成为青州市作为“东方花都”的形象代表。美丽的花，不仅成为黄楼，也成为青州的一张靓丽名片。

① 选自山东省青州市黄楼街道志编纂委员会编:《中国名镇志丛书·黄楼街道志》，2020 年出版。

忽如一夜花似海，花之使者如潮来。花卉产业的迅速勃兴，催生了中国（青州）花卉博览交易会（以下简称“花博会”）。一年一度的花博会，既是古城青州的盛会，更使博览会承载地黄楼一跃成为“花的驿站、美的海洋”，承担起“南花北运、北花南移”的枢纽之责。从2001年10月第一届花博会开始，“花的驿站”不断为“东方花都”的桂冠增光添彩：2002年承办第三届山东省花卉博览会；2007年承办第四届山东省花卉博览会，之后成为山东省花卉交易会永久性会址；2009年9月，与北京共同承办第七届中国花卉博览会暨第五届中国花卉交易会，其中，四年一届的中国花卉博览会在黄楼充分展现了“人文花博、科技花博、现代花博、和谐花博”的办会目标，创意策划了花与文化、花与生活、花与旅游、花与科技、花与经贸、会期重要活动等六大板块会期活动，共接待国内外来宾、游客162.8万人，签订合同项目80个，现场交易额2.71亿元。博览会室内设“盛世花开”“五洲华韵”等7个展馆，室外展区除35个国内园、17个齐鲁园，另有14个国际园。2011—2012年中国（青州）花卉博览会连续荣膺“中国节庆产业金手指奖·十大花卉类节庆”。至2018年，历届花博会平均室内布展面积达到10万平方米，参展客商总计2.74万家，观众累计696.41万人次，现场交易额总计32.29亿元，黄楼成为江北最大花木集散中心。

与花卉相媲美的农业高效种植产业还有瓜菜种植。改革开放以来，黄楼着眼于培育和提升当地优势，积极推动种植业结构优化和产业高效化。2018年，蔬菜种植面积371.6公顷，总产126.6万千克。传统优势种植项目生姜采取适度规模、合作经营方式，成立青州市农业合作社侯庙生姜专业合作社，2018年种植面积456公顷，产值1.34亿元，户均增收2万元。青州特产、清代贡品、因产于弥河沙地而负盛名的“弥河银瓜”，瓜肉白嫩，香味浓郁，脆甜多汁，已培育出“火银瓜”等3个优质品种。2001年，“弥银”牌弥河银瓜获评省级无公害农产品认证和全国农产品博览会金奖。2009年，“青州银瓜”商标注册为农产品地理标志证明商标。2018年，瓜菜种植面积达250公顷，产值过亿元。

自沂蒙山地蜿蜒而来、流经辖区近11千米的弥河，是黄楼的母亲河。2010年10月，弥河湿地公园生态工程开工建设，共栽植各类乔木20万株，花灌木30万平方米，种植各类花草、地被30多个品种、200多万平方米，设计荷塘3处，占地10公顷水生花卉园1处，并与穿越城区的南阳河相互贯通。经过整治，由水系自然形成的滩涂、湿地、湾塘、水生植物与着眼于生态保护而形成的林木、花草、景观及公共服务设施融为一体，组成一道人与自然和谐相伴的绿色生态屏障。母亲河改造不仅极大地改善了城区东部生态，更重要的是绿色环保理念开始引领社会生活和产业经济，从种植业到制造业，生态环保演化为市场主体的自觉行动。具有典型意义的是，过去以牺牲环境为代价的采砂设备工业，经过理念创新和园区化改造，到 2015 年，已转化为潍坊市认定的环保清淤疏浚产业集群。2018 年，辖区内环保清淤疏浚设备制造企业发展到 190 家，其中规模以上企业 20 家，形成绞吸式挖泥船、水底 / 水面挖泥船等 4 大类 20 多个品种，年产值 20 亿元，产品远销欧洲、非洲、东南亚、南美等 100 多个国家和地区。青州永生环保清淤装备有限公司研发的 70 米清淤船、水陆两用挖掘机、污泥固化设备等均具有自主知识产权，获得专利 30 多项。

推动优秀传统文化创造性转化、创新性发展，是黄楼对文化自信的认知和践行。2014 年，概算总投资约 230 亿元、建筑面积约 700 万平方米的黄楼文化艺术小镇建立。小镇位于青州市区东部新城的核心区域，设立艺术创作、展示展览、交易交流、金融服务、教育培训、创业孵化、养生养老、商业服务 8 个中心。其中艺术创作中心是中国美术家协会写生创作基地、中国书法家协会创作培训基地；展示展览中心展厅总面积 3.5 万平方米；交易交流中心有 25 栋美术馆和 10 万平方米画廊；金融服务中心拥有书画融资担保公司和文化产业基金公司等平台；商业服务中心拥有不同风格的商业街、文体中心、艺术家酒店及商住服务区。2017 年，黄楼文化艺术小镇入选山东省首批特色小镇、山东省文化产业示范园区。至 2018 年年底，涵盖全国 18 个省市的 300 家客户入驻国际文化艺术小镇，其中画廊经营业户 240 余家；建成校政企合作、产教融合的“凤凰艺术学院”，面向全国招生，2018 年年底有在校生 500 人；先后举办 6 届翰墨青州 · 中国书画年会，并于 2018 年 4 月举办第三届中国 · 青州文化艺术节暨 2018 中国（青州）国际文化艺术品博览会，展出一批国内当代书画名家作品，来自伊朗、印度等 5 个国家的 5 位国际知名水彩画艺术家应邀出席并展示作品。小镇还举办诸如中式生活等以传统文化和生活为主题的艺术博览交易会，倡导艺术生活化、生活艺术化，引发广泛社会反响。浓郁的文化氛围凝聚和提升着人们的精神追求，1996年以来，黄楼街办先后有10人次作品入选全国性国画、农民画、书法作品展或获得奖项，其中赵长海作品《乡情》荣获 2015 年全国农民画展一等奖。

四千多年前，兴盛于青州一带的东夷文化，其部落图腾为“凤”，凤鸟自然栖息于花木繁盛之处，故后来有“凤翥青齐，蒲香海岱”之说。也许从那时起，花木基因即深深植根于这一方水土。现在，在青州黄楼，“花”已经远远超出原有意义，日益成为一种文化象征。正可谓：文化传血脉，东夷发祥因凤栖；美丽遍华夏，关山装点有“万红”。

水国舟市　山歌之乡①

木洞镇位于长江重庆段南岸，巴南区东北部，是一个人文历史厚重的千年古镇，历史上有“水国舟中市”“川东名港”的美誉。

长江与其支流五布河交汇处有一宽阔地带，形状如盆，人们很早就在此兴市建场，名“盆盆场”。相传，明代市民在场上修建禹王庙，欲借大禹神力以镇洪水。建庙所需木材量甚大，但场镇附近没有成材林木，需要到很远的狮子山运输，当地人非常着急。掌墨师冥思苦想不得法，一天夜里偶得一梦，便按照梦中神仙指引，在狮子山一洞中取木建成禹王庙，取木的洞便被人们称为“木洞”，盆盆场则以洞为名改称木洞场。之后所设里、保、区、乡、镇，均以木洞为名。清末，初设木洞镇，后历经多次建置区划调整，2001 年 7 月定名为木洞镇。辖区东与巴南区双河口镇、丰盛镇、麻柳嘴镇毗邻，南与巴南区东温泉镇、二圣镇接壤，西与南岸区迎龙镇、广阳镇相连，北与江北区五宝镇隔江相望。全镇幅员面积 104.3 平方千米，辖 14 个行政村、3 个居民委员会，镇政府驻木洞镇新建路 87 号，地理坐标为北纬 29°22'，东经 106°27'，距巴南区政府所在地龙洲湾 55 千米，距渝中区朝天门码头约 38 千米。木洞镇周边 60 千米范围内与南岸区、江北区、长寿区、江津区、涪陵区、綦江区、南川区等城区相邻。境内有麻柳工业园区（2019 年更名为重庆国际生物城），周边与重庆经济技术开发区、南岸区茶园新区、长寿工业园区、巴南经济园区界石拓展区、重庆公路物流基地连成一体。

木洞历来是长江上游的水陆冲衢，是川汉、川黔、川湘等地南来北往、东下西上的物资集散地。早在唐代，诗人王维就用“水国舟中市”的诗句记录下了木洞的繁盛景

① 选自重庆市巴南区木洞镇志编纂委员会编：《中国名镇志丛书・木洞镇志》，2020 年出版。

象。元代，木洞成为重庆朝天门至湖北沙市之间的 20 个水驿之一。明代，被誉为“川东名港”。清末至民国年间，木洞港商贸繁荣，一批批大型木船晓航夜泊，场街上人流如潮，堪比城中闹市。抗日战争爆发后，国民政府迁都重庆，木洞港的船家携船加入民生公司，转运抗战物资及抗日队伍。国民政府一些重要军事机构也设于此，木洞港成为大后方的前沿阵地之一。中华人民共和国成立后，建立木洞水运社，长江航运公司、重庆市轮渡公司等航运企业相继到来，与木洞水运社共同经营木渝（木洞至朝天门）水道。20 世纪 80 年代中期，木洞地区谭氏兄弟的“麻柳号”“神舟号”“忠兴号”“宏兴号”轮船参加营运。进入 21 世纪后，由于国道、省道和乡村公路网络的形成，木洞港的陆地码头功能增强；三峡水利工程建设并实现 175 米高程蓄水，木洞港处于蓄水位的末端，万吨巨轮可直达木洞港，“川东名港”的地位进一步得到巩固和提升。

木洞港水港全长 27.8 千米，其间有中坝岛和桃花岛两岛，桃花岛内河苏家浩，全长 18.5 千米。支流五布河从东泉镇菩沙滩进入木洞镇，至木洞镇中坝村渡口流入长江，全长 32.6 千米。水港码头岸线 5 千米，水域面积 13.4 万平方米。水港域内有客运码头 4 个、货运码头 1 个、渡口 10 个。陆港码头区域面积 4.8 万平方米。未通公路之前，陆港码头有东大路、西大路两条主要交通干线通达川渝、黔贵。

中华人民共和国成立前，木洞港的船只有木船和机动船两种。木船有广船、渡船、揽载船、老鸹船、划白船、舵笼子、敞口船、舢板船、四脚蛇船、五板船、行马船、柳叶船、窝棚船等。最具特色的木船是从事长途航运的广船，其腰大，口窄，体高，载重 80 ～ 100 吨甚至更多。清光绪二十四年（1898 年），英人立德乐的“利川”号蒸汽轮船为木洞港第一艘机动船。1950 年前，有佛亨公司“佛通”“佛星”“佛源”3 艘轮船。1955 年 4 月，巴县短航管理站成立，在册船员职工 342 人。到 21 世纪初，全港有各类船只 200 艘左右，船工 2000 人以上。

木洞港客运和货运吞吐量较大。客运分义渡和商运。义渡，即政府相关部门筹资修船并雇请船工摆渡过江，乘客不付船资。中华人民共和国成立后，义渡成为木洞地方政府的一项重大民生工程，年义渡乘客 20 万人次左右。历来，木洞港的货运量大。1919—1938 年，木洞桐油年出口量曾高达 1000 吨以上，约占全国出口总量的十分之一；棉纱的年交易量达 5000 余包（每包 10 千克）；食盐 3000 吨以上；糖、酒及其他物资 1 万吨以上。1972—1985 年，全港货物年吞吐量 12.6 万吨，其中进口 10.2 万吨，出口 2.4 万吨。主要运输物资以建材、钢铁、化肥、煤炭为进口大宗，粮食、榨菜、蜜枣等为出口大宗。随着木洞工业园区的落户与建设，近年来，木洞港的客运量每天达上万人，年进出口货物量在1000万吨以上。

自1956年1月建立木洞镇广播站、1984年12月建立木洞镇文化站以来，木洞人就把文化发展作为兴镇、强镇的战略目标。通过数十年的不懈努力，木洞镇现已成为名副其实的文化强镇、文化名镇。文化强镇、文化名镇的经典之作是全力打造木洞山歌品牌，以木洞山歌品牌促进木洞文化的深入发展，有力推进木洞政治、经济、文化、社会和生态文明建设协调发展。自1984年建立木洞区（乡、镇）文化站始，制定了争创“木洞山歌之乡”规划，并以团队建设、歌手培养、艺术品牌为核心推动全方位文化发展。1990年，木洞区（含木洞镇等11个乡镇）被重庆市文化局命名为“山歌之乡”。2006年，木洞山歌被列入第一批国家级非物质文化遗产名录。2008年，木洞镇被文化部命名为“中国民间文化艺术之乡”。为保护好木洞山歌这一国家级非物质文化遗产，除了对木洞山歌老歌手、命名传承人进行精心保护外，木洞镇还通过建立镇、村、学校木洞山歌传习基地的方式，培养出千余名新歌手，摆脱了木洞山歌后继乏人的困境。艺术发展是木洞山歌的生命力所在，自2006年以来，木洞镇走出了一条自身力量与专家介入相结合的木洞山歌艺术品牌的创新之路，先后创作出《干劲大得很》《赶场》《迎村官》等荣获全国、省、市大奖的优秀山歌、山歌剧作品上百个（项）。与此同时，木洞镇还加强了木洞山歌的理论研究，撰写出版了《木洞山歌》《木洞禾籁》等理论专著，发表了多篇相关论文，追寻木洞山歌的发展历史，破解木洞山歌若干保护难题，保障了木洞山歌保护工作始终沿着正确的路径行进。为了扩大木洞山歌的影响，提高其地位，2006—2017年，木洞镇先后接受央视及全国数十家电台、电视台、网络媒体、平面媒体的上百次采访，曾3次进入央视直播间；除了组队参加全国各种比赛、展演活动外，还多次到日本、匈牙利等国家和中国香港、台湾地区进行艺术交流。

木洞镇以改革开放为契机，转变经济发展方式，不断加快经济发展步伐，一跃而为巴南区和重庆市的经济大镇。

虽然木洞镇曾是水上运输和商贸发达的长江沿江名镇，但改革开放前，始终脱离不了“农业大镇”的称号。1982年，木洞镇以改革开放为契机，全面实行家庭联产承包责任制，粮食产量迅速提高。这一时期，在保证粮油不减产的前提下，政府积极引导农民建立商品农业基地，成为巴县茶叶、苎麻、蚕桑、生猪等种植、养殖基地之一，茶叶、苎麻、蚕桑基地分别达到万亩规模。2010年以来，木洞镇抓住第一批绿色低碳重点小城镇试点创建、命名以及巴南区社会主义新农村建设示范镇试点的契机，遵循特色农业区、转型农业区和生态旅游观光区的农村发展思路，树立生态文明建设、乡镇一体化建设的美好家园共同发展理念，将现代农业开发放在发展农业的重要位置，积极推进现代农业的开发建设工作。至 2017 年 12 月，总计流转土地近 2 万亩，先后建立起海眼丰雨谷原生态农庄、木洞镇庙垭村水果生态农业园、山水牧歌生态休闲农业示范基地、栋青圣新创意农业基地、栋青瑞普现代农业观光园等现代农业基地。

中共十一届三中全会后，木洞镇原各乡镇创新思维，实行与城市国营和集体企业、大专院校、科研单位、外贸部门联营、合资、技术合作等模式发展乡镇企业。至 1983 年，全乡规模较大、效益较好的乡级企业有长坪建筑公司、水口沙砖厂、保安页岩砖厂、栋青建材厂、木洞国光织布厂、重庆食品厂等 70 多家。1992—1996 年，新增乡镇企业 100 余家。1997 年，乡镇企业固定资产投资 1000 万元，利润总额实现 600 万元，完成国家税收 500 万元。乡镇企业中，重庆焊管厂、重庆木洞造纸厂、国光重庆木洞织布厂等先后成为重庆市优秀乡镇企业。

2012 年 11 月，重庆麻柳沿江开发区木洞组团（简称“木洞组团”）落户木洞，是重庆市生物医药“4+1”聚集区、重庆轻纺工业产业基地，规划占地 60 平方千米。至 2017 年 12 月，已有近 700 家企业相继落户。重庆市生物医药“4+1”聚集区占地 9 平方千米，智睿生物、美国 Athenex 制药、日本参天、重庆医药等重点项目实现集群落户，涵盖生物制药、原料药及制剂、现代中药、医疗器械各领域，投资额 240 亿元，产值 360 多亿元。2011 年 3 月，重庆轻纺工业产业基地正式建立。至 2017 年 12 月，已有 580 多家服装企业入驻，已投产的有 430 家，形成拓为、尚盟两大服装专业平台。其中，拓为重庆中国轻纺服装城占地 22 公顷，总建筑面积 68 万多平方米，投资 11 亿元，建成集服装、纺织品、服装面料辅料、物流仓储、大型批发零售市场及休闲购物步行街等于一体的重庆“时尚硅谷”；尚盟重庆时装产业园一期占地约 31 公顷，总投资 17 亿元。至 2017 年年底，木洞工业园区累计投资已达 500 亿元以上。

进入 21 世纪后，特别是近 10 年来，由于三峡库区木洞移民工程的实施和木洞工业园区的兴建，很多移民工程项目和一批重庆市重点企业相继落户木洞，使木洞镇经济格局发生了巨大变化，经济总量快速增长，第一产业比重进一步降低，第二产业持续发展，第三产业迅速崛起；以集体经济为主体的经济模式转变为集体经济、外资经济、民营经济“三足鼎立”的混合型经济模式，经济质量和经济效益也随之不断提高。2017

年，实现地区生产总值19.4亿元，工业总产值108亿元，社会消费品零售总额5.7亿元，场镇居民人均可支配收入33550元，农村居民人均可支配收入15959元。

得天独厚的人文地理环境、丰富多彩的旅游资源，木洞镇早在数千年前就已经是旅游胜地。进入21世纪后，重庆市、巴南区都将木洞镇作为旅游发展的重镇。

木洞镇旅游资源包括风景名胜、传统文化、民俗风情、特产美食、古镇老街、文物古迹、现代都市农业等。风景名胜有木洞十一景、九狮汇、长延坪大寨、桃花岛、中坝岛、青年湖等。传统文化项目有木洞山歌、木洞龙舟、木洞仪式戏剧等103项。民俗风情有别具一格的服饰、饮食、人生礼仪、节日庆典等传统习俗近百项。文物古迹众多，有古墓、古庙、古桥、古道、古寨、古宅、古石刻碑文及遗址数百处。木洞豆花、木洞蜜枣、木洞榨菜、木洞油酥鸭、木洞土酒等美食特产誉满巴渝，名冠神州。特别是木洞蜜枣，早在清中期就成为皇家贡品，抗日战争期间更广受推崇。明代时形成的“五里长街”，成为重庆市重点修复保护的古镇老街之一。街上明清建筑成群，街巷道路充满古色古香的韵味，还有邹容、杨沧白①等资产阶级革命早期名人旧居。2004年，将都市农业发展纳入新农村建设体系规划中，长坪山片区和明月山片区的10个村被纳入木洞镇都市农业发展区。木洞都市休闲农业呈现迅猛发展态势，海眼丰雨谷原生态农庄、栋青瑞普现代农业观光园等，每年吸引上百万游客到此休闲观光。2016年，新建的近1000米长廊式的仿古一条街“木洞河街”开街，八方游客纷至沓来。2017年，市、区、镇三级联合，正在加快古镇老街、桃花岛、中坝岛、长坪山等景区景点的旅游基础设施建设，以提升木洞旅游的整体品质和形象。

为发展木洞旅游，木洞镇以贯彻落实“共抓大保护、不搞大开发”方针为契机，使明月山、长坪山作为长江生态屏障得到有效保护，长江、五步河水质长期保持优良，两岛（桃花岛、中坝岛）开发优先保护生态，重庆国际生物城实现绿色发展，木洞古镇修旧如旧，恢复历史风貌，这些都为木洞镇未来的旅游发展增添了十足后劲。

① 杨沧白：本名杨庶堪，沧白为其字，世人普称其“杨沧白”，故本书中以“杨沧白”记述。

石杨镇志概述①

石杨镇隶属于马鞍山市和县，地处安徽东部，与南京市浦口区及滁州市全椒县接壤，南临芜湖市、马鞍山市，西靠巢湖市，在“南京一小时都市圈”内。全镇总面积158平方千米，耕地面积4243.73公顷，水域面积1039.93公顷，山地面积2144公顷，宜林山场2050公顷，有林面积1942公顷，林地面积5809公顷，园地面积322公顷。

石杨镇历史悠久，春秋属句吴，吴亡入越，越亡入楚，交通便利，是重要的通关驿道。夹山关难行又险，闻名于长江中下游和江淮之间。秦始皇时，该地区属古镇历阳范围，归九江郡管辖。石杨属于标准的丘陵地区，处于几大繁华的大都市接合点，是南京、合肥、芜湖、马鞍山四大城市的交会处、“后花园”，也是休闲、养生、避暑、疗养的清净之地，更见证了古都南京、古镇历阳的沧桑变化和时代变迁。

石杨镇虽然属于新建城镇，但是后合并入的绰庙乡、金城乡、高关乡（高皇殿和夹山关隘口）却是大名在外。六朝古都南京与绰庙一山之隔，山山有古迹，寺寺有故事，几代皇帝都乐此不疲地到这里巡幸、游玩。可惜的是，抗日战争后期，日伪为了巩固、防守南京，在石杨地区疯狂地抢掠大户人家，拆毁古建筑、寺庙来修建炮楼和防御工事，古迹遭到严重破坏。

中华人民共和国成立以后，在中国共产党的领导下，在全县人民和几个军区部队的支持下，千年古镇涅槃重生。昔日的穷乡僻壤，成了现在的金山银山，南华禅寺的方丈传正大和尚三次到石杨，带领工匠翻修憨山大师纪念堂。

石杨镇地形地貌呈蘑菇形，由西南向东北倾斜，一道东北向西南的山脉横亘境内，

① 选自安徽省和县石杨镇志编纂委员会编：《中国名镇志丛书·石杨镇志》，2022年出版。

群山山体蜿蜒起伏；东北部为平坦圩区。境内山清水秀，生态良好。有阴陵山、插花山、孔夫山、如方山、掉尖山、戴虎山、老山、吃儿山、夹山、花山等。如方山绵亘十几里，峰峦跌宕、气度恢宏。登山远眺，只见长江、滁河蜿蜒如练，苍茫大地尽收眼底；俯首鸟瞰，诸山秀丽，村落田畴，星罗棋布。如方山西面有一巨石，名曰狮子岩。岩下有一石潭，深七丈余，水碧如染，叫金牛井。站在岩上向远处望去，云雾缥缈、似入仙境。绕过西岭，自西向南，便到钓鱼台，相传这曾是姜太公垂钓的地方。

石杨镇水系发达，山区建有水库 22 座，其中夹山关水库最大，该库集水面积 40 平方千米，最高蓄水位 36.5 米，满足滁河以南 2.3 万亩农田的灌溉用水需求。山区当家塘密布，圩区沟渠纵横。水系为长江支流，属驷马山河流域，汇入滁河，经驷马山枢纽水利工程流入长江。由于江河水的滋润，全镇土地肥沃，正所谓“青山绿水到江沿，土地一半是良田”。石杨镇山峰连绵、植被繁茂、空气清新、氧气充足，有“天然氧吧”之称。全镇地势起伏较大，村落密布、阡陌纵横、群峰竞秀、山水环绕，素有“南京后花园”之美誉。

石杨镇人杰地灵，星辰璀璨、人文荟萃，英才辈出。宋孝武帝刘骏登临如方山狩猎，回金陵后不久便大赦天下。梁武帝萧衍登上这座山，专为昭明太子萧统建一座昭明院，院内有塔，名“六祖塔”，且有寺，名“六坟寺”。梁昭明太子萧统曾在院内读书。继此，文人墨客来访不断。明代号称“四大高僧”的憨山大师就出生在石杨蔡浅自然村，并在这里度过了他的少年时期；明末清初义士戴重、诗书画大家戴本孝、反清复明义士戴移孝的家乡也在这里，迢迢谷曾经是反清复明基地；中华人民共和国空军少将周光富将军也在此出生，这里的山山水水都留有将军青少年时期的足迹，大山的静气和秀水的灵气滋润着将军的成长；还有抗日英雄樊正文、一代书画宗师林散之、画梅大师端木礼海等不胜枚举。

石杨镇四周环山，属蜿蜒起伏的丘陵山区。山体不高，在海拔 400 米以下，具备丘陵山区的典型特征。具有代表性的是如方山，山高 315 米。山体虽然不高，但是四周临水，显得如方山伟岸、挺拔。石杨的山，山山相连，形态各异。有的像猛虎下山、狮子滚球；有的遥遥相对，宛若双眸仰望苍穹；有的山体曲折蜿蜒，酷似巨龙卧波。迢迢谷里包蕴着许多美丽动听的故事。日夜奔流、碧波荡漾的滁河环抱着石杨，滋润着河网稠密的圩区。中华人民共和国成立后，石杨人民改写了滁河年年泛滥成灾的苦难历史，如今新农、裕民等村成了旱涝保收的鱼米之乡。

古镇山环水绕，人文底蕴积淀深厚，魏晋古韵，明清风情，洋溢其间。全镇极具观赏价值的人文景观遗址有二三十处，各式民居、店铺骑楼、桥廊亭塔、书院庙坛、渡口码头，伴随不老的时光，镌刻历史的印记。各种特产、美食，是游子舌尖上的眷恋。游览古镇，犹如穿越时空，观赏一幅幅历史画卷，浓墨淡彩中映透出千年沧桑。拨开沧桑、尘封、锈迹的迷障，无数个谜团萦绕心间，引得江苏省多名诗书画大家在此安家、休闲、度假。

这里山川秀美，胜迹如云，让古今众多名人逸士在这片神奇的土地上留下大量的艺文佳作，其中有诗文、碑记、书法、美术、摄影等。此外，还有独具地方特色民间流传的掌故与传说。这些作品，凝聚着人们对美好生活的向往和爱恋。

“千年古镇美，石杨驿道险”，这是滁州、南京等地人对石杨镇的评价。这里流传着商纣王、周文王、姜子牙的故事；有孔夫子带着学生游说的踪影；有宋孝武帝刘骏、梁武帝萧衍、梁昭明太子萧统的足迹；有戴重、戴本孝、戴移孝、林散之论书作画的墨香；有夹山关“两山壁立，耸峭夹道”的险峻；有烽火连天的古驿道陈迹；有耳熟能详的石杨十景——如方山、憨山寺、插花庙、气象树、张婴洞、霸王桩、一河两色水、三步两个桥、十里迢迢谷、抬头一个庙低头一个井。

石杨镇是名副其实的旅游集散地，是适宜休闲度假、品尝美食、商务洽谈的极佳场所。处于四大城市之中的石杨镇，区位优势凸显，206 省道（滁芜路）纵穿全镇，距合宁高速只有 15 千米。滁马高速穿境而过，合肥机场、南京机场距石杨镇均不到 1 小时车程。驷马河、滁河水道沿镇流淌、穿镇而过，可常年通航 800 吨以下船舶，水道距长江口只有 25 千米。快捷的水、陆、空交通网，为企业投资、游客观光提供了极大便利。这里资源丰富，煤矿、白云石、石灰石、铁矿、磷矿遍布全镇。高关新农村建设秉承特色、高端、以人为本的理念，在山坡地上随势建起了舒适、休闲的适合农家居住的低密度住房，湖光山色吸引了南京、上海市民到此度假；以盘景水泥为领军的建材行业应势兴起，高标号的水泥和优质石材远销全国各地；就地取材制作的板材质优价廉，赢得用户的好评；农业方面，早已实行订单生产，肥沃的土地，清澈的水源，优良的品种，使得石杨的优质大米名声远扬，远销全国各地；依托滁河水资源的优势，养殖了各种鱼虾蟹鳖、禽类；高滕葡萄规模种植并生产加工系列葡萄酒、白兰地酒；万源农场的冬桃，色泽鲜艳，口感极佳，冬桃成熟期，周边美食爱好者竞相前来采摘；凭借群山的资源，建起菜牛养殖基地，纯天然的鲜草哺育着成群牛羊；石杨板栗具有几百年的历史，清初从皖南广德引进栽培，清嘉庆年间（1796—1820 年）曾作为贡品名噪大江南北，优良品种有“大红袍”“处暑红”“大油栗”；山上遍地是宝，中药材、各种野味都是自然的馈赠。

悠久的历史、优美的环境、丰富的物产、深厚的文化积淀、光荣的革命传统，滋养着勤劳智慧的石杨人民。石杨人民在中国共产党的领导下，遵循“绿水青山就是金山银山”的理念，确保山青、水绿、天蓝，团结一致、开拓创新、拼搏进取，将石杨镇建设成充满实力、活力、魅力，宜居、宜业、宜商、宜游的园林式、生态型、现代化强镇。

石牌镇志概述 ①

石牌古称石牌口，亦名宜塘。长河、潜水、皖河交汇于其西两千米处，形成水乡泽国，远看地处中段的筲箕山如排（牌）浮水，故名石牌。北宋建隆年间（960—963年），石牌见诸史端。千年岁月沧桑，石牌逐渐演绎为皖西南商贸重镇。石牌梨园名伶荟萃，枞阳—桐城一带是“京剧之父”徽剧的发源地。1915 年《怀宁县志》载，石牌“粟布云集，货贿泉流，为怀宁诸镇之首”。1938 年日本侵略军占领安庆，怀宁县治自安庆迁至石牌，石牌成为皖西南抗战前线与大后方交叠之地。1945 年日本投降后，怀宁县治迁至安庆，1949 年石牌镇人民政府成立，1950 年怀宁县治迁至石牌，21 世纪初迁至高河。石牌作为怀宁县政治、经济、文化中心长达半个世纪。

石牌，濒长江，枕皖河，土地肥沃，民风淳朴，文化繁荣，交通便利。距高铁安庆西站、天柱山民航机场和长江安庆港口 40 千米，距广济高速公路（广州—济南）腊树出口 8 千米，省道 237、238、344 贯穿石牌，连通全国。

自北宋开埠以来，石牌一直是皖西南商贸要津。潜山、岳西的竹木、柴薪，太湖的生漆、绿茗，望江的米粉、棉花，宿松的药材、丝麻，皆由石牌码头运往外埠。清朝中叶，石牌已成为远近闻名的商业中心，江西、福建、湖北等地客商纷纷在此设馆驻节。

石牌镇是全国四大肠衣加工基地之一，肠衣肝素钠产品远销东南亚、欧美。龙凤贡面、顶雪贡糕仍保留着传统的制作工艺，畅销海内外。麻塘鲫鱼、石牌芹菜芽、石牌山药、皖河黑猪等土特名产远近闻名，水萩粑、河水煮河鱼、粉蒸肉、什锦菜、康乐菜等特色小吃，给人以舌尖上的享受。

① 选自安徽省怀宁县石牌镇志编纂委员会编：《中国名镇志丛书·石牌镇志》，2022 年出版。

石牌，皖河长子，“千年古镇”闻名遐迩，“徽黄故里”誉满天下。徽剧，京剧之父，清代包世臣《都剧赋》云：“徽班昳丽，始自石牌。”自清乾隆以来，石牌名伶遍及华夏，“徽班进京”第一人高朗亭、“京剧鼻祖”程长庚、“京剧大师”杨月楼、“武生宗师”杨小楼，从石牌走出，扬名京沪，梨园界有“无石不成班”之说。黄梅戏，全国五大剧种之一，发源于石牌一带。“怀腔”，皖河水浸润出来的声腔，石牌人田间地头、乡里街坊唱出来的声腔，是黄梅戏的正宗腔系、黄梅戏唱腔的“活化石”。黄梅戏表演艺术家严凤英认为石牌是她的第二故乡。

石牌，人杰地灵，民性宽厚，崇礼法，尚节义，喜攻书，好研艺，乐农桑，勤耕织，善商贾，巧经营。独特的人文环境，造就出许多杰出人物，或社会名流，或行业名家，或杏坛名师：明隆庆五年（1571 年）进士、方伯二品衔刘尚志，明末文状元刘若宰，热心于公益的富商盛朝瑞，教育家程演生、陈我鲁，书法家、诗人潘伯鹰，公路专家刘贻燕，作家潘军，中国工程院院士程京等。

1999—2013 年，石牌镇先后被评为“安徽省中心建制镇”“安徽省重点中心镇”“全国重点镇”“全国特色文化产业示范镇”。

2017 年，石牌镇入选全国第二批特色小镇、安徽省首批特色小镇。

恰逢新时代，古镇焕发新颜。石牌宛如一颗明珠，镶嵌在皖西南大地上。

会吴古城话柘皋[1]

柘皋是有着两千多年历史的江淮名邑，以“橐皋”之名载入《春秋》《左传》《史记》，以“弥㕣”之名刻记于楚简。汉代，这里为橐皋县治所。千百年来，柘皋一直以得天独厚的地理位置，成为皖中财物聚散的市埠、南北交通商旅的枢纽和江淮战略的要地。它既是古代吴楚文化与中原文化分野的一尊界碑，又是长江文化和淮河文化交流、融汇的一座通埠。

千年古镇 柘皋，古称橐皋，始见于《春秋》。《春秋·哀公十二年》载：“公会吴于橐皋，吴子使太宰嚭请寻盟。”《史记·吴太伯世家》载：“十三年，吴王召鲁卫之君会于橐皋。”《汉书·地理志》记：“九江郡，县十五：寿春邑……橐皋、阴陵……”《汉书新注·古今地名对照表》记：“橐皋，安徽巢县西北柘皋镇。”《中国古今地名大辞典》记：“橐皋县，春秋吴邑。……故城在安徽巢县西北，今为柘皋镇。”

柘皋地处吴头楚尾，时而属楚，时而属吴。西周初期，群舒一支在柘皋建立宗国，春秋前期隶属于楚国。吴王僚八年（前519年），因边界纠纷，吴使公子光伐楚，隶属于楚的方国钟离（凤阳县）、巢国（巢湖市）先后被灭。处于钟离、巢国之间的柘皋也随之归附于吴国。周元王三年（前473年），越灭吴，柘皋归楚。

秦始皇统一天下后，分全国为36郡，橐皋为九江郡的城邑。西汉时期，设橐皋县，隶属于庐江郡。东汉废橐皋县，橐皋作为镇邑并入浚遒县（肥东县境内）。魏晋时期，浚遒县改为慎县，橐皋作为镇邑，属于慎县。唐代，经历了“立巢州”“废巢州”“立巢县”“归庐州”“并慎县”一系列行政改制。自唐代，经五代，历宋、金、元、明至清

① 选自安徽省巢湖市柘皋镇志编纂委员会编：《中国名镇志丛书·柘皋镇志》，2022年出版。

朝，柘皋一直作为巢县的镇邑而随之归属。

1938 年 4 月，日军占领巢县城。1938 年 7 月，巢县抗日民主政府在柘皋镇汪桥集成立。1938 年年底，中共皖江工委迁驻柘皋镇。1940 年，巢县政府从汪桥集迁到柘皋镇。1949 年 1 月 22 日，柘皋解放，巢县人民政府在柘皋镇成立。

从春秋时期的会吴城、西汉时期的橐皋县，到巢县人民政府在柘皋镇成立，柘皋作为古城、县治所、镇邑，留存在历史长河中。

文化厚重。明代史地学家曹学佺在《舆地名胜志》中记："孔子南游至橐皋，与弟子憩台而返。"清代史学家钱泳到巢县时，曾特意做过考证："孔子台在巢县西北五十里，土名柘皋。"清康熙《巢县志》也有孔子到柘皋讲学的记载。孔子到柘皋开坛讲学，传授儒家文化，在柘皋留下了"孔难桥""晒书墩""孔子台""听书港""洗砚池"等诸多历史遗址、遗迹。

柘皋人传承孔子思想，崇文兴教，风气弥笃。宋、明以后，柘皋乡村私塾星罗棋布。清光绪三十二年（1906 年），柘皋镇兴办两所公立小学。1914 年，柘皋镇设立巢县第二高等小学。抗日战争时期，柘皋成为巢县抗日民主政府所在地，教学机构也随之迁移。1939 年，巢县中学迁到柘皋北的黄山圆通庵。1940 年，安徽省立第五区七县联立中学在柘皋北的油坊集创办。中华人民共和国成立后，柘皋镇的教育事业得到快速发展，柘皋镇从义务教育、高中教育到职业教育，形成一套完整的教育体系。

红色记忆柘皋有着光荣的革命传统。1919 年 12 月，柘皋青年李慰农、杨士彬与蔡和森等 50 余人赴法国勤工俭学。1922 年 6 月，李慰农和赵世炎、周恩来等在巴黎成立"旅欧中国少年共产党"（后为中国共产主义青年团旅欧支部），同年加入中国共产党。1923 年 11 月，李慰农赴莫斯科东方大学学习。1925 年 1 月，李慰农回国后任中央特派员赴山东工作，兼任青岛市委书记。在青岛期间，他组织工人开展反帝爱国运动，后牺牲于青岛。

抗日战争时期，柘皋是巢北抗日根据地。1938 年 6 月，共产党员冯文华领导的巢县黄山抗日游击队在柘皋镇汪桥集整编，队伍逐渐发展壮大。1939 年 2 月，日军步兵、骑兵、炮兵 700 多人包围了新四军八团驻地方老人洼村，新四军八团与巢县黄山抗日游击队相互配合，击毙日军 150 多人，取得了方老人洼战斗的胜利。1942 年，中共巢二区委成立，开辟了浮槎山革命根据地，建立巢二区游击队，开展对日游击战争，陈俊、吴屏周、周衣冰等热血青年战斗在巢北地区。在中国共产党的领导下，巢二区游击队成为巢北地区抗日武装的中坚力量，有力地打击了侵华日军的嚣张气焰。

解放战争时期，柘皋是打击国民党势力的重要战场。1946 年 5 月，中共华中四地委决定，派李刚组建皖江联络队返回巢北开辟游击战场。皖江联络队返回巢北后，迅速恢复党的组织和地下交通线，重建浮槎山革命根据地，开辟巢北游击战场。他们端掉炯炀警察所，生擒叛徒吴谷山，激战茅公山，粉碎国民党军“围剿”，给国民党政权以沉重打击，取得了一个又一个胜利。1949 年 1 月 22 日，李刚率巢县游击总队解放柘皋，历尽磨难的古镇柘皋，回到了人民的怀抱。

商贸重镇。柘皋，自古以来交通便利、商贸繁荣，是巢县商贸重镇，清末为安徽省三大商贸重镇之一。柘皋地处江淮之间，通湖达江，古驿道横贯东西，水陆交通便捷。早在唐大和三年（829 年），新任尚书主客郎中陈鸿巡访时曾记载：“乃于湖东北岸槖皋里作仓廪三十九间。州东二邑人米输于此，由申港出新妇江至白沙。人不劳。水无害。”清咸丰年间（1851 —1861 年），柘皋镇亦为储粮基地。《中国古今地名大辞典》载：“柘皋，清时，于此置巡司，自巢县到合肥，必经之地，商业颇为发达。”柘皋成为古代米粮屯集库和转运站。

抗日战争时期，柘皋镇拥有商铺 326 家，粮棉商行遍布，集镇人口达万人以上。中华人民共和国成立前，独特的位置、丰富的资源、便捷的交通造就了柘皋商贾云集、商贸繁荣的繁华景象。外地的商贾云集于此，镇上设有广东会馆、福建会馆、江西会馆、徽州会馆等。

中华人民共和国成立后，柘皋经济得到恢复和发展。1956 年，经过“一化三改造”，国营经济、供销社、合作商店成为柘皋商贸主阵地。改革开放后，柘皋商贸以国有经济为主，民营经济、个体经济迅速发展，日趋繁荣昌盛。截至 2019 年年底，全镇有工业企业 47 家（其中规上企业 14 家），集体经济组织 4 个，个体工商户 3000 多户，农民专业合作经济组织 63 个。规上工业总产值完成 8.6 亿元，招商引资完成 8.013 亿元，全年税收为 6312 万元，全社会固定资产投资总额为 14.89 亿元。城镇常住居民人均可支配收入为 28702 元，农村常住居民人均可支配收入为 15478 元。

枕水新镇。中华人民共和国成立后，柘皋人民励精图治，为社会主义建设努力工作。改革开放后，柘皋人抓住机遇，以经济建设为中心，社会事业全面发展。今天的柘皋，以“青山绿水、镇村美丽、民生殷实、乡风文明”为目标，打造“千年古镇、产业新城”。这里是延续两千多年的古镇，石梁河、会吴城、晒书墩和北闸老街是人们穿越时空、追寻人文历史的胜迹,“夏至民俗文化节”和“柘皋早茶一条街”，是柘皋镇亮丽的旅游文化名片。集镇建设日新月异，正在崛起的产业新城生机勃勃。历史悠久的柘皋商业，培养了柘皋人开放的市场意识和服务意识。柘皋人不仅以历史悠久、文化厚重为荣，他们更是用辛勤的汗水和吃苦耐劳的精神，把柘皋建设成为江淮大地上一座现代特色的农业强镇、秀美如画的枕水新镇、宜居宜业的工商旅重镇。

柘皋镇先后入选安徽省第二批千年古镇（2016 年）、安徽省第四届文明村镇（2017 年）、安徽省第二批优秀旅游乡镇（2017 年）、安徽省第四批特色景观旅游名镇（2017 年）、安徽省第十一批生态乡镇（2017 年）、安徽省第五届文明村镇（2020 年）。柘皋北闸老街入选安徽省第二批传统村落（2016 年）和第五批中国传统村落名录（2019 年）。李氏当铺被列为安徽省第八批文物保护单位（2019 年）。柘皋镇东街社区、汪桥集、五爪岗入选安徽省乡村旅游示范村（2017 年）。汪桥村入选第二届中国美丽乡村百佳范例（2019 年）。

光塔辉耀丝路古地①

一

广东省广州市越秀区光塔街道（以下简称光塔街）位于广州市中心，越秀区的西南部。1980 年，被正式命名为光塔街道。行政区划东至广州起义路，与北京街道相邻；南至大德路，与人民街道相邻；西至人民中路，与荔湾区相邻；北至净慧路，与六榕街道相邻。面积 1.07 平方千米。

光塔街因怀圣寺光塔而得名。怀圣寺光塔坐落在光塔街的中心位置，它是唐宋时旅居广州的阿拉伯人为纪念伊斯兰教创始人穆罕默德而兴建，历尽千年风霜，饱含着岁月的信息，它见证了海上丝绸之路的灿烂辉煌，记录了源远流长的中外文明交流史。

在古代海上丝绸之路发展历史上，光塔街是中国海上丝绸之路的起点之一。早在新石器时代晚期，百越民族已与太平洋群岛有海上贸易的交往。东汉在南越国赵陀城的基础之上修筑番禺城，汉建安二十二年（217 年），交州治所从广信迁到番禺城。今光塔街紧邻西城墙，傍珠江航道。今天的光塔街惠福西路一线，海珠中路、惠福西路一带，当时均为繁忙的码头区。五仙观今有坡山古渡遗址。

魏晋时代，广州建立的对外交通航线，航程已远达印度。随着航海技术的进步，广州与罗马之间，在东晋时开通了直航线路。对内的水路交通，则沿东、西、北三江而上，与长江水系相接。水运交通四通八达，使海上丝绸之路扩展到西南、华中、江南的经济腹地，形成了一条广阔的经济带。而这个经济带的核心，就在今天的光塔街范围内。

① 选自广东省广州市越秀区光塔街道志编纂委员会编：《中国名镇志丛书·光塔街道志》，2023 年出版。

广州因临海的地理位置而拥有开放的优势和生机。从南北朝起，集聚在今光塔街一带的蕃客，以印度和南亚人居多。唐代以后，大食商人和波斯商人逐渐增多，成为当地主要的外商群体，是广州重要的贸易伙伴。唐代，光塔街一带形成了繁荣的外贸商业区。常年侨居广州的外国商民，数以万计。唐开元二十九年（741 年），广州在城外划出一块地方，为外国商民提供居所，称为“蕃坊”。今米市路、光塔路一带，就是蕃坊故地。广州从此形成了“与海中蕃夷、四方商贾杂居”的国际化特色。

海上丝绸之路把中国与世界紧紧地联系在一起，也把昨天与今天紧紧地联系在一起。在这部厚重的历史书中，光塔街占有浓墨重彩的一页。

二

独特的地理条件和区位优势，使广州从西汉开始，就成为沟通中外的重要门户，而光塔街堪称广州中西文化的交融地，沟通南北的集散地，是广州中西、南北文化两条脉线的接合部和交汇点。以光塔街作为广州海上丝绸之路的起点和纽带，南北汉越民族融合和异国他乡民族文化传入，使多个民族的族群在光塔街共同生活、活动、交往，独具民族个性特色的生活场景，构成了光塔街地缘文化的多面体。

海上贸易往来为广州带来多姿多彩的海外文化，有如百川汇聚，互相融合，相依并进，兼容并包，日趋宽阔博大。两晋时期，西域梵僧沿海路赴中国弘法。西晋太康二年（281 年），印度僧人迦摩罗从西天竺抵达今广州传教，修筑三归（又称三皈）、仁王二寺，这是广州最早的两座佛寺。仁王寺就在今光塔街辖内的诗书路南端。同一时期抵达的天竺僧侣，络绎不绝。

唐高祖武德年间（618 — 626 年），伊斯兰教“封印先知”穆罕默德派遣使者到中国传教，曾寓居蕃坊，并兴建中国第一座清真寺——怀圣寺。

光塔街还坐落着著名的基督教锡安堂和基督教光孝堂，这两座分别兴建于 20 世纪 20 年代和 20 世纪 30 年代的教堂，是清末民国初西方文化传入和基督教本土化的历史证物。

光塔街在唐宋时是海外客商的聚居地，清代以后，又成为满族民众的聚居地，被称为“旗界”。清明节及重阳节举行祭祀仪式，春节拜祖和农历十月十三的颁金节等，体现着浓郁的满族文化传统特色。源源不断的南迁士民，为广州带来丰富的中原文化养分，与南越文化渐相融合，广泛传播。

广州市有两所民族小学，回民小学和满族小学，均设在光塔街内。广州市回民小学是广东省内唯一的回族子弟小学，创办于 1929 年，前身是清真小学。广州市满族小学是全国首家以满族命名的学校，也是广东省唯一的满族子弟学校，原称国光小学，创办于 1946 年 6 月，该校在广州有三处校区，分布在光塔街的光塔路、大德路、象牙街。

进入 21 世纪，光塔街生活着汉族、满族、回族、壮族、土家族、维吾尔族、蒙古族、苗族、瑶族、朝鲜族、畲族、侗族、藏族、黎族、白族、毛南族、布依族、傣族、仡佬族、哈尼族、高山族、水族、东乡族、达斡尔族、锡伯族、俄罗斯族 26 个民族，是广州市少数民族聚居较多的街道之一。

不同的民族，有不同的假日和节庆活动，有不同的民族传统和宗教习俗，也有各自的文化和艺术表现形态。如延续到清代的四牌楼（今解放中路）元宵节灯，全城老少都有到四牌楼参加赏灯活动的传统，今天的五仙观也成为举办元宵节灯会的主会场，供市民群众赏灯。广州走马灯、潮州灯屏、东莞千角灯、大良鱼灯，远近驰名，是岭南珍贵的非物质文化遗产。

农历五月初五的端午节，光塔街的大街小巷，家家包粽子，户户飘粽香。市井街头的小食店也会推出各种粽子——裹蒸粽、咸肉粽、碱水粽、绿豆粽等。农历八月十五中秋节，中山六路、人民中路主干道一带的食品商店摆满了月饼、芋仔、田螺、红柿、阳桃等应节食品供市民群众选择，亲朋好友间常以月饼作为互相馈赠的手信。

怀圣寺每逢开斋节、古尔邦节和主麻日等宗教节日，都有伊斯兰教徒到此举行庆祝活动和礼拜仪式。在一年两季的中国进出口商品交易会（广交会）期间，也有阿拉伯商人前去做礼拜。

2009 年，光塔街被授予“广东省民族团结进步模范集体”称号；2011 年，杏花巷社区被授予“广州市民族团结进步模范社区”称号；2012 年 2 月，杏花巷社区被授予“广东省民族团结进步模范社区”称号；2012 年 8 月，光塔街被授予“全国民族团结进步创建活动示范街道”称号；2014 年 9 月，在中央民族工作会议暨国务院第六次全国民族团结进步表彰大会上，光塔街被授予“全国民族团结进步模范集体”称号。

三

在中国近代史上，光塔街有着光荣的革命传统。在国民革命运动、“广州起义”等历史现场，光塔街始终处在最前沿，历经许多重大事件的洗礼，而今已成为著名的爱国主义教育基地。

清光绪三十一年（1905年），孙中山在日本组织同盟会，提出“驱除鞑虏，恢复中华，创立民国，平均地权”的革命纲领。光绪三十四年（1908年），同盟会在光塔街的师古巷（今师好巷）大同旅店建立广州保亚会，策划以新军为主力的暴动。革命党人在新军里散发“保亚票”，作为参加起义的凭证，光塔街师古巷、马鞍街一带，成为革命党秘密活动的主要据点之一。起义虽然失败，但它为清宣统二年（1910年）广州新军起义做了思想准备，亦成为宣统三年（1911年）广州小东营起义和辛亥革命的先声。

20世纪20年代，国共两党在广州实现了第一次合作，共同推动国民革命运动。1921年8月，中国劳动组合书记部南方分部在广州成立，地点就设在光塔街的玉华中约。9月，南方分部在该部二楼设立“爱群通讯社”，并出版《星期报》；筹备召开第一次全国劳动大会，为1925年全国工人运动高潮的到来，做了充分的宣传与动员工作。

1927年，中国共产党人在广州举行了震惊中外的广州起义，打响了武装反抗国民党反动派的枪声。12月11日，起义部队攻占了位于光塔街维新路（今广州起义路）的广州市公安局。12月12日下午，共产党人和起义军民在光塔街的丰宁路西瓜园广场（今同乐路附近）召开“广州工农兵拥护苏维埃政府大会”，宣告广州苏维埃政府正式成立。苏维埃政府设在维新路广州市公安局内。广州起义是中国共产党在1927年组织的三大起义之一，在这次起义中建立的广州苏维埃政府，是中国共产党在城市建立的第一个苏维埃政权。

1949年10月1日，中华人民共和国成立。中国人民解放军兵分两路，沿广从、广花公路进军广州。10月14日，第一支到达广州的解放军部队，由中华北路进入市区，从而翻开了广州历史的新一页。1951年“八一”建军节，为纪念中国人民解放军进城，正式将中华（北、中、南）路更名为解放（北、中、南）路。解放中路在光塔街范围内。

四

光塔街自古以来就有“百货之肆，五都之市”之称。晋代，光塔街区域内位于惠福西路北侧米市路与甜水巷之间的坡山是重要的码头，称“坡山古渡”，海内外商贾咸集，商贸活动活跃，形成了一个繁华热闹的商品集散地。唐代，坡山西侧的西澳地，是商船湾泊之地，中外商船均在这里停泊上岸和起航出海，是海舶进出广州的一个重要港口。明清以来，由于广州地理环境的变化，城垣扩展，珠江岸线南移，光塔街不复临水，外贸码头亦已迁移至十三行及黄埔港一带，但作为历史上繁荣的外贸中心，光塔街各种商业依然繁荣兴盛。至近代，民族工商业在中国勃然兴起，在大环境潮流推动下，光塔街的工商业发展也更加迅速和更趋成熟。

1931 年，广东省政府公布广州的市区道路系统图，将市区划分为商业区、工业区和住宅区。惠爱路（今中山五路）被列入商业区内。光塔街形成多条各具特色的专业街，包括丰宁路（今人民中路）的汽车零配件和轮胎翻新专业街、纸行路的纸张裱糊专业街、大德路的小五金专业街等。广州人所熟悉的岭南饼干、亚洲汽水、珠光灯泡、星群制药、虎头电筒和广州卫生材料厂等品牌和企业，都诞生于光塔街。

1958 年，广州商业网点大调整，中山五路—北京路被定为全市一级商业中心。中山五路西段今属光塔街管辖，华北饭店、新星戏院、鸡林等著名商业店号，均分布在该路段。作为商业中心的延伸区域，中山六路商业繁荣，酒家、饭店、百货店、电器店、时装店、茶叶店，密集分布，小食店鳞次栉比，一片兴旺。

广州起义路的旗帜铭牌奖杯产品展销市场、米市路电子元件一条街、陶街的二手小电器市场、光孝路宗教文化工艺品一条街、人民中路眼镜专业市场、海珠北路冷冻配件市场、惠福西路电动工具五金配件市场等，一年四季客似云来，货如轮转，声名远播至东南亚地区。

光塔街的商业带有浓厚的平民色彩，商品五花八门，琳琅满目，价廉物美，尤其适合平民百姓消费。当现代城市商业不断向豪华化、大型化发展时，光塔街的商业依然保持着平民化的一贯特色。在大型时尚购物商场找不到的针头线脑、煲盖碗盏、小五金、小百货，在这里的街边老铺里都能找到。许多市民，甚至还有外国人，都喜欢到中山六路、海珠北路、解放中路、陶街、米市路，在大大小小的老铺小摊之间，穿梭流连，购物消费。这种“趁墟”式的平民化逛街购物，也正是光塔街商业最显著的特点之一。

光塔街拥有深厚而璀璨的人文历史，就像一颗颗明亮的星星，在广阔无垠的天空，别具一种深邃、古朴、迷人的独特魅力。

抗战遗址　冀中风情[①]

"地道战，嘿，地道战，埋伏下神兵千百万……"伴随着这首耳熟能详的电影《地道战》主题歌，冀中平原抗日军民利用地道战打击日本侵略军的历史深深融入人们的脑海，而《地道战》的外景拍摄地——千年古镇冉庄也随之蜚声中外。

冉庄镇位于河北省保定市清苑区西南部，镇政府驻地冉庄村。地理坐标北纬38° 40′ 7.88″，东经 115° 22′ 23.44″，东邻张登镇、北店乡，南邻李庄乡，西邻阳城镇，北接白团乡、魏村镇。2018 年，全镇总面积 64.4 平方千米，辖 16 个行政村，有 9399 户、38042 人。冉庄村是全镇政治、经济、文化中心。京石客运专线经冉庄镇由东北向西南方向穿过。南距河北省省会石家庄 101 千米，北距清苑城区 14.9 千米，距保定 24 千米，距北京 162 千米。

冉庄镇海拔 31 米，地势平缓，为典型的平原地形。属暖温带大陆性季风气候，四季分明，春季干燥多风，夏季炎热多雨，秋季天高气爽，冬季寒冷干燥少雪。冉庄镇土地大部分为黄色的肥沃土地。

冉庄镇是典型的农业镇，农业生产以粮食作物为主，随着农业种植结构调整步伐的加快，蔬菜水果种植迅速发展，种植效益大大提高，粉条加工业是当地传统特色产业。20 世纪 90 年代后，随着冉庄旅游资源的不断开发，服务业逐渐兴盛。

冉庄建村于唐代，宋朝成镇，素有唐村宋镇之说。历史上冉庄镇的隶属多次发生变化。明嘉靖年间，冉庄社为清苑县 20 个乡社之一。明万历年间并韦家庄入冉庄社。

① 选自河北省保定市清苑区冉庄镇志编纂委员会编：《中国名镇志丛书 · 冉庄镇志》，2023 年出版。

1938—1945年，冉庄隶属清苑第四区。1958年10月，清苑县建制撤销，冉庄等6个人民公社划归唐县。1961年5月，恢复清苑建制。1996年1月，清苑县合乡并镇，北马庄乡并入冉庄镇。2015年5月，清苑县更名为清苑区，冉庄镇隶属河北省保定市清苑区管辖。

冉庄地道是冉庄人民辛劳与智慧的结晶。1937年7月7日，日本侵略军制造卢沟桥事变，发动了全面侵华战争。1938年，面对严峻恶劣的斗争形势，冉庄村党支部书记张森林为了保存实力，躲避敌人，在自家菜窖里挖出一段地洞用于藏身，成为冉庄"第一洞"。1942年，在张森林的倡议下，冉庄村民开始大规模挖掘地道。经过7年努力，筑起总长16千米、宽0.7～0.8米、高1～1.5米的各种形式的地道和作战工事。设置了瞭望孔、射击孔、活动翻板等，借助村落布局，构成房顶、地面、地道相互交叉的火力网，既能藏身又能出击，使整个冉庄村形成了一个地上地下相结合、遍布战阵的神秘之地，成为坚不可摧的战斗堡垒。

冉庄地道战是冀中平原军民抗击日本侵略军的典范。抗日战争全面爆发后，在极端艰苦的条件下，中国共产党领导冉庄抗日军民利用地道开展游击战争，出其不意地打击敌人。冉庄村1938年建立村党支部和抗日村公所，组织民兵队、青年抗日救国会、妇女抗日救国会、农民抗日救国会、工人抗日救国会等群众抗日团体与日本侵略军进行不屈不挠的斗争。1939年农历六月十五日，日伪军制造了冉庄惨案，对冉庄进行烧杀抢掠，千年古村沦为一片焦土。冉庄人民把对日本侵略军的仇恨化作抗战到底的决心和力量，壮大民兵队伍，仅1939—1940年，冉庄村就有85名青年参军走上抗日前线。冉庄民兵采用地道战巧妙灵活地打击敌人，英勇顽强，誓死不屈，书写了可歌可泣的英雄故事。

冉庄地道战遗址是第二次世界大战中中国人民抗击日本侵略军的重要战争遗址，是全国首批重点文物保护单位。中华人民共和国成立后，冉庄人民重视对地道战遗址的保护，1959年创建冉庄地道战纪念馆。自此，国家对地道战遗址不断进行投资修缮，先后修缮地道及保护区民居，修复地下兵工厂，重新布展原有陈列等。1987年聂荣臻为冉庄纪念馆题写"冉庄地道战纪念馆"馆名，1988年杨成武题写"冀中冉庄地道战展厅"门匾。2003年11月至2005年1月，中共中央政治局常委李长春先后3次对冉庄地道战遗址保护作出重要批示，于2004年11月9日实地考察冉庄。财政部、国家发改委、交通部对冉庄地道战遗址保护从立项和资金都给予大力支持。2005年8月26日，国家文物局正式批复《冉庄地道战遗址文物保护规划》，冉庄镇抢抓机遇，对冉庄地道战遗址实施文物整体保护、纪念馆迁建、基础设施建设“三大工程”。2007 年 12 月，中宣部、河北省委宣传部和市、县总投资 1780 万元迁建冉庄地道战新纪念馆。新馆主体工程建设于 2010 年 7 月完成，2010 年 9 月 3 日正式开放。新馆建成后吸引大量国内外参观游客，高峰日接待游客量近万人次，每年到新馆参观的游客达 100 万人次以上。

冉庄地道战遗址驰名中外。1961 年 3 月，冉庄地道战遗址被国务院公布为全国首批重点文物保护单位。改革开放后，冉庄地道战遗址先后被命名为“全国青少年教育基地”“全国爱国主义教育示范基地”“国家国防教育示范基地”。2014 年，被确定为全国第一批抗战纪念设施、遗址。

冉庄古村落具有浓郁的冀中风情。镇政府所在地冉庄村依然保持着原有的古村落格局，是冀中平原古村落风貌保存最完整的村庄之一。进入冉庄村，古老的房屋庙宇、战时的作战工事、粗壮的古槐仿佛让人回到二十世纪三四十年代，人们可以真真切切地感受到古镇的气息。村内民居更是 20 世纪以后北方农村民居发展变化的标本，完整程度较为罕见。东西、南北两条十字大街宽阔敞亮，贯穿全村，狭长的小巷错落有致。唐槐明井历史悠久，集历史文物和革命文物于一体，具有很高的保护价值。1987 年，冉庄村十字街两侧的房屋产权收归国家所有，住户仍有使用权。2005 年，河北省对冉庄地道战遗址重新进行规划，所有地上地下建筑物特别是传统民居、古式庙宇、地道、地道口、地上地下作战工事、两条护村河遗存以及两棵古槐等，都纳入其中。2007 年，冉庄村被建设部、国家文物局公布为中国历史文化名村。

2017 年，清苑区委、区政府开始谋划建设冉庄文旅特色小镇项目，对冉庄镇境内红色、绿色、古色资源等进行高起点、高定位、高标准规划，以红色旅游为核心，坚持“以红为底、多元复合”的旅游发展理念，致力打造一个“不变色、不变味、不变调，有情调、有特色、有味道”的红色文化旅游特色小镇。同时，结合大李各庄林场和好梦林水项目，对冉庄地道战景区进行全方位改造，形成“三点一线”“一心两翼”的旅游发展格局。2019 年底，文旅特色小镇的商业街建筑主体、休闲广场、冰雪乐园滑冰场建设完成，商业街 60 个店铺开始运营，文旅特色小镇逐见成效。

赓续红色基因，谋划绿色发展。新的时代，新的征程，冉庄人民正以全新的姿态，书写崭新的历史篇章。

太湖之心金庭镇①

太湖，浩渺无际，碧玉似盘，湖中七十二峰，如大珠小珠撒落，其中四十一峰在洞庭西山。唐白居易《宿湖中》诗云："十只画船何处宿，洞庭山脚太湖心。"清王维德《林屋民风》载："江南巨薮首曰太湖……中有峰七十二，洞庭山为最大，而奠峙于中央，群峰环拱，远近参差……"金庭，如一颗硕大的珍珠，悬在太湖之心，湖水相拥，碧绿镶嵌，璀璨亮丽。

金庭，襟吴带越，源远流长。

金庭，古称夫椒、包山、林屋山、洞庭山、洞庭西山、西洞庭、西山…《吴地记》"太湖"注释云："包山，因四面皆水包之，故名。因山有林屋洞，故又名林屋山。春秋时，又称夫椒山。又因湖中有洞山、庭山，包山在其西，故又称洞庭西山。"《吴郡志》载："吴国西有具区，中有包山。洞庭地下，潜通琅琊东武山。山穴道一名椒山。哀公九年，越败吴王夫差于夫椒，即此是也。又名洞庭山。"太湖，一手牵着吴国，一手拉着越国。王鏊诗云："吴越平分一水间。"金庭守卫着吴国水域前沿阵地。练渎是吴国水军练兵的地方，秉常（兵场）是吴王屯兵的地方。周元王三年（前473年），越国大举进攻吴国，冲破金庭防线，直逼苏城，夫差自杀，金庭归越。

金庭，青山列屏，湖水献玉。

放眼金庭，青山绵延，沿湖环列，高高低低的山丘有90余座。其中位于中西部的缥缈峰，海拔336.6米，为太湖第一高峰。王鏊道："居然自可小天下，谁道吴中无泰

① 选自江苏省苏州市吴中区金庭镇志编纂委员会编：《中国名镇志丛书·金庭镇志》，2022年出版。

山。”境内有座山叫西湖山，海拔 101.6 米。山顶有一池，名“海眼”。民国元老李根源游览至此，见波光跃动，欣然题下“海眼池”。金庭东北部的石宕，深渊成湖，清澈碧蓝，山月倒映，像是镶嵌在岛上的一块块蓝玉宝石，被游客誉为“小九寨沟”。

金庭，花果飘香，鱼跃鸟飞。

环顾金庭，山峰翠绿，花果满坡，暗香浮动。这里是名副其实的花果山，是洞庭碧螺春的原产地。这里月月有花，季季有果。二三月，梅花盛开，林屋洞前一片洁白，花似海，人如潮，是全国最大的赏梅基地之一。深秋，青种枇杷花开，银翠耀眼，花香弥漫，沁人心脾。这里有青梅、枇杷、杨梅、梨、板栗、银杏、橘子、石榴等鲜果品尝。金庭，一年四季，湖鲜不断。太湖三白，令人迷恋。沿湖芦苇，翠绿生辉。各种水鸟，贴水而飞，安居生息。

金庭，村落连缀，沿湖藏坞。

漫步金庭古村，粉墙黛瓦，百格花窗，古井古道，古树古桥，古港古浜……处处古风扑面，令人沉浸。大族村落，始于隋朝，盛于南宋。隋大业六年（610 年），后魏建威将军郑茂之子郑白麟携家到甪里一个叫古芳塘的地方，首建村落郑泾地。五代后，平南将军马抗到马城宫，建马村。南宋建炎三年（1129 年），宋高宗赵构偏居江南，北方贵族纷纷隐居太湖。其时，蔡氏定居消夏湾，建东西蔡村；徐氏建堂里、东村、徐巷和煦巷；蒋氏建后埠、后堡；沈氏建镇夏；黄氏、吴氏、邓氏、秦氏等建明月湾；金氏建夏泾村……诸多名门后裔爱山慕水，择幽觅静，沿湖藏坞建村，渐渐形成“七村八巷九里十三湾”的格局。

金庭，风光迷人，名人慕名而至。吴越时有吴王夫差、诸稽郢，三国时有阚泽等。唐、宋、元、明、清则更多，有韦应物、白居易、刘禹锡、王昌龄、皮日休、陆龟蒙、范仲淹、苏舜钦、范成大、李弥大、王鏊、唐寅、文徵明、申时行、倪瓒、高启、吴庄、姚承绪、王鸣盛等。现代有叶圣陶、田汉等纷纷驻足金庭，并留下了许多优美的诗篇和文章。

金庭优美的山水，如画的风景，不仅吸引了古今无数的文人骚客，亦成了影视剧组的拍摄佳地。《海灯法师》《建军大业》《橘子红了》《凤穿牡丹》《风雨雕花楼》《水月洞天》《灵境传奇》《两生花》《好妻子》《金牌投资人》《都挺好》《激荡》《老闺蜜》《好好说话》《恋爱吧，食梦君》《你是我的永恒星辰》《陌生的恋人》等一大批剧作影视组到太湖，走近金庭，将这里的一草、一木、一石、一桥、一楼、一村、一山、一水搬上荧屏。2015 年 1 月 3 日，随着百集大型系列纪录片《记住乡愁》第 1 季第 3 集《明月湾村——讲和修睦》在央视中文国际频道播出，金庭进入了国际视野。

金庭在发展。修筑沿湖大道，建设美丽村庄，易地新建西山中心小学、西山中心幼儿园和金庭文体中心，社会事业全面推进。全国小城镇综合改革试点镇、国家 AAAA 级旅游景区、全国环境优美镇、国家卫生镇等一块块“国字号”招牌流光溢彩，昭示着金庭的与众不同。

古现街道志概述[①]

烟台经济技术开发区（以下简称开发区）古现街道位于山东半岛东端，烟台市区西部，黄海南岸。古现陆域面积 76.87 平方千米，辖 38 个村。

古现历史悠久。商周时属莱子国，春秋时为牟子国迁徙地，战国时为齐康公食邑。秦时为齐郡腄县地。

《史记》载，秦始皇帝二十八至三十二年（前 219—前 215 年），秦始皇三次东巡，均途经古现一带，"登之罘，立石，颂秦德"，涉水"柳林"，畅饮"圣水"，造访"古城"，展风"崩昱"，夜跸磁山，并于山半建"阴主祠"。

西汉元朔三年（前 126 年）至北齐天保七年（556 年），古牟平县治设于域内古现东村，故称"古县"，后演为"古现"。

古现人杰地灵，英才辈出。明清两代，以王懿荣为代表的王氏家族文风浩荡、科第连绵，累进士 27 人、举人 36 人、生员 515 人。其中，为督抚者 3 人，为翰林者 6 人。王氏一门家传对胶东乃至齐鲁文化产生深远影响。

"要想吃好饭，围着古现转"。古现是鲁菜重要分支——胶东福山菜的原乡。该地依山傍海、物产丰饶，特别是小海鲜久负盛名。在古现，家家户户吃海鲜，人人都有一手烹饪绝活。清代，古现大厨被宣旨进京，为宜廷烹制菜肴，其后，"古现帮"声名鹊起。中华人民共和国成立后，烹饪业快速发展，在领头人王义均等老一辈名师大厨引领下，"古现帮"日渐壮大，域内村庄往往过半人口从事烹饪业，涌现出一批代代相传的烹饪

① 选自山东省烟台经济技术开发区古现街道志编纂委员会编:《中国名镇志丛书 · 古现街道志》，2022 年出版。

世家和名师高徒。2019 年 9 月，“2019 年中华鲁菜文化传承与繁荣研讨会”在烟台召开，古现街道被授予“中国鲁菜名镇”称号。

改革开放后，古现工业快速发展，特别是划归开发区后，依托得天独厚的区位优势、优良的投资环境和强有力的招商举措，海内外一批知名企业，如张裕葡萄酒集团公司、烟台冰轮集团公司、台湾鸿海集团富士康（烟台）科技工业园、现代汽车研发中心（中国）等先后落户古现，拉动与之配套的地方中小企业发展，逐步形成以电子信息、汽车产业、机械制造为主导的工业体系。2019 年，古现街道实现工业总产值 305.5 亿元，进出口总额 124 亿元，工业利税总额 71.44 亿元，成为烟台市的经济支柱。

古现依山傍海，风光秀丽，四季分明，气候宜人。凭借优越的自然环境和丰厚的人文资源，古现大力发展文化旅游业和居家养老业，相继建成磁山温泉小镇、张裕葡萄酒庄小镇、天马浪漫海滨旅游区等一批旅游景点和休闲服务设施，投资百亿元的古现文旅小镇也在建设之中，古现日益成为胶东半岛旅游、休闲和居家养老的目的地。

古现从远古走来，穿越千载，饱经沧桑，近代社会更是经历血与火的洗礼。甲午战争之后，面对外敌入侵，古现人民办团练、筑海防，掀起声势浩大的抗倭浪潮。抗日战争、解放战争时期，古现人民在中国共产党领导下，同仇敌忾，与日本侵略者和国民党反动派进行不屈不挠的斗争，谱写了可歌可泣的壮丽篇章。中华人民共和国成立后，古现人民响应党的号召，发展经济，建设家园，创造了一个又一个辉煌。中共十一届三中全会后，古现坚守对外开放的前沿阵地，勇于进取，大胆探索，招商引资、外向型经济取得显著成就。进入新时代，古现人民不忘初心，奋力前行，乡村振兴、低碳经济、新型小城镇建设等再次成为开发区乃至烟台市的先进典型。

艰难困苦，玉汝于成。新时代的古现人民依靠勤劳和智慧，将把家乡建设得更加富裕、美好。

津南名镇咸水沽[1]

咸水沽镇隶属天津市津南区，位于津南区中北部，海河下游南岸，因明朝年间海潮水至此，先民以煮盐为生故名咸水沽。1949 年 8 月，咸水沽市改为天津县一区，是天津县委、县政府所在地。2018 年，咸水沽镇镇域面积 46.24 平方千米，其中镇区面积 10 平方千米，辖 27 个行政村、22 个居委会、113 个小区，总户籍 46925 户，户籍人口 127251 人，常住户籍 68202 户，常住人口 179190 人，总人口约 30 万人（含海河教育园区外来人口）。所辖村都已迁入环境优美、配套设施齐全的现代化住宅小区。

历史上咸水沽镇人民曾兴种水稻，有过盐（业）漕（运）兴盛，也有过被日本侵略的悲惨和国民党统治的黑暗。解放前夕的咸水沽已是经济萧条、民不聊生。中华人民共和国成立后，咸水沽镇走上了社会主义的康庄大道。经过近 70 年的艰苦奋斗，尤其是改革开放后的快速发展，全镇经济持续增长、文化繁荣、环境优美、住宅城市化、人民生活和谐美满，成为津南区各镇中的领跑者。

天津名镇

悠久历史。据考古勘测挖掘，在咸水沽镇的二道桥村、五登房村、韩城桥村出土了战国时期的文物。西汉初元二年（前 47 年），韩城桥村一带已形成居住点，至今已逾 2000 年。隋代称为豆子，有农民起义在此。宋代开始在此试种水稻。元代时已成为北

---

① 选自天津市津南区咸水沽镇志编纂委员会编：《中国名镇志丛书 · 咸水沽镇志》，2022 年出版。

方重要的盐业基地。明代正式称咸水沽，绝大部分村庄已形成，水稻种植成功，成为鱼米之乡。由于南宋海运的兴起，咸水沽成为海运的重要码头。清代咸水沽为天津府八大重镇之一。

区位优越。咸水沽镇地处海河平原，位于天津市东南部，海河下游南岸。东与双桥河镇接壤，南与北闸口镇毗邻，西与辛庄镇相连，北与东丽区隔海河相望。

咸水沽镇政府距北京 149 千米，距天津滨海国际机场 20 千米，距天津港 30 千米；距京津塘高速公路 12 千米，距铁路天津站 24 千米。

天津的母亲河——海河沿镇域北部而过，月牙河贯穿全境。咸水沽镇交通四通八达，津沽公路、天津大道、津歧公路、津晋高速、津港高速纵贯镇域全境，是天津港通往华北平原的必经之路。津南铁路咸水沽编组站在镇域东部。天津地铁 1 号线延至咸水沽镇，地铁 6 号线咸水沽站正在建设中，咸水沽镇已成为一镇双地铁的交通名镇。镇域内的天津大道南侧是 2009 年落户咸水沽镇的国家职业教育改革创新示范园区、天津首个国家职业教育改革试验区——天津市海河教育园区；天津大道北侧（海河南岸）是 2018 年开始建设，继广州、上海国展馆后的又一个国家级展览馆——天津国展馆。

战略要地。宋朝建立后，其北部以海河（时称界河）、大清河为界，与契丹人建立的辽国隔河对峙。界河以北属辽幽都府（后改为析津府）武清县，界河以南属北宋沧州清池县。辽经常派兵越界扰掠破坏，使界河以南广大地区蒙受巨大损失。为抵御辽兵南侵，宋太宗时，在界河南岸（右岸）选择险要之处，设立军寨 16 个。津南区境时属高阳关路（原为河北路）沧州清池县，地处宋辽对峙的边防前线，设有 9 个军寨：独流寨、双港寨、泥沽寨、三女镇寨、苇场港寨、小南河寨、百万涡寨、沙涡寨、钓台寨。这些军寨坐落于津南区的有 3 个，即咸水沽西边的三女镇寨、双港寨和咸水沽东边的泥沽寨。

当时宋朝还沿海河右岸形成一条叠道（今津沽公路），是传递路线和军需物资的重要通道，也是后来通往大沽海口炮台必经之路，咸水沽镇处于核心位置。（道光）《津门保甲图说》555 页云："下郭庄之对过曰咸水沽。"明末清初顾祖禹的名著《读史方舆纪要》引古书《地理通释》云："河间之豆子，今咸水沽也。去海四十里，地斥卤，广袤数十里。"此时的咸水沽已有规模，地面广阔，水陆交通便捷，经贸兴旺。明代时期，随着盐业的发展，从天津至大沽的国防和经济发展的重要干线公路从镇中穿过，咸水沽镇为海河中下游重要水旱码头。清道光二十年（1840 年），鸦片战争爆发后，清政府为防止外国军队侵犯北京，在大沽口屯兵布防，各种军用生活物资都在此集中，由此运往大沽口前线。咸水沽遂成为抗击外国军队侵略的物资集散和供应之地。1928 年 6 月，国民政府决定天津分置特别市和天津县两个行政区。河北省民政厅曾议定，天津县政府设在咸水沽。

1948 年 12 月 20 日，平津战役即将打响。根据上级的指示，天津县立即成立支援天津战役前线指挥部，总部设在咸水沽，人民解放军四野九纵的总部也进驻此地，咸水沽镇成为天津县政治、军事、经济、文化的中心和支援天津战役前线指挥部。

英才辈出。咸水沽镇有英杰名贤、工商大亨、红学大家、体育健将，人才辈出。隋代的农民起义首领刘霸道、格谦，清代甲午战争时有功之臣吴呈印，近代企业家王郅隆、宁钰亭誉满津城。在抗日战争和解放战争中，在中国共产党的领导下，咸水沽人民与日本侵略者和国民党反动派进行了英勇顽强的斗争，做出重大牺牲。仅在 1940—1951 年就有邢荣、刘玉起等 15 名英贤为国捐躯。

咸水沽镇也是中国著名红学家、古典文学研究家、诗人、书法家周汝昌的故乡，其学术成果受到毛泽东主席的肯定。原王家场大队民兵营长赵秀岭、战斗英模李超群也曾受到毛泽东主席的接见。咸水沽镇体育运动有着光荣的传统，实力雄厚，被称为“体育之乡”。高静是体育健儿中的代表，她代表中国参加 2000 年悉尼奥运会，获女子气步枪 40 发比赛铜牌。几十年来，咸水沽镇向市、国家运动队输送 50 余名优秀运动员，为国家体育发展做出贡献。

此外，受人尊敬的津沽名贤周景颐（周汝昌之父），名医王伯新、田宝善、魏庆珍，著名书法家张金亮、陈雪山、朱振周，在平津战役中为和平解放北京做出贡献的原国民政府保密局少将、北平站站长徐宗尧等数十名志士名贤的事迹广为传颂。

佳绩频传。咸水沽镇人民善于学习、勤劳勇敢、乐施好助、包容大方、敢为人先，有着强烈的爱国主义精神。中华人民共和国成立后，在中国共产党的领导下，咸水沽镇人民艰苦奋斗发展生产，特别是在改革开放后，咸水沽镇人民脚踏实地、锐意改革、真抓实干、奋勇争先，各项工作都走在全区前列。1990 年，咸水沽镇获“全国百强乡镇”称号，成为天津的工商业重镇。2001 年，获评为全国群众体育先进单位；2008 年，获“全国文化信息资源共享工程先进镇”称号；2009 年，获“全国文明村镇”称号；2009 年，赵北村获“全国民主法治示范村”称号。至 2017 年，咸水沽镇及所属村组，获国家部委级先进单位奖项 33 次，获市级先进单位奖项 57 次。

经济发展

产业转型。宋代屯田种稻，咸水沽农业得以开发。元、明、清三朝咸水沽皆为富国、兴国两大盐场官署驻地，成为北方制盐业的重要产地。明清时期，咸水沽漕运业兴旺，商贸发达。民国时期，倪锡纯、李霭臣、宁钰亭等一些企业家，利用津南地区丰富的稻草资源，开办天津振华造纸厂发展现代造纸业，成为天津现代工业发祥地之一，有津东第一镇之称。解放前夕，由于日本帝国主义掠夺和国民党的残酷剥削，天津振华造纸厂被迫停产，商业萎缩，咸水沽镇经济依然是封建时代的小农经济占主体。中华人民共和国成立后，在发展农业生产的同时，依托天津近郊的优势，于1956年开始发展工副业，70年代工业小有规模。80年代农业广泛利用现代科学技术，根据天津市规划部署，咸水沽重点发展蔬菜、畜牧水产养殖业，涌现大批专业户和种植能手，城郊型农业经济初步形成，但经济以农业产业为主的局面未能改变。90年代，工商业突飞猛进，咸水沽镇经济开始由以农业为主向以工商业为主转变。

现代经济崛起。咸水沽镇有发展工业的传统。20世纪50—80年代，国营企业争先进入域内办企业，企业近30家，形成在天津市举足轻重的知名行业和企业集团规模。80年代后期，拥有镇、村企业达166家，从业职工11744人，初步形成以轻纺、仪表、电子工业为主的工商业名镇。1997年开始陆续对142家镇、村企业进行了产权制度改革，逐步建立起现代企业制度，咸水沽镇经济进入现代经济发展时期。2000年天津海河科技园区建立，依托园区优势，咸水沽把发展高新技术、发展外向型经济作为自己的发展方向，大力发展高端装备制造和电子信息产业，已由传统的粗放型加工制造业，走上快速发展的现代高科技工业轨道。现代服务业，如商业街、综合市场、大型卖场、星级特色酒店及楼宇经济等更是井喷式发展。2018年，咸水沽镇地区生产总值125.21亿元。

古镇新貌

居住现代化。中华人民共和国成立以前，境内几乎都是低矮的草房和土坯房，直到1923年天津振华造纸厂建立，咸水沽才有高大的砖瓦房。中华人民共和国成立至20世纪70年代，农民住房还是以土坯为主，境内人均住房面积约5平方米。20世纪90年代，农民建砖房或二三层小楼。1988年12月6日，天津市人民政府批准同意《咸水沽镇总体规划方案》。2007 年 5 月，开始对津南新城起步区和镇内各村实施土地整合，2016 年，全镇居民住上了楼房，辅助配套设施完备的现代化居民小区里有花园、娱乐场所，路边有树木花草，周边有幼儿园、学校、医院、文体活动场所、超市、银行、饭店、停车场等，环境优美。

生态环境优美。咸水沽镇按照市、区要求，结合自己的实际情况，十几年来实施了七大生态环境工程，即水环境工程、城镇绿化工程、公路绿化工程、蓝天工程、夜景灯光工程、生活废弃物无害化处理工程以及 2016 年的“四清一绿”工程。每项工程都做到规划明确，责任到人，不留死角。海河故道公园、月牙河公园、津沽休闲园、普明园、全红桥音乐喷泉绿地广场、西大桥广场等，点缀在城区的各部位，总面积达 82.8 万平方米。2009 年，咸水沽镇获得“全国文明村镇”称号。现在的咸水沽镇，已成为花园式的现代化城镇。

事业兴镇

精神文明新面貌。从 20 世纪 80 年代起，咸水沽镇开展了精神文明创建活动，如公民思想道德建设活动、全民素质提升工程活动、爱国歌曲大家唱的群众性歌咏活动等，在告别陋习、建设美好的城乡环境，提高公民道德素质、营造健康和谐的社会氛围等方面成果显著，涌现出一批“好儿媳家庭”“文明社区”等。咸水沽镇于 1995 年被国家体育运动委员会评为全国亿万农民健身活动先进乡镇。1997 年 8 月获评为全国全民健身宣传月先进单位。1997 年 10 月在全国亿万农民健身活动先进乡镇五项活动通讯赛中获一等奖。2000 年 9 月全国名胜风景区乡镇街道文化联谊会在咸水沽镇召开。赵北村获 2006—2007 年度“全国民主法治示范村”称号。2008 年 9 月咸水沽镇被文化部评为“全国文化信息资源共享工程”先进镇。2009 年获得“全国文明村镇”称号。2015 年金石里社区和益华里社区获“全国和谐社区建设示范社区”称号。

文化长盛不衰。咸水沽镇历史悠久，文化底蕴丰厚。镇寺庙文化起源于明代。清代形成的 20 多道花会至今盛行不衰。中华人民共和国成立后，尤其是改革开放以来，镇社会文化载体建设成效显著，社会文化组织网络健全，新型文化设施已成为城镇建设的新亮点。全民读书活动蓬勃发展，新建和扩建的镇级文化设施及农家书屋、村文化室等文化设施已遍及全镇各村、居委会。几十支业余群众文化队伍，尽展才华，常年活跃在基层。海下文武高跷、海下同善文武高跷、海下同乐高跷、麦秸画、工艺面塑列入天津市非物质文化遗产。在全国、天津市举办的历届绘画、书法、摄影、篆刻、诗词、楹联、戏剧、小品、小说、散文等大赛中，咸水沽镇的参赛者均取得优异成绩。如今，咸水沽镇传统文化和现代文化交汇、融合，已形成具有地方特色的文化。1996 年、1997 年、2001 年获国家“亿万农民健身活动先进乡镇”等称号，2006 年获“全国人口文化工作先进集体”称号，2008 年获“全国文化信息资源共享工程先进镇”称号。